2018
中国保税区出口加工区年鉴
CHINA FREE TRADE ZONE AND EXPORT PROCESSING ZONE YEARBOOK

中国保税区出口加工区协会◎编

图书在版编目（CIP）数据

中国保税区出口加工区年鉴．2018/中国保税区出口加工区协会编．—北京：中国海关出版社，2018.12

ISBN 978-7-5175-0318-7

Ⅰ.①中…　Ⅱ.①中…　Ⅲ.①保税区—中国—2018—年鉴②出口加工区—中国—2018—年鉴　Ⅳ.①F752-54

中国版本图书馆CIP数据核字（2018）第272127号

中国保税区出口加工区年鉴（2018）

ZHONGGUO BAOSHUIQU CHUKOU JIAGONGQU NIANJIAN（2018）

作　　者：中国保税区出口加工区协会
责任编辑：左桂月
出版发行：中国海关出版社
社　　址：北京市朝阳区东四环南路甲1号　　邮政编码：100023
网　　址：www.hgcbs.com.cn
编 辑 部：01065194242-7527（电话）　　01065194231（传真）
发 行 部：01065194221/4238/4246（电话）　　01065194233（传真）
社办书店：01065195616（电话）　　01065195127（传真）
www.customskb.com/book（网址）
印　　刷：北京工商事务印刷有限公司　　经　　销：新华书店
开　　本：787mm×1092mm　1/16
印　　张：31.75　　字　　数：930千字
版　　次：2018年12月第1版
印　　次：2018年12月第1次印刷
书　　号：ISBN　978-7-5175-0318-7
定　　价：280.00元

海关版图书，版权所有，侵权必究
海关版图书，印装错误可随时退换

《中国保税区出口加工区年鉴（2018）》编委会

主　编

张皖生　中国保税区出口加工区协会副会长

副主编

蒲少伟　中国保税区出口加工区协会副会长兼秘书长（待批）

李志辉　海关总署自贸区和特殊区域发展司副司长

戴擎宇　上海自由贸易试验区保税区信息中心主任

编　委

李春生　中国保税区出口加工区协会原副秘书长

盛甫斌　海关总署自贸区和特殊区域发展司特殊区域发展处处长

郭子文　海关总署自贸区和特殊区域发展司自贸区发展处处长

陈卫国　海关总署信息中心综合管理部处长

普　娜　中国海关出版社图书事业部主任

编写人员名单

（以姓氏笔画为序）

马京河　王振涛　邓晓丽　申　艳　白莹莹　曲直园　朱念念
任晓锋　刘　雄　刘本梅　杨　颖　李广能　李团结　李佳黛
肖　琳　季欢欢　张玉肖　张佳杰　陈　坚　邵春芳　胡孟影
赵海玉　施一玉　唐顺德　浦汇洋　盛　瑞　崔莉娟　程　烨
谢　炜　潘　英　衡　波　鞠伟伟　戴增涛　等

编辑部成员

主　任：普　娜

副主任：李春生

成　员：左桂月　张玉肖　刘　继　朱月青　马骁龙　刘　娜　苗维翠
王　新

CFEA

BEIJING TIANZHU ZONGHE BAOSHUIQ

北京天竺

BEIJING TIANZHU ZONGHE BAOSHUIQU

科园信海

北京天竺综合保税区于2008年7月获批复设立，2009年7月通过验收，正式封关运营。规划面积5.944平方公里，一期封关面积3.177平方公里，是空港型综合保税区。自运营以来，依托区位优势，不断优化功能布局、强化政策配套集成，促进产业聚集，创新监管政策，完善产业政策，形成了综合保税区产业发展的政策功能体系。

● **政策功能完善**。综合保税区建设了集一般贸易、国际快件、整车进口、国家五类指定进口商品等口岸功能体系；打造了国家对外文化贸易基地、国家文化出口基地、北京国际科技贸易基地、中国（北京）跨境电子商务产业园、北京融资（金融）租赁聚集区等特色发展平台；构建了口岸功能与保税功能创新融合的五类指定进口商品全产业链载体，集仓储物流、展示交易、保税加工、商业网点等功能于一体，实行前店后库模式，拓展跨境电子商务产业，同时开展线上线下销售，建立质量追溯机制，打造北京服务标准，形成天竺综合保税区特色服务模式。

BEIJING TIANZHU ZONGHE BAOSHUIQU

综合保税区

BEIJING TIANZHU ZONGHE BAOSHUIQU

● 改革开放创新。综合保税区获批增值税一般纳税人资格试点，方便园区企业同时开拓国内外市场；推动出台了促进文物回流和文化贸易的若干措施，实现了进境文物区内鉴定、区外展示等多项创新；不断优化营商环境，提升跨境贸易便利化水平，货物进出口通关时间远低于全国平均水平，口岸操作区运营实施阳光收费；率先开展“关税保证保险”业务等创新举措，提高了企业通关效率、降低了通关成本。

● 新业态新产业聚集。综合保税区形成了医药、航空、文化、特色金融、跨境电子商务等主导优势产业。医药、航材进口值分别达到全国总量的1/5、1/4，形成了中国北方进口医药贸易核心功能平台、中国航材贸易聚集区；依托政策优势，飞机租赁产业实现多维度创新，中国境内首架空客A350客机在综合保税区完成交付；两条跨境直邮商品查验通道和一个保税备货查验中心日查验量合计达万票，授权企业设立进口商品直营中心、启动运营跨境电子商务体验中心，中高端商品进口网络初步形成。

综合保税区将进一步利用首都国际机场资源，推动建设空港国际贸易创新示范区，打造跨境电子商务国际枢纽，做大做强医药、航空、文化、特色金融、跨境电子商务等产业，为提升北京市民高质量生活品质提供有力保障！

单位名称：北京天竺综合保税区管理委员会

地址：北京市顺义区金航中路1号院2号楼

招商联系方式：010-69478686

上海松江出口加工区

Shanghai Songjiang Export Processing Zone

上海松江出口加工区由A区和B区组成。A区于2000年4月27日经批准设立，规划面积2.98平方公里，已封关验收面积2.88平方公里，以电子信息产业为主，为全国首批出口加工区之一。B区于2003年3月14日经批准设立，规划面积2.98平方公里，已封关验收面积1.3平方公里，以IC配套产业和现代保税物流业为主。

松江出口加工区成立之初，抓住了我国承接全球产业链的时机，获得了高速发展，全年进出口额最高达500亿美元，真实地体现了“上海精神、松江速度”。

加工区内共计落户企业144家，其中外资企业85家，吸引外商总投资24.5亿美元。2017年，园区进出口总额达348亿美元，在全国出口加工区中名列前茅。园区拥有广达集团、国基电子、豪威半导体等一批优质骨干企业。

2007年，上海松江出口加工区经批准，在原先的保税加工功能基础上，拓展了保税物流功能，开展了研发、测试和维修等新业务。2014年，松江出口加工区作为复制上海自贸试验区政策的区域之一，不断创新监管服务模式，又陆续引进跨境电子商务、保税展示两项新业务，结合运作多年的保税物流功能，取得了显著成果。2017年，园区跨境电子商务业务累计放行订单696万单，出货金额达6.3亿元，实现跨境电子商务综合税收1.1亿元。

2017年，松江出口加工区计划整合升级为综合保税区，集保税区、出口加工区、保税物流园区、港口的功能于一区。园区的升级对区内的企业同样是一次转型升级的机遇，加工型企业可以充分利用国内外两种资源，产品面向国际、国内两个市场；商贸型企业获得了进出口贸易经营权，园区将大力引进优质的外贸企业入驻，从事地区性乃至全球采购、分销、配送业务；综合保税区的口岸功能，可以率先为区内企业办理申报、查验、放行等手续，无须再到港口或机场办理。“海关特殊监管区域增值税一般纳税人资格试点”和“仓储货物按状态分类监管”两项政策，使区内企业不需再通过区外企业代理便可在国内市场开展业务，拓展了经营范围，增强了业务的灵活性，最终降低了经营成本。同时，为不断提升园区软实力，打造更加完善的区域贸易便利化环境，松江综合保税区也将对一些已有条件实施的自贸试验区政策加大复制力度。松江综合保税区的发展目标就是打造先进制造业集聚区、配套服务业集聚区和跨境电子商务示范区。

松江综合保税区将大力支持电子信息代工企业转型升级，积极引进出口型先进制造业企业总部和贸易型企业总部，拓展国内、国外两个市场的发展空间，努力成为拉动区域经济发展的强劲引擎。

联系电话：021-67857012

威视®MT1213DE车载移动式集装箱/车辆检查系统

威视®MT1213DE车载移动式集装箱/车辆检查系统采用交替双能直线加速器，不但具有高穿透力，可提供高质量的图像，而且可以通过不同的等效原子序数，区分出有机物和无机物，并标注出特定的颜色。

该系统适合于对边境、港口、陆路口岸、各类关卡等场所的突击检查，可帮助检查人员在不开箱的情况下快速地检查出藏匿在车辆及集装箱中的走私物品和各类违禁物。

同方威视技术股份有限公司

同方威视技术股份有限公司（简称“同方威视”）成立于1997年，是安检产品和安全检查解决方案供应商。同方威视立足于自主创新，紧贴客户需求，为全球150多个国家和地区的客户提供安检领域先进的创新技术、品质卓越的产品以及综合的安检解决方案和服务。

同方威视系列安检产品及服务已进入民航、铁路、公路、城市轨道交通、邮政物流、公安司法、环保、核电、辐照质检、冶金、金融、大型活动赛事等众多领域，助力客户保护国境安全和人民生命财产安全，得到用户的广泛认可。“同方威视”已成为国际业界的知名品牌。

作为一家负责任的中国高科技企业，同方威视立足安全领域，以持续的创新科技提升客户价值，努力创造出更多先进的安检产品、解决方案和服务回馈社会。

威视®CX100100D型X射线检查系统

威视®CX100100D型X射线检查系统是同方威视技术股份有限公司研发制造的新一代双视角型X射线检查设备。CX100100D采用了两组独立的源探结构，可提供侧视角、顶视角两个视角的图像，能够有效避免由于物体重叠带来的读图困难，从而更加准确有效地识别危险品和违禁品。

立足安全领域！
努力创造，回馈社会！

Nuctech Company Limited (Nuctech), derived from Tsinghua University and founded in 1997, is an advanced security & inspection solution and service supplier in the world. Relying on independent innovation and following the customers' demands, Nuctech provides the most advanced technology, superb products and integrated solutions in the security inspection industry to our customers from more than 150 countries and areas in the globe.

Covering Civil Aviation, Railway, Highway, Urban Railway, Logistics, Judiciary, Big Events and other security areas, Nuctech helps our customers in keeping the homeland security and people safe, which earns us great reputation. Currently, Nuctech has become an internationally famous brand in the security & inspection industry.

As a responsible Chinese high-tech enterprise, Nuctech focus on the security domain . Enhancing the customers' value with the ever ongoing innovation, feeding back the society by creating more advanced security products and solutions, we are committed to creating a safer nation, as well as a safer world!

WWW.POWERSCAN.COM.CN

可信赖的安全专家

WE ANSWER FOR YOUR SECURITY

DVP 速通式货物车辆检查系统

DVP eXpress Cargo/Vehicle Inspection System

君和信达所推出的DVP速通系列货物/车辆检查系统为3D速通式X射线货物/车辆安全检查产品。该系列产品采用高能量、低剂量、绿色环保型电子感应加速器（BETATRON），可以有效检测卡车、集装货物车辆以及箱体夹层中藏匿的危险品和违禁品，如枪支、爆炸物、毒品、烟酒等，完全满足货物/车辆的100%安全检查需求。

北京君和信达科技有限公司（以下简称“君和信达”）是一家以研发、设计、集成、销售大型安检设备系统为主营业务的高科技企业，成立于2011年。公司的主要产品是以安检技术为核心的设备系统，涉及物理、电子电路、图像处理、软件、网络、机械、控制、建筑等多个交叉学科领域。君和信达管理和研发团队均具有硕士以上学历及十年以上相关领域的从业经验，为公司在企业管理、技术研发、市场开拓、项目执行、售后服务等各项业务全面发展奠定了雄厚基础。

BMS车载移动式背散射安检系统

Backscatter Mobile System

在独特的“车载模式”工作模式下，BMS系统可以在行驶过程中隐蔽地扫描车体侧面途经的车辆和行人，并识别其中藏匿的走私品及潜在的威胁，系统操作员可切换选择不同的扫描速度来调节检测精度。在“静态模式”工作模式下，BMS系统可由自带发电机或市电供电，系统保持静止状态，同时对车体侧面过往的行人车辆进行隐蔽式安全检查，BMS系统还可通过车体侧面的通信接口实现远端笔记本电脑的远程安检操作控制。

SVP-T

小型乘用车辆安全检查系统

Passenger Vehicle Scanner

北京君和信达科技有限公司
PowerScan Company Limited
北京市海淀区学清路23号院1号楼
电话:010-62935645 传真:010-62935646

石家庄综合保税区

石家庄综合保税区于2014年9月15日获批设立，2016年4月28日正式通过验收。其位于石家庄正定国际机场东侧，规划面积2.86平方公里。

石家庄综合保税区战略定位为京津冀国际商贸物流基地、京津冀产业协作先行区、石家庄产业升级新引擎、京津科技成果转化平台，分为口岸物流区、保税物流区、保税加工区、保税服务区、贸易功能区五大功能区，重点发展高端制造、现代物流、国际贸易、创新服务四大产业体系。其中，高端制造业重点发展高端装备、半导体和集成电路、生物医药和高端纺织服装，现代物流业重点发展国际商贸物流、制造业物流、口岸物流和第四方物流，国际贸易产业重点发展跨境电子商务、货物贸易和服务贸易，创新服务业重点发展研发设计、检测维修、贸易展示和融资租赁。

在“九通一平”的基础上，园区着力提升软环境，正在极力推动新“九通一平”，包括信息通、市场通、法规通、配套通、物流通、资金通、人才通、技术通和建立双创平台等。

目前，园区基础设施建设已完成。为加快产业发展，综合保税区开展以地招商、以企招商。近期开工项目共8个，包括跨境电商产业园、“一带一路”产业园、国际光电机电产业园、航空产业园、医药展示交易中心、国际邮件互换局、航空综合模拟训练中心及标准化保税仓库项目。以上项目建成后将引进跨境电子商务企业、商贸物流企业、快递企业、第三方支付企业及货运代理，以及国际贸易、仓储物流、航材交易研发、医疗器械生产经营展示加工相关企业等进驻，形成产业聚集效应。

区位优势示意图

SHIJIAZHUANG
ZONGHEBAOSHUIQU

石家庄综合保税区

石家庄综合保税区产业招商地图

北

高端装备制造产业区（933亩）

电子信息产业区（295亩）

中俄一带一路产业园（262亩）

保税仓储物流区（300亩）

展示交易及商务办公区（170亩）

检测研发及金融服务区（80亩）

高端纺织服装产业区（160亩）

航空产业区（515亩）

跨境电商仓储物流区（123亩）

医药仓储物流区（122亩）

查验区（156亩）

冷链加工产业区（340亩）

石家庄综合保税区管委会　　电话：0311-88297881　83508333

舟山港综合保税区

ZhouShanGang ZongHe BaoShuiQu

舟山港综合保税区于2012年9月29日经批准设立，属于我国目前保税层次高、政策优惠、功能齐全、区位优势明显的海关特殊监管区。园区功能定位为“一中心、两基地”，即大宗商品国际物流配送中心、富有特色的现代海洋产业基地、重要的进口商品基地。

综合保税区规划总面积5.85平方公里，按照一区三片模式运作。本岛分区以海洋装备制造等先进制造业和保税仓储、保税物流、保税加工为重点，发展海事服务、商品展示、金融租赁等相关服务业，建设进口船配配件、石油化工、进口水产品与冷链、进口商品、大宗基础原材料等专业交易市场。衢山分区重点发展油品、煤炭、矿石等大宗商品的仓储、配送业务，着力建成我国重要的保税大宗商品仓储、加工中转基地。空港分区主要功能定位是以干线飞机、支线飞机及通用飞机生产制造等保税加工功能为核心，以航空零部件保税物流和航空保税物流功能为支撑，做强航空检测、航空维修、航空培训、航空研发、融资租赁、保税商品展示等保税服务功能。

2017年，舟山港综合保税区全年累计完成企业注册2 166家。本岛分区以卧龙项目、浙盐项目为代表的保税物流运转良好；对日直航线、甬舟内支线常态化运营，货运量稳步上升；口岸功能进一步齐备，进口肉类指定口岸顺利获批；东北亚保税油加注中心建设卓有成效，2017年供油量达182.8万吨，同比增长71.8%。衢山分区一期鼠浪湖矿石中转项目不断提升接卸能力、出运能力，全年完成混配矿业务806.8万吨，铁矿石吞吐量达3 156万吨，逐渐成为长三角地区进口铁矿石的大型集散中心；二期创新封关验收方案，节约大量建设资金与时间，年底前顺利通过联合验收。空港分区从获批到通过验收，全程历时106天，封关速度创新纪录。

舟山港综合保税区作为中国（浙江）自由贸易试验区建设的主阵地、主平台之一，今后，将承担更加丰富的政策内涵，释放更具特色的功能优势。

舟山港综合保税区：+86-580-8065065

广州保税区

GUANGZHOU BAOSHUIQU

广州保税区于1992年5月经批准成立，面积1.4平方公里，位于黄埔区、广州开发区南端，处于珠江、东江交汇的三角地带，地理位置优越。广州保税区设立以来，依托海关特殊监管区域特殊的政策、功能，培育了加工、物流、商贸、展示销售四个产业集群，引进了卡尔蔡司光学、海瑞克盾构机、中远航运、国美电器、山崎马扎克等龙头企业，区内还拥有国际葡萄酒交易中心，经营来自世界30多个国家和地区的4 000多种葡萄酒。

2017年，广州保税区建成跨境电子商务集中监管中心，大力发展跨境电子商务产业，引进了晶东、苏宁易购、卓志等大型电子商务企业，2018年上半年包裹数达到200万件。同时，黄埔区、广州开发区还出台了跨境电子商务产业扶持政策，对小型、中型、大型类的电子商务企业、平台和服务企业达到一定贸易额都给予奖励。

为更好地复制自贸试验区政策，支持企业开展新业务，提高特殊监管区域的信息化管理水平，广州开发区管委会投资建设了广州开发区特殊监管区域管理服务平台，全面替代原先的系统，该平台目前已经完成建设并开始运行，可以支持企业开展“先进区后报关”“货物按仓储状态分类监管”等业务。该平台的建成将进一步提升通关便利性，节约企业成本，为广州保税区带来新的发展契机。

广东广州出口加工区

GUANGDONG GUANGZHOU CHUKOUJIAGONGQU

广州出口加工区是2000年4月经批准成立的15个出口加工区之一，规划面积3平方公里，2017年12月经批准核减后面积为0.9474平方公里。区内现有本田汽车(中国)有限公司，该公司成立于2003年9月8日，2004年年底投产，起步产能为每年5万辆，是国内整车100%出口的汽车生产企业。截至2017年年底，广州出口加工区累计实现工业总产值381.72亿元，进出口额67.28亿美元；本田汽车（中国）有限公司累计生产汽车318 317辆。

单位名称：广州开发区西区产业园管理委员会（广州开发区保税业务管理局）

业务咨询电话：020-82118382、82118380

福田保税区

FUTIAN BAOSHUIQU

1991年5月28日，福田保税区经批准设立，1993年正式封关运作。园区背靠落马洲河套地区，围网面积1.35平方公里，区内一号通道陆路连通香港，对接全球市场，京珠港澳高速直抵园区，辐射大湾区腹地。经过26年的创新发展，福田保税区已发展成集先进制造、现代物流、国际贸易以及科技研发为一体的多功能经济区域，是全国对外开放的示范窗口和高产田。区内重点企业包括联想、麦迪实、赛意法、光汇石油、腾邦等。福田保税区是国内建立早、发展成就突出的保税区域之一，园区进出口总额、工业总产值等指标一直处于全国海关特殊监管区域前列。2017年，土地集约利用水平位居国内同类园区第四，广东省海关特殊监管区域综合发展水平考核评价名列第一。当前，在粤港澳大湾区国家战略背景下，作为深港合作重要组成部分，福田保税区将迎来新的历史机遇期。

深圳盐田综合保税区

2014年1月22日，深圳盐田综合保税区经批准设立。园区规划面积2.17平方公里，共3个区块，主要由原盐田港保税物流园区、盐田港保税区和沙头角保税区转型升级组成。2016年1月15日，盐田综合保税区（一期）1.24平方公里通过国家验收。深圳盐田综合保税区位于深圳市东部，紧邻国际深水大港盐田港码头和繁忙的陆路口岸沙头角口岸，与盐田港之间以一条专用“绿色通道”实施区港联动，东部沿海高速、盐排高速、深盐路等多条交通大动脉从旁边经过。园区发展总体定位为“一区一基地一载体”：“一区”即建设我国区港联动航运供应链示范区，打造国际先进的临港保税物流中心；“一基地”即建设华南保税产业综合创新基地；“一载体”即努力建设中国（广东）自由贸易试验区的重要载体。

新一代数字式汽车衡

高准确度、高可靠性为港口物流提供可靠的称重解决方案

灵活的产品组合，选型丰富

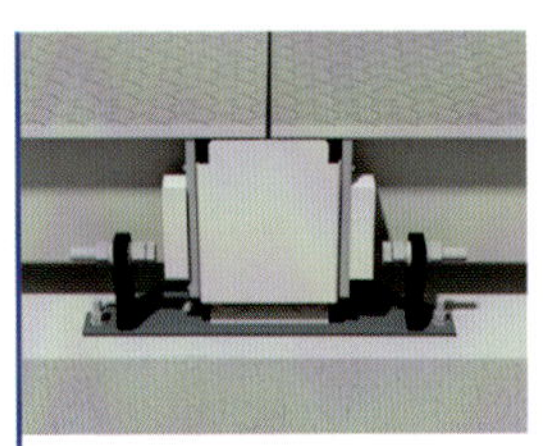

创新的限位方式，维护方便

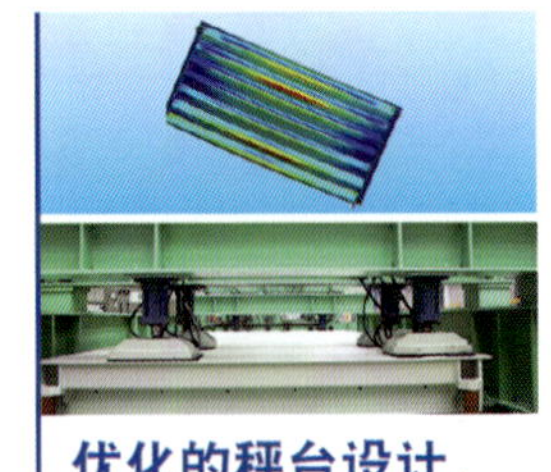

优化的秤台设计，坚固耐用

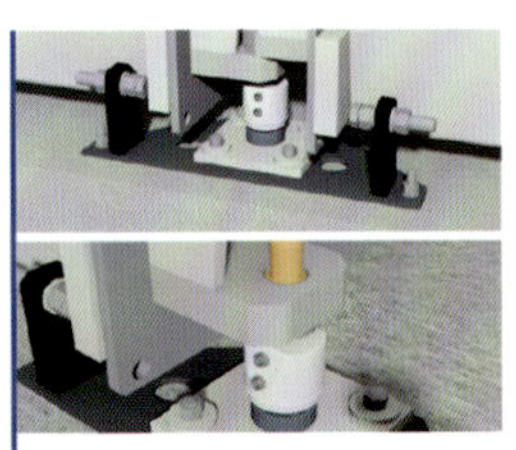

可靠的连接结构，安装快捷

VTS/VTC系列电子汽车衡是梅特勒–托利多在多年生产正交各向异性闭口肋U型钢汽车衡的基础上全新开发的第三代产品，可以广泛应用于港口物流等各类称重场合。

该产品可以配置POWERCELL PDX®、POWERCELL GDD®和GD等传感器，同时配套相应的IND880、IND245 POWERCELL和IND245等仪表，组合出多种规格的产品，提供了灵活多样的解决方案。

了解更多的详情，请登录：

www.mt.com/vehicle

METTLER TOLEDO 梅特勒–托利多

第三代

欢迎扫描二维码
登录网页了解更多

VTS/VTC系列
电子汽车衡

DataMaster
衡器智能管理助手

衡器设备管理的新应用
简单、高效、低成本

DataMaster
Scale Management Assistant

该产品通过局域网，实时监控衡器设备的运行状态，并提供传感器和仪表的故障报警，衡器超、欠载等信息，极大地提高了客户衡器维护的效率。

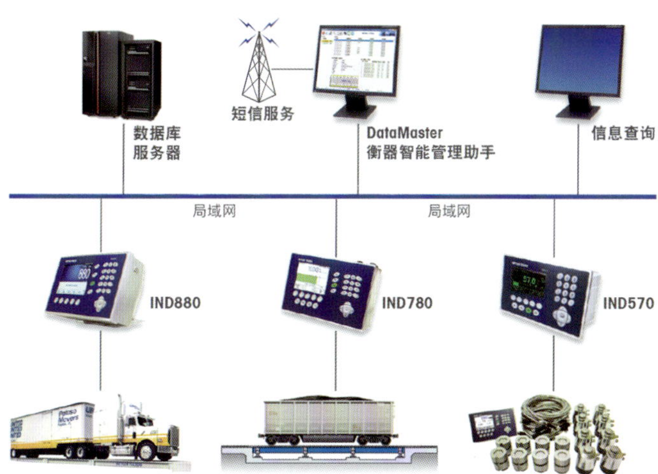

昆明综合保税区

昆明综合保税区是云南省、昆明市发展外向型经济的重要平台，于2016年2月3日经批准由昆明出口加工区整合优化而成。昆明综合保税区规划面积2平方公里，共分两个区块：经开片区规划面积0.58平方公里，为原昆明出口加工区；空港片区规划面积1.42平方公里，毗邻长水国际机场，直线距离不超过两公里。园区分两期进行建设，其中一期于2016年4月6日正式破土动工，2016年12月1日完成了土地收储、基础设施、信息化设施、服务中心大楼等建设工作，2017年5月12日顺利通过验收并封关运营。

昆明综合保税区在招商引资方面，按照保税加工、保税物流、保税服务三大产业板块集中推动一批辐射力强、外向度高的合作项目入区。园区以物流、贸易、服务和创新为核心，努力打造“国际物流功能平台，国际贸易功能平台，创新服务功能平台”三大平台，重点引进航空保税服务业、国际物流服务业、国际贸易服务业、新型生产性服务业、创新型服务业五大产业，最终建设成为昆明市面向世界的综合开放平台，云南省开放型经济新引擎，西部地区临空特色的自由贸易园区和我国面向南亚、东南亚的重要经贸口岸。

联系人：陈甫懿
联系电话：0871-63982224

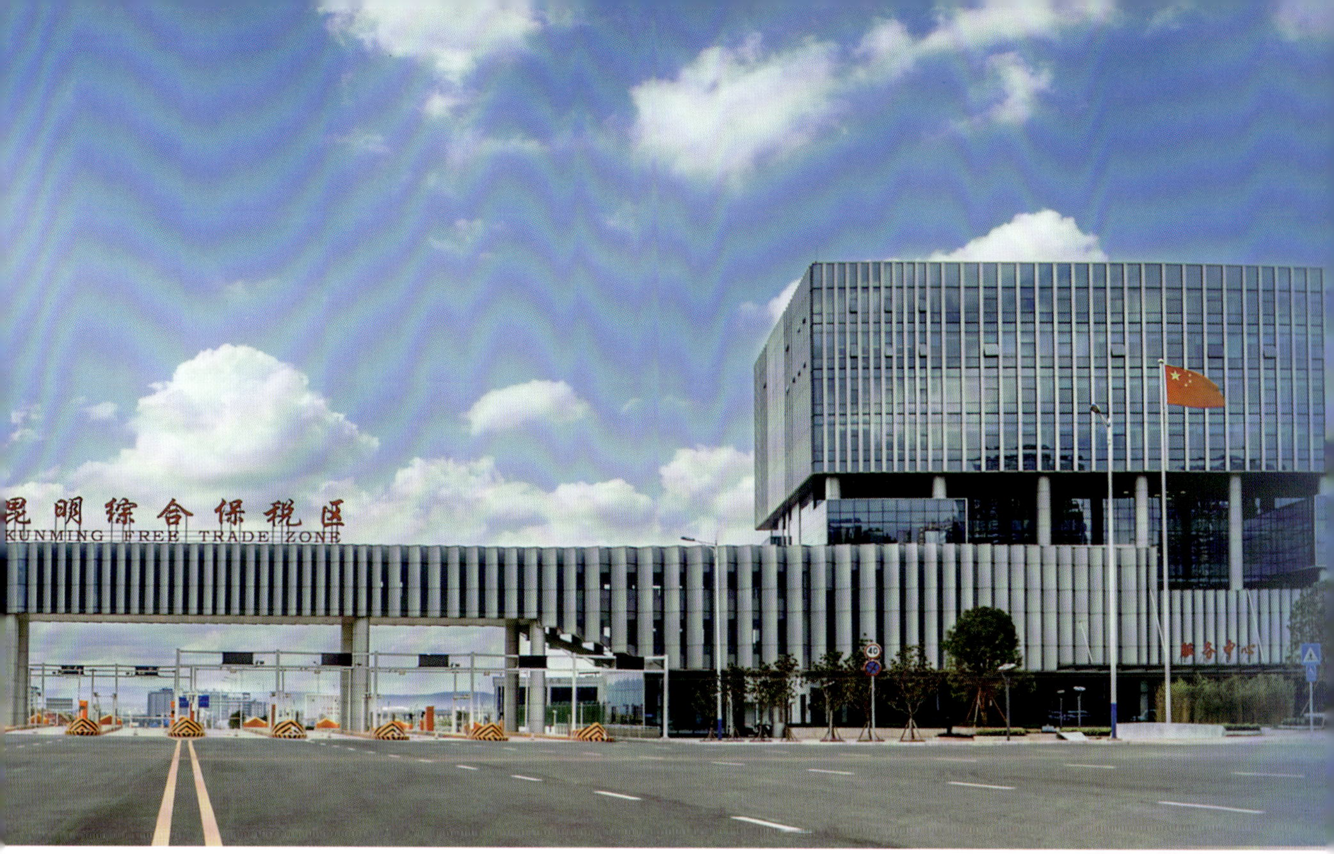

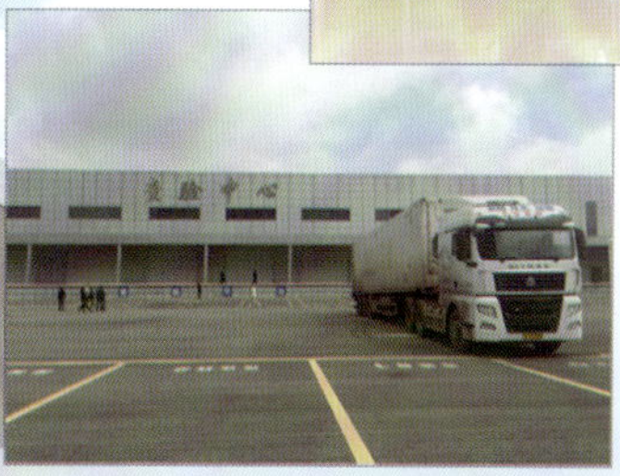

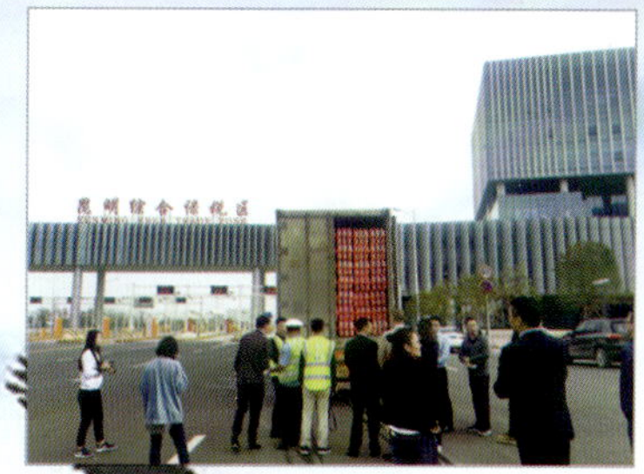

昆明综合保税区
KUNMING FREE TRADE ZONE

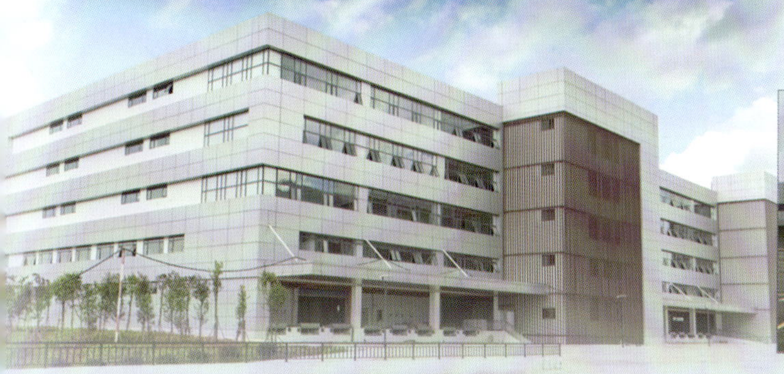

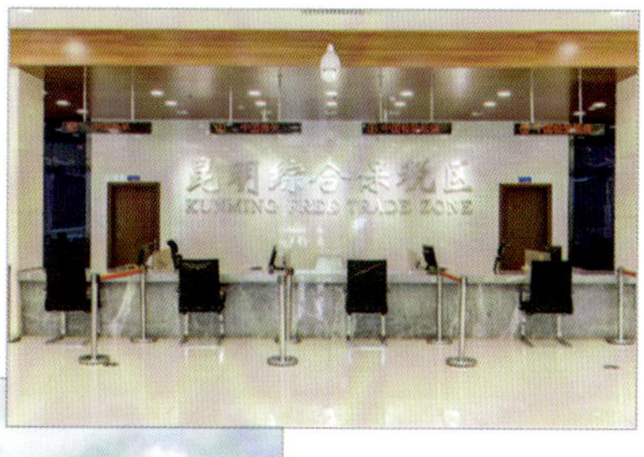

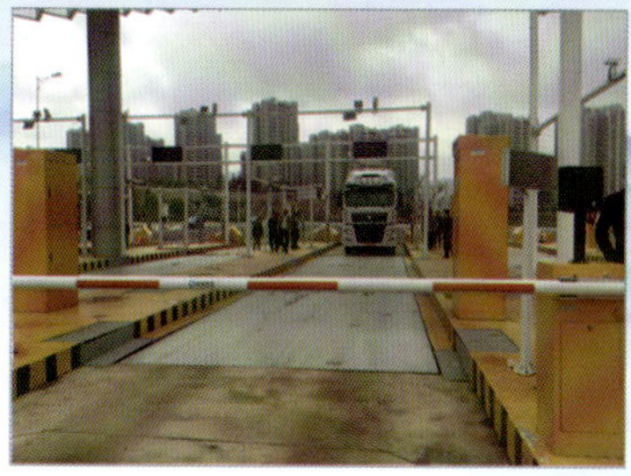

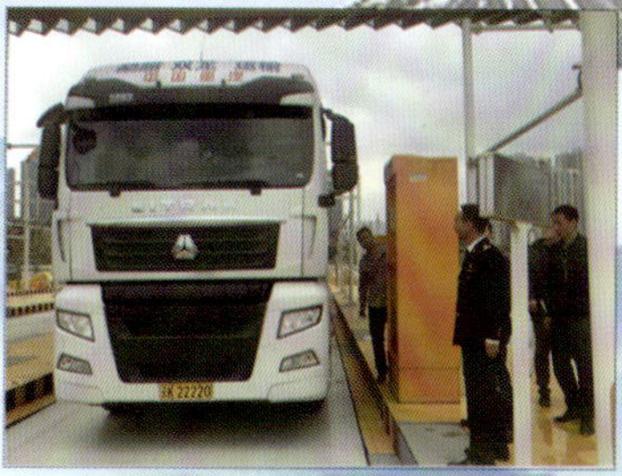

淮安综合保税区

HUAI AN ZONGHE BAOSHUIQU

淮安综合保税区于2012年7月19日经批准设立，网内面积4.92平方公里，网外配套区域约10平方公里，呈“一区两片”格局。其中，南区紧邻京沪高速出入口及规划中的淮安高铁站，具有陆运的优势；北区紧邻机场，是江苏省的“空港保税区”。2013年1月30日综合保税区一期（2.63平方公里）通过验收，2013年10月由出口加工区监管模式切换为综合保税区监管模式，综合保税区一期正式封关运作。

淮安综合保税区具有保税加工、保税物流、货物贸易、口岸通关、进口商品展示展销等功能和进境保税、入区退税、区港直通、集中申报、快速中转等优惠政策，对淮安全市乃至苏北地区外向型经济发展起到重要的政策服务、大项目聚集和国际化平台作用。

淮安综合保税区

HUAI AN ZONGHE BAOSHUIQU

淮安综合保税区集聚了富士康、臻鼎科技、新国纺织、淮澳融创等知名企业90余家，全市及周边有300多家相关企业利用综合保税区平台开展业务。已形成以精密模具、电子接插件、印刷电路板等产品生产为主、以保税物流功能配套为辅的高科技出口加工基地，对周边地区产生了一定的辐射带动和示范作用，是江苏省新型电子元器件高技术特色产业基地、江苏省新型工业化产业示范基地和江苏省电子信息产业链国际合作示范区。2018年1月，经批准，淮安综合保税区成为全国第二批获得企业增值税一般纳税人资格试点单位，开展一般纳税人资格试点。4月，淮安综合保税区企业增值税一般纳税人资格试点正式启动。

联系电话：0517-86283718

济南综合保税区

JINAN ZONGHE BAOSHUIQU

济南综合保税区于2012年5月15日经批准设立，面积5.22平方公里，由原济南出口加工区转型升级而成，2013年12月25日通过验收，一期封关运行面积2.02平方公里。

2017年5月，为充分发挥综合保税区与空港的叠加优势，济南综合保税区启动整体迁建至济南遥墙国际机场北侧的工作。

济南综合保税区迁建区位于山东新旧动能转换综合试验区、济南国际内陆港核心区、济南航空一类口岸叠加区域，依托济南高新技术产业开发区雄厚的产业集聚优势，迁建后的济南综合保税区区位优势明显。建成后，济南综合保税区将与济南遥墙国际机场空港口岸无缝对接，真正实现区港一体化，并将实现济南遥墙国际机场、高铁济南新东站、铁路董家货运站、小清河航运、城市轨道交通及高速公路立体交通、多式联运的叠加效应，极大地拓展发展空间。

在今后的发展中，济南综合保税区将坚持开放引领、创新驱动、集聚发展，构建现代物流与仓储、飞机维修与改装、保税加工与制造、跨境电子商务与商贸、金融与航空租赁5个特色产业体系，重点引入保税物流、保税加工、飞机租赁、保税展示、国际贸易、跨境电子商务、离岸金融等项目，加强与山东太古、山东翔宇、航加国际等航空产业企业的交流与合作，引入飞机客改货、航材储运与贸易、飞机维修配件制造等项目，将济南综合保税区建设成为国际综合保税服务中心、国际文化贸易交流中心、深化改革与创新开放高地、省会城市群高端产业引领区。

联系人：高术仁　　联系电话：0531-88237808。

J I N A N Z O N G H E B A O S H U I Q U

迁建区

遥墙国际机场

约25公里

现综保区

德 阳 综 合

DEYANGZONGHEBAOSHUIQU

德阳综合保税区一期规划面积1.71平方公里，位于四川省广汉市内，属成德绵经济带的中心。园区地处 “三星湖”边，环境优美，距离举世闻名的“三星堆古遗址”三公里；毗邻京昆高速，中欧班列蓉欧线始发站、宝成铁路、成绵乐高铁、国道108、成都六环高速等交通干线均在四公里范围内，区位条件优越。

德阳综合保税区内路网、卡口、海关大楼、查验检疫场所、保税物流中心、商务中心等基础设施完善，电力、通信、燃气、给排水、污水处理等设施齐备，政务服务便捷高效；土地供应充足，标准厂房可租可售；包括采购、配送、物流、金融、通关、退税等功能的供应链服务齐全高效，涵盖各级的各项招商引资优惠政策全面落实，以公共服务信息平台、监管信息平台、物流信息平台、交易信息平台等为代表的大数据中心已经建成。区内聚焦电子元器件、通用航空、高端装备制造、生物医药、跨境电子商务五大产业，同时具备六大国际贸易功能和四大配套功能。

保税区

DEYANGZONGHEBAOSHUIQU

德阳综合保税区是西部地区区位优势明显、开放程度高、设施齐备、政务服务优、配套完善的外向型经济发展高地，必将成为各方企业投资兴业的选择。

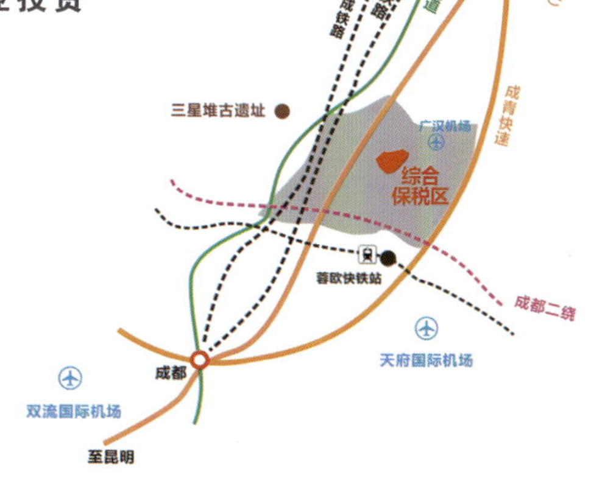

联系电话：0838-5303999转8098

多重叠加的交通区位优势

TRAFFIC LOCATION ADVANTAGE

HAIKOU ZONGHE BAOSHUIQU

海口综合保税区

HAIKO

海口综合保税区由原海口保税区转型升级而成，2011年3月正式封关运行。海口综合保税区是海南开放层次高、优惠政策多、功能齐全、手续便捷的海关特殊监管区域，是复制自贸试验区的前沿窗口，是海南开放型经济的重要引擎，是“海澄文”一体化综合经济圈的支点。

海口综合保税区位于与海口市西部相邻的澄迈县老城经济开发区内，面积1.93平方公里，海陆空交通便捷，区位优势明显。园区具有三大功能，即保税加工、保税物流、保税服务；九大业务，即对外贸易，国际采购，分销配送，国际中转，售后服务，商品展示，研发、加工、制造，仓储物流，口岸作业等。

区内企业之间货物交易免征增值税、消费税，除法律、行政法规另有规定外，区内企业货物、产品运往境外，免征出口关税和增值税，海关对于特殊区域与其他海关特殊监管区域或者保税监管场所之间的流转货物，不征收进出口环节的有关税收。

地址：海南省澄迈县老城经济开发区南一环路69号　电话：0898-67204908、6720490

ONGHE BAOSHUIQU

海口综合保税区与其他海关特殊监管区域或者保税监管场所往来货物，可按保税区间流转方式进行结转，区间结转企业可以采用“分批送货、集中报关”的方式办理海关手续，收发货可采用企业自行运输或者比照转关运输的方式进行。

区内保税存储货物不设存储期限；区内加工企业不实行银行保证金台账管理；区内企业之间货物可以自由流转，区内自行运输；简化统一进出境备案清单；根据入区项目的具体情况，实行“一企一策”，对于带动性强、辐射面宽、投资额大的项目给予更多的政策扶持；开展入境维修产品监管新模式，实行“一次备案，多次使用”，实行委内加工监管，实行仓储货物按状态分类监管，开展大宗商品现货保税交易，开展海关特殊监管区域间保税货物流转监管模式等7项业务。

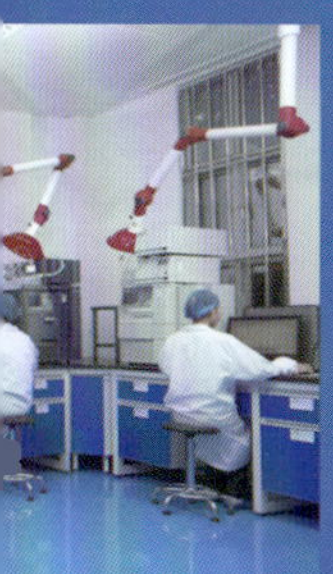

HAIKOUZONGHEBAOSHUIQU

真：0898—67204908　邮箱：hkzbqzsb@163.com　http://www.hkftz.gov.cn

杭州保税物流中心（B型）

HANGZHOU BAOSHUI WULIU ZHONGXIN(B XING)

杭州保税物流中心（B型）经批准设立并于2011年12月正式封关运营。中心一期、二期共占地约39.73万平方米，围网面积约18.33万平方米，总仓储面积24万平方米，其中围网内仓库面积约12万平方米，围网外配套国内库面积12万平方米。中心具有保税仓储、入物流中心退税、转厂服务、全球采购和国际配送、简单加工及增值服务、国际中转和转口贸易等基本功能，能够为企业提供仓储、运输、信息、加工、配送、商务、展示等服务。仓库内部采用高级采光板采光，可节约企业用电；采用双回路供电设计，保障企业用电通畅；仓库四周灵活设置进出车道并设计有汽车自动调平台，以保证各类型的车辆畅通无阻，装卸货方便快捷；可根据入驻企业不同需求，分割多种仓储单元，并可灵活改变仓储方式及仓储环境。

依托保税物流中心的基本功能，中国（杭州）跨境电子商务综合试验区·空港园区在2015年2月正式开园，成为杭州跨境电子商务综合试验区首批线下园区之一。园区企业孵化与产业培育并重，一般贸易与电子商务同步，特别是具备国内电子商务和跨境电子商务互联、互通、互转的服务能力，对贸易企业尤其是生产制造企业转型升级的助推作用显著。目前，园区已经初步建成多平台融合发展、多功能集成拓展的复合型园区。

招商电话　0571-82889108

成都双流自贸试验区

成都双流自贸试验区总面积34.01平方公里，是中国（四川）自由贸易试验区核心承载地之一，正努力营造法治化、国际化、便利化营商环境，是中西部地区海关监管区域（场所）种类齐全、功能完备的区域之一。

拥有成都双流国际机场。双流国际机场为一类开放口岸，是全国第四大航空枢纽，已开通航线329条，其中国际航线110条，是中西部地区覆盖五大洲的机场。

区域内已投运成都空港保税物流中心、成都空港国际快件中心、空港国际邮件互换局等外向型经济承载平台。获批食用水生动物、冰鲜水产品、药品、水果、肉类、植物种苗六大进口特殊商品指定口岸，是中西部地区口岸功能齐备的区域。

拥有**成都高新综合保税区双流园区**。该园区占地4平方公里，重点发展保税制造、保税维修、保税文化、融资租赁、跨境电子商务等产业。

招商咨询电话：028-85887300

澳门贸易投资促进局

澳门长期以来发挥着中葡桥梁的纽带作用，与横跨四大洲、人口超过2.6亿的8个葡语国家（安哥拉、巴西、佛得角、几内亚比绍、莫桑比克、葡萄牙、圣多美和普林西比及东帝汶）保持紧密联系。国家“十二五”和“十三五”规划都明确支持澳门建设“中国与葡语国家商贸合作服务平台”，澳门正发挥精准联系的功能，致力于促进中国与葡语国家的交流合作，并通过葡语国家连接欧盟、美洲、非洲等国际市场。

自2003年起，“中国－葡语国家经贸合作论坛（澳门）部长级会议”已成功在澳门举行了五届。目前，多项深化澳门平台作用的新举措已陆续落实。其中，“中葡合作发展基金”总部已于2017年6月落户澳门，可为企业在澳门提供咨询及争取项目融资等服务；“中国－葡语国家企业家联合会”已于2017年4月揭牌，进一步加强内地、澳门与葡语国家企业间的联系；“中葡商贸合作服务平台综合体＂正有序建设，建成后将为中葡交流合作提供实体性的支持和服务。此外，正在打造“中葡金融服务平台”，建设“中葡青年创新创业交流中心”、“中葡双语人才培养基地”、“中葡文化交流中心”，并在旅游、卫生等领域的合作取得了进展。

澳门特别行政区政府正进一步推动“中国与葡语国家商贸合作服务平台”延伸的“三个中心”的建设，包括“中葡中小企业商贸服务中心”、“葡语国家食品集散中心”及“中葡经贸合作会展中心”。通过在线、线下系列工作，为中国与葡语国家的交流合作创造良好的商贸环境。

同时，澳门积极把握国家发展带来的机遇，参与和助力“一带一路”和粤港澳大湾区建设。2018年10月，港珠澳大桥正式开通，进一步推动区内经济融合发展。此外，澳门贸易投资促进局在内地设立了杭州、成都、沈阳、福州、广州及武汉6个联络处及代表处，推介宣传澳门及葡语国家的营商环境，并提供中葡基金查询转介及联系等服务，以促进内地与澳门及葡语国家的经贸合作往来。

澳门贸易投资促进局作为专责促进对外贸易、引资、会展业务、中国与葡语国家经贸合作等对外合作的部门，还提供投资者“一站式”服务、会展竞投及支持“一站式”服务、“中葡商贸导航”等服务。诚恳欢迎各地企业以及投资者利用澳门平台开拓国际市场，澳门贸易投资促进局将竭诚为各位提供系列的支持服务。

澳门贸易投资促进局联络资料

地址：澳门友谊大马路918号世贸中心一至四楼

网址：https://www.ipim.gov.mo

电邮：ipim@ipim.gov.mo

电话：(853) 2871 0300

青岛前湾保税港区

QINGDAOQIANWANBAOSHUIGANGQU

青岛前湾保税港区于2008年9月7日经批准设立，由保税区、保税物流园区整合临近港口转型升级而成，规划面积9.72平方公里，建设码头泊位21个，享有“保税、免税、免证”和“境内关外”等特殊政策，统筹管理西海岸出口加工区和青岛出口加工区，实现了海关特殊监管区的融合发展，为全国海关特殊监管区域整合优化作出示范。2017年，全区实现各项收入46.98亿元，外贸进出口总值129.74亿美元。

近年来，青岛保税港区加快实施区域转型升级。建成全球较大的尿素交易平台，天然胶交易量较高，发布山东省大宗进口商品价格指数和生产资料价格指数——中国·青岛橡胶价格指数。恢复青岛汽车整车进口口岸，平行进口车数量位居全国第二。建成进口商品总部基地，率先在全省开通保税备货业务，被评为全国电子商务示范基地。加快新旧动能转换，倾力打造国际冷链中心、国际自贸中心、国际物流中心和国际商品市场交易中心，推动区域创新发展、持续发展。优化空间布局，将当前全球自动化程度高、装卸效率快的集装箱自动化码头纳入围网范围，实现优势政策拓展延伸。积极融入“一带一路”建设，探索出“省内功能区＋省外经济合作区＋‘一带一路’自贸驿站”的发展模式，通过“飞地经济”，打造共享平台，加强地区合作，促进区域协同发展。

山东青岛西海岸出口加工区

SHANDONGQINGDAOXIHAIANCHUKOUJIAGONGQU

青岛西海岸出口加工区于2006年5月经批准成立，规划面积2平方公里。园区实行“境内关外、进口免税、进料保税、入区退税”的优惠政策，可全方位开展保税加工、保税仓储、物流配送、研发、检测、维修及新兴现代服务业等业务。

园区海、陆、空三位一体，北临青岛胶东国际机场、南靠前湾港、西接胶州多式联运——中铁联集青岛中心站、东连胶州湾跨海大桥，位于两大空港枢纽交汇处，紧邻西海岸起降点。截至2017年年底，园区已经吸引来自日本、韩国、美国、中国香港等国家和地区的90余个项目落户，累计投资总额约10.61亿美元。

目前，西海岸出口加工区已初步形成精密电子、保税物流、机械装备和高端棉纺织产业四大主导产业，并重点发展先进制造、高端物流、现代服务、通用航空及跨境电子商务、进口商品分销、融资租赁等新兴产业。其中，跨境电子商务产业已引进20余家跨境电子商务企业，聚集效应初步显现；航空产业着力打造“一个基地和四个中心”的规划布局——青少年航空科普教育基地、航空器保税展示交易中心、国际飞行培训中心、航空器制造及维修中心和航材保税物流中心。下一步，园区将以向综合保税区转型为契机，打造政策优惠、功能完善、更高层次的海关特殊监管区域。

联系人：姜雪梅

电话：0532-83157002

邮箱：xihaian2006@126.com

地址：青岛市黄岛区龙门山路136号

邮编：266426

青岛出口加工区位于青岛环胶州湾产业带中间位置，是2003年3月10日获批准设立的第三批出口加工区之一，功能区规划面积2.8平方公里，实行“境内关外、免税保税”政策。园区北邻青岛新机场，南邻胶州湾，西至大沽河，东接青岛高新区。

2017年，是青岛出口加工区实施整建制划转的第一年，加工区实现了平稳有序的过渡，各项工作进展顺利，较好地完成了全年工作任务：完成规模以上工业总产值48.9亿元，同比增长36%；完成固定资产投资1.13亿元，同比增长12%；完成外贸进出口额8.88亿美元，同比增长16%；完成到账外资1 586万美元，实际利用内资（市外资金）1.001亿元；共引进项目10个，其中占地小、科技含量高、出口额大的跨境电子商务、保税物流、保税服务等新业态项目占新落户项目的半数以上。

山东青岛出口加工区

上海闵行出口加工区

SHANGHAI MINHANG

上海闵行出口加工区于2003年3月10日经批准设立，坐落于上海市工业综合开发区板块内，启动面积1.9平方公里，同年11月23日正式封关运行。作为上海西南部地区的加工区，其地理位置左邻洋山，右是上海连接外省主要的水路、陆路、铁路出口通道。经过十多年的招商运作和精心培育，加工区已形成新能源、电子信息、装备制造、保税物流四大优势产业。

2017年，“委内加工”“仓储货物按状态分类监管”“卡口智能化验放”“境内外检测维修”4项政策陆续落地，为企业创造实际效益。

区内新能源企业“晶澳”太阳能公司从2017年4月底开展“委内加工”业务以来，已成功接受区外企业委托生产的3 771万美元电池组件业务，帮助企业开拓国内市场，节约成本24万美元。近铁国际物流开展“仓储货物按状态分类监管”业务以来，其“非保”业务已占该公司总业务量的15%，仓储面积再扩充3 000平方米。卓耘电子公司开展保税维修业务以来，年维修量达到16万件，其业务已拓展至美国、菲律宾、新加坡、韩国等十多个国家和地区。

2018年，上海闵行出口加工区经批准整合优化为上海奉贤综合保税区。

联系电话：021-33655012

内蒙古呼和浩特出口加工区

呼和浩特出口加工区于2002年6月21日经批准成立，位于呼和浩特西郊，规划面积2.21平方公里，2007年7月31日通过验收，并于当年12月28日正式封关运作。区内道路、热力、燃气、供电、给水、污水、雨水、通信及网络配套已建设完成，基本实现了“九通一平”。一期开发建设1.038平方公里，其四至范围为：东至霍寨沟，南至京包铁路，西至土默特左旗台阁牧镇黄金道，北至金川西路。

园区内物流硬件设施已完全具备，并计划与西北地区较大的公铁联运现代物流基地沙良物流园开展互联互动，大力发展保税物流业务和保税仓储业务，提升物流业和仓储产业比重。企业同样可以实体的形式入驻加工区，利用区内现已建成的10栋标准厂房开展保税物流业务及保税仓储业务、跨境电子商务业务。已建成国际贸易中心大楼，打造区域性进口商品直营中心和集散地，企业可以实体的形式入驻，利用出口加工区特有功能开展保税展示业务。同时，建有专家公寓3 318平方米，验货场地14 944平方米、1 550平方米的监管仓库、1 000平方米验货平台、17 000平方米标准厂房、5 268平方米综合办公楼，为区内外企业开展加工贸易及保税物流业务提供了良好的条件。

招商电话：
出口加工区管委会办公室：0471-2285741
出口加工区经济发展（招商）局：0471-2285745

东营综合保税区

东营综合保税区于2015年5月6日获批复设立，规划面积3.1平方公里，分两期建设，一期规划面积1.56平方公里，已于2016年年底实现封关运营。

东营综合保税区依托大港口，立足服务于高端石化产业基地建设，着力打造保税仓储物流基地、保税加工制造基地、保税服务基地；主要规划建设电子信息、高端装备制造、新材料、食品饮料、大宗商品仓储及冷链物流六大产业园；重点发展检测设备、高端装备、新型装修材料、红酒的生产加工，橡胶轮胎、有色金属等大宗商品的仓储物流。

东营综合保税区在执行国家赋予综合保税区政策的同时，还配套出台了一系列企业发展扶持政策，促进企业快速发展。目前已与中国振华、中科奕扬、浙贸云商等企业签署合作协议，引进各类企业220余家，其中保税加工类项目10余个。东营综合保税区作为东营市对外开放的桥头堡正呈现出良好发展态势。

dongying zonghe baoshuiqu

东营港 ⇌ 大连港

集装箱开航仪式

战略合作签约仪式

热烈欢迎海内外宾朋前来参观考察，投资兴业！

联系电话：0546-8019557

宁波保税区（出口加工区）

宁波保税区（出口加工区）规划面积5.3平方公里，毗邻宁波舟山港。全区集聚有来自全球60多个国家和地区的7800多家企业，2017年实现生产总值174亿元、财政收入49.2亿元、工业总产值319亿元、外贸进出口总额750亿元，形成了以国际贸易、先进制造、现代物流、新兴经济为特色的现代化产业体系。区内建有国家进口贸易促进创新示范区、跨境电子商务综合试验区、宁波进口商品中心、百度云智宁波大数据产业基地、金融科技（区块链）产业园、航天云制造示范基地、国际采购配送基地、液晶光电产业基地等产业平台。2013年开始跨区发展建设宁波象保合作区，与中国航天科工集团合作共建航天智慧科技城，建设国家级云制造示范基地。下一步，园区将大力推进产业智能化、平台国际化、产城融合化、治理现代化，打造“实力保税区、活力保税区、魅力保税区”。

联系电话:0574-89286675

嘉兴综合保税区B区

嘉兴综合保税区B区位于嘉善县西塘镇，地理位置优越，依托沪杭甬高速、申嘉湖高速、苏通高速、沪杭高铁等，实现与上海、杭州、宁波、苏州1小时经济圈，具备接轨上海、辐射长三角的优越区位和交通条件。

2016年9月，嘉兴综合保税区B区首期围网0.6634平方公里通过验收封关运作，成为浙江省第一个海关特殊监管区成功转型为综合保税区的范例。富士康科技集团、富通集团、华能国际、中粮集团进出口商品供应链管理商、大连东方科脉等一批优质企业先后落户园区。2017年，全区实现产值33.07亿元，实现税收4 459万元，工业性投入9.09亿元，审核进出口报关单13 778票，办理保税物流6 159票，监管货值3.31亿美元，监管货运量36 036吨，实现一线进出口总额13 880万美元，实现进出区货物总值19亿美元。

嘉兴综合保税区B区是上海自贸试验区首个市外合作区。区内有相关部门设立专门机构现场办公，实行24小时、7天制通关运作。围绕“简政集约、通关便利、安全高效”的要求，园区全面实行“先进区、后报关制度”“境内外维修制度”“批次进出、集中申报”“简化通关作业随附单证”“统一备案清单”等自贸试验区创新服务制度。

联系电话：0573-89116018

华东信息科技有限公司

www.ecidh.com

华东信息科技有限公司是立足长三角、面向全国的口岸信息和物流信息软件开发和平台运营企业。公司总部设在昆山，在苏州、成都、重庆、南京设有研发中心，在北京、南京、苏州、重庆、成都、西安、济南、广西和大连等地都设有分支机构。

公司自2003年成立以来，始终致力于开发物流信息平台及电子商务和电子政务集成软件，为华东地区的众多大型跨国企业和全国海关特殊监管区域提供全面的物流解决方案。

质量方针：开发顾客需求，缔造行业精品，提供优质服务，提高管理效益。

公司使命：通过不断创新、为顾客创造价值，成为受人敬仰的公司。

公司理念：流畅地进行物流、资金流、信息流的传递，实现电子政务和电子商务的合二为一。

公司口号：服务赢得尊重，细节决定成败。

我们的追求：提供整体物流解决方案，降低企业物流成本。

公司定位：保税加工与保税物流IT专家。

项目解决方案

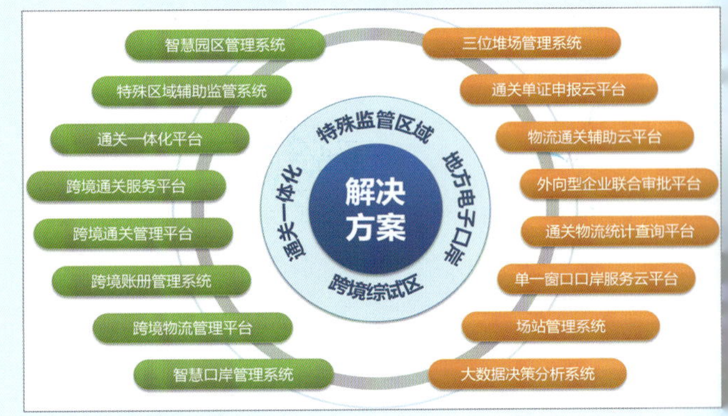

1. 为全国各类海关监管场所提供信息管理平台方案及系统，同时提供物流平台的运营服务；
2. 为各地方外贸产业园区提供咨询规划及信息化解决方案；
3. 为地方电子口岸提供规划咨询服务及信息化解决方案；
4. 提供国际贸易单一窗口咨询规划及信息化解决方案；
5. 为大型物流企业和3PL提供Logistics Hub和VMI Hub的平台建设和运营服务；
6. 为跨国公司和进出口企业提供加工贸易联网监管、数据传输和采集、电子报关和通关的专业管理软件；
7. 为特殊区域加工贸易企业及配套的上下游供应商及代理企业提供完整的供应链协同服务；
8. 为物流企业、生产企业、贸易企业提供办公自动化信息化服务。

产品解决方案

1. ECI物流系统产品：为物流行业企业提供完整的信息化解决方案。满足货代、报关行、车队企业内部的信息化智能管理，同时也满足它们之间业务流转数据协同。

2. ECI关务产品：实现企业关务管理与物流、采购、仓库、生产、销售、财务等内部管理信息化协同，同时对外实现关检代理和海关、国检、电商、支付商等信息一次录入多次共享的整条信息链解决方案。为企业建立标准化通关作业流程、物流申报流程。

3. ECI跨境协同平台：实现与电商、支付商、物流商的无缝对接，实现人工作业信息化，通过系统转换身份实现监管申报，提高时效，实现电子商务、仓储企业以及报关行之间的作业和报关协同，使商品备案、货物进出区流程标准化。

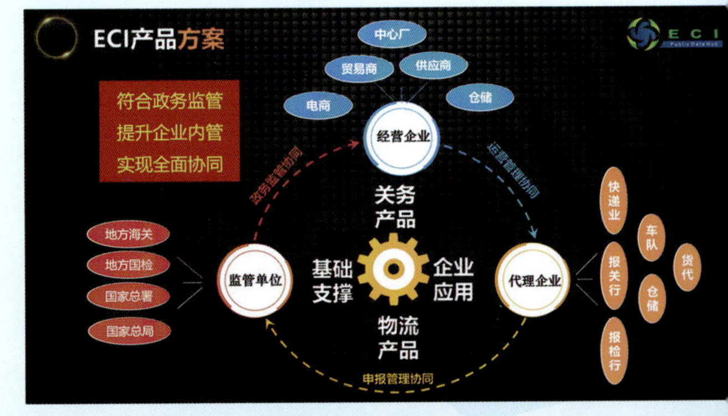

黄骅港综合保税区

保税物流 | 保税加工 | 保税服务

黄骅港综合保税区规划面积为3.63平方公里，首期封关面积为1.57平方公里，二期面积为2.06平方公里。园区紧紧围绕“打造服务临港产业，拉动冀中南及亚欧大陆桥新通道沿线外向型经济发展的平台”的目标，确定了保税物流、保税加工、保税服务三大功能。

黄骅港综合保税区地处环京津、环渤海中心地带，是京津冀协同发展重要战略平台和环渤海经济圈重要节点。黄骅港为雄安新区重要出海口，这对黄骅港综合保税区提出了新要求、增添了新动力。依托六大优势——区位、腹地、港口、战略、交通、产业优势，黄骅港综合保税区必将吸引更多中外优秀企业加盟。

地址：河北省沧州市渤海新区航运中心大厦1008室

电话：0317-7559996

传真：0317-7559996

联系人：王春晓

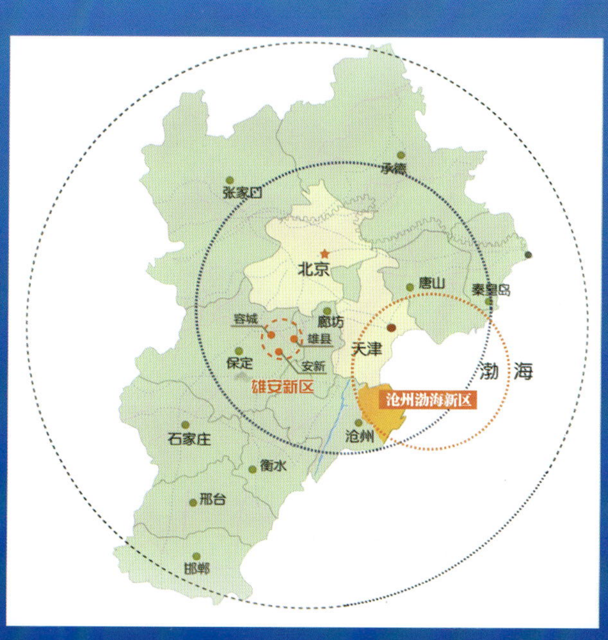

南通综合保税区

南通综合保税区是在原南通出口加工区基础上的转型升级，于2013年1月3日经批准设立，规划面积5.29平方公里，实行“一区两片”的发展格局，其中A区规划面积1.5平方公里，B区规划面积3.79平方公里。

南通综合保税区A区地处南通经济技术开发区中心区域，周边商业和产业环境已经成熟，着重发展研发、大数据、展览展示、检测与维修、国际贸易等保税服务业，适当增加环境友好型保税加工业。位于A区的国际数据中心产业园规划面积约86.67万平方米，已吸引阿里巴巴大数据综合服务平台、美国华平钛基数据中心、中国移动、美国尼尔森大数据分析等项目入区发展，将形成通信运营商、设备供应商、软件开发商、数据中心管理运营商、数据应用服务商相互关联的产业链，构筑具有综合保税区特色的国际数据产业发展平台。

南通综合保税区B区距苏通长江大桥2公里，紧邻通海港区集装箱码头，着力发展保税加工和保税物流业。目前，B区集聚了总投资18亿元的中仓国际物流园、总投资超10亿元的中远海运通海物流园、总投资12亿元的宝能智慧物流园和总投资超过5亿元的中农集团现代物流园等一批现代物流项目，全力打造集仓储、分拨、配送、销售、供应链金融等为一体的现代物流中心。通海集装箱港区岸线长2 478米，规划建设8个7万吨级以上集装箱泊位，B区前沿一期工程3个7万吨级集装箱泊位已建成并开港运营。

南通综合保税区围绕功能定位，结合自身特点，重点建设大数据产业和现代物流业，力争早日建成“投资自由化、贸易便利化、金融国际化、行政高效化”的长三角现代物流和加工贸易运营示范区。

联系地址：江苏省南通市经济技术开发区海德路2号
联系人：浦汇洋
联系电话：18251311686
办公电话：0513-80590198

苏州工业园综合保税区规划总面积为5.28平方公里，分为东、西两个围网区，其中东区面积3.88平方公里，西区面积1.4平方公里。综合保税区内可以从事的业务包括：存储进出口货物和其他未办结海关手续的货物，国际转口贸易，国际采购、分销和配送，国际中转，检测和售后维修服务，商品展示，研发、加工、制造，港口作业，经海关批准的其他业务。

苏州工业园区报关有限公司

苏州工业园区报关有限公司成立于1996年，是苏州工业园区国际商务区下属国资公司，通过多年来不断实践和摸索，形成四大核心价值——专业报关报检、货代配送、一体化运营、关务管理及供应链咨询，拥有上海、太仓、苏州吴江、苏州高新区4个分公司，南京、常州、无锡、重庆、武汉、天津等多家异地分站。

专业化服务产品

公司充分运用区域优势和信息技术，成功运作空陆联程、陆空联运（SZV）、区港联动、“全流程无纸化”、“关检合作‘三个一’”、“通关一体化”、“海外预检”、“互联互通”、“单一窗口”、“关检融合”等创新模式为企业提供一站式通关贸易服务和整体物流方案设计，并建设“AEO联盟”及升级版“贸易与投资便利化促进会”推动区域经贸水平提升，护航企业合规运营。

苏州工业园综合保税区

一体化运营

公司配套全国通关一体化，运用信息技术，形成单证、服务、货运“三个中心”作业模式，联动上海、苏州高新区、太仓、吴江分公司及无锡、常州、南京、杭州、武汉、重庆等长江经济带节点业务分站，为跨关区及集团化企业提供综合通关物流解决方案。同时，凭借全国布点，积极对接“一带一路”建设，以“蓉新欧”“渝新欧”“郑新欧”“苏满欧”等中欧班列线路，拓展了苏州、无锡、重庆等异地多家铁路进出口业务。

“全贸通”中小企业进出口事务服务平台

公司自主研发的江苏省服务业综合试点项目及创新典型项目，包括中新理事会项目全国创新试点“苏州工业园区生物材料国际物流平台”、进出口订单管家式服务“关贸汇”、全方位企业运营健康体检“关务宝”，一站式在线服务中小企业产业集聚和规模化发展。

关务咨询

公司为企业提供合规体检、AEO升级辅导、定制化关务培训、代办证照、国家专项资金申报、供应链新模式设计、综合物流方案策划等服务。

联系方式：江苏省苏州工业园区现代大道66号综合保税大厦9楼
电话：0512-62878666

遵义综合保税区

ZUNYI FREE TRADE ZONE

遵义综合保税区于2017年7月1日获批准设立，2018年4月24日通过验收，规划建设面积1.11平方公里。另将贵州新蒲经开区作为遵义综合保税区的托管区配套区，规划面积30平方公里。遵义综合保税区及托管区配套区按照“两区六园”规划建设（“两区”，即遵义综合保税区、遵义智能终端产业集聚区；“六园”，即遵义上海产业园、遵义软件园、遵义空港产业园、军民融合产业园、环保产业园、辣椒产业园）。

目前，遵义综合保税区及托管区配套区已建成标准厂房等生产生活配套设施面积达300多万平方米（其中围网区建成标准厂房63栋40万平方米），基础设施日益完善，产业集聚初具规模，招商引进企业130多家。

着眼未来发展，遵义综合保税区确定了“123456”的发展目标和基本思路：“1”，即努力把综保区及托管区打造成1 000亿级产业集聚区的目标；“2”，即建立“综保区+经开区”“管委会+公司”两套工作机制；“3”，即坚持边招商、边集聚、边提升“三边”发展模式，围绕保税加工、保税物流、保税服务“三大业务”，重点发展以大数据为引领的智能终端产业、以绿色生态为特色的轻工产业、以航天航空配套为主的装备制造业；“4”，即按照“国际化”“智能化”“生态化”“市场化”的要求，奋力打造成为“遵义对外开放主阵地、黔川渝结合部开放主平台、西部内陆开放示范区、全国特色综合保税区”的四大发展定位；“5”，即遵义综保区与托管区辐射区实行“统筹区内区外、统筹开发建设、统筹产业发展、统筹招商引资、统筹人员使用”五个统筹工作机制；“6”，即努力建设成机制好、产业好、政策好、配套好、服务好、发展好的“六好”综合保税区。

联系电话：0851-27331320

中联富维国际物流（深圳）有限公司

RICHEST LINK LOGISTICS(SHENZHEN)CO.,LTD

中联富维国际物流（深圳）有限公司是由香港中联（亚洲）有限公司全资拥有的物流仓储企业，位于深圳市盐田港保税区物流园区内，毗邻优势港区盐田港，属于海关特殊监管区域。与公司配套运营的还有深圳市富维报关有限公司。

深圳市富维报关公司成立于1995年4月，是相关部门批准的一家专业报关公司，从2009年至2015年连续三届被评为全国百优报关企业（三年一届），以其成熟的进出口报关运作体系和辐射深圳一、二线口岸的众多服务网点，为客户提供一站式多渠道的通关服务。

中联富维国际物流（深圳）有限公司自2003年运营以来，伴随着物流行业建设不断发展壮大，现已拥有一支经验丰富、高素质的服务团队，并取得了ISO质量管理体系、ICTI国际玩具工业理事会、GSV全球安全认证反恐及沃尔玛FCCA等一系列国际认证。目前公司仓库操作面积共9万多平方米，员工人数合计500多人，在深圳与上海均有操作仓库，以完善的设施设备、高效的仓储管理、专业的报关报检、多元化的物流方案设计赢得广大客户的信赖。

未来，中联富维公司将通过对WMS系统升级、联合国内外优质电商销售平台等一系列措施，秉着诚信、专业、创新的公司服务理念，成为一家集国际贸易、保税展示、跨境电子商务等供应链物流服务、报关报检、仓储及运输为一体，提供个性化物流方案设计等一条龙服务的综合性国际物流公司。

深圳市富维报关有限公司
地址：深圳市福田区深南中路3039号国际文化大厦2205B
电话：0755-83290555

中联富维国际物流（深圳）有限公司
地址：深圳市盐田港综合保税物流园区南片区23号中联仓
电话：0755-25288552

泰州综合保税区

泰州综合保税区的前身为泰州出口加工区，位于江苏中部、长江北岸，于2010年获批准设立，2015年经批准整合优化为综合保税区，规划面积1.76平方公里，已实现1.58平方公里范围内的封关运作，主要规划有工业加工区、保税物流区、联检公共服务区和综合服务区四个功能分区。

围绕综合保税区功能提升，园区将着重打造“4+1”中心，即高端研发制造中心、跨境电子商务中心、保税物流配送中心、进口商品展示交易中心及金融结算配套中心。在发展思路上，进一步丰富业务类型，提升发展层次，实现由“加工、组装”向“制造+贸易+服务”的转型发展，既体现出经济园区的体量，又体现出功能园区的特色。

2016年9月，泰州综合保税区获批江苏省跨境电子商务产业园试点园区，建成面积2 700多平方米的跨境电子商务监管中心，内设跨境电子商务公共服务平台、X光检机同屏比对系统及监管部门所需的监控设施，已经形成区外开展直购进口和零售出口业务、区内开展保税进口和特殊区域出口业务的格局。保税展示交易中心总建筑面积3万平方米，其中一、二两层为仓储式卖场，三层为O2O进口商品体验店，四、五两层为跨境电子商务、贸易企业办公用房。

泰州综合保税区正在抢抓“长江经济带”发展机遇，紧扣高质量发展目标，不断解放思想再出发，对标找差实现新跨越。

联系电话：0523-80817303

湖北武汉出口加工区

HUBEI WUHAN CHUKOU JIAGONGQU

2000年4月，湖北武汉出口加工区经批准设立，成为全国首批15家试点出口加工区之一。2001年6月，加工区正式封关运行，已经建成约7.6万平方米的标准厂房和保税仓库。

湖北武汉出口加工区管办围绕招商引资和环境建设两大主题，制定了“长、短目标结合”的工作计划，搭建以加工贸易、一般贸易、保税物流和跨境电子商务为主体的四大平台，引进武汉经开保税物流平台、跨境电子商务总部及展示交易中心等关键项目。

园区完善环境建设，加大基础设施建设力度，力争在未来3年内，依托四大平台的建设，转型升级为综合保税区，成为武汉市外向型经济的亮点。

联系电话：027-84739766

吴江综合保税区

吴江综合保税区位于苏州市吴江经济技术开发区，规划面积1平方公里，于2015年1月31日经批复同意在原吴江出口加工区的四至范围基础上设立，于2015年12月31日通过验收。

2017年，吴江综合保税区狠抓招商引资、企业服务，着力推进企业增值税一般纳税人资格试点、跨境电子商务（保税备货进口模式）等新政策的对上争取及现场推动，各项工作稳步推进。2017年，吴江综合保税区进出口监管货值145.6亿美元，其中一线进出口约32.63亿美元，二线进出口112.97亿美元；完成工业总产值30.94亿元，工业销售30.99亿元。

招商电话：0512-66086608、66086610

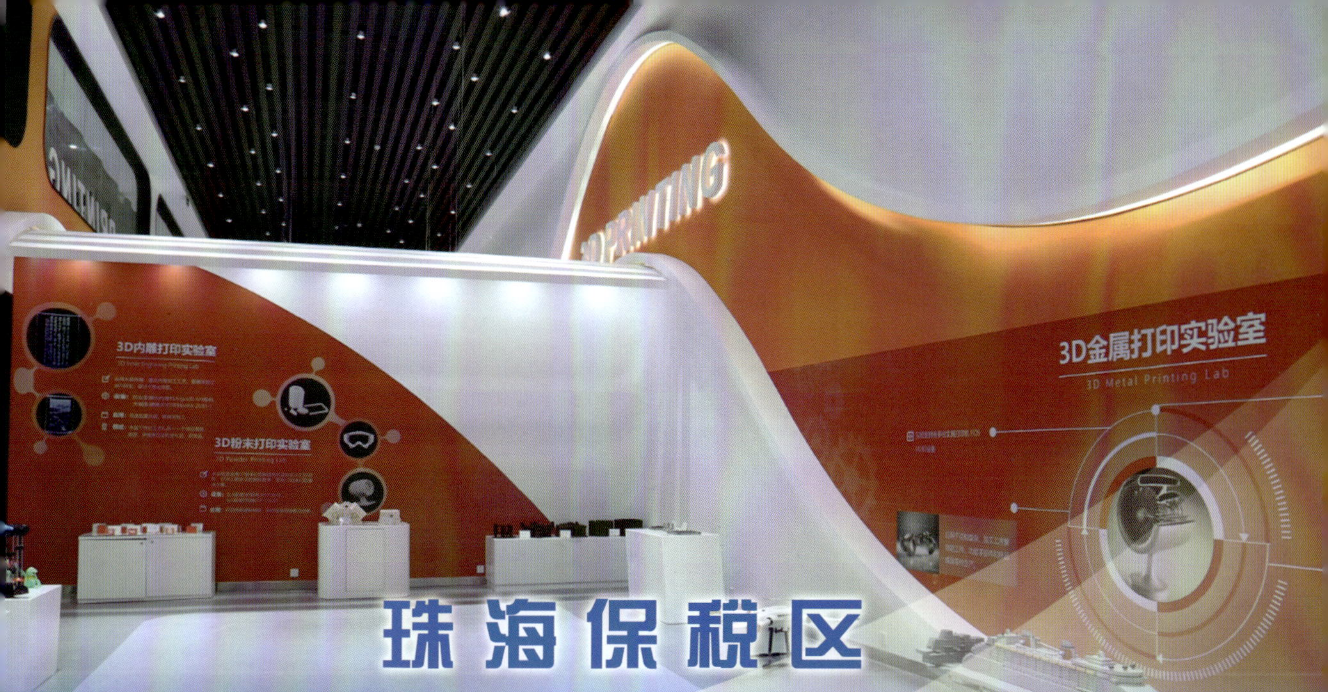

珠海保税区

珠海保税区面积3平方公里，预留发展用地2.89平方公里，是珠江口西岸的保税区，在保税加工、仓储物流、国际贸易等主要功能方面享有优惠政策。珠澳跨境工业区总占地面积0.4平方公里，其中珠海园区0.29平方公里，是全国首个跨境工业区，实行“保税区+出口加工区出口退税政策+24小时通关专用口岸”优惠政策。

珠海保税区坚持实体经济的主导地位，已形成电子信息、航空配套、生物医药、商贸服务四大产业体系。随着横琴新区、珠海保税区、洪湾片区一体化发展的推进实施，作为港珠澳大桥“桥头堡”的珠海保税区，将深化推动与港澳深度合作，在开放中链接全球创新资源，打造聚集高端产业、荟萃高端人才、实现高品质城市生活的城市新中心、大桥经济区，成为粤港澳深度合作新引擎和大湾区城市客厅。热忱欢迎社会各界人士与珠海保税区共谋发展、共创未来。

电话：0756-8686266、8687313

网址：http://www.zhftz.gov.cn/

河北秦皇岛出口加工区

秦皇岛出口加工区坐落在秦皇岛市的东部沿海。2002年6月21日经批准设立，2003年9月15日通过验收，总规划面积2.5平方公里，一期封关面积0.67平方公里。目前正在积极筹备二期封关建设，待二期封关验收后，将全面整合升级为综合保税区。

秦皇岛出口加工区基础设施配套完备，已完成水、电、路、暖、通信等配套设施的“九通一平”。累计建设标准厂房88 832平方米，单层厂房11幢，多层厂房5幢；建设物流仓库两座，建筑面积25 697平方米；建设冷库2座，冷藏能力4 000吨，建筑面积4 267.4平方米；建设恒温库1座，存储能力2 000吨，建筑面积2 798平方米。

秦皇岛出口加工区管委会认真执行国家对外开放政策，借鉴国际成功运作的出口加工区先进管理经验，努力优化投资环境，为投资者提供全面、优质、高效的服务，将出口加工区建成为一个与国际市场接轨、按国际惯例运作的对外开放新区。

经济管理部电话：0335-5180018　　网址：epz.qetdz.gov.cn　　邮箱:qhdepz@163.com

江西九江出口加工区

JIANGXI JIUJIANG CHUKOU JIAGONGQU

九江出口加工区位于风景秀丽的庐山西麓、八里湖畔，生态优良,空气宜人，距离市中心区9公里，距九江城西港码头15公里，距昌北国际机场90公里，距庐山机场20公里,是江西省首家出口加工区和绿色生态工业示范园区。自2006年封关运行以来，园区始终坚持以项目建设为中心，以优化服务为抓手，不断帮扶企业做大做强。十多年来园区重点发展新材料新能源、高端装备制造、电子信息通信、智能家电、环保节能与新能源汽车、快速消费品、新兴服务等主导产业。截至目前，区内注册企业29余家，企业用工人数达到数千人，是江西省内封关早、运行好的出口加工区。

近年来，九江出口加工区共投入17亿元完善基础设施建设，建成生活配套设施16.21万平方米，建成标准厂房25万平方米，总建筑面积50万平方米的金丰御园、申佳苑、香榭丽都三个商住小区相继建成，12万平米公租房已经入住，海关、通信邮政、银行超市、医疗教育、餐饮物业、进口商品展示、公交物流等生产生活配套服务机构纷纷入驻，园区日污水处理能力达到2.3万吨，总建筑面积83 339平方米的电镀集控区已投入运营，2013年8月投资4 500万元的出口加工区九年一贯制学校建成并顺利开学，一个宜业宜居、功能配套齐全、蓄势待发的绿色生态工业城镇正在悄然崛起。

九江出口加工区热情欢迎海内外客商垂询，共谋发展。

联系地址：江西省九江市出口加工区管理局　　联系人：骆丽萍

联系电话：13507023999　　办公电话：0792-8799008

南昌综合保税区

南昌综合保税区于2016年2月9日经批准成立，2017年9月完成建设并通过验收正式封关运行。园区规划面积2平方公里，分为两个片区。一片区为原南昌出口加工区，位于南昌高新技术产业开发区内，规划面积0.31平方公里；二片区规划面积1.69平方公里，位于南昌市北部，紧邻昌北国际机场东南面，地处赣江新区腹地，位于京九大通道和沪昆大动脉的结合部，福银高速和昌九快速路在园区交汇，到昌北国际机场和江西省现代化综合码头——龙头岗国际集装箱码头的距离均不超过3公里，形成了水、陆、空立体交通枢纽，区位和交通优势明显。

南昌综合保税区着力发展保税加工制造、保税服务贸易、保税物流、保税航空和保税金融五大产业，重点发展展示贸易、名品折扣、跨境电子商务、信息服务和检测维修等业态，打造昌九地区的信息产业基地和多业态综合一站式体验式消费中心。一片区已落户富港电子（南昌）有限公司、江西海昌电科技有限公司、合顺（南昌）光电科技有限公司、友联达光电科技（江西）有限公司、南昌欧菲光多媒体新技术有限公司等以光电产业制造为主的企业累计35家。二片区引进了南昌英华达智能制造有限公司、与德智能制造科技园、移动云计算数据中心、跨境商品展示交易中心、中江保税仓、驰盛现代物流园、国微标准厂房等项目落户。

招商热线：0791-86726628

网址： http://nczbq.gov.cn/

广西凭祥综合保税区

在“一带一路”建设大框架下，广西凭祥综合保税区聚焦对外开放发展，着力实施加工贸易倍增计划和保税物流倍增计划，进一步深化跨境经济合作，开创园区开放发展新局面。2017年，广西凭祥综合保税区进出货值1 440.3亿元，同比增长16.7%，在全国60多个已有进出口实绩的综合保税区中排第13名，并获批全国示范物流园区。

广西凭祥综合保税区充分发挥大口岸、大通道、大平台的优势，深化改革，狠抓项目建设，强化招商引资，全力推进中越凭祥—同登跨境经济合作区、“两国一检”试点、“一路一桥一场一区”友谊关口岸升级改造等重大项目建设，扎实做好各项建设运营管理工作，保持经济运行总体平稳，加快推进园区扩容提量增效升级。

同时，积极融入中新互联互通南向通道建设和“一带一路自贸驿站”建设，主动发展陆、铁、空多式联运，在已打通的综合保税区—越南海防港、综合保税区—越南河内—胡志明、综合保税区—越南谅山—老挝沙湾拿吉—泰国穆达汉—马来西亚黑木山—新加坡3条黄金物流线路的基础上，2017年又新开通青岛—凭祥—越南、广州—凭祥—河内等国际班列专线，开通东盟国家经凭祥的苏满欧、郑新欧、渝新欧3条国际物流线路，推进丝绸之路经济带与中南半岛经济走廊的无缝对接。

招商热线：0771-8587688

漳州市龙池港务发展有限公司

B型保税物流中心具有以下功能及对应而不限于的服务对象：

1. 国际物流保税仓储，进出口生产制造企业
2. 流通性简单加工和增值服务，贸易加工生产企业
3. 国际采购、分拔和配送，国际性第三方物流
4. 国际中转，国际货运承运人、第三方物流
5. 转口贸易，国际贸易企业
6. 退税功能，出口型生产制造企业

以下进口货物进入物流中心可以获得保税：

1. 国内出口货物
2. 转口货物和国际中转货物
3. 外商暂存货物
4. 加工贸易进出口货物
5. 供应国际航行船舶和航空器的物料、维修用零件
6. 维修外国产品所进口寄售的零配件
7. 未办理海关手续的一般贸易进出口货物
8. 经海关批准的企业未办结海关手续的货物

漳州市龙池港务发展有限公司是由厦门港务发展股份有限公司和漳州市经济发展有限公司两家国有、上市企业共同成立的有限责任公司，注册资本金1亿元整，主要在漳州台商投资区从事港口及相关产业的投资建设经营。公司经营范围包括：码头和港口配套设施的投资、开发建设，产业园区项目的投资与管理，房地产开发，企业管理咨询服务，物业服务，货物装卸、仓储服务（危险化学品除外）。依托厦门港务控股集团、厦门港务发展股份有限公司在港口、港口配套产业、保税物流、仓储物流等方面的专业优势，以及漳州市经济发展有限公司作为漳州台商投资区政府平台企业的地缘优势，公司充分利用当地政府所给予的政策和扶持，更好地做好保税物流、仓储物流等公司主营业务的开发建设和经营管理，竭诚为广大客户提供优质、高效、专业的服务。

“漳州台商投资区保税物流中心（B型）”是福建省重点项目、漳州市2016年工作重点之一，地处闽南地区厦漳泉城市中心节点，位于漳州台商投资区核心区域，紧邻厦门港，距离厦门空港20公里、海沧港区5公里，周边道路、铁路管网发达，辐射漳州地区及粤东、赣南地区，周边道路通畅，当地市政设施齐全，区内企业尤其是台资企业和外向型企业众多，市场业务支撑情况良好，人力资源和消费市场丰富成熟。项目总用地约9.67万平方米，规划建设约12万平方米的综合性保税仓储及配套，项目建成后将成为漳州台商投资区重要的保税物流、仓储物流和城市城际物流平台，项目总投资约4.2亿。

建设一流仓储物流平台，建立专业运营团队
为客户提供安全高效的保税、仓储、物流服务

沈阳综合保税区（A区）

SHENYANG ZONGHE BAOSHUIQU

沈阳综合保税区是在原辽宁沈阳出口加工区、辽宁沈阳（张士）出口加工区、沈阳保税物流中心基础上整合组建的，于2011年9月7日获得批准。沈阳综合保税区规划面积7.198平方公里，分为两个区块。其中，区块A位于沈阳近海经济区，规划面积4.198平方公里，一期围网封关面积1.168平方公里，重点承担通关作业、保税物流、保税加工三大功能，可进行仓储物流，转口贸易，国际采购、分销和配送，国际中转，检测和售后服务维修，商品展示，研发、加工、制造和海关允许的其他业务。园区先后复制推广了“先入区、后报关”“批次进出、集中申报”“仓储货物按状态分类监管”等自贸试验区经验和做法，区内现有注册企业50家。

联系电话：024-27881023

陕西西安出口加工区A区

SHANXI XI' AN CHUKOU JIAGONGQU A QU

陕西西安出口加工区A区于2002年6月21日经批准设立，2004年4月5日封关运行，2006年12月被批准为全国7个拓展保税物流等功能试点的出口加工区之一。加工区A区的规划面积为0.75平方公里。2017年4月获批为中国（陕西）自由贸易试验区经开功能区重要组成部分。

西安出口加工区A区引进了英国罗尔斯罗易斯，法国赛峰，德国蒂森克虏伯，美国联合技术、GE等世界知名企业，以及国内行业龙头企业中航工业西飞集团、西航集团、庆安集团，世纪互联，康龙化成等75个项目入区，初步形成了以高端航空制造为主，新能源、珠宝加工、服务贸易为辅的产业格局。

西安出口加工区A区将依托陕西及西安地区的产业优势，着力发展以航空产业为代表的拥有高附加值与自有知识产权的高端装备制造业，形成航空产业链为完善、具航空特色出口加工区，形成上下游配套完善的新能源产业链，形成投入产出比高的珠宝加工产业集群，不断提升具内陆特色和规模的服务贸易产业水平。与此同时，积极进行产业结构调整升级、转型，提高加工贸易整体水平，提高附加值，延长产业链，实现加工制造与服务贸易并重发展，加工贸易由规模速度型向质量效益型转变。

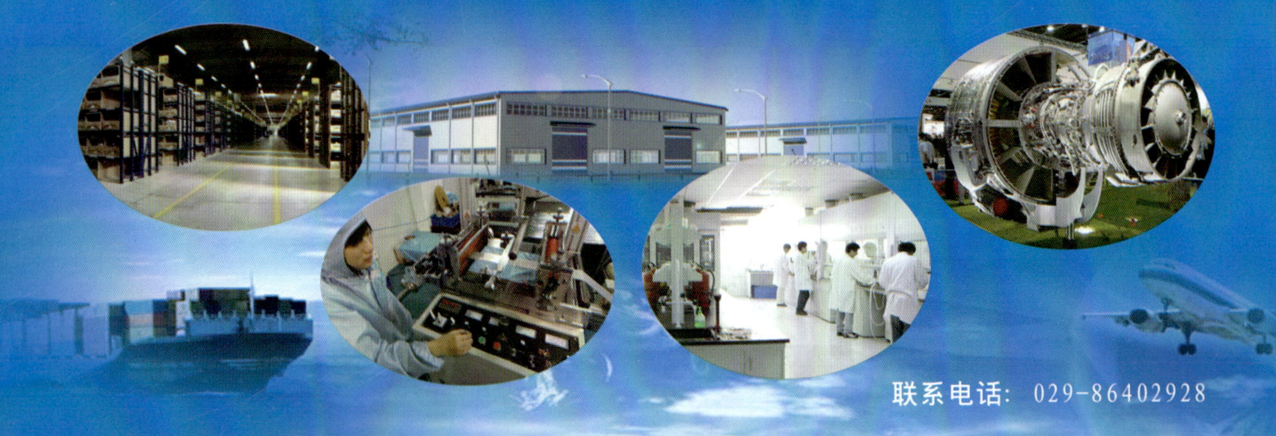

联系电话：029-86402928

唐山港京唐港区进出口保税储运有限公司

唐山港京唐港区进出口保税储运有限公司成立于2008年，注册资金5 000万元，是唐山港集团股份有限公司的全资子公司。公司位于河北省唐山市海港经济开发区，交通便利，是渤海湾距离出海口的近点，运输体系发达。公司主要经营唐山港京唐港区保税物流中心项目，目前可开展以下业务：保税仓储、转口贸易、入园退税、转场服务、国际配送、国际采购服务、跨境电子商务、集装箱物流服务、简单加工及附加增值服务、商品展示、平行进口车业务。保税物流中心内设海关业务大厅，企业可直接办理相关手续。公司以整合各类资源、连接国际国内市场，全力打造多功能化、智能化现代港口企业为愿景，竭诚服务，真诚期待与您合作。

联系人：苏鑫　　　　联系电话：0315-2942340

嘉兴综合保税区

JIAXING ZONGHE BAOSHUIQU

嘉兴综合保税区位于嘉兴港区内，前身为嘉兴出口加工区，规划面积1.33平方公里。2003年3月10日经批准设立，2015年1月31日经批准整合优化为嘉兴综合保税区，2016年9月14日通过验收。

嘉兴综合保税区地处长江三角洲南翼、杭州湾北岸，紧靠国家一类开放口岸嘉兴港，地理位置优越，交通发达，功能优势突出，属于仅次于自由贸易试验区的开放层次高、政策优、功能全、手续简的海关特殊监管区域。园区已成为嘉兴市对外开放的前沿阵地及扩大开放、推进外向型经济发展的主平台。

目前，嘉兴综合保税区规划1.33平方公里已全部封关验收，建设用地指标已全部落实，全区正在申报开展区域环评、区域能评的试点，最终实现入区项目环评和能评审批的简化。累计引进各类企业32家，基本形成了以汽车零部件制造，塑料制品、食品、纺织加工，保税物流、跨境电子商务为主的产业。

嘉兴综合保税区招商局

联系电话：0573-85522370

0573-85589271

西安综合保税区

西安综合保税区是西安国际港务区三大平台之一，规划面积4.67平方公里，2013年9月一期1.36平方公里通过验收，2017年5月二期3.31平方公里通过验收，是中国（陕西）自由贸易试验区国际港务区片区的核心区域。园区拥有加工制造、贸易销售、交易结算、物流配送、维修服务、研发设计六大功能中心。截至2017年7月，实现总投资92亿元，入区企业220家，业务范围基本涵盖保税加工、研发设计、保税仓储及物流、国际中转分拨、融资租赁、进出口商品展示交易、跨境电子商务等。

联系电话：029-83332205

天津东疆保税港区
天津东疆保税港区是天津自贸试验区的重要组成部分，重点发展融资租赁、国际贸易、航运物流等现代服务业。
天津东疆保税港区租赁业发展领跑全国，是国内飞机、船舶、海工设备等租赁业务的聚集地，截至2018年6月，东疆已完成1 178架飞机、145艘国际船舶、13座海洋工程平台的租赁业务，医疗设备、汽车、新能源、无形资产等租赁领域齐头并进，累计租赁资产达9 000亿元。天津东疆也是进口贸易促进创新示范区，平行进口车试点业务、跨境电子商务、冷链物流等新型贸易业态取得突破性进展。2017年全年平行进口汽车61 000辆，占全国的35%，成为平行进口汽车国内较大口岸。网易考拉、小红书相继开仓投入运营，订单量已突破250万单。东疆进口商品直营中心60多个国家和地区的1.5万种商品通过直营模式向国内铺开。同时，东疆正积极打造航运全产业链基地，推动产业要素向中高端聚集。截至2018年5月底，东疆保税港区注册各类企业总数达到1.2万家。
联系电话：022-25605090、25605027

BEIHAICHUKOUJIAGONGQU

广西北海出口加工区

广西北海出口加工区于2003年经批准设立，是广西目前唯一的最靠近东盟的出口加工区，由位于市区的A区和位于铁山港区的B区组成，总面积为2.28平方公里。北海出口加工区自运营以来，累计引进企业（项目）100多个，以电子信息产业为主，涵盖计算机外部设备制造、光电子器件制造、微电机制造、打印耗材及复印设备再制造等，产业发展势头强劲。2017年以来，北海出口加工区先后获批全国第三个高新技术产品全球入境维修/再制造示范区、广西首批CEPA先行先试示范基地、全国第二批海关特殊监管区域企业增值税一般纳税人资格试点。园区于2018年2月11日被批准整合优化为北海综合保税区。

联系电话：0779-3928006

CDHT CBZ 成都高新综合保税区

成都高新综合保税区于2011年5月25日正式封关运行，规划面积4.68平方公里。2017年，实现进出口2 381亿元（不含双流园区），同比增长51%，占全省外贸进出口总额的52%。

成都高新综合保税区地处西部重镇——成都，具有一定区位优势，辐射能力较强。其地理位置优越，交通便利，紧邻成灌高速公路和绕城高速公路，距成都双流国际机场22公里，已实现成渝两地乃至整个西部地区的“48小时”供应圈。另外，成都出口货物可通过“蓉欧快铁”连通欧洲铁路或公路网络快速分拨至欧洲任何地方。

2017年，在成都电子信息产业功能区建设的影响下，成都高新综合保税区发展迅速，已形成由IC设计、晶圆制造、封装测试及配套项目组成的较为完整的集成电路产业链，产业规模和水平居全国前列。

联系电话：028-87958128

广州南沙保税港区

广州南沙保税港区于2009年7月9日通过验收，规划总面积7.06平方公里，包括港口区、物流区、加工区三个功能区，集港口作业、保税物流和保税加工为一体，是具有口岸功能的海关特殊监管区域。港口区规划面积2.33平方公里，整体为二期码头，已于2007年9月建成，共建成6个10万吨级集装箱泊位（水工结构按15万吨级预留），码头岸线长度2 100米，实际水深15.5米，陆域总面积230万平方米。物流区规划面积1.295平方公里，已建成仓库面积39万平方米，在建仓库面积约13.5万平方米，正在规划中的仓库约41.8万平方米。目前，物流区已进驻跨境电子商务、船代及货代等企业34家。加工区规划面积1.363平方公里，已建成仓库面积8.3万平方米，在建仓库面积35万平方米，正在规划中的约12.5万平方米，已进驻唯品会、保利电商港、联合出版集团、美国AA冷链物流总部基地等项目。

招商热线：020—84986693

河北廊坊出口加工区

廊坊出口加工区于 2005 年 6 月 3 日经批准设立，位于廊坊经济技术开发内，规划面积 0.5 平方公里，2007 年 12 月 7 日通过验收。2018 年 1 月 25 日经批准整合优化为廊坊综合保税区。

廊坊综合保税区依托廊坊经济技术开发区完善的基础设施环境、配套的产业发展环境、丰富的人力资源环境、快捷的通关环境、优质的商务运行环境、与国际惯例接轨的政策体制环境，以建设保税物流与加工贸易等多功能于一体的现代化园区为目标，积极推进功能拓展，创新服务发展模式，同时借力首都新机场综合保税区的建设，实现园区互动、功能互补和一体化发展。

联系电话：0316-6087094

泉州综合保税区

泉州综合保税区前身为泉州出口加工区，于2005年经批准设立，2016年年初获批升格为综合保税区，是福建省发展对外贸易的政策洼地及复制自贸试验区政策的主要载体，也是落实国家“一带一路”重要倡议及“海丝”先行区战略的重要平台。

泉州综合保税区区位优势明显，海陆空交通网络发达，毗邻沈海高速公路入口，距离泉州国际机场、福厦高铁晋江站、泉州港后渚港区均在15公路辐射范围内，与石狮石湖港、晋江深沪港和围头港、厦门机场均在1小时车程内。

近年泉州综合保税区全力打造“两个基地”（保税加工制造基地、维修研发检测基地）、建设“三个中心”（“海丝”国际物流中心、跨境电子商务运营中心、进口商品展示交易中心）。入驻产业涉及航材修造、高端印刷、光电电子、陶瓷喷墨机械、检测研发、酒类食品、保税仓储、电子商务及进出口贸易等。

泉州综合保税区诚挚欢迎海内外客商共谋发展！

招商热线：0595—85931031

宁波梅山保税港区于2008年2月24日经批准设立，是我国第5个保税港区，规划面积7.7平方公里。2010年，为加快推进产业转型升级，以梅山保税港区为核心，设立梅山国际物流产业集聚区，总规划面积约240平方公里。区域以现代物流商贸与金融创新服务业为主导产业，同时大力发展高端基础装备和滨海休闲旅游两大特色产业。2015年9月，以产业集聚区为基础，设立宁波国际海洋生态科技城作为打造“港口经济圈”的核心载体，规划面积扩大到333平方公里。

近年来，梅山保税港区按照“走在全省产业集聚区前列、打造宁波新一轮经济发展重要增长极”目标，坚持国际化、生态化、高端化发展方向和“港、产、城、景”融合发展理念，围绕“四个岛”建设（千亿级国际贸易岛、千亿级财富管理岛、千亿级科技创智岛和千万级休闲旅游岛），改革创新、攻坚突破，保持了良好的发展势头。

电话：0574-86000032 传真：0574-86788888

常州综合保税区

常州综合保税区规划面积1.66平方公里，首期围网面积1.329平方公里，已建成标准厂房16.3万平方米，区内外仓储2.1万平方米，货物堆场2.1万平方米，综合服务大楼1万平方米。

园区位于常州市北部，交通便捷，沪宁高速公路沿区而过，距上海、南京国际机场分别为160公里和120公里，距国家一类开放口岸常州长江港8公里，距常州民航机场15公里，距京沪铁路常州站8公里，客货运输便捷。

园区利用综合保税区特殊功能政策，重点引进保税加工、保税物流和保税服务企业，累计吸引外商总投资8.92亿美元，注册外资3.89亿美元，已形成新能源材料、动力装备、精密医疗器械、通信器材四大主导产业。

常州跨境电子商务产业园于2015年9月开始规划，2016年5月正式揭牌，同年9月获批成为省级跨境电子商务试点园区。2017年2月，常州市跨境电子商务公共服务平台（一期）建设完成并正式上线。

跨境商品保税展示交易中心于2016年9月正式对外亮相。一期面积700余平方米，已成为常州市跨境商品保税展示、静态陈列等多种模式相结合的商贸集聚地。

进口食品（化妆品）指定监管库总面积13 000平方米，设有恒温库区、感观观察室、无菌取样室等功能区域，配置了风险预警、分批核销、溯源管理等信息化系统，产品涉及葡萄酒、婴儿配方奶粉、橄榄油、啤酒、巧克力、饼干、海苔、葡萄汁等共18个大类近百个品种。

联系电话：0519-85169092、85169096

郴州综合保税区

CHENZHOU ZONGHE BAOSHUIQU

郴州综合保税区于2016年12月6日经批准由郴州出口加工区整合优化而成，2017年12月7日顺利通过验收。

郴州综合保税区位于郴州高新技术产业开发区内，四至范围为东至东河大道、南至郴资大道、西至林邑路、北至现有围网，规划总面积1.06平方公里。目前，郴州综合保税区已有注册企业19家，主要有四大类产业：一是有色金属加工产业，有祥云、国达等企业；二是电子信息产业，有台达、津地本、稻木科技等企业；三是制造类产业，有湘晨通航等；四是服务贸易类产业，有磐石、来喜公司等。

郴州综合保税区路网体系纵横交错、四通八达，郴州大道、相山大道、郴资快速干线等三条城市主干道贯穿园区，距京珠高速公路10分钟车程，距湘南国际铁海联运物流园15分钟车程，距郴州武广深高铁站和夏蓉高速公路20分钟车程，与中心城市实现无缝对接。郴州综合保税区充分利用区位交通优势、矿产资源优势、生态资源优势，成为湖南“一带一部”战略重要节点和中西部地区承接沿海产业转移的桥头堡，湖南省申报中国(湖南)自由贸易试验区郴州片区的主体区域，依托郴州高新区，重点发展以有色金属、装备制造和电子信息产业为主的保税加工业务，发展保税仓储、国际采购、国际配送等保税物流业务，以及结合跨境电子商务等商业新模式和新业态，加快离岸贸易、服务贸易、跨国公司总部等保税服务业务，进一步提升郴州综合保税区的综合竞争力。

联系地址：湖南省郴州市苏仙区白露塘镇林邑大道

联系电话：0735—2659728　　传真电话：0735—2659701

CHENZHOUZONGHEBAOSHUIQU

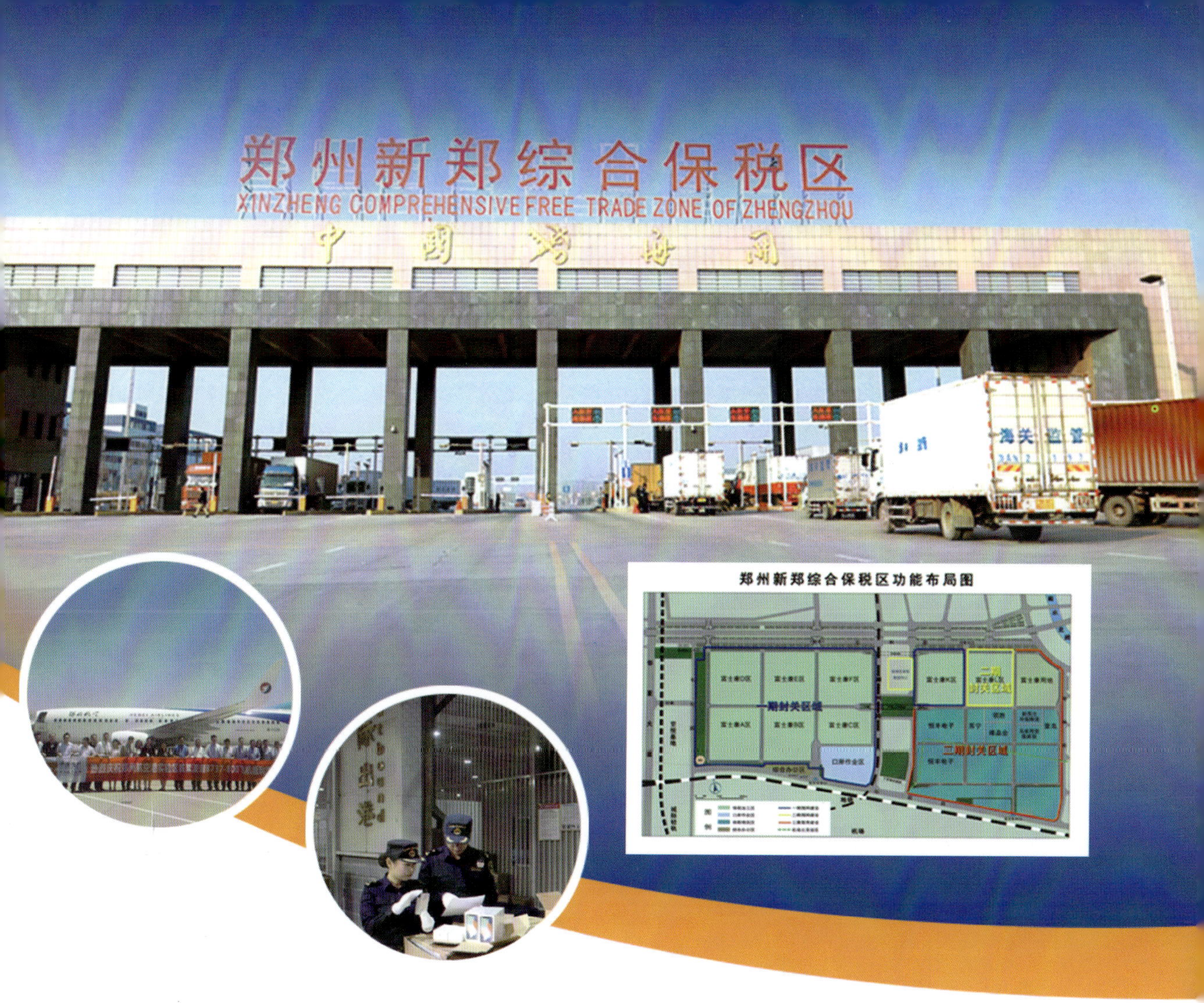

郑州新郑综合保税区

郑州新郑综合保税区于2010年10月24日获批准设立，位于郑州航空港经济综合实验区北部，规划面积5.073平方公里，已全部实现封关运行。

郑州新郑综合保税区充分发挥河南外贸经济新引擎作用，在原有保税加工和保税仓储物流等功能基础上，先后拓展了飞机租赁、跨境电子商务、手机检测维修、商品展示交易等新兴功能业务，率先实施自产内销货物返区维修业务试点、国家通信设备检测重点实验室、内销选择性征税、增值税一般纳税人资格试点，累计复制推广自贸试验区监管创新政策达35项，成为内陆地区政策功能创新多、通关手续简化的海关特殊监管区域。

2017年，郑州新郑综合保税区开通了郑州—台北、郑州—新西伯利亚—里加（拉脱维亚）的电商包机专线；利用“单一窗口”平台，优化了查验流程；通过数据预申报清关，通关时间缩短三分之一以上；水果、冰鲜水产品等6个功能性口岸业务量的大幅增长，极大促进了航空物流业迅猛发展。2017年12月28日上午9点30分，中原航空融资租赁股份有限公司从法国空客公司引进的全新空客A330飞机落地郑州新郑国际机场，仅30分钟就顺利完成保税入关手续的办理，标志着依托郑州新郑综合保税区开展的飞机保税租赁业务就此拉开大幕。

郑州新郑综合保税区企业入驻、相关政策咨询联系人：李纪昉；电话：0371-86196688；电子邮箱：teo222@163.com

综合信兴物流 ISH Logistics

综合信兴物流（ISH Logistics）成立于1995年，经过二十多年的稳健发展，已成为领先的供应链一站式服务专家，业务涵盖第三方物流、仓储、运输、配送、定制化物流服务等，并逐步形成了VMI、电商仓储物流、供应链金融三大核心业务。至今，综合信兴物流在深圳、东莞、上海、北京、北海、宜昌等地投资逾15亿兴建超过20万平方米的多个大型现代化物流基地，运营仓库总面积达30多万平方米，配送中心及保税物流平台遍布中国的主要城市，形成了覆盖全国的供应链服务网络。

公司荣誉：

TAPA（科技资产保护协会）A级认证企业；

国家AAA级物流企业；

ISO 9001：2008 质量体系认证；

AEO认证企业

各区域联系方式：

深圳(总部)：陈先生，0755-83485868

香港：陆先生，00852-23698399

东莞：黄先生，18923788852

上海：谌先生，021-58683711

北京：林先生，18510997160

联系邮箱：marketing@ish.com.cn

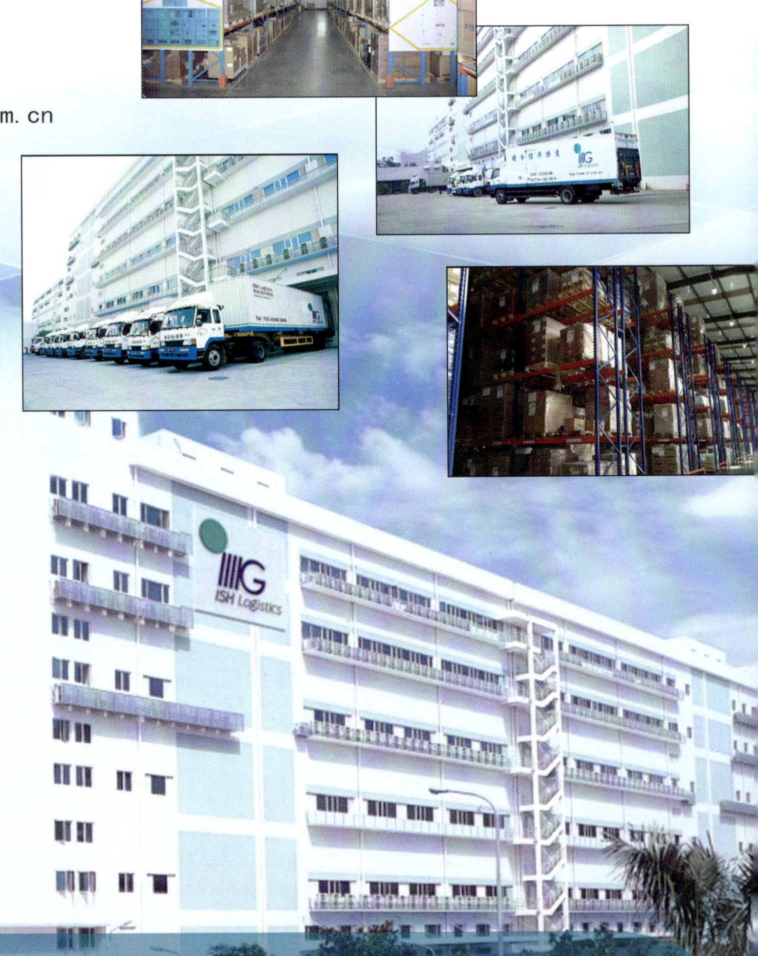

赣州综合保税区

赣州综合保税区于2014年1月22日经批准设立，于2015年10月20日封关验收，2016年10月19日正式通关运行。园区距市中心仅5公里，处于赣州综合交通枢纽的龙头地段，紧临赣州黄金机场、赣州高速西出口和建设中的高铁站，航空口岸、公路口岸、铁路口岸就在周边，交通物流条件非常优越。重点发展四大业务：一是保税加工，形成进出口型高附加值产品和其他消费品的深加工区域；二是保税物流，包括钨和稀土深加工、铜铝精深加工及新能源汽车与先进机械、轻纺工业、进口酒类、食品等商品的仓储、配送、展示、交易，打造高端进口商品交易及展示平台；三是跨境电子商务，开展跨境贸易电子商务通关服务，为企业提供产品直销平台；四是跨境金融等保税服务，开展融资租赁、国际结算等服务业务。

赣州综合保税区执行全国综合保税区优惠政策：一是保税，境外货物入区保税；二是免税，区内货物运往境外免征关税，区内货物流转免增值税和消费税，境外进入区内的生产性设备、基建物资不征关税和进口环节代征税；三是退税，国内货物入区视同出口，实行退税，水、电、气实行退税政策；四是免证，区内与境外之间进出货物，除特殊规定外，不实行配额、许可证管理。此外，还具备物流仓储、海关监管、出入境检验检疫、外汇管理等方面无可比拟的优惠政策。

园区内海关、工商、税务等部门将为投资者提供“5+2”和24小时全天候通关服务，开展“全国通关一体化”业务，并开通赣州至香港货运直通车，货物可通过周边的航空物流、铁海联运和高速公路，经全国各地口岸运往世界各地。

作为江西省开放升级、创新试点的重要阵地，也是承载赣州临空、临港、高铁经济的重要载体，服务带动赣南乃至周边省域开放型经济的重要核心，赣州综合保税区努力塑造成赣粤闽湘四省交界区的重要陆路口岸。

地址：江西省赣州市赣州经济技术开发区岗边大道

电话：0797-8108788

传真：0797-8108799

邮箱：zbqjfj@163.com

武宿综合保税区

太原武宿综合保税区于2012年8月经批准设立，于2013年9月通过验收，并于2013年12月正式封关运营，是山西省首个综合保税区。园区总规划面积2.94平方公里，首期验收面积1.75平方公里，是山西转型综改改革示范区中部产业整合区的一部分。

园区投资环境优越，区域与交通优势明显（毗邻太原武宿国际机场和太原火车南站），是山西省对外开放程度高、通关便利、外贸政策优惠、行政审批高效的区域。作为山西省先行先试的试验田、对外开放的新高地、示范区的重要战略区和功能区，重点布局跨境电子商务、保税物流、服务贸易（维修维护、融资租赁等）、加工贸易等产业。

办公室联系电话：0351-2774999
政企服务部联系电话：0351-2773898

广西钦州保税港区

广西钦州保税港区于 2008 年 5 月经批准设立，规划面积 10 平方公里，2011年2月正式开港运营，2014年8月实现整体封关运营，是我国第六个保税港区、西南沿海唯一的保税港区、我国距东盟最近的保税港区。

经过10年多的建设，园区累计填海造地9.51平方公里，建成11个码头泊位，其中10万吨级集装箱泊位8个，7万吨级滚装泊位1个，5万吨级泊位2个；获批建成运营整车进口口岸、粮食进口口岸、肉类进口口岸、进境水果口岸、汽车平行进口试点口岸及全国进口酒类综合服务产业知名品牌示范区、广西首批示范物流园区、现代服务业集聚区、CEPA先行先试示范基地；建成运营跨境电子商务平台、国际商品直销中心、国际汽车城、奇智高端棉纺项目，以及10多万平方米的标准厂房和30多万平方米的保税物流仓；吸引了新加坡国际港务集团、新加坡太平船务、中海运和香港新恒基等400多家中外企业落户；形成航运物流、大宗商品贸易、整车进口、酒类进口、国际商品直销、冷链物流、加工贸易等特色产业，初步建成广西面向东盟、面向国际的重要窗口和平台。

钦州保税港区正积极融入“一带一路”建设，紧紧围绕中央赋予广西的“三大定位”新使命和南向通道建设，探索建立与“一带一路”沿线港口、铁路口岸的开放合作机制，进一步优化营商环境，着力打造成为“一带一路”重要的海陆枢纽。

招商电话：0777-5880052、5881098　　网址：http://www.qzbsg.gov.cn/

昆山综合保税区

昆山综合保税区于2009年12月经批准在昆山出口加工区基础上设立而成，规划面积5.86平方公里。2012年12月，昆山综合保税区通过验收并封关运作。

昆山综合保税区位于昆山经济技术开发区内，紧邻沪宁高速公路，东接上海、西邻苏州，交通便利、地理位置优越。园区主动适应和引领经济发展新常态，探索更高水平的对外开放和更深层次的改革创新，通过积极培育区域发展新动能、促进区内产业转型升级，现已成为昆山市开放型经济发展的新高地。截至2017年年底，区内已投产企业119个，累计项目投资总额36.73亿美元。2017年当年实现工业总产值2 903.44亿元，进出口总额484.36亿美元，保税出入库总额771.22亿美元。自2016年11月昆山综合保税区成为全国海关特殊监管区域第一批增值税一般纳税人试点区以来，在充分挖掘区内产能、提升企业竞争力、推进供给侧结构性改革等方面取得显著成效。2017年实现国税增值税发票开票金额17.03亿元，税额2.87亿元。

昆山综合保税区结合发展现状和转型升级发展方向等综合因素，将继续发挥综合保税区功能优势、产业优势、政策优势，以“六大中心”为方向，着力打造“三大基地、三大平台”，抢抓发展机遇、推进功能创新，不断增强区域综合经济实力。

联系电话：0512-57353567

浙江杭州出口加工区

浙江杭州出口加工区自2001年5月23日正式封关运作。2017年全年完成工业总产值98.94亿元，工业销售产值98.64亿元，进出口总值26.57亿美元；跨境电子商务进口累计验放包裹3 655万单，交易金额73.62亿元。

目前，浙江杭州出口加工区入驻现场报关部门，为加工区内企业提供现场报关、报检服务；引入银行1家、报关行5家、货运代理9家、物流企业107家、物业、邮政等公共服务机构为区内企业提供相应的服务；先后引进了东芝信息机器（杭州）有限公司、杭州矢崎配件有限公司、杭州松下住宅电器设备（出口加工区）有限公司等企业，已入驻生产型企业16家，形成了电子信息、机械制造、家用电器等产业集聚区。

2014年5月，下沙跨境电子商务产业园开园，鼓励企业拓展业务类型，实现园区跨境电子商务B2C零售进口保税、直邮以及保税出口B2B和B2C业务全覆盖。2017年，下沙跨贸园被杭州市综合试验区评为杭州跨境电子商务标杆产业园。

联系电话：0571-89898943

中国（上海）
自由贸易试验区保税区域

中国（上海）自由贸易试验区保税区域涵盖上海外高桥保税区、上海外高桥保税物流园区、洋山保税港区和上海浦东机场综合保税区4个海关特殊监管区域，规划面积28.78平方公里。2013年9月29日，中国（上海）自由贸易试验区正式挂牌，承担起在新形势下为全面深化改革和扩大开放探索新路径、积累新经验的重要使命。经过近五年的改革试点，上海自贸试验区在建立与国际通行规则相衔接的投资贸易制度体系、深化金融开放创新、加快政府职能转变和构建开放型经济新体制方面，取得了重要的成果。

作为上海自贸试验区的先导区，保税区域充分发挥自贸试验区制度创新和海关特殊监管区域功能创新的叠加优势，对标国际规则，聚焦制度创新，深化功能拓展，各项改革任务全面深化，功能业态日益拓展丰富，国际化、法治化、便利化的营商环境逐步完善，在建设具有国际水准的自贸试验区上取得了重要的阶段性成果。

随着改革创新的规模运作和成果转化，区域产业优化升级和新旧动能转换进一步加快，经济结构调整、转型发展取得积极成效，保税区域总体上呈现平稳有序、质量效益加速显现的良好态势。截至2017年，保税区域企业经营总收入为19 800亿元，同比增长14.0%；商品销售额为17 100亿元，同比增长13.6%；航运物流服务收入为1 454亿元，同比增长21.0%；工商税收（扣除“免抵调增值税”因素）为629.6亿元，同比增长13.8%；完成进出口总额9 220.1亿元，同比增长17.6%，占全市比重提升至28.6%。商品销售额、工商税收、海关税收占全国海关特殊监管区域的比重均超过50%。

潍坊综合保税区

潍坊综合保税区于2011年1月25日经批准设立，2017年7月1日经批准调整总体规划，设立潍坊综合保税区北区。

潍坊综合保税区总规划面积30平方公里，其中网内保税区5.17平方公里，网外配套区24.83平方公里，分为南区、北区“一区两片”运营。其中，南区围网面积3.05平方公里，主要依托青岛机场和青岛港，为潍坊及周边地市企业服务；北区围网面积2.12平方公里，于2018年9月通过验收，主要依托潍坊港，面向东北亚，为北部沿海2 700平方公里地区服务。两区各有服务重点，又相互补充、相互融合，使潍坊综合保税区的功能政策覆盖全市、辐射全省。

近年来，潍坊综合保税区以自贸试验区的大开放思想指导工作，大力推进优势产业聚集发展、功能政策集成创新、全域生态整体提升、区港区谷联动发展，着力打造全市对外开放的功能区、外向型经济的聚集区和新旧动能转换的服务区。

招商电话：0536-2118001

上海青浦出口加工区

青浦出口加工区于2003年3月经批准设立，同年11月一期1.6平方公里封关运作。现有出口加工制造、飞机发动机维修、保税物流和跨境电子商务等各类型企业48家，形成了航空维修、保税加工、保税物流、跨境电子商务等特色产业，引进了一批技术含量高，经济效益好的优质项目。2018年9月4日，上海青浦出口加工区经批准整合优化为青浦综合保税区。

上海青浦出口加工区地处上海、江苏、浙江的交汇点，是上海通往华东的必由之路。园区位于虹桥商务中心虹桥交通枢纽正西8公里，周边6条高速公路直达长三角各地市，轨道交通17号线直通上海市中心，“九通一平”的完善基础设施及园区优质高效的服务、充足的人才资源、合理的规划、优美的自然环境和人文环境，是落户企业在这里成功发展的保证。

通过整合优化为综合保税区，园区在保持原有业务的基础上，确立新的发展目标，对区域经济发展功能进行“再定位”。一是大力发展保税展示交易，主动对接首届中国国际进口博览会，开展保税仓储、物流配送和展示交易等业务。二是大力培育跨境电子商务平台，吸引更多的企业入驻，形成规模效应。三是扩大民用航空产业园品牌效应，稳步推动航空专业维修与再制造维修，打造具有国际水平的现代化民用航空基地。四是大力发展保税物流，推进建设农产品指定口岸。五是配套发展国际快递产业，积极服务青浦区以14家快递企业总部为核心的快递总部经济。六是试点开展仓储货物按状态分类监管，构建全球一体化物流配送中心。七是争取开展企业增值税一般纳税人资格试点。

联系电话：021-59700088

盐城综合保税区

盐城综合保税区于2012年6月16日经批准设立，2013年9月正式封关运转。园区规划面积36.6平方公里，封关区域2.28平方公里。

盐城综合保税区地理位置优越，位于以上海为中心的长三角城市群，是先进制造业、现代服务业集聚区，已成为现代城市发展的新引擎。

园区现已投产工业企业近40家，物流仓储企业近20家，贸易服务业企业80多家，初步形成以电子信息、新材料等先进制造业为主导，国际贸易、仓储物流、跨境电子商务等现代服务业竞相发展的新态势。

近年来园区对外开放力度逐步加大，外资项目相继落户，一线进出口量不断提升，重要指标稳步增长，园区发展态势良好。

联系电话：0515-69977919
0515-69977920

上海嘉定出口加工区是2005年6月经批准设立的海关特殊监管区，于2008年4月正式封关运作，一期围网面积0.989平方公里。

近年来，嘉定出口加工区在发展保税加工制造的基础上，着力推动园区功能拓展，大力发展先进制造业、外贸综合服务、保税物流仓储、跨境电子商务、保税检测维修、保税研发设计、保税展示交易等新业态、新模式。2014年园区获批上海市“跨境电商试点园区”。2017年年底，被上海跨境电子商务协会评为2014～2017年度“最佳跨境电商园区”。2018年，嘉定出口加工区的跨境电子商务一站式服务平台被上海市商务委列为中国国际进口博览会“6天+365天”常年展示交易平台。

目前，嘉定出口加工区已有乔山健身器材、东浩兰生、万科、京东等一批重点企业入驻，形成了较好的产业集聚生态。同时，园区不断强化区内区外联动，为爱莱莉太平洋、网宿科技等一批跨国企业、上市企业提供进出口相关功能配套，是服务区域经济发展的多功能综合服务平台。

嘉定出口加工区电话 021-39568000

长春兴隆综合保税区于2011年12月获批设立，位于长春经济技术开发区，2014年3月封关运营，5月获批跨境电子商务出口业务。规划面积4.89平方公里，配套区13.11平方公里。园区距长春市区和长春龙嘉国际机场10分钟车程，与一类铁路口岸仅一网之隔，周边京哈高速公路、102国道、101省道、长吉城际高铁、长图铁路经过，与大连、营口、鲅鱼圈、天津实现了通关通检无缝对接。2015年7月开通至莫斯科跨境电商货运包机航线，8月开通长春至德国中欧班列（长满欧）。2016年5月开通至大连海铁联运班列，12月获批一类铁路口岸，进口肉类指定查验场实现运营。2017年6月完成东北首批跨境电子商务保税进口业务测试，获批“清单申报、汇总统计”政策，10月获批进口冰鲜水产品口岸。

兴隆综合保税区现已形成三大口岸，即一类铁路口岸、进口肉类指定查验场（口岸）、进口冰鲜水产品指定口岸；四大通道，即跨境电商货运包机航空通道、中欧铁路货运通道、集装箱海铁联运通道、中俄公路跨境运输通道；五大平台，即内陆港平台、跨境电子商务综合服务平台、冷链物流平台、进出口商品展示交易平台、利用境外资源加工贸易平台。产业上重点发展以服务贸易和加工贸易为主的“2+2”产业体系，包括现代物流、保税展示和国际贸易、高端制造、特色产品加工。

兴隆综合保税区已建成标准厂房、保税仓库、露天堆场、查验中心、吉林省跨境电商运营中心、兴隆国际陆港、吉林省进出口商品展示交易中心、多式联运中心、国际快件中心等，形成了标准厂房13.6万平方米、公共保税仓库6.2万平方米、集装箱堆场14万平方米的建设规模。围网内实现了“九通一平”，配套区实现了“七通一平”。

地址：中国 吉林省 长春市 机场大路7299号
邮编：130102
网址：http://www.ccftz.gov.cn
微信公众平台：CCXLFTZ
联系电话：0431-81880011

衡阳综合保税区

衡阳综合保税区于2012年10月25日经批准设立，2013年12月13日通过验收，2014年9月9日正式封关运行。

衡阳综合保税区位于衡阳市城区南部白沙洲工业园内，总体规划面积2.57平方公里。首期0.845平方公里，总建筑面积88.77万平方米，主卡口、综合楼、查验平台、监管仓库、隔离设施、巡逻通道、信息化系统管理7项海关监管设施按标准建设到位；建成19栋标准厂房共计43.7万平方米，其中南区9栋，总面积为9.4万平方米，均为三层框架结构，北区10栋，总面积为34.3万平方米，均为四层框架结构；保税仓库21000平方米。

目前区内注册企业32家，入驻企业除享受海关特殊监管区域基本优惠政策外，还可享受其他多重优惠政策，并享受厂房租金优惠、产业扶持等政策。

衡阳综合保税区正全力打造湖南乃至中西部地区内陆开放型经济发展的前沿区、加工集聚区、跨区域经济合作的引领区、新产品新技术的研发区、转型发展的试验区。现已形成以SMT贴片、手机套装为主的电子信息产业链。

招商热线：0734-8998001

洋浦保税港区

洋浦保税港区位于海南西北部的洋浦半岛，2007年9月经批准设立，规划面积为2.2584平方公里，一期2.3平方公里于2008年10月通过验收。

洋浦保税港区是我国南端的保税港区，也是中国特色自由贸易港建设的先行试验区；拥有国家一类对外开放口岸和对越边贸口岸，拥有进境粮食指定口岸和进口肉类指定口岸，拥有处于东亚和东南亚国际海运主航线中心的深水良港；定位为中国（海南）—东盟优势产业合作示范区，面向中澳自贸区的大宗商品分拨基地。现有主导产业为粮食加工、椰子加工、冷链物流、大宗物流等，正在建设国际粮油物流加工产业园和中国（海南）—东盟椰子产业园。

洋浦保税港区管理局：

地址：海南省洋浦经济开发区洋浦大厦16楼

联系电话：0898-28810969

0898-28829042

0898-28810964

传真：0898-28810948

吴中综合保税区

吴中综合保税区建于吴中经济技术开发区内，经济和物流发达，交通运输便利。区内建有40万平方米高质量标准厂房、保税仓库，区外建有31万平方米商务配套区、生活服务区和行政办公区。

进口食品安全监管区

境贸通 苏州吴中跨境电子商务监管中心

吴中综合保税区于2016年起大力发展跨境电子商务，跨境电子商务产业园一期规划占地约13.33万平方米，建筑面积20万平方米，高规格、标准化的跨境电子商务监管中心、进口食品（化妆品）指定监管场所、冷库等配套设施一应俱全，已入驻电子商务企业20余家，其中平台型、总部型、基地型跨境电子商务企业6家。

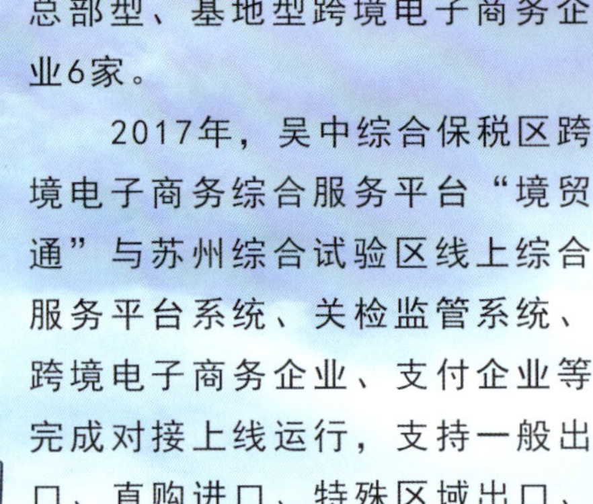

2017年，吴中综合保税区跨境电子商务综合服务平台“境贸通”与苏州综合试验区线上综合服务平台系统、关检监管系统、跨境电子商务企业、支付企业等完成对接上线运行，支持一般出口、直购进口、特殊区域出口、网购保税进口四种模式的开展。

招商热线：0512-66018050

吴中综合保税区

SHANGHAI CAOHEJING CHUKOU JIAGONGQU

上海漕河泾出口加工区

上海漕河泾出口加工区于2003年3月获批设立，2004年3月正式封关运作。漕河泾出口加工区经历了十多年的发展，已经成为基础设施完善、监管技术先进、服务保障功能齐全的海关特殊监管区域。区内产业主要是电子信息及通信设备制造业。近年来，漕河泾出口加工区利用上海优越的区位优势，积极推动自贸试验区可复制可推广优惠政策在区内先行先试，一批有代表性的、新兴的医疗生物和电子产业企业迅速成长，加上跨境电子商务业务的开展，为园区健康、可持续的发展提供了强大的动力和支撑。

2018年4月，漕河泾出口加工区经国务院批准整合优化为综合保税区。这为园区的发展提供了重要发展机遇，园区将逐步实现统筹国内外两个市场、保税和非保税两种资源，从加工贸易单一模式向集加工贸易、货物贸易、服务贸易为一体的综合模式转型升级，形成集生产制造、贸易、物流、保税研发、保税展示等为一体的新格局。

联系电话:021-54315183

南宁综合保税区

NANNINGZONGBAO

南宁综合保税区位于南宁市南面、五象新区西南端，是南宁高新区加工贸易产业发展的重点区域。2015年9月30日获批设立，获批面积2.37平方公里，一期开发建设面积0.897平方公里，2017年4月13日正式封关运营。围网外产业配套和综合服务配套区规划各1.5平方公里。

园区重点发展加工贸易、保税物流、跨境电子商务等产业，以及相关的研发、维修、检测、展示、交易、中转、国际快件分拨和保税仓储等业态。

区内已完成基础设施建设，并建成约37万平方米的标准厂房，已有中国邮政、格思克实业、拓航科技、迪斯奥光电科技、和正顺兴珠宝、蓝水星通讯、百事超科技、托尼玩具等企业入驻。区外的产业配套和综合服务区已引进中新南宁国际物流园、万纬南宁金海物流园、鹏杰盛电子通信产品及电声组件生产基地等项目。

区外已建成并交付使用1.3万平方米的公租房，正在加速推进公租房二期、商务中心、商品展示中心、邻里中心、学校等配套设施建设，为企业入驻提供强有力的载体支持。

招商联系电话：0771-4898296

福州保税港区

FUZHOU BAOSHUI GANGQU

福州保税港区规划面积9.26平方公里，分为A、B两个区块，分别位于福清市新厝镇和江阴镇。A区块面积2.95平方公里，为加工贸易区；B区块面积6.31平方公里，包含国际物流园区、铁路物流园区、港口集散区。福州保税港区是自贸试验区、21世纪海上丝绸之路核心区、生态文明先行示范区、自主创新示范区等“五区”叠加之地，政策红利密集释放。园区所在的江阴港区港阔水深、不冻不淤，是全国少有、福建优良的深水港，也是福建省“两集两散”之一的集装箱主枢纽港，港铁公路联运优势突出。园区重点规划发展国际航运物流、整车及零配件进出口贸易、保税仓储及保税展示交易、先进制造业、融资租赁等业务。

联系电话：0591-85615905

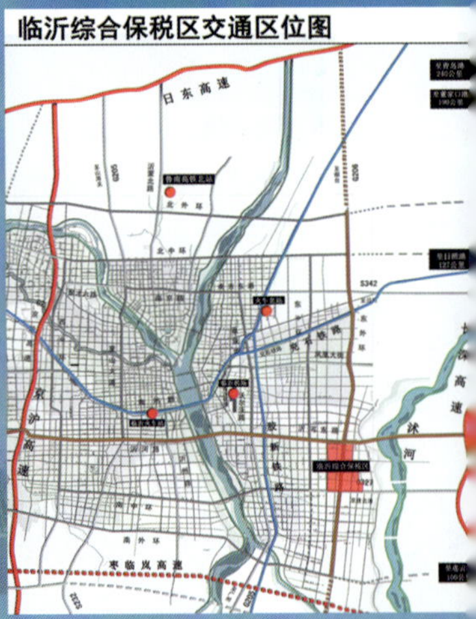

临沂综合保税区交通区位图

临沂综合保税区

LINYI COMPREHENSIVE FREE TRADE ZONE

临沂综合保税区于2014年8月经批准设立，批复围网面积3.7平方公里，在围网外规划了6.9平方公里的配套区，实行网内网外一体化发展。

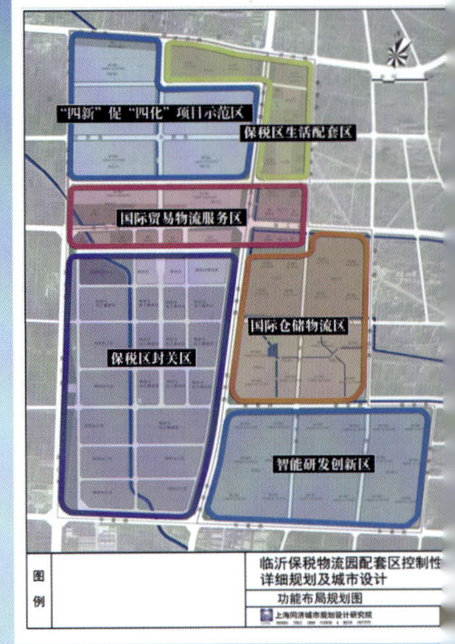

临沂综合保税区位于市区东南部、临沂经济技术开发区范围内，距临沂机场仅10公里，距市中心约15公里，邻近327国道，处在长深高速和京沪高速的中间连接线上；具有承东启西的辐射带动作用，向东承接青岛、日照、连云港等沿海城市，向西服务济宁、枣庄、菏泽等内陆城市。

临沂综合保税区自2016年3月正式运营以来，着力发挥改革开放前沿阵地作用和政策服务功能，在承接国际产业转移、促进产业集聚和发展方面发挥了积极作用，呈现出良好发展态势。一是始终把招商引资作为园区发展的生命线，不断创新招引方式，积极发展新业态，加快培育发展新动能，招商引资势头强劲。二是加快复制推广自贸试验区功能政策，大大提高了通关通检效率，降低了通关通检成本。三是积极搭建功能平台助推企业做大做强。在充分发挥综合保税区固有的保税、免税、退税和免许可证等功能政策的基础上，积极搭建服务平台，不断拓展外贸综合服务、跨境电子商务保税进口、大宗商品交易、特定进口商品指定口岸等功能。

电话：0539-8870010

珠海宏桥高科技有限公司

"一带一路"科技解决方案提供商

宏桥高科
POWERBRIDGE

www.powerbridge.com

珠海宏桥高科技有限公司（以下简称宏桥高科）成立于1997年，定位于促进中国经济全球化发展和"一带一路"建设的专业信息科技公司，凭借"信息化促进全球化"的发展理念，致力于国际贸易、保税物流、加工贸易、通关业务、辅助监管及促进改善开放型营商环境的专业信息化和数字化服务，提供专业先进技术应用研究、开发、咨询、实施和服务逾20年，获得众多园区管理机构、企业等的好评，先后获得众多资质荣誉，是该专业领域的创新者。

公司的核心竞争力，体现为宏桥20年的行业经验和专业积累，具备"专业业务+先进技术"的创新能力。基于20年专业经验的沉淀，基于中国的"一带一路""数字经济""自贸区"等发展趋势，基于园区、企业改革创新发展的新需求，宏桥高科制定了"新宏桥"的发展战略，核心是基于先进技术应用，提供创新型业务流程和运营模式的策划咨询和规划设计。宏桥高科已率先研发完成基于先进技术的专业软件开发平台，能够快速满足客户的信息化和数字化需求，包括云技术、区块链、大数据、移动互联的技术开发平台。

公司现有专业团队逾330人，设有珠海、北京两大技术研发中心，在北京、武汉、杭州、长沙、南宁、厦门、广州等地设有本地化的专业服务分支机构。

与商务部联合主办APEC高峰论坛

承接"智慧海关"项目

承接"数字中国"项目

全方位支持海关特殊监管区域的创新发展

园区建设和运营支持

宏桥高科基于多年在海关特殊监管区域信息化建设和运营的专业经验，以园区的核心定位和功能、当地重点产业需求为导向，创新园区经营模式和增值服务业务，为园区搭建面向区内外企业、物流服务企业、专业业务服务提供商的综合服务平台，以先进的信息技术的创新应用实现"便利、协同、高效"的目的，全面提升园区的运营能力、服务能力和持续发展能力。

智慧海关的专业支持

结合海关监管、园区运营管理、企业经营的三大要素，以先进技术应用为手段，参与助力"互联网+海关"建设，帮助提升海关对保税物流的监管效率，以此促进园区的运营发展。

企业综合服务的支持

综合考虑园区发展需求、海关监管要求、本地企业需求的情况，为企业提供配套的信息化服务，包括对保税业务、关务业务、物流业务、金融类业务、企业自身管理等的信息化服务。

政府规划和地方经济发展支持

助力地方政府"一带一路"建设的规划和实施，以海关特殊监管区域为核心支撑点，体现区域优势，建设本地化的专业服务生态圈，促进地方产业转型升级，改善开放型营商环境，帮助提升地方在中国对外开放大格局中的战略地位。

作为海关特殊监管区域专业信息化应用领域的主要技术服务提供商，宏桥高科的解决方案全面覆盖保税业务的各种形态，提供本地化的、持续的专业服务和技术支持。凭借先进的技术应用实力和丰富的行业经验，宏桥高科将持续打造符合行业发展趋势和客户发展需求的整体解决方案，助力海关特殊监管区域充分发挥"一带一路"的支点和区域对外开放的核心载体作用，推动中国开放型经济的发展。

天津港保税区

TIANJINGANG BAOSHUIQU

天津港保税区于1991年5月12日经批准，在天津港港区围网立区。2017年12月22日，天津临港经济区并入天津港保税区，天津港保税区掀开了创新发展的新篇章。

目前，天津港保税区具备了“三区两港”，即拥有海空两港和空港、临港和海港三片区域，规划土地面积287.4平方公里，拥有90公里黄金海岸线，规划港口岸线约70公里，可实现吞吐能力3亿吨。保税区具备三类四处海关特殊监管区域，具有天津自贸试验区空港和海港两块区域，对外开放和创新功能优势明显。

2017年，保税区实现地区生产总值1 738亿元，二、三产结构比例为44∶56，民用航空、海洋经济、高端装备制造、快速消费品四大产业集聚效应明显。未来，保税区将在空港区域突出发展临空型高端制造业和高端服务业，强化民用航空产业支柱地位，促进新兴产业发展，加快航空物流区建设；临港区域突出发展海洋装备制造业和临港服务业，推进制造业转型升级，发展港口贸易业，发展通用航空产业；海港区域发挥功能优势，建设国际物流贸易高地，培育新型国际贸易业态，以平台经济拉动区域经济发展，推动航运物流业发展。

投资服务热线：022-84906611

武汉东湖综合保税区

中国（湖北）自由贸易试验区武汉片区

武汉东湖综合保税区于2011年8月29日经批准设立，规划面积5.41平方公里，是东湖国家自主创新示范区和中国（湖北）自由贸易试验区武汉片区“双自联动”核心区域。

武汉东湖综合保税区依托区域交通便利、人才聚集、政策叠加优势，围绕东湖高新区光电子信息、生物医药、高端装备制造、新能源与环保节能、高技术服务和新网络经济、集成电路和半导体显示的“5+2”产业集群，重点打造先进制造和创新服务两大中心，搭建国际生物医药、跨境电子商务、大宗商品交易、保税展示交易、外贸综合服务、跨境金融服务、国际检测维修等特色平台，模块化、专业化对接服务企业。

截至2017年年底，园区聚集各类市场主体逾千家，累计完成进出口总货值434亿美元，有效发挥了湖北省开放区域“排头兵”效应，为中国（湖北）自由贸易试验区建设发展起到积极助推作用。

联系电话：027-86639389

河南郑州出口加工区

河南郑州出口加工区于2002年6月21日经批准设立，总规划面积2.7平方公里，位于郑州经济技术开发区内。2016年8月31日，中国（河南）自由贸易试验区设立，河南郑州出口加工区成为河南自贸试验区内的重要区域。2016年12月6日，河南郑州出口加工区和河南物流保税中心（B型）整合形成郑州经开综合保税区。2017年10月18日，郑州经开综合保税区顺利通过预验收。

近年来，河南郑州出口加工区立足河南自贸试验区和郑州跨境电子商务综合试验区的战略定位，全力推进园区整合升级，取得了快速发展。2017年，全区新增协议投资额26.98亿元，同比增长92%；完成固定资产投资42.5亿元，同比增长68%，其中企业完成固定资产投资40亿元，同比增长64%；完成工业总产值119亿元，同比增长25%。富士康科技集团、唯品会、聚美优品等国内外知名企业相继入区，全区初步形成了电子信息、超硬材料精细加工、仓储物流、保税展示交易、跨境贸易电子商务等多元化的产业格局。

招商局：0371—66866120 、66866130

地址：河南省郑州市经开区第九大街经北二路交叉口

深圳前海湾保税港区

深圳前海湾保税港区，由招商局保税物流有限公司以招商局港口深圳西部港区为主要基地，通过政府指导、企业管理、市场化运作，全面负责保税港区物流园区（一期）的规划、建设和运营。

保税物流有限公司依托广东自贸试验区前海和蛇口片区、深港现代服务业合作区、粤港澳大湾区及前海湾保税港区政策叠加及区域优势，在海关通关模式改革创新的基础上，大力推动全球中心仓、国际中转分拨集拼中心、前海离港国际空运中心、平行进口汽车、游艇保税等业务模式创新，用活用好现有政策，顺应市场需求，发挥区域功能，实现新型贸易业态不断发展，促进粤港澳大湾区经济联动发展。

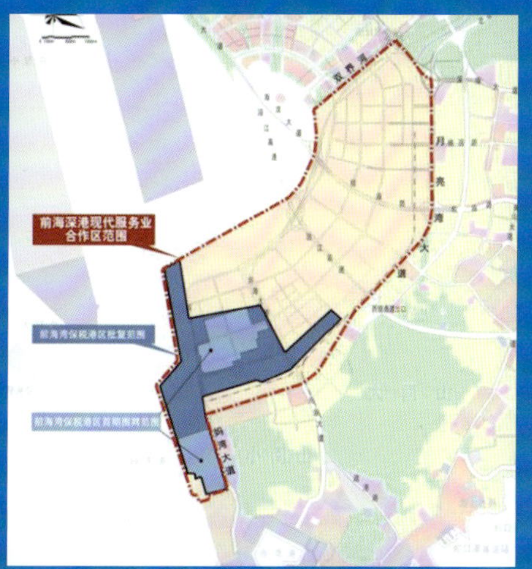

前海湾保税港区已成为国内单位面积产值大、业务运作模式丰富、业务量增长稳定的保税港区，正以前海湾保税港区模式，复制“一带一路”沿线国家特殊监管区。

公司网站网址：http://www.cmbl.com.cn

阿拉山口综合保税区

阿拉山口综合保税区于2011年5月30日经批准设立，2014年6月正式封关运营，规划面积10.9平方公里。现已建成20条铁路宽准轨专用线、17万平方米的标准化厂房和仓储设施、25万平方米的露天堆场、60万立方米的油气储罐，可满足原油、重油、液化气、固体危化品、普货货物等的换装、仓储、加工需求。

作为开放型经济的重要载体，阿拉山口综合保税区封关运营以来，在推进产城融合、产业集聚方面取得明显成效，已吸引入驻各类企业377家。

阿拉山口综合保税区依托区位优势发展进出口贸易和物流服务业，依托综合保税区特殊政策壮大实体产业，依托金融、税收政策优势推进总部型经济和股权投资。园区坚持贸易经济、实体经济、总部经济并重，统筹利用国际国内两个市场、两种资源，按照“宜内则内，宜外则外”的原则合理布局产业，重点围绕综合保税区一个中心、六大仓储展示交易平台和八大核心产业，争取到“十三五”末实现200亿产值规模，构建向西开放发展的新高地，全面迈向发展新征程。

阿拉山口综合保税区充满了无限商机，已经具备了承接大投资、促进大开发、实现大发展的基础和条件。开放的阿拉山口将以敞开的胸襟、优越的环境、优惠的政策、优质的服务迎接您的到来！

招商电话：0909-6998010　0909-6998013

贵安综合保税区

贵安综合保税区（贵安新区电子信息产业园）以建设“高端化、绿色化、集约化”综合保税区为统领，狠抓经济运行调度、项目建设和招商引资三大重点，各项工作任务均取得较好成绩。

园区2017年完成工业总产值173.26亿元，实现固定资产投资120.15亿元，实现进出口贸易总额24.89亿美元，完成税收收入4.5亿元，招商引资到位资金为61.09亿元，新增就业人数近2万人，经济质量快速提升。

园区内新建成标准厂房21万平方米、办公及配套用房15万平方米，城市功能加快完善，城市形象初具规模。2017年共签约项目56个，签约资金约244亿元，重点发展光电显示、大数据、智能制造、集成电路、服务贸易等产业，突出引领性、高成长性企业，通过设立产业基金、产业生态圈构建、要素配置倾斜等方式，吸引企业落户、支持企业发展。

同时，成功申报国家新型工业化示范基地、省级现代服务业集聚区、省低碳产业示范园区和省级绿色示范园区，并获“中国最佳科技服务园区十强”称号。

招商电话：0851-88502080
18785000855
联 系 人：周红

武进综合保税区

WUJIN FREE TRADE ZONE

武进综合保税区位于武进高新技术产业开发区，东至凤林路，南至武进大道，西至淹城路，北至阳湖路，紧邻沿江高速和常泰高速，距上海虹桥、浦东机场，上海港口及南京禄口机场均在1～2小时车程范围内。

武进综合保税区的建设以武进高新区为依托，坚持以“高起点规划、高标准管理、高水平服务”为建设目的，引进先进的开发和管理模式，争取迈入全国一流综合保税区行列。武进综合保税区按照“一体两翼”总体规划，区内规划面积1.15平方公里，西侧国际商贸区规划面积 3.2平方公里，东侧青洋路物流园规划面积1.1 平方公里。

2017年，武进综合保税区完成工业总产值154.91亿元，同比增长14.54%；完成工业产品销售额120.40亿元，同比增长14.54%；完成工业增加值31.36亿元，同比增长13.68%；完成实际进出口额9.28亿美元，同比降低13.7%；进出区90.11亿美元，同比增长57.2%。完成保税物流实际进出口额3.01亿美元，同比降低25%，进出区46.30亿美元，同比增长41.2%。

联系人：干泽幸　　联系电话：0519-86221203　　传真：0519-86221200

JABIL 捷普电子（无锡）有限公司

www.Jabil.com

捷普电子（无锡）有限公司是美国捷普集团(Jabil)在中国的全资子公司。捷普集团成立于1966年，总部设于美国佛罗里达州，全球员工超过180 000位，上市于纽约证券交易所，是世界第三大电子合同制造（EMS）企业。

近年来，公司屡获殊荣，2017年5月荣获美国国家质量协会（ASQ）2016全球杰出运营奖第三名，并先后被评为江苏省“示范智能制造车间”、无锡市总工会“工人先锋号”。同时，捷普电子（无锡）有限公司在捷普集团内部也是佳绩不断，被评为集团全球“精益制造模范工厂”。

通讯地址：中国江苏省无锡市综合保税区区J9、J10

邮编：214028

网址：www.Jabil.com

电话：+86-510-8520-6677

传真：+86-510-8520-3960

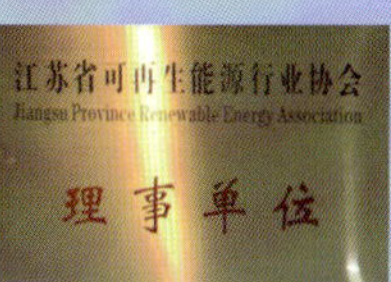

浙江宁波
杭州湾新区出口加工区

ZHEJIANG NINGBO HANGZHOUWAN XINQU CHUKOU JIAGONGQU

浙江宁波杭州湾新区出口加工区于2005年6月经批准设立，按国际自由贸易区惯例运作，具有“免税、保税、免征”的特殊政策。区域开发面积0.7平方公里，配套设施完善，地理位置优越。加工区位于上海、杭州、宁波三大都市“金三角”腹地，一个半小时的交通圈中，同时拥有上海浦东、上海虹桥、杭州湾萧山和宁波栎社四大空港，宁波、上海两大东方港口，开展商务活动非常便捷。

此外，浙江慈溪出口加工区位于杭州湾新区内，是具有活力的区域，发展前景广阔，土地资源丰富。现出口加工区建有跨境电子商务专用仓库20万平方米，三层厂房10万平方米。同时，招商政策优惠。

园区已形成以电解铜、黄铜带、集成电路及化纤原料等国外加工原料为主的保税仓储进口分拨业务和以户外休闲用品、节能灯具、饮料设备及光伏接线盒等国产成品为主的出口集拼业务构架。同时，跨境进口业务发展迅速，天猫国际直营已在加工区开展业务。

联系电话：0574-89280482

广东深圳出口加工区

广东深圳出口加工区于2000年4月27日经批准成立的首批15家出口加工区之一，规划面积3平方公里，位于深圳市坪山区内。2001年3月31日通过验收并一次性封关运作。

加工区内企业全部实行EDI联网管理，不实行银行保证金台账制度；免征企业流转环节的增值税和消费税，不实行增值税“免、抵、退”税政策；外汇管理宽松，不实行结售汇制度；进口设备全额保税，不实行免税额度控制；国内采购的货物视同出口，实行入区退税政策。

加工区拥有进出境陆运、海运和空运比较优势，距深圳宝安国际机场仅60公里，距盐田国际集装箱码头仅25公里，距文锦渡、罗湖、皇岗、深圳湾等陆路口岸仅40公里，车行100分钟内可抵达香港国际机场，坪山高铁直达香港。园区会同相关部门先后出台了一系列加工区通关便利措施，包括分送集报、跨关区直转、降低查验频率、法检货物集中报检、点对点监管的保税货物多次陆空联运模式等。2018年，园区进行了智能卡口、监管场站等基础设施全面升级改造，为实现7×24小时通关及发展“保税+”新业态奠定了良好基础。

目前，加工区储备用地充足，产业发展空间大。区内加工贸易以集成电路及第三代半导体等先进制造产业为主；保税贸易以现代供应链保税物流为主，重点布局入境检测维修、保税研发、保税展示等生产服务型“保税+”新业态。

电话：0755-28344044

传真：0755-84622226

网址：http://www.psxq.gov.cn

地址：广东省深圳市坪山区深汕路坪山段333号

邮编：518118

汕头保税区

汕头保税区位于广东省汕头市中心城区南区，隔离设施内面积3.34平方公里。1993年1月，经批准设立，同年12月监管设施通过验收开关运作，功能主要是发展国际贸易、仓储物流和出口加工。保税区毗邻广澳深水港、疏港大道、深汕高速公路以及正在规划建设中的350公里时速沿海高铁、疏港铁路等，交通区位优势明显。

汕头保税区下辖的汕头保税物流中心，是粤东地区享有“入中心退税”的海关特殊监管场所。该中心紧靠汕头保税区，建有面积超过10万平方米的综合办公楼、大型仓库、堆场、查验装卸平台等配套设施，已于2017年11月全面建成并通过验收，2018年5月正式封关运营，具备“境内货物进入中心即可享受退税”的政策功能。

目前，全区已初步形成以跨国企业为龙头的仓储物流业，以功能膜、生物医药及新材料研发为代表的高新技术产业。面对新的发展机遇，汕头保税区将进一步突出保税功能，加快打造保税物流、保税产业孵化、保税商务三大平台，以及跨境电子商务服务中心、塑料流通加工中心、农产品进出口交易中心、医药物流配送中心、国际商品采购中心和进口汽车展销中心六大中心，不断做大保税贸易物流主业，并积极推动向自贸试验区转型升级，努力发展成为汕头乃至全粤东外向型经济聚集区、改革创新试验区和开放型经济的新高地。

重庆两路寸滩保税港区

重庆两路寸滩保税港区于2008年11月12日经相关部门批准设立，规划面积8.37平方公里，是“水港+空港”一区双核的保税港区，是重庆承接中新示范项目合作的主战场，也是重庆自贸区的核心区域和对外开放的重要窗口。经过近10年的建设发展，已形成保税加工、服务贸易和国际物流三大支柱产业。

2017年，新引进企业317家，实现工业产值643.07亿元、外贸进出口额887.6亿元，实际利用外资6.46亿美元，整体发展水平位居全国保税港区前列。截至2017年年底，已建成年产能达5 000万台（件）的智能终端产品加工基地，已形成聚集展示交易、跨境电子商务、整车进口、总部贸易、融资租赁等产业和专业市场及特设口岸等载体资源的服务贸易聚集地，已布局约2平方公里的空港国际商贸物流园。

电话：023-67007795

哈尔滨综合保税区

哈尔滨综合保税区于2016年3月获批准设立，2017年7月正式封关运营，总规划面积3.29平方公里，一期占地1.38平方公里，是黑龙江省开放层次高、优惠政策多、功能齐全、通关便利的特殊开放区域。综合保税区区位优势明显，位于哈尔滨市东部、哈东物流产业带内，毗邻哈尔滨国际铁路集装箱中心站，距哈尔滨太平国际机场44公里，能够同时辐射25个贸易口岸，是“一带一路”中蒙俄经济走廊的关键节点。综合保税区承载功能较强，园区达到“七通一平”标准，建设有5.7万平方米标准化仓库和3.12万平方米高端制造业标准化厂房，企业可通过租赁厂房、仓库或拿地建设等方式入区运营。综合保税区政策优惠，具备保税加工、保税物流、保税服务和口岸通关四个核心功能，实行“境内关外”运作模式，区内企业可以享受保税、退税、免税、免证等一系列海关、检验检疫、贸易、外汇优惠政策。综合保税区产业方向突出，重点发展国际贸易、现代仓储物流、高端进出口加工制造、新型服务贸易及研发产业。已有德国豪狮农机公司、深圳普泰森诺联手机等64户企业完成签约注册或入区运营，累计实现进出口总值1 500万美元。

地址：哈尔滨市香坊区华茂大道9号
招商负责人：马知贤
电话：0451-51059188、51059168
15045623905
电子邮箱：mazx_leon@163.com

陕西西咸保税物流中心于2014年10月获批设立，规划面积0.36平方公里。2015年12月18日通过验收，一期围网范围0.23平方公里，2016年7月25日正式封关运营。

中心紧邻西安咸阳国际机场规划中的货运专用跑道，建设有智能化卡口、海关查验仓库、1栋三层立体仓库及2栋单层仓库，总仓储面积10万余平方米。其以“境内关外”的运作模式，可实现保税物流仓储，全球采购，国际分拨、配送，进出口贸易和转口贸易，商品保税展览展示，简单加工和增值服务六项功能。同时，陕西西咸保税物流中心围网外配套建设通关服务中心、自贸保税大厦、空港国际快件监管中心、西咸空港国际冷链物流仓储转运中心、自贸大都汇等项目，可为跨境电子商务、航空物流、冷链、国际快件等产业提供相应配套服务。

陕西西咸保税物流中心位于西咸新区核心组团空港新城，依托空港新城陕西自贸试验区空港功能区、临空经济示范区、“空中丝路”枢纽等多重优势，已成功吸引一批优质企业进驻，开展国际货易、国际物流、报关报检等方面业务，其进出口货物种类以航空器零部件、电子产品、检测仪器、汽车配件等高价值、高附加值货物为主。

目前，空港新城已围绕陕西西咸保税物流中心积极申报综合保税区，申报工作进展迅速。随着西安获批跨境电子商务综合试验区，以及空港新城临空产业链的不断完善、行政效能改革的不断探索，该区域必将成为跨境电子商务新的产业聚集高地。

陕西西咸保税物流中心将以开放包容、热情专注的姿态迎接各方企业投资入驻，欢迎您的到来！

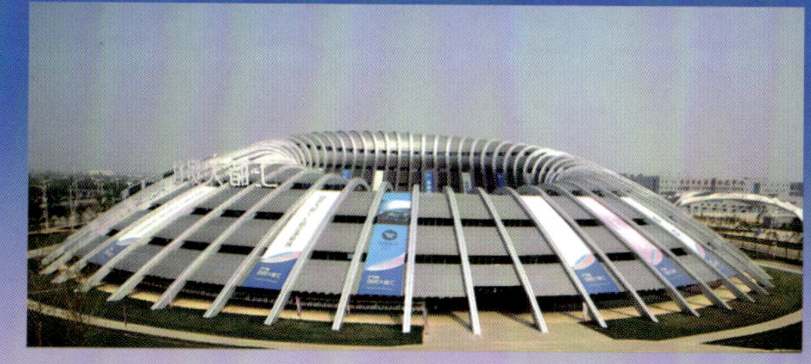

SHANXIXIXIANBAOSHUIWULIUZHONGXIN

地址：陕西省西咸新区空港新城自贸大道与宣平大街十字东北侧保税物流园区通关服务中心

电话：029-33636033、33636895

满洲里综合保税区

MANZHOULI COMPREHENSIVE FREE TRADE ZONE

满洲里综合保税区是内蒙古自治区首家综合保税区，园区规划面积1.44平方公里，地处满洲里市公路、铁路、航空三大口岸的中心交汇处，东西连接301国道及对俄口岸，南北连通滨州及西伯利亚铁路，形成了覆盖东北、辐射俄蒙、面向欧亚的开放体系。

满洲里综合保税区于2015年3月23日经批复设立，2016年12月20日实现封关运营。目前共引进17个协议项目，引进60余家外贸公司注册入驻，初步形成了以高端制造、国际物流、保税仓储、跨境电子商务等项目为核心的产业发展结构。园区适宜发展的产业涵盖外贸供应链金融、委内加工、汽车平行进口、跨境电子商务保税备货、商品保税展示交易等多种新兴产业业态。

满洲里综合保税区的设立，是内蒙古自治区主动服务和融入国家“一带一路”建设，全方位扩大对外开放的重要举措，是依托口岸优势建立的中俄蒙欧经贸合作向高层次过渡的战略平台。它的建设运营，有力推动了满洲里航空、铁路、公路三大口岸的融合，促进了开放型经济发展水平的提升，特别是深化了同中俄互市贸易区、边境经济合作区等各类开发区的联动发展，推动实现了口岸基础设施互联互通、产业发展协调互补、公共服务共建共享。

满洲里综合保税区将充分利用口岸、边贸、区位“三大优势”，积极发展保税服务业、国际商贸业、高端制造业、特色金融服务业“四大产业”；着力打造以口岸经济为依托的商品展示交易中心，以公路、铁路和航空口岸为优势的国际分拨配送中心，以冷链物流为特色的现代物流中心，以特色金融为依托的国际贸易结算中心，以保税功能为基础的高端产业发展中心“五大中心”。

满洲里综合保税区必将推动内蒙古自治区开放型经济发展，助力内蒙古自治区经济腾飞。

联系电话：0470-6239882

株洲铜塘湾保税物流中心（B型）

株洲铜塘湾保税物流中心于2016年1月11日经批准设立，于2017年9月8日通过验收，2018年3月26日封关运行。

株洲铜塘湾保税物流中心位于株洲市循环经济产业园——清水塘循环经济工业园区的核心区范围内，紧靠铜塘湾港，邻近株洲北站，与株洲高新技术产业开发区仅一江之隔，与我国最大的轨道交通装备制造产业基地有铁路专用线相通。项目总投资7.345亿元，规划用地0.159平方公里，按照保税物流中心国家标准，规划建成了2栋保税仓库（3.68万平方米）、堆场及检查场所（1.96万平方米）、9层办公楼及配套用房（1.62万平方米）、出入卡口（1 061平方米）、隔离围网（1 600米），总建筑面积约54 000平方米。

中心由株洲市国投保税物流经营有限公司负责建设、运营及招商。该公司于2015年正式成立，致力于发展成为株洲地区专业的现代物流服务商、保税物流运营商，配套专业客服专责团队，用心专注为企业设计适合的物流通关方案，创新模式，高效解决各种运作问题。

中心具有五大核心功能，即保税仓储、国际物流配送、进出口贸易和转口贸易、简单加工和增值服务、口岸功能和出口退税，能够为企业提供保税仓储、运输、信息、加工、配送、培训、展示等服务，能有效降低企业物流成本，提高资本运作效率，成为服务周边企业和区域经济的高端服务平台。

株洲铜塘湾保税物流中心项目对于促进外向型经济发展，促进战略性新兴产业和高新技术产业加工贸易发展，推动产业升级有十分积极的作用，有利于区域的整体发展，同时将依托清水塘口岸经济园规划建设及湘欧快线延伸到株洲的有利契机，充分发挥口岸在物流、资金流、人力流、信息流等方面的集聚优势，区港联动，为长株潭及中南地区外向型企业提供高效、便捷的国际物流通道和“走出去”平台，助力湖南外向型经济发展，打造外贸新高地。

TONGTANGWAN

baoshui wuliu zhongxin

贵阳综合保税区

国际化引领区

贵阳综合保税区于2013年9月经批复设立，2014年9月顺利通过验收，同年12月27日封关运行，总规划面积10.83平方公里，围网区面积1.02平方公里，是全省“1+8”开放创新平台之一，也是贵阳“四轮驱动”重要一极。

2015年9月，贵阳综合保税区获批准设立跨境电子商务产业园，产业园整体规划建设面积为30万平方米，其中一期5万平方米，已于2016年3月建成。目前，已全面完成跨境电子商务公共服务平台信息系统、保税监管系统和仓储系统建设，并于2018年6月正式开通跨境电子商务保税进口A（1239监管模式）业务。

经过近几年的发展，贵阳综合保税区已形成“一核、五园、三中心”规划布局。“一核”即围网核心区，“五园”即国际医药产业园、国际先进制造产业园、跨境电子商务产业园、瑞士（贵州）产业示范园、现代物流园，“三中心”即展示贸易中心、大数据创新中心和高端服务中心。园区“立足创新、聚焦主业”，大力发展保税加工、保税物流及保税服务等保税产业，主攻先进制造业和大数据等产业。目前，全区注册企业已达1 800余家，汉能移动能源产业园及富士康、易鲸捷、SAS、小i机器人、茗之天下、汉邦国际等多家龙头企业入驻。

贵阳综合保税区正以建设公平共享创新型中心城市国际化开放创新区为目标，全力打造内陆开放型经济试验区的“桥头堡”、公平共享创新型中心城市的“新引擎”、全国生态文明示范城市的“国际化山地保税新城”。

联系方式
区党政办：0851-86985851
区投资促进局：0851-86985828

中国（辽宁）自由贸易试验区大连片区

大连保税区行政管辖面积251.3平方公里，由保税区、大窑湾保税港区、出口加工区A区、大连汽车物流城和专业化港区五部分组成，是集保税区、保税港区、出口加工区管理于一身的特殊经济区。

大连保税区紧紧围绕“两区、一城、一港”发展目标，全力推进自贸试验区建设，着力壮大临港经济，不断提升保税区功能地位。全年出产整车22万辆，东风日产年产值208.5亿元；全区汽车零部件企业突破百家。远东工具获得“中国出口质量安全示范民营企业”称号；康荣泰铝业、圣丰包装、尊驰科技、特比西建材、誉兴智能停车等31个项目完成立项，总投资135.7亿元。跨境电子商务、平行进口、保税展示、先入后报、进口预检等保税功能方面不断创新突破，在全国首创保税混矿、归类尊先、“三互”通关、快检验放4项创新举措。对保税区、出口加工区进行升级改造，保税区海关查验场地建成投入使用，开行全国首条直达斯洛伐克的中欧班列。跨境电子商务监管通道和业务类型进一步完善，唯品会、京东、卓志供应链等大型电子商务平台企业相继签约入驻；跨境商品展示交易中心开业，新注册跨境电商企业500余家。

联系电话：0411-87319932

航港发展有限公司

航港发展有限公司成立于2004年12月，是由首都机场集团、普洛斯中国等联合成立的合资公司，全面负责航港大通关园区的开发、建设、运营及管理工作。航港大通关园区占地面积约211.87万平方米，包括国际航空货运站、国内航空货运站、国际快件中心、进出口货物海关监管区、保税功能区、航港物流园和综合办公配套七大功能区。园区内运营企业近200家。

航港大通关园区依托首都国际机场航线辐射能力及综合保税区政策优势，大力发展高端产业链，聚集了物流产业、医药产业、文化产业、零售产业、航材产业等高端产业集群，形成首都机场高端产业核心。

航港发展有限公司为企业搭建了高效、安全的医药直通式运营平台，打造了集口岸直购、保税备货、展示交易为一体的跨境电子商务全产业链。航港发展有限公司将竭诚为企业提供不动产租赁、物业服务、项目咨询、管理输出、金融服务等专业服务，致力于成为客户的“一站式”合作伙伴。

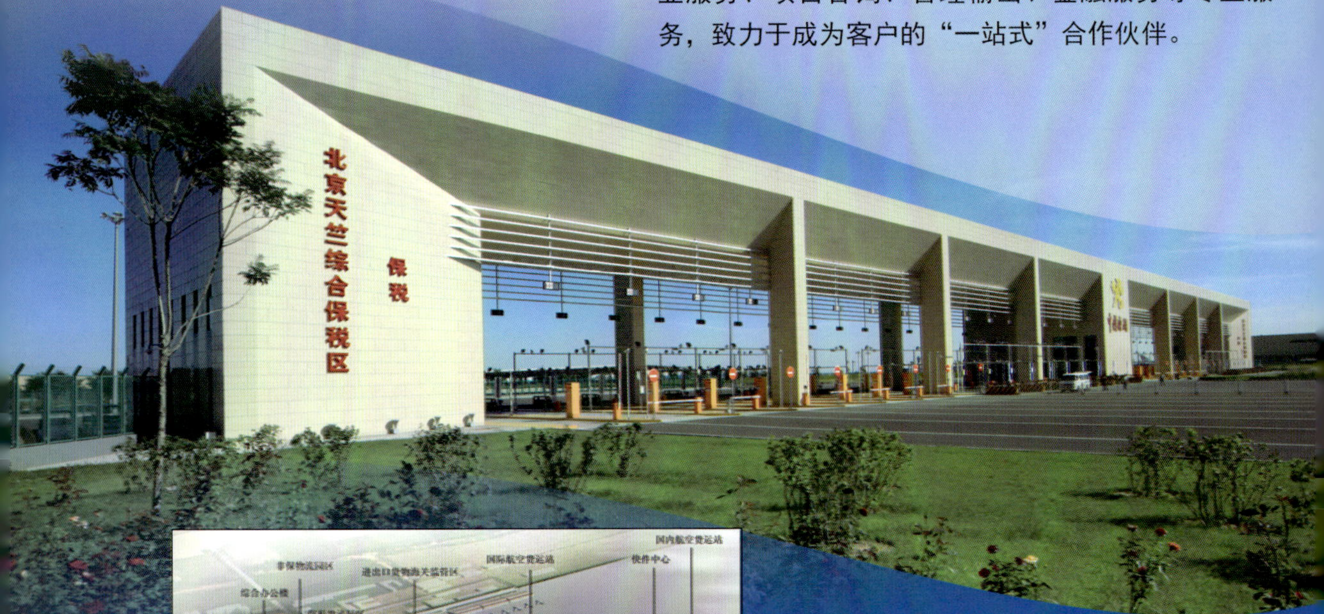

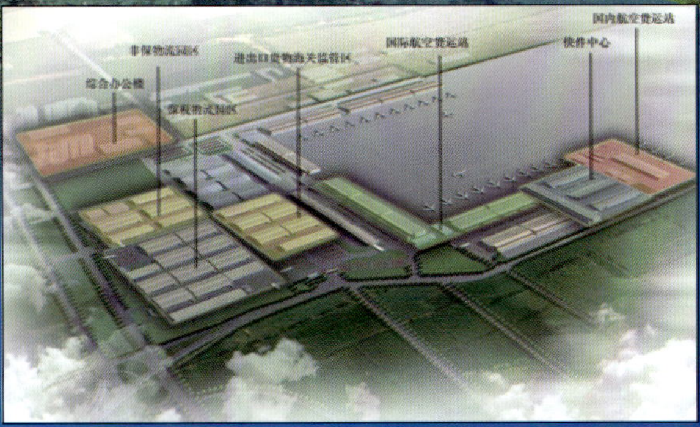

地址：北京市顺义区机场北街8号院2幢
航港国际大厦7层（西）
邮编：101300
电话：4006502525
邮箱：xuwei@airportcity.cn
网址：www.airportcity.cn

常熟综合保税区

常熟综合保税区前身为常熟出口加工区，于2005年6月3日经批准设立，分成A、B西个区域。园区针对所在开发区的产业结构情况和地理位置，积极强化招商选资，围绕“二车一中心”（奇瑞捷豹路虎、观致汽车、丰田研发中心）等产业进行全方位招商。区内现有生产加工企业13家，保税物流企业10家，保税贸易企业6家。近年来，综合保税区在做大做强保税加工和保税物流的同时，积极拓展新型贸易方式。2016年在常熟服装城成功获批为国家第三批市场采购试点单位后，综合保税区积极配合，第二个月即开始试运行，2017年完成市场采购贸易出口总值达11.37亿美元。2018年，综合保税区又成功开展了跨境电子商务业务，为常熟拓展地区对外贸易、培育贸易新业态新模式发挥了积极示范作用。

招商热线：0512-52292757、52690181

服务热线：0512-52297631

邮　　箱：35441067@qq.com

s.wang@cedz.org

传　　真：0512-52650065

网　　址：http://www.csepz.gov.cn

Changshu Free Trade Zone

江阴综合保税区

JIANGYIN ZONGHE BAOSHUIQU

江阴综合保税区于2016年1月14日经批准设立，规划总面积3.6平方公里，其中一期1.2平方公里已于2018年6月14日通过验收。目前已建有10万平方米保税仓库并开展相关业务。

江阴综合保税区坚持产业立区、项目兴区、功能强区的发展理念，全力打造江阴对外开放先导区、江苏自贸区优势发展区、上海国际航运中心重要配套区。

依托多年发展，江阴综合保税区产业集群已形成六“中心”一“平台”：SMS全国集货中心、进口葡萄酒区域分拨中心、集成电路封测中心、百威啤酒华东分拨中心、科勒卫浴长三角分拨配送中心、太阳能组件集散中心，为企业提供快捷通关服务平台。园区将依托香港大昌行集团打造大昌行长三角食品加工物流园，依托曾氏集团打造跨境电子商务产业园。

江阴综合保税区招商方向主要包括保税物流、保税加工、服务贸易、国际贸易、口岸功能等，政策优势包括免税、保税、退税、实际状态征税、退还增值税等。

招商热线：0510-81651780

辛集保税物流中心

Xinji Bonded Logistics Center

辛集保税物流中心（B型）以京津冀区域协同发展为背景，基于京津冀区域通关一体化改革需要，于2017年7月15日开工建设，为立足本地、服务京津、辐射华北的集口岸通关、出口退税、保税仓储、国际采购、分拨配送、金融物流、跨境电子商务、进口商品展销、总部办公为一体的专业化、国际化、综合性保税物流园区。

保税物流中心功能

Function of Bonded Logistics Center

01 口岸通关

02 保税仓储

03 出口退税

04 转口贸易

05 全球采购 国际分拨、配送

06 流通性简单加工和增值服务

07 物流信息处理和咨询

08 物流金融服务

09 跨境电子商务及进口商品展销

10

一期占地面积约25.88万平方米，总建筑面积15万平方米，建设项目为保税物流中心区，主要构筑物建设内容为60 000平方米普货仓库、10 000平方米恒温库、10 000平方米保鲜库、20 000平方米低温冷藏库、保税物流中心办公大楼、海关查验中心、出入境检验检疫查验中心、集装箱堆场、智能围网、智能卡口、监控中心、电子商务信息服务平台、跨境电子商务体验中心等设施。一期设计仓储面积10万平方米，年货物流周转量100万吨。

二期规划建设为出口产品加工区和科技园区，占地约133.33万平方米，建设内容为产品加工中心、物流金融中心、物流配送中心、国际农产品交易中心、国际木材交易中心、跨境电子商务运营中心、国际食品城、配套仓库等设施，届时河北辛集保税区将建设成为集物流、商贸、仓储、加工、电子科技为一体的综合保税物流园区。

2017.7.15动工

2017.9.11验槽

2018.8设施基本完工

联系方式：18830128732　　联 系 人：罗恒一

乌鲁木齐综合保税区于2015年7月20日经批准设立，规划面积2.41平方公里，现已封关运营，实现预约24小时通关服务。

乌鲁木齐综合保税区完成基础和监管设施建设，保税仓、查验监管仓和标准厂房等40万平方米建筑已基本建成，围网内实现“七通一平”，具备承载项目入驻条件；国际贸易服务区一期主体已经完工，总建筑面积25.28万平方米，功能包括国际装备制造展销中心、会展中心、中外优势产能易货贸易平台、公共配套服务中心等。

乌鲁木齐综合保税区毗邻乌鲁木齐铁路集装箱中心站，东接乌鲁木齐国际机场、全疆唯一编组站和中欧班列集结中心——西站、货物储运站——北站，交通极为便利。近年来，内地出口中亚、西亚、俄罗斯及欧洲货物在乌鲁木齐大量集结发运，截至2018年9月，西行班列累计开行1 800余列。同时，乌鲁木齐综合保税区实现了保税物流业务新突破，保税物流监管货值近10亿元人民币。

乌鲁木齐综合保税区紧紧围绕新疆丝绸之路经济带核心区建设，充分发挥“一带一路”核心枢纽优势，建设跨境电子商务出口基地，积极申报首批新疆维吾尔自治区跨境电子商务产业园区，推进跨境电子商务与“一带一路”建设、供给侧结构性改革互促共进，打造面向中亚的农产品保税加工聚集地，推动传统产业向品牌化、全球化发展，逐步实现“集货、建园、聚产业”。

乌鲁木齐综合保税区

联系人：龚韩林　联系电话0991-5267557　13565950531

绿地全球商品贸易青浦保税运营中心

LUDIQUANQIUSHANGPINMAOYI
ngpubaoshuiyunyingzhongxi

2018年11月，首届中国国际进口博览会在上海召开。绿地公司将全面打造集商品交易、企业总部、智慧物流等功能的平台——绿地全球商品贸易港。绿地全球商品贸易港成功落户于青浦虹桥板块，毗邻中国进口博览会，定位为对接进口博览会的重要配套设施，为客户提供集展示、交易、仓储、运营、金融等多功能服务。

绿地全球商品贸易港青浦保税运营中心地理位置优越，毗邻青浦大虹桥板块，保税运营中心作为绿地全球商品贸易港的重要组成部分及仓储运营的载体，致力于为入驻贸易港的商户提供物流仓储整体供应链服务。

绿地保税运营中心全年365天提供仓储服务，与贸易港形成 “前店后仓”的一站式物流供应链服务并促进贸易港商品线上及线下的交易功能，进一步扩大商品交易的渠道及影响力。

服务项目

1.账册备案，产品备案；实现跨境电商功能

2.报关、进出口核放、核销；专业团队技术支持

3.贴标、理货：日处理能力10 000件+

4.订单处理（打单、拣货、包装、二次包装）

5.配货服务：覆盖全市及江浙地区

6.海关改单服务：提供专业技术支持及快速响应

7.仓储管理服务：多温度、多功能、多品类

8.供应链金融服务

SMC 以一流的技术 成就全球工业自动化发展

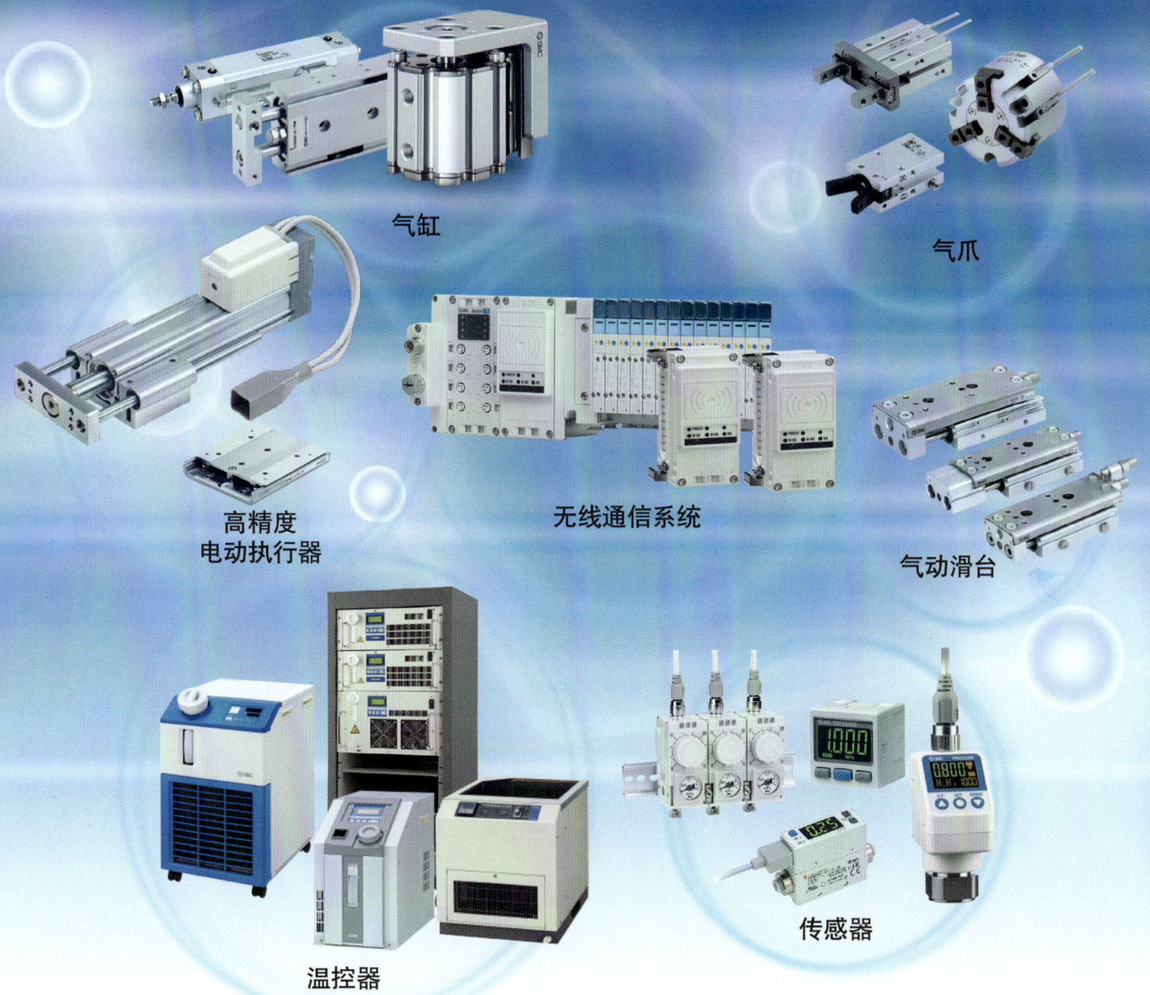

气缸

气爪

高精度
电动执行器

无线通信系统

气动滑台

温控器

传感器

SMC在中国开展经营活动可以追溯到1985年。在过去33年的时间里，SMC一直活跃在中国市场，涉及许多工业领域，如汽车、机床、半导体、太阳能电池、二次电池、食品、医药、医疗、石油、化工、轨道交通等。

SMC将其前沿的气动、液压、电动控制技术与创新解决方案全面投入到与中国的合作中，彰显了其致力于帮助中国实现可持续发展的坚定决心。

SMC(中国)有限公司

地址：北京经济技术开发区兴盛街甲2号
网址：www.smc.com.cn
电话：010-67885566
传真：010-67882335

官方微信

合肥综合保税区

合肥综合保税区于2014年3月17日获批准设立，2015年3月17日通过验收，2015年6月29日正式封关运行。合肥综合保税区选址于合肥新站高新区核心地段，围网内规划用地2.6平方公里，拓展区及配套项目规划用地2平方公里，定位以保税加工、保税贸易、保税物流等相关业务为主。

围绕产业规划，合肥综合保税区以集成电路、新型显示等产业为抓手，引入核心大项目，聚焦产业链延伸发展，努力实现产业集群发展。目前，区内注册企业28家，总投资200多亿元，产业链日趋健全，各项经济指标逐年快速增长。

作为合肥对外开放的重要平台，合肥综合保税区是合肥海关创新监管机制的先行区和示范区，致力于打造成为集成电路和新型显示产业研发制造基地，全国重要的现代服务业创新基地，引领合肥市乃至安徽省开放发展的重要平台，安徽省申报国家自由贸易试验区的重要支点。

联系电话：0551-62979397、62979515
地址：安徽省合肥市东方大道1888号

广州白云机场综合保税区

广州白云机场综合保税区位于广州空港经济区内，于2010年7月3日获批准设立，一期1.645平方公里围网建设于2014年4月17日通过验收，并于同年7月29日封关运作。

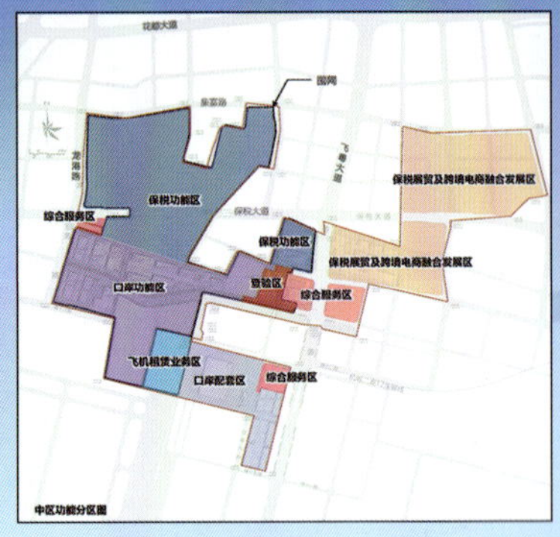

广州白云机场综合保税区是全国少有的包含机场口岸操作区的空港型综合保税区，并实现“区港一体化”运作，是广州跨境电子商务综合试验区的核心功能区，区内全面复制推广广东自贸试验区的相关先行先试监管政策，实现“南沙海港与空港”的一体化监管，具有保税加工、保税物流、保税服务等核心功能，重点打造“三中心”：全球保税物流中心、全球保税维修中心、亚太贸易展览销售中心。

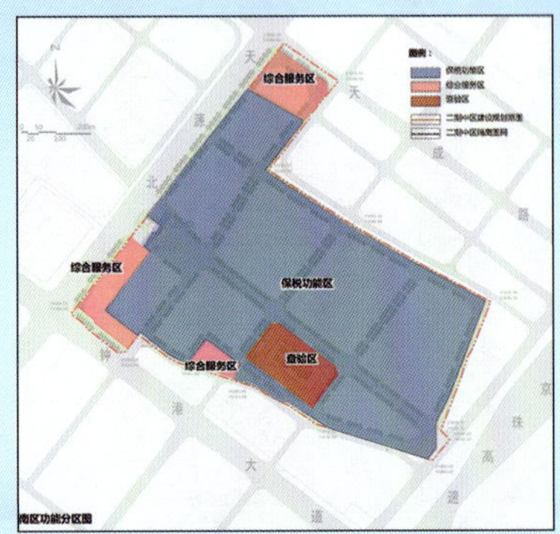

广州白云机场综合保税区已入驻南方航空、DHL、顺丰速运、中远空运、威时沛运等航空公司、国际货代、快递速运企业逾350家。

2018年1月3日，广州白云机场综合保税区经批准进行优化调整，现有范围由7.385平方公里调整为2.943平方公里。其中，紧邻广州白云国际机场的中区由原来的0.755平方公里调整为2.296平方公里。调整后，广州白云机场综合保税区的功能布局更加合理，广州白云机场综合保税区必将迎来新的发展！

联系电话 020-36063830

上海金桥出口加工区（南区）

上海金桥出口加工区(南区)是上海金桥经济技术开发区的重要组成部分，区域规划面积8.9平方公里，其中1.52平方公里为海关特殊监管区域，于2002年正式封关运行，享受出口加工区的各项优惠政策。

园区积极推动产业结构优化与转型升级，重点支持高科技、高附加值企业发展，目前已初步形成以汽车零部件、高端机械制造、半导体等为特色的中高端产业结构。

园区的发展目标与周边地区规划相协调，并与张江高科技园区形成错位发展关系，同时突出园区自身特色，通过整合现状用地， 统一工业区整体风格，确立主导产业类型，创建一个环境良好、用地合理、功能齐全的现代化产业园区。

联系电话：021-58584690

宏远控股集团有限公司（简称宏远集团）创建于2001年，立足于北京首都机场临空经济核心区，已发展为涵盖口岸物流、地产开发、供应链管理、跨境电子商务物流四大业务的多元化企业集团，旗下拥有超过30家控股子公司，并将业务拓展至亚洲、欧洲、北美洲、大洋洲等国家和地区。

经过近20年的砥砺发展，宏远集团与首都机场、国内外各大航空公司及有关部门建立并保持着长期良好的合作关系，在行业内拥有较高的知名度和美誉度，是各大航空公司和跨国企业青睐的合作对象。

宏远集团秉承精耕细作、稳扎稳打与持续创新、互联网思维相结合的发展原则，以口岸物流产业为基础，陆续拓展产业链上下游业务领域。截至目前，宏远集团已开发多个临空经济核心园区地产及商业项目，致力于为首都机场及相关各方提供现代化、个性化的商业服务和完善的物业管理服务。同时，为顺应国家鼓励发展互联网金融与跨境电子商务产业政策的大势，集团谋求转型升级，积极布局供应链管理、跨境电子商务物流等新兴业务领域，将集中自身的品牌优势、人才优势、产业优势，创造更大更广阔的空间。

宏远期待与您共发展！

重庆江津综合保税区

重庆江津综合保税区于2017年1月17日经批准设立，是重庆继两路寸滩保税港区和西永综合保税区之后的第三个海关特殊监管区域，规划面积2.21平方公里，网外配套区面积27.9平方公里。2017年12月26日，重庆江津综合保税区顺利通过了预验收。2018年4月23日，重庆江津综合保税区（一期）通过八部委联合验收。2018年6月28日，首批货物通关。2018年7月5日，重庆江津综合保税区封关运行。

重庆江津综合保税区位于“一带一路”和长江经济带的联结点上，地处重庆主城南部、绕城高速（二环）以内，是西部地区新一轮对外开放的重要载体。向西通过中欧班列（重庆）国际大通道连接中亚及欧洲地区；向东沿长江黄金水道贯穿长江经济带，实现江海联运；向西南可通过渝昆铁路连接泛亚铁路，辐射东南亚各国，并通过对接“一带一路”的中新互联互通陆海新通道连接21世纪海上丝绸之路。

重庆江津综合保税区充分发挥开放平台的作用，以保税加工为主导、保税物流为支撑、保税服务为链条，围绕智能终端、高端装备、大宗物资和跨境电子商务等开展招商引资，围绕口岸和保税功能完善升级、通关物流效率提升、国际多式联运、临港产业发展推进制度创新，实现与国际贸易规则的接轨融合。目前，累计已签订正式协议39个。

重庆江津综合保税区以真抓实劲、敢抓狠劲、善抓巧劲、常抓韧劲，做好招商、运营、管理工作，努力建设成为重庆西北向和南向大通道的重要开放引擎和加工贸易基地。

地址：重庆市江津区珞璜镇马垭大道88号　　联系方式：023-63431999

如皋港保税物流中心

近年来，如皋市充分发挥地处中国东部沿海大通道和长江黄金水道交汇的节点优势，高瞻远瞩、精心谋划，抢抓历史发展机遇，大力发展现代港口与保税物流，着力打造如皋港保税物流中心这一重要的对外开放载体和平台。

如皋港保税物流中心（B型）位于一类口岸如皋港内，由江苏如皋港集团投资建设。项目总占地面积约35万平方米，已建成6通道卡口，79 600平方米室内仓库13座，50 430平方米的室外堆场，1 100.12平方米的监管仓库，5010平方米的查验场地和4200平方米综合办公楼一座。自2016年7月开关运营以来，如皋港保税物流中心的各项业务蒸蒸日上，市场份额不断增大，已累计监管进出口货物货值近20亿美元，进出口标箱超过2万标箱，其中进口咖啡、船用润滑油两个项目均已成为全国最大的仓储物流中转基地。

如皋港保税物流中心将致力于发挥其社会功能效益，降低腹地企业的物流贸易成本，优化区域外向型企业国际贸易结构，提高国际市场竞争力，提升区域投资发展环境。

招商电话：0513-68167098

扬州综合保税区

YANGZHOU FREE TRADE ZONE

截至 2017 年年底，扬州综合保税区区内主要企业有峻茂光电、荣德新能源、逸洁科技、川岳科技、日新意旺、耀锋科技、顺风光电等，初步形成了电子信息、太阳能光伏、装备制造和 LED 芯片封装检测等特色产业。2017 年，扬州综合保税区完成进出口总额 21.34 亿美元，同比增长约 10%，其中完成一线进出口额 11.88 亿美元，同比增长约 10%。

扬州综合保税区地理位置优越，交通便利。扬州地处“长江三角洲”经济圈内，是上海经济圈和南京都市圈的节点城市，与南京、镇江构成“宁镇扬都市圈”。拥有一类开放口岸——扬州港，京沪高速、沪宁高速、宁通高速、沿江高速纵横交错，距扬州泰州国际机场 30 分钟，宁启铁路与在建的淮扬镇铁路承南启北、横贯东西，构成了水陆空铁“四位一体”的立体交通网络，实现了多种运输方式“联程联运”的无缝衔接。

园区将紧扣“十三五”发展规划，科学合理布局，通过保税加工、保税物流、保税服务“三轮驱动”，加快引进制造业重点项目，以产业集聚带动保税物流和保税服务业的发展。同时，充分挖掘综合保税区政策，立足现有制造企业，做优保税加工；加强与港口、机场的联动，做强保税物流；充分运用上海自贸试验区可复制、可推广政策，积极主动与海关等部门对接，做新保税服务。

扬州综合保税区招商局

电话：0514-82982696　　传真：0514-87529080

邮箱：yzckjgq@126.com

河北武安保税物流中心

HEBEI WUAN BAOSHUI WULIU ZHONGXIN

河北武安保税物流中心于2014年10月13日经批准设立，规划占地约106.67万平方米，包括海关监管区、内贸物流区、金融行政区、综合服务区四个区域，分三期建设，2015年启建，2016年12月通过验收。已建成海关监管区并实现封关运营，主要开展大宗商品保税物流、冷链物流、跨境电子商务、进口汽车及汽车后市场等业务。封关运营后已完成摩尔多瓦红酒进口、从日本进口发动机零部件、出口至英国菲利克斯托发动机零部件等多单海关业务。

河北武安保税物流中心将成为武安对外开放的桥头堡，成为武安建设中等城市的经济引擎，成为武安经济由“重”转“轻”、由“黑”转“绿”的璀璨明珠。

地址：河北省邯郸市武安保税物流中心

网址：www.wablc.com

电话：0310-5821606

平潭水运（海港）口岸

平潭水运（海港）口岸地处台湾海峡中北部，距台湾新竹仅68海里，是祖国大陆距台湾本岛最近的地区。平潭水运（海港）口岸规划建设有澳前、金井、草屿、流水四个港区。澳前港区开通平潭至台北、台中2条客滚直航航线，金井港区开通平潭至高雄、台中、香港、金门、马祖、台北等多条航线。口岸主要进出口货物种类为粮油食品、土产畜产、工艺品、轻工业品、医药品、砂石、生鲜产品、冻柜、水果、邮包、快件等。

联系电话：0591-62530118

福建自由贸易试验区

自福建自贸试验区成立以来，福州出口加工区以改革创新为核心，着力推动口岸通关便利化和贸易发展方式创新，充分发挥保税物流、保税加工、保税服务三大功能，重点发展跨境电子商务、保税物流、冷链物流、保税加工贸易等产业，全力打造集跨境电子商务、保税仓储、冷链物流、保税加工贸易于一体的外向型产业集聚区。2017年，福州出口加工区（二期）顺利通过验收。全年招商成效明显，新增注册企业117家，注册资本37.046亿元；对外贸易发展迅速，完成进出口总额9.318亿元，其中出口总额8.158亿元，进口总额1.16亿元；保税物流业务平稳发展，完成保税物流货运量45.86万吨，进出区货值21.72亿元，税收收入（含海关税收及代征税）4.379亿元；跨境电子商务新业态取得进展，实现进口总额约1.363亿元，完成销售单30.54万票，实现销售额1.269亿元。

联系电话：0591-88020007

芜湖综合保税区

芜湖综合保税区于2015年9月1日经批准设立，2015年12月18日通过正式验收。其前身是2003年封关运行的芜湖出口加工区，封关面积2.17平方公里。

芜湖综合保税区通关便捷，水、电、气等生产要素供应充裕，道路、绿化及物业环境良好，劳动力资源丰富，周边300米范围内有66万平方米的生活、商务配套区。区内外已经形成电子电器、汽车零部件、光电新材料等产业集群，是投资者兴业的福地。同时，芜湖综合保税区具有港口优势，芜湖港是长江溯江而上最后一个深水良港，为综合保税区实施区港一体化，发展国际加工、保税物流业务提供可靠的保障。芜湖综合保税区更是皖江地区复制、推广上海自贸试验区先行经验及发展跨境电子商务等新型业态的重要平台。

电话：0553-5772018、5772002

重庆南彭公路保税物流中心(B型)

2017年4月26日，重庆南彭公路保税物流中心（B型）经有关部门审核认定，正式封关运行。

该中心位于重庆市巴南区公路物流基地东盟国际物流园内，北邻内环高速，南接绕城高速，东连包茂高速（G65），西邻兰海高速（G75），通过高速直达重庆水运、航空、铁路枢纽，区位优势明显。

中心占地面积约13.7万平方米，建筑面积约10.5万平方米，主要建设有保税仓库、综合办公大楼、监管库、待检区、查验区、公共分拣区、集装箱作业区等设施，配套有智能化卡口、围网、监控报警系统、装卸货月台、移动地磅、公共公拣线等设施，功能完备，可满足与保税物流相关的作业。

中心能满足企业转口贸易、国际中转、跨境甩挂运输、国际物流金融等业务需求，更有保税商品展示交易、跨境电子商务、保税研发等特色服务。

入驻企业除可享受国家赋予保税区的共有政策外，还可享受其他优惠奖补政策。

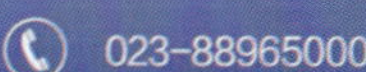

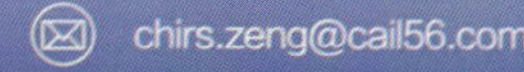

安徽合肥出口加工区

合肥出口加工区于2010年7月5日经批准设立，位于合肥经济技术开发区，规划面积1.42平方公里。2012年6月20日，合肥出口加工区通过验收，同年8月21日正式封关运行。2017年启动升级综合保税区工作。

合肥出口加工区是中国（合肥）跨境电子商务综合试验区首批试点园区。2016年7月，安徽省进口商品展示直销中心在合肥出口加工区建成运营。

招商电话：0551-63751172

网址：http://www.hetda.gov.cn/

合肥空港保税物流中心（B型）

合肥空港保税物流中心（B型）于2016年6月经批准设立，是安徽省空港型保税物流中心。园区紧邻新桥机场货运区和空港进境指定口岸，占地约11.67万平方米，总建筑面积约8.6万平方米，主要建设通关服务中心、展示中心、监管仓库、保税仓库、内外卡口及相关配套设施。

中心依托新桥机场口岸、物流产业等优势，大力开展航空保税物流、集成电路仓储保税物流、跨境电子商务、全球采购及国际分发配送、流通性简单加工和增值服务、保税商品展示等业务，建设国内空港型保税物流中心。

联系电话：0551-63879061

编辑说明

一、《中国保税区出口加工区年鉴》（以下简称《年鉴》）是由中国保税区出口加工区协会主编，中国海关出版社编辑出版的大型资料性实用工具书，公开向国内外发行。

二、《年鉴》的宗旨是面向海内外政府官员、投资商、研究机构、科技界及其他各界人士，用翔实的统计数据和文字全面、系统、准确地介绍中国保税区、出口加工区、保税港区（综合保税区）的开发建设历程和成就，介绍其基础条件、投资环境及有关法规和优惠政策等，为各有关机构与单位提供媒介服务，以推动中国保税区、出口加工区、保税港区（综合保税区）经济的协调发展。

三、《年鉴》中的数据已经上海市外高桥保税区统计调查所审核，《年鉴》部分区域经济发展分析中的数据，由于统计口径不同，方法不一，可能出现不一致，应以统计资料篇中的数据为准。2018 年版《年鉴》统计资料篇中未收入各区域进出口贸易相关统计表。

四、《年鉴》中的数据表格“比上年增长（%）”显示为“—”或“-100”的，表示上年同期数据没有或不可比。

五、《年鉴》中的数据表格如“历年招商引资情况表”“历年外商投资情况表”中的“历年”数据截至 2017 年年底。

六、《年鉴》中深圳保税区包括福田、盐田港和沙头角 3 家保税区。

七、《年鉴》在编撰过程中，得到了各保税区、出口加工区、保税港区（综合保税区）领导和有关人员的关心和支持，在此深表谢意。

八、由于我们水平有限，经验不足，请社会各界对《年鉴》提出宝贵意见。今后我们将充分汇集保税区、出口加工区、保税港区（综合保税区）的信息资料，逐步充实《年鉴》内容，使其发挥更大的作用。

《中国保税区出口加工区年鉴》编辑部

2018 年 8 月

目　录

文献法规篇

中华人民共和国海关总署公告　2017 年第 47 号
（关于明确保税油跨关区直供业务有关事项的公告） ………………………………… 3
中华人民共和国海关总署公告　2017 年第 52 号
（关于发布《海关监管作业场所设置规范》的公告） ………………………………… 6
中华人民共和国海关总署公告　2017 年第 62 号
（关于全面取消加工贸易台账保证金制度过渡期结束后有关业务办理事宜的公告） …… 14
中华人民共和国海关总署公告　2018 年第 19 号
（关于以企业为单元加工贸易监管模式改革扩大试点的公告） ……………………… 15
中华人民共和国海关总署 国家发展改革委公告　2018 年第 22 号
（关于发布 16 项修订的加工贸易单耗标准的公告） ………………………………… 17
中华人民共和国海关总署公告　2018 年第 23 号
（关于启用保税核注清单的公告） …………………………………………………… 19
中华人民共和国海关总署公告　2018 年第 27 号
（关于规范跨境电子商务支付企业登记管理的公告） ……………………………… 25
中华人民共和国海关总署公告　2018 年第 52 号
［关于海关特殊监管区域和保税物流中心（B 型）保税货物流转管理的公告］ ……… 26
中华人民共和国海关总署公告　2018 年第 56 号
（关于跨境电子商务统一版信息化系统企业接入事宜的公告） ……………………… 28
中华人民共和国海关总署公告　2018 年第 59 号
（关于全面推广以企业为单元加工贸易监管改革的公告） ………………………… 30
中华人民共和国海关总署公告　2018 年第 60 号
（关于修订《中华人民共和国海关进出口货物报关单填制规范》的公告） ………… 32
中华人民共和国海关总署公告　2018 年第 61 号
（关于修改进出口货物报关单和进出境货物备案清单格式的公告） ……………… 33
中华人民共和国海关总署公告　2018 年第 68 号
（关于公布《中华人民共和国海关保税核查办法》所涉及法律文书格式文本的公告） … 35

中华人民共和国海关总署公告　2018 年第 85 号
（关于出口监管仓库货物出入仓清单有关事项的公告）………………………… 38
中华人民共和国海关总署公告　2018 年第 104 号
（关于加工贸易监管有关事宜的公告）………………………………………… 39
中华人民共和国海关总署公告　2018 年第 113 号
（关于修订跨境电子商务统一版信息化系统企业接入报文规范的公告）……… 42
国家税务总局　财政部　海关总署公告　2018 年第 5 号
（关于扩大赋予海关特殊监管区域企业增值税一般纳税人资格试点的公告）………… 44

文字资料篇

保税区（保税物流园区）

上海外高桥保税区
SHANGHAI WAIGAOQIAO FREE TRADE ZONE …………………………… 48
广州保税区
GUANGZHOU FREE TRADE ZONE ………………………………………… 53
汕头保税区
SHANTOU FREE TRADE ZONE …………………………………………… 58
张家港保税区
ZHANGJIAGANG FREE TRADE ZONE …………………………………… 60
大连保税区
DALIAN FREE TRADE ZONE ……………………………………………… 62
上海外高桥保税物流园区
SHANGHAI WAIGAOQIAO BONDED LOGISTICS ZONE ……………… 65

出口加工区

天津出口加工区
TIANJIN EXPORT PROCESSING ZONE …………………………………… 68
河北廊坊出口加工区
HEBEI LANGFANG EXPORT PROCESSING ZONE ……………………… 70
上海漕河泾出口加工区
SHANGHAI CAOHEJING EXPORT PROCESSING ZONE ………………… 72
江苏连云港出口加工区
JIANGSU LIANYUNGANG EXPORT PROCESSING ZONE ……………… 75
江西九江出口加工区
JIANGXI JIUJIANG EXPORT PROCESSING ZONE ……………………… 77

山东青岛出口加工区
SHANDONG QINGDAO EXPORT PROCESSING ZONE …… 79
山东青岛西海岸出口加工区
SHANDONG QINGDAO WESTCOAST EXPORT PROCESSING ZONE …… 82
安徽合肥出口加工区
ANHUI HEFEI EXPORT PROCESSING ZONE …… 84
河南郑州出口加工区
HENAN ZHENGZHOU EXPORT PROCESSING ZONE …… 86
广东广州出口加工区
GUANGDONG GUANGZHOU EXPORT PROCESSING ZONE …… 89
四川绵阳出口加工区
SICHUAN MIANYANG EXPORT PROCESSING ZONE …… 91
陕西西安出口加工区 A 区
SHANXI XI'AN EXPORT PROCESSING ZONE（ZONE A） …… 93

保税港区（综合保税区）

洋山保税港区
YANGSHAN FREE TRADE PORT AREA …… 96
烟台保税港区
YANTAI FREE TRADE PORT ZONE …… 99
洋浦保税港区
YANGPU FREE TRADE PORT ZONE …… 101
苏州高新技术产业开发区综合保税区
SUZHOU NATIONAL NEW & HI-TECH DISTRICT INTEGRATED FREE TRADE ZONE …… 103
苏州工业园区综合保税区
SUZHOU INDUSTRIAL PARK INTEGRATED FREE TRADE ZONE …… 107
上海浦东机场综合保税区
SHANGHAI PUDONG AIRPORT FREE TRADE ZONE …… 109
昆山综合保税区
KUNSHAN FREE TRADE ZONE …… 112
郑州新郑综合保税区
ZHENGZHOU XINZHENG INTEGRATED BONDED ZONE …… 114
淮安综合保税区
HUAIAN FREE TRADE ZONE …… 117
海口综合保税区
HAIKOU FREE TRADE ZONE …… 119
南京综合保税区（江宁）
NANJING FREE TRADE ZONE（JIANGNING） …… 122

南京综合保税区（龙潭）
NANJING FREE TRADE ZONE（LONGTAN）………… 124
武汉东湖综合保税区
WUHAN EASTLAKE FREE TRADE ZONE ………… 127
常州综合保税区
CHANGZHOU FREE TRADE ZONE ………… 129
芜湖综合保税区
WUHU INTEGRATED FREE TRADE ZONE ………… 131
济南综合保税区
JINAN FREE TRADE ZONE ………… 133
威海综合保税区
WEIHAI FREE TRADE ZONE ………… 134
武进综合保税区
WUJIN FREE TRADE ZONE ………… 136
镇江综合保税区
ZHENJIANG COMPREHENSIVE BONDED ZONE ………… 138
嘉兴综合保税区
JIAXING FREE TRADE ZONE ………… 140
吴江综合保税区
WUJIANG FREE TRADE ZONE ………… 142
常熟综合保税区
CHANGSHU FREE TRADE ZONE ………… 143
吴中综合保税区
WUZHONG FREE TRADE ZONE ………… 146
泰州综合保税区
TAIZHOU FREE TRADE ZONE ………… 148
南通综合保税区
NANTONG FREE TRADE ZONE ………… 150
扬州综合保税区
YANGZHOU FREE TRADE ZONE ………… 152
盐城综合保税区
YANCHENG FREE TRADE ZONE ………… 153
南昌综合保税区
NANCHANG COMPREHENSIVE FREE TRADE ZONE ………… 154
遵义综合保税区
ZUNYI FREE TRADE ZONE ………… 156
哈尔滨综合保税区
HARBIN COMPREHENSIVE BONDED ZONE ………… 159

统计资料篇

保税区（保税物流园区）

2017 年全国保税区经济指标统计情况表 …… 164
上海外高桥保税区统计数据表 …… 177
广州保税区统计数据表 …… 179
张家港保税区统计数据表 …… 182
2017 年全国保税物流园区经济指标统计情况表 …… 186
上海外高桥保税物流园区统计数据表 …… 190

出口加工区

2017 年全国出口加工区经济指标统计情况表 …… 192
天津出口加工区统计数据表 …… 242
河北廊坊出口加工区统计数据表 …… 244
江苏连云港出口加工区统计数据表 …… 246
江西九江出口加工区统计数据表 …… 248
山东青岛出口加工区统计数据表 …… 250
河南郑州出口加工区统计数据表 …… 252
广东广州出口加工区统计数据表 …… 254
四川绵阳出口加工区统计数据表 …… 256
陕西西安出口加工区 A 区统计数据表 …… 258

保税港区（综合保税区）

2017 年全国保税港区经济指标统计情况表 …… 262
洋山保税港区统计数据表 …… 274
2017 年全国综合保税区经济指标统计情况表 …… 275
苏州高新区综合保税区统计数据表 …… 293
苏州工业园区综合保税区统计数据表 …… 295
昆山综合保税区统计数据表 …… 297
上海浦东机场综合保税区统计数据表 …… 299
郑州新郑综合保税区统计数据表 …… 300
海口综合保税区统计数据表 …… 302
常州综合保税区统计数据表 …… 305
芜湖综合保税区统计数据表 …… 307
武进综合保税区统计数据表 …… 309
镇江综合保税区统计数据表 …… 311

常熟综合保税区统计数据表 …… 313
盐城综合保税区统计数据表 …… 315
哈尔滨综合保税区统计数据表 …… 317

工作与研究篇

倾力稳定主业保增长 积极创新复制促转型 全国海关特殊监管区域上半年进出口成绩斐然 …… 321
部分海关特殊监管区域 2018 年上半年发展状况研究 …… 325
上海自贸试验区 …… 325
天津港保税区 …… 328
成都高新综合保税区 …… 329
成都高新综合保税区双流园区 …… 331
无锡高新区综合保税区 …… 332
太仓港综合保税区 …… 335
郴州综合保税区 …… 336
昆山综合保税区 …… 337
红河综合保税区 …… 338
威海综合保税区 …… 339
郑州新郑综合保税区 …… 340
长春兴隆综合保税区 …… 343
重庆两路寸滩保税港区 …… 344
苏州工业园区综合保税区 …… 346
青岛前湾保税港区 …… 347
泉州综合保税区 …… 349
宁波保税区 …… 350
浙江杭州出口加工区 …… 353
大连保税区 …… 355
贵安综合保税区 …… 357
南通综合保税区 …… 358
海关特殊监管区域增值税一般纳税人资格 2018 年试点工作情况交流 …… 360
昆山综合保税区 …… 360
河南郑州出口加工区 …… 361
淮安综合保税区 …… 362
郴州综合保税区 …… 364

文献法规篇

中华人民共和国海关总署公告

2017 年第 47 号

（关于明确保税油跨关区直供业务有关事项的公告）

为进一步加强海关对保税油跨关区直供业务的实际监管，规范开展保税油跨关区直供业务的企业（以下简称供油企业）业务操作，现对有关事项公告如下：

一、供油企业应当按照《中华人民共和国海关进出境运输工具监管办法》（以下简称《监管办法》）的相关管理规定，向供油地海关申请办理进出境运输工具服务企业备案、变更及撤销手续。

二、供油企业应当具备商务部、财政部、交通运输部、海关总署四部委或其授权的主管部门批复的国际航行船舶保税油供应跨关区直供经营资质；配备信息化管理系统，并与供油地海关联网，确保海关可通过联网系统或进入供油企业自有信息化管理系统查询、统计保税油入库、存储、供应、承运船舶等情况；符合《监管办法》有关运输工具服务企业备案的条件。

三、供油企业申请办理承运船舶备案、变更及撤销手续时，应当向供油地海关提交“保税油跨关区供应承运船舶备案/变更/撤销表”（附件 1）、“船舶所有权登记证书”复印件。涉及船舶租赁的，供油企业还需向供油地海关提交船舶租赁协议复印件等资料。

承运船舶有关情况发生变化的，供油企业应当及时办理变更、撤销申请。

四、承运船舶应当安装船舶实时定位设备等满足海关监管要求的设备，并与供油地海关联网。

五、供油企业在开展保税油跨关区直供业务前，应当向受油地海关提出业务申请，提交“保税油跨关区直供申请单”（附件 2）；经海关审核同意后，将受油地海关制发的关封提交供油地海关。

六、保税油出库前，供油企业应当按照相关规定向供油地海关办理保税油出库申请。

七、保税油供船前，供油企业应当向受油地海关办理保税油供船申请，提交供油地海关核批的保税油出库相关文件、“中华人民共和国海关运输工具起卸/添加物料申报单”（一式四份）等资料。

涉及一船多供业务的，供油企业应当按照受油船舶逐船进行申请。

八、供油结束后，供油企业应当向受油地海关办理保税油供船核销申请，提交国际航行船舶负责人签章确认的“中华人民共和国海关运输工具起卸/添加物料申报单”、供油双方签收的供油凭证等资料；经海关审核同意后，将受油地海关制发的关封提交供油地海关。

九、实际供油数量少于出库数量，或因特殊原因导致供油业务取消的，供油企业应当按照规定，向供油地海关申请办理保税油入库手续。

十、供油企业应当在单一航次供油结束之日起 14 日内，向供油地海关办理报关手续；在报关单放行后，向供油地海关申请办理相关后续手续。

十一、违反本公告有关规定，构成走私行为、违反海关监管规定行为或者其他违反海关法行为的，海关依照《海关法》和《中华人民共和国海关行政处罚实施条例》的有关规定予以处理；构成犯罪的，依法追究刑事责任。

十二、本公告下列用语的含义是：

保税油跨关区直供，是指供油企业将保税油跨关区直接供应国际航行船舶的业务。

承运船舶，是指从事国际航行船舶保税油跨关区供应的船舶。

供油地海关，是指保税油存储地隶属海关。

受油地海关，是指国际航行船舶接受保税油供应的所在地隶属海关。

一船多供，是指单艘承运船舶在一个作业航次内对同一关区内的多艘国际航行船舶供应保税油。

特此公告。

附件 1　保税油跨关区供应承运船舶备案/变更/撤销表

附件 2　保税油跨关区直供申请单

海关总署

2017 年 10 月 9 日

附件 1

保税油跨关区供应承运船舶备案/变更/撤销表

填表单位（盖章）：　　　　　　　　　　　　　　日期：　　年　　月　　日

业务事项：备案□　变更□　撤销□　　　　　　　　编号：__________

<table>
<tr><td rowspan="6">承运船舶信息</td><td colspan="3">船舶名称（中文）</td><td colspan="3"></td><td colspan="3">IMO 号</td><td colspan="3"></td></tr>
<tr><td colspan="3">船舶名称（英文）</td><td colspan="3"></td><td colspan="3">呼号</td><td colspan="3"></td></tr>
<tr><td colspan="3">所属企业名称</td><td colspan="3"></td><td colspan="3">供油企业名称</td><td colspan="3"></td></tr>
<tr><td colspan="2">国籍证书编号</td><td colspan="2"></td><td colspan="2">船籍港</td><td colspan="2"></td><td colspan="2">建造日期</td><td colspan="2"></td></tr>
<tr><td colspan="2">总吨位</td><td colspan="2"></td><td colspan="2">净吨位</td><td colspan="2"></td><td colspan="2">载重吨位</td><td colspan="2"></td></tr>
<tr><td colspan="2">船长姓名</td><td colspan="2"></td><td colspan="2">联系人</td><td colspan="2"></td><td colspan="2">联系电话</td><td colspan="2"></td></tr>
<tr><td>相关情况说明</td><td colspan="12">（1）船舶备案，主要填写船舶 AIS 设备、视频监控、流量计、液位仪等设备安装情况；
（2）船舶变更，主要填写变更内容；
（3）船舶撤销，主要填写撤销理由。</td></tr>
<tr><td>海关审批</td><td colspan="12">初审意见：
复核意见：</td></tr>
<tr><td>备注栏</td><td colspan="12"></td></tr>
</table>

此单一式两联，一联海关留存，一联企业留存。

附件 2

保税油跨关区直供申请单

编号：__________

<table>
<tr><td>申请单位</td><td></td><td>承运船舶名称</td><td></td></tr>
<tr><td colspan="2">受油船舶名称</td><td>预计供油时间</td><td>数量（吨）</td></tr>
<tr><td colspan="2"></td><td></td><td></td></tr>
<tr><td colspan="2"></td><td></td><td></td></tr>
<tr><td colspan="2"></td><td></td><td></td></tr>
<tr><td colspan="2"></td><td></td><td></td></tr>
<tr><td colspan="4">燃料油情况</td></tr>
<tr><td>品名</td><td>规格型号</td><td colspan="2">数量（吨）</td></tr>
<tr><td></td><td></td><td colspan="2"></td></tr>
<tr><td colspan="4">其他申报情况：</td></tr>
<tr><td colspan="4">企业负责人签章、企业公章：　　　　申请时间：</td></tr>
<tr><td colspan="4">受油地海关批注：

年　　月　　日</td></tr>
</table>

此单一式两联，一联交受油地海关留存，一联交供油地海关留存。

中华人民共和国海关总署公告

2017 年第 52 号

（关于发布《海关监管作业场所设置规范》的公告）

根据《中华人民共和国海关监管区管理暂行办法》（海关总署令第 232 号）有关规定，海关总署制定了《海关监管作业场所设置规范》（见附件），现予以发布。

本规范中水路运输类、航空运输类、铁路运输类、公路运输类、快递类、储罐类海关监管作业场所以及进口能源跨境管道境内计量站的经营企业应当按照《中华人民共和国海关监管区管理暂行办法》和海关总署 2017 年第 37 号公告关于行政许可事项的有关规定，办理有关行政许可手续。

本公告自 2017 年 11 月 1 日起施行。

特此公告。

附件　海关监管作业场所设置规范

海关总署

2017 年 10 月 30 日

附件

海关监管作业场所设置规范

总　则

一、根据《中华人民共和国海关监管区管理暂行办法》规定，制定本规范。

二、海关监管作业场所划分为：水路运输类海关监管作业场所、航空运输类海关监管作业场所、铁路运输类海关监管作业场所、公路运输类海关监管作业场所、快递类海关监管作业场所、储罐类海关监管作业场所、进口能源跨境管道境内计量站。

三、以水路、航空、铁路、公路运输方式办理货物进出境的海关监管作业场所，应当适用本规范中对应的运输方式海关监管作业场所设置规范。

四、以快递方式办理货物进出境、开展货物储罐仓储和临时存放、从事进口能源跨境管道境内计量等业务的海关监管作业场所，优先适用本规范中对应的海关监管作业场所设置规范。

五、设置在海关监管作业场所内，用于集装箱/厢式货车实施掏箱以及查验作业的场地，应当满足本规范中集装箱/厢式货车承载货物查验场地设置要求。

六、2 个及以上海关监管作业场所设置在同一区域内的，可以设置统一的隔离围网（墙）和通道出入卡口；区域内各海关监管作业场所之间应当建立隔离设施或者设置区分标志。

七、从事保税货物进出、装卸、储存、集拼、暂时存放等有关活动的作业场所，不适用本规范。

水路运输类海关监管作业场所设置规范

一、封闭及卡口设置

（一）具有独立的封闭区域，并且应当设立隔离围网（墙），高度不低于2.5米。

（二）涉及公路运输方式载运货物出入海关监管作业场所的，应当按照海关监管需要，建立通道出入卡口，配置符合海关监管要求的卡口控制系统和设备，并且与海关联网。

二、场地设置

（一）具有储存或者装卸、集拼、暂时存放海关监管货物的仓库或场地，配备相应设施，并且设置明显区分标志。

（二）如需实施海关查验，应当设置满足海关查验作业要求的场地，配备海关实施查验、安全防护的设备以及相应的专业操作人员。

（三）根据海关监管需要，预留大型集装箱/车辆检查设备、辐射探测设备等所需的场地和设施，自行安装且供海关使用的集装箱/车辆检查设备及辐射探测设备等应当与海关联网。

（四）提供存放海关扣留货物的仓库或者场地。

（五）提供具备网络通信、取暖降温、休息卫生等条件的海关办公场所。

三、信息化管理系统

（一）配备与海关联网的信息化管理系统，能够按照海关要求实现电子数据的传送、交换。

（二）根据海关监管需要，企业自用信息化管理系统应当向海关开放授权。

（三）建立符合海关信息安全要求的机房或机柜，并且按照海关监管需要建立全覆盖无线网络。

四、视频监控系统

建立满足海关监管要求的视频监控系统，并与海关联网，视频存储时间不少于3个月。

五、其他

（一）由于机械吊装、履带运输、水岸泊位等因素无法实现完全封闭的海关监管作业场所，相应区域可以调整封闭设置。

（二）不涉及货物储存及暂时存放的海关监管作业场所，在保证海关监管的条件下，可以对“二、场地设置”进行相应调整。

航空运输类海关监管作业场所设置规范

一、封闭及卡口设置

（一）具有独立的封闭区域，并且应当设立隔离围网（墙），高度不低于2.5米。

（二）按照海关监管需要，建立通道出入卡口，配置符合海关监管要求的卡口控制系统和设备，并且与海关联网。

二、场地设置

（一）具有储存或者装卸、集拼、暂时存放海关监管货物的仓库或场地，配备相应设施；监管货物按照进口、出口、暂扣等进行分类存放并隔离，设置明显区分标志。

（二）根据海关监管需要，配置非侵入式检查设备、自动传输分拣设备，预留辐射探测设备等所需的场地和设施，自行安装且供海关使用的辐射探测设备等应当与海关联网。

（三）如需实施海关查验，应当设置满足海关查验作业要求的场地，配备海关实施查验、安全防护的设备以及相应的专业操作人员。

（四）根据海关监管需要，预留大型集装箱/车辆检查设备等所需的场地和设施，自行安装且供海关使用的非侵入式检查设备、集装箱/车辆检查设备等应当与海关联网。

（五）提供存放海关扣留货物的仓库。

（六）提供具备网络通信、取暖降温、休息卫生等条件的海关办公场所。

三、信息化管理系统

（一）配备与海关联网的信息化管理系统，能够按照海关要求实现电子数据的传送、交换。

（二）根据海关监管需要，企业自用信息化管理系统应当向海关开放授权。

（三）建立符合海关信息安全要求的机房或机柜，并且按照海关监管需要建立全覆盖无线网络。

四、视频监控系统

建立满足海关监管要求的视频监控系统，并与海关联网，视频存储时间不少于3个月。

铁路运输类海关监管作业场所设置规范

一、封闭及卡口设置

（一）具有独立的封闭区域，并且应当设立隔离围网（墙），高度不低于2.5米。

因铁路轨道因素导致隔离围网（墙）不能全封闭的，应当设置监控设施，满足海关监管要求。

（二）涉及公路运输方式载运货物出入海关监管作业场所的，应当按照海关监管需要，建立通道出入卡口，配置符合海关监管要求的卡口控制系统和设备，并且与海关联网。

二、场地设置

（一）具有储存或者装卸、集拼、暂时存放海关监管货物的仓库或场地，配备相应设施，并且设置明显区分标志。

（二）如需实施海关查验，应当设置满足海关查验作业要求的场地，配备海关实施查验、安全防护的设备以及相应的专业操作人员。

（三）根据海关监管需要，预留大型集装箱/车辆检查设备、辐射探测设备等所需的场地和设施，自行安装且供海关使用的集装箱/车辆检查设备及辐射探测设备等应当与海关联网。

（四）提供存放海关扣留货物的仓库或场地。

（五）提供具备网络通信、取暖降温、休息卫生等条件的海关办公场所。

三、信息化管理系统

（一）配备与海关联网的信息化管理系统，能够按照海关要求实现电子数据的传送、交换。

（二）根据海关监管需要，企业自用信息化管理系统应当向海关开放授权。

（三）建立符合海关信息安全要求的机房或机柜，并且按照海关监管需要建立全覆盖无线网络。

四、视频监控系统

建立满足海关监管要求的视频监控系统，并与海关联网，视频存储时间不少于3个月。

公路运输类海关监管作业场所设置规范

一、封闭及卡口设置

（一）具有独立的封闭区域，并且应当设立隔离围网（墙），高度不低于2.5米。

（二）按照海关监管需要，建立通道出入卡口，配置符合海关监管要求的电子栏杆、电子读写（识别）设备、电子监控设备、电子地磅等卡口设备和控制系统，并且与海关联网。

二、场地设置

（一）具有储存或者装卸、集拼、暂时存放海关监管货物的仓库或场地，配备相应设施，并且设置明显区分标志。

（二）设置符合海关要求的功能区域，设置区域标志牌，并且标识场内的通行、分流路线。

（三）如需实施海关查验，应当设置满足海关查验作业要求的场地，配备海关实施查验、安全防护的设备以及相应的专业操作人员。

（四）根据海关监管需要，预留大型集装箱/车辆检查设备、辐射探测设备等所需的场地和设施，自行安装且供海关使用的集装箱/车辆检查设备及辐射探测设备等应当与海关联网。

（五）提供存放海关扣留货物的仓库或场地。

（六）提供具备网络通信、取暖降温、休息卫生等条件的海关办公场所。

三、信息化管理系统

（一）配备与海关联网的信息化管理系统，能够按照海关要求实现电子数据的传送、交换。

（二）根据海关监管需要，企业自用信息化管理系统应当向海关开放授权。

（三）建立符合海关信息安全要求的机房或机柜，并且按照海关监管需要建立全覆盖无线网络。

四、视频监控系统

建立满足海关监管要求的视频监控系统，并与海关联网，视频存储时间不少于3个月。

快递类海关监管作业场所设置规范

一、封闭及卡口设置

（一）具有独立的封闭区域，并且应当设立隔离围网（墙），高度不低于2.5米。

（二）按照海关监管需要，建立通道出入卡口，配置符合海关监管要求的卡口控制系统和设备，并且与海关联网。

二、场地设置

（一）具有储存或者装卸、集拼、暂时存放海关监管货物的仓库，配备相应设施；海关监管货物按照进口、出口、暂扣等进行分类存放并隔离，设置明显区分标志。

（二）具备自动传输和分拣设备，配置可实现图像采集分析功能的检查设备，并且实现快件报关单与机检图像同屏对比功能。预留辐射探测设备及其他海关监管所需的场地和设施，自行安装且供海关使用的设备等应当与海关联网。

（三）提供海关实施查验的场地，配备海关实施查验、安全防护的设备以及相应的专业操作人员。

（四）提供存放海关扣留货物的仓库。

（五）提供具备网络通信、取暖降温、休息卫生等条件的海关办公场所。

三、信息化管理系统

（一）配备与海关联网的信息化管理系统，能够按照海关要求实现电子数据的传送、交换。

（二）根据海关监管需要，企业自用信息化管理系统应当向海关开放授权。

（三）建立符合海关信息安全要求的机房或机柜，并且按照海关监管需要建立全覆盖无线网络。

四、视频监控系统

建立满足海关监管要求的视频监控系统，并与海关联网，视频存储时间不少于3个月。

储罐类海关监管作业场所设置规范

一、封闭及卡口设置

（一）具有独立封闭的储存海关监管货物的储罐（不含其他生产作业、运营管理场地），并且设置明显区分标志。

（二）涉及公路运输方式载运货物出入海关监管作业场所的，应当按照海关监管需要，建立通道出入卡口，配置符合海关监管要求的卡口控制系统和设备，并且与海关联网。

二、场地设置

（一）储罐或者传输管道应当安装符合海关监管要求的计量仪器、设备等。

（二）提供海关履行监管必需的安全防护装备、安全保障设施及相应的专业操作人员。

（三）提供具备网络通信、取暖降温、休息卫生等条件的海关办公场所。

三、信息化管理系统

（一）配备与海关联网的信息化管理系统，能够按照海关要求实现电子数据的传送、交换，并且设置中央监控室。

（二）根据海关监管需要，企业自用信息化管理系统应当向海关开放授权。

（三）建立符合海关信息安全要求的机房或机柜。

四、视频监控系统

建立满足海关监管要求的视频监控系统，并与海关联网，视频存储时间不少于3个月。

进口能源跨境管道境内计量站设置规范

一、封闭设置

计量站的计量仪表、设备应当设置在独立封闭区域内，并且具备施封条件。

二、场地设置

（一）传输管道应当安装符合海关监管要求的计量仪器、设备等。

（二）提供海关履行监管必需的安全防护装备、安全保障设施及相应的专业操作人员。

（三）提供具备网络通信、取暖降温、休息卫生等条件的海关办公场所。

三、信息化管理系统

（一）配备与海关联网的信息化管理系统，能够按照海关要求实现电子数据的传送、交换，并且设置中央监控室。

（二）根据海关监管需要，企业自用信息化管理系统应当向海关开放授权。

四、视频监控系统

建立满足海关监管要求的视频监控系统，并与海关联网，视频存储时间不少于3个月。

集装箱/厢式货车承载货物查验场地设置要求

一、场地设置

（一）查验场地应是相对独立封闭的平台或者有顶棚覆盖的平整场地。

（二）查验场地应便于集装箱/厢式货车停靠，每个停靠点对应一个实施查验作业的区域，宽度应保证集装箱/厢式货车靠泊后开箱及掏箱，划线区分并按顺序编号，相邻作业区域间隔不少于 1 米。

（三）查验场地面积应满足海关查验作业需求，实施查验作业的区域应满足整箱货物掏箱摆放的要求，并预留货检 X 光机、磅秤、查验工具柜等设备的放置区域。

（四）配备供电及应急供电设施，满足查验作业照明、视频监控、大型集装箱车辆检查设备、查验用 X 光机、移动式查验指挥车、查验电瓶车等设备的供电要求。

（五）安装照明设备，保障查验人员能对货物的铭牌、标志及状态进行清晰识辨别，并满足对查验过程实施全程视频监控和清晰录证的照明要求。

（六）用于集装箱/厢式货车承载的固体废物、大宗散货查验的场地，其作业平台或者顶棚可根据实际查验作业特点，予以调整。

二、视频监控

（一）在查验场地四角及场地居中的高点位置安装云台摄像头，满足对区域全景及场地内监管秩序的全方位监控需求。

（二）实施查验作业的区域应安装摄像头，摄像头视角应能监控已掏出货物的堆放情况、对应停靠点停放集装箱/厢式货车的箱/车底情况以及查验作业全过程。

（三）视频监控信号应接入海关视频监控系统，视频存储时间不少于 3 个月。

三、网络建设

（一）能够接入海关作业和管理系统。

（二）在查验场地建立全覆盖的无线网络，带宽不低于 100Mb。

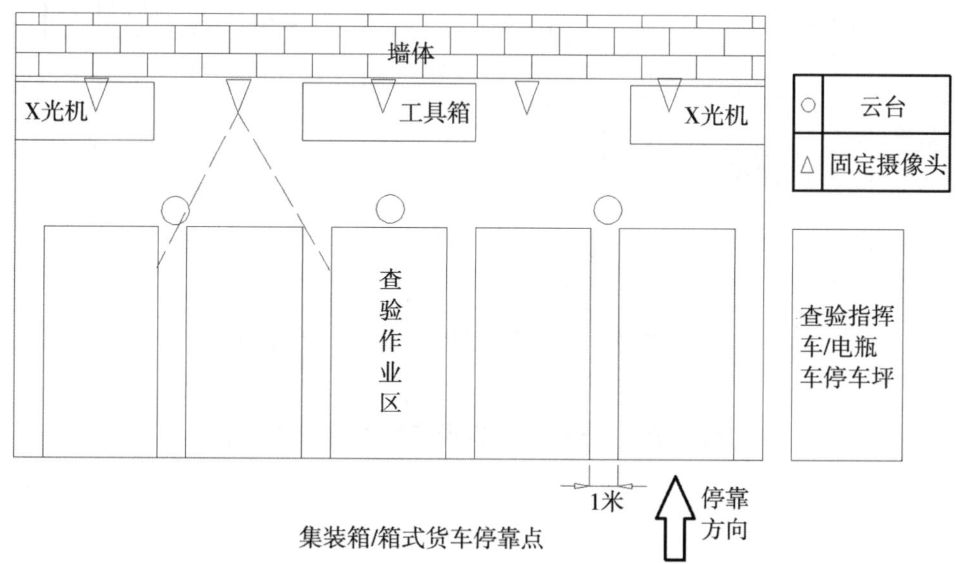

单侧查验平台/场地设置示意图（平面图）

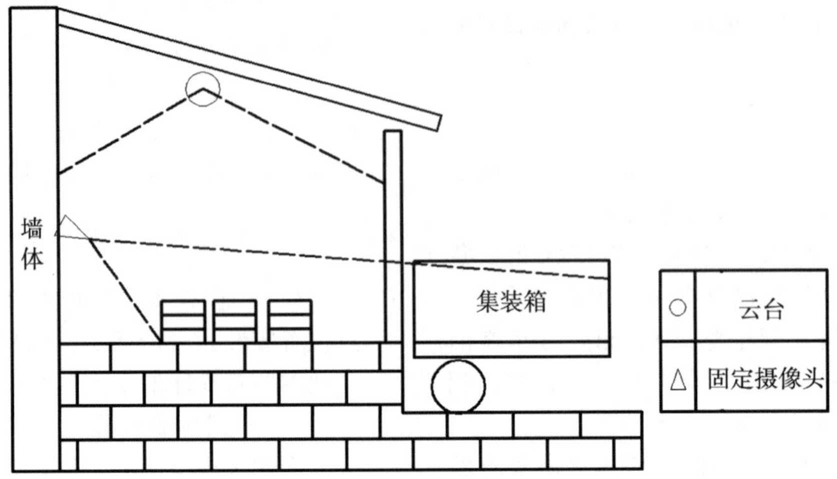

单侧查验平台/场地设置示意图（立面图）

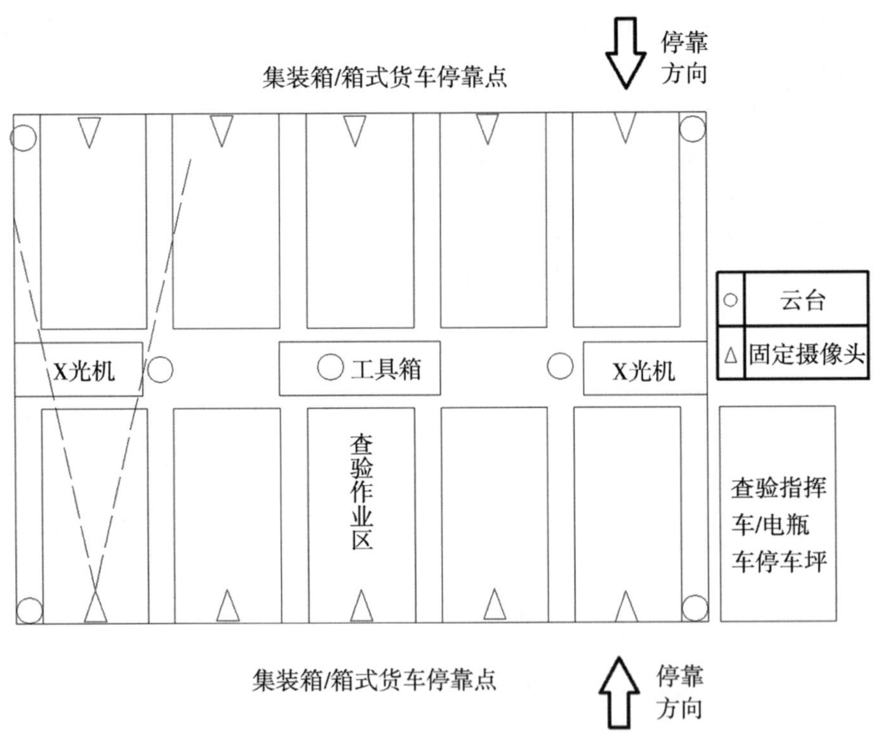

双侧查验平台/场地设置示意图（平面图）

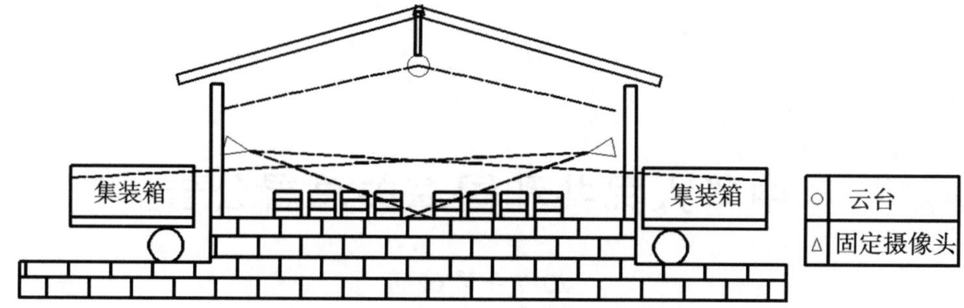

双侧查验平台/场地设置示意图（立面图）

中华人民共和国海关总署公告

2017年第62号

（关于全面取消加工贸易台账保证金制度过渡期结束后有关业务办理事宜的公告）

为落实国务院取消加工贸易银行保证金台账制度（以下简称“保证金台账”）有关要求，现就海关总署、商务部公告2017年第33号设置的过渡期结束后，有关业务办理事宜公告如下：

一、保证金台账“实转”管理事项转为海关事务担保事项。企业不再到银行开设保证金台账，按海关事务担保事项办理有关手续。

二、对以保证金形式提供担保的，担保事项解除后，企业凭财务收据到主管海关办理保证金及利息退还手续。利息计算利率为中国人民银行公布的活期基准利率，计息起始日期为保证金交至海关指定账户之日，截止日期为海关保证金退还通知书开出之日。

本公告自2018年2月2日起执行。

特此公告。

海关总署

2017年12月14日

中华人民共和国海关总署公告

2018 年第 19 号

（关于以企业为单元加工贸易监管模式改革扩大试点的公告）

为全面深化加工贸易及保税监管改革，提升海关加工贸易监管与服务水平，引导企业自律管理，海关总署决定扩大“以企业为单元加工贸易监管模式”（以下简称“新监管模式”）改革试点工作。现将有关事项公告如下：

一、试点海关及业务范围

（一）试点海关：天津、呼和浩特、满洲里、沈阳、长春、哈尔滨、上海、南京、杭州、宁波、合肥、厦门、南昌、青岛、郑州、武汉、广州、深圳、拱北、黄埔、湛江、南宁、重庆、成都、西安、乌鲁木齐。

各试点海关统一适用全国统一版的信息化系统开展试点。

（二）各试点海关可结合各自实际，选择有需求且符合有关要求的加工贸易企业开展试点。实施新监管模式试点的企业，必须是以自己名义开展加工贸易业务的生产型企业，且符合以下条件之一：

1. 海关信用等级为一般认证及以上的；

2. 海关信用等级为一般信用企业，且企业内部加工贸易货物流和数据流透明清晰，逻辑链完整，耗料可追溯，满足海关监管要求的。

（三）新监管模式的业务范围包括：账册设立（变更）、进出口、外发加工、深加工结转、内销、剩余料件结转、核报和核销、本企业或本集团的售后维修等。

二、主要内容

（一）实施新监管模式的企业，按照以下方式开展相关业务：

1. 账册设立。企业可以根据行业特点、生产规模、管理水平等因素选择以料号或项号设立账册；账册的最大进口量为“加工贸易企业经营状况和生产能力证明”所载生产能力，即进口料件对应金额。

2. 核销周期。企业可以根据生产周期，自主选择合理核销周期，并按照现有规定确定单耗申报环节，自主选择单耗申报时间。

3. 外发加工。企业开展外发加工业务时，不再报送收发货清单，同时应保存相关资料、记录备查。

4. 集中内销。企业应于每月 15 日前对上月发生的内销保税货物集中办理纳税手续，但不得跨年。

5. 深加工结转。企业在办理深加工结转手续时，应于每月月底前对上月深加工结转情况进行集中申报，不再报送收发货记录，同时应保存相关资料、记录备查。

6. 剩余料件结转。企业应在核报前，以剩余料件结转方式处置实际库存。

（二）在核销周期内，企业采用自主核

报方式向海关办理核销手续，其中对核销周期超过一年的，企业应进行年度申报。

1. 自主核报。指企业自主核定保税进口料件的耗用量并向海关如实申报的行为。企业可采用单耗、耗料清单和工单等保税进口料件耗用的核算方式，向海关申报当期核算结果，并办理核销手续。

2. 年度申报。对核销周期超过1年的企业，每年至少向海关申报1次保税料件耗用量等账册数据。年度申报数据的累加作为本核销周期保税料件耗用总量。

（三）在账册核销周期结束前，企业对本核销周期内因突发情况和内部自查自控中发现的问题，主动向海关补充申报，并提供及时控制或整改措施的，海关对企业的申报进行集中处置。

（四）企业应根据账册设立时的料号或项号，据实以来料加工或进料加工监管方式申报进出口。

（五）企业应按照规定提交、保留、存储相应电子数据和纸质单证。

（六）企业出现以下情形之一的，海关不再对其实施新监管模式：

1. 信用类别降为失信企业的；

2. 内部信息化系统不完备，加工贸易货物流和数据流逻辑链条不完整，耗料管理不能满足海关监管要求的；

3. 不能规范办理海关手续，不能按要求及时提交、保留、存储相关数据、单证和资料的；

4. 主动申请不实施新监管模式的；

5. 其他需要撤销新监管模式的。

海关不再对其实施新监管模式账册管理的，自确定之日起30日内，企业应向海关办理该账册核销手续。

三、其他事项

（一）本公告正式实施后，对尚未执行完毕的加工贸易手（账）册，企业可将尚未出口的加工贸易货物折料转入新开设的账册。

（二）本公告未明确事项，按照加工贸易监管的一般性规定实施管理。

本公告内容自2018年3月5日起施行，中华人民共和国海关总署2017年第29号公告自本公告施行之日起废止。

特此公告。

海关总署

2018年2月26日

中华人民共和国海关总署 国家发展改革委公告

2018 年第 22 号

（关于发布 16 项修订的加工贸易单耗标准的公告）

海关总署和国家发展改革委 2018 年 3 月 5 日批准《冻鲽鱼制品加工贸易单耗标准》等 16 项修订的加工贸易单耗标准（标准名称、文本见附件 1、2），自 2018 年 4 月 6 日起执行。原《冻鲽鱼制品加工贸易单耗标准》等 16 项加工贸易单耗标准（标准名称见附件 3）同时废止。

特此公告。

附件 1 16 项修订加工贸易单耗标准列表

附件 2 16 项修订加工贸易单耗标准文本（略）

附件 3 16 项废止加工贸易单耗标准列表

海关总署

国家发展改革委

2018 年 3 月 5 日

附件 1

16 项修订的加工贸易单耗标准列表

序号	标准号	标准名称	批准日期	实施日期
1	HDB/NY014—2018	冻鲽鱼制品加工贸易单耗标准	2018 年 3 月 5 日	2018 年 4 月 6 日
2	HDB/QB111—2018	化纤制女式羽绒大衣加工贸易单耗标准	2018 年 3 月 5 日	2018 年 4 月 6 日
3	HDB/FZ141—2018	棉制牛仔布加工贸易单耗标准	2018 年 3 月 5 日	2018 年 4 月 6 日
4	HDB/FZ142—2018	聚酰胺（尼龙—6）长丝机织坯布加工贸易单耗标准	2018 年 3 月 5 日	2018 年 4 月 6 日
5	HDB/FZ143—2018	棉制及化学纤维制针织手套加工贸易单耗标准	2018 年 3 月 5 日	2018 年 4 月 6 日
6	HDB/FZ144—2018	精梳混纺羊毛纱线加工贸易单耗标准	2018 年 3 月 5 日	2018 年 4 月 6 日
7	HDB/FZ145—2018	精梳羊毛与化纤混纺毛制机织物加工贸易单耗标准	2018 年 3 月 5 日	2018 年 4 月 6 日

续表

序号	标准号	标准名称	批准日期	实施日期
8	HDB/FZ146—2018	纯棉纱线加工贸易单耗标准	2018 年 3 月 5 日	2018 年 4 月 6 日
9	HDB/FZ147—2018	化学纤维长丝缝纫线加工贸易单耗标准	2018 年 3 月 5 日	2018 年 4 月 6 日
10	HDB/FZ148—2018	机织女式长裤加工贸易单耗标准	2018 年 3 月 5 日	2018 年 4 月 6 日
11	HDB/FZ149—2018	针织短袖 T 恤衫加工贸易单耗标准	2018 年 3 月 5 日	2018 年 4 月 6 日
12	HDB/FZ150—2018	精梳纯羊毛纱线加工贸易单耗标准	2018 年 3 月 5 日	2018 年 4 月 6 日
13	HDB/FZ151—2018	机织西服裙加工贸易单耗标准	2018 年 3 月 5 日	2018 年 4 月 6 日
14	HDB/FZ152—2018	棉制及化学纤维制针织男式内裤加工贸易单耗标准	2018 年 3 月 5 日	2018 年 4 月 6 日
15	HDB/FZ153—2018	棉制及化学纤维制针织女式内裤加工贸易单耗标准	2018 年 3 月 5 日	2018 年 4 月 6 日
16	HDB/FZ154—2018	精梳羊毛机织物（色织）加工贸易单耗标准	2018 年 3 月 5 日	2018 年 4 月 6 日

附件 3

16 项废止的加工贸易单耗标准列表

序号	标准号	标准名称
1	HDB/NY003—2007	冻鲽鱼制品加工贸易单耗标准
2	HDB/QB052—2010	化纤制女式羽绒大衣加工贸易单耗标准
3	HDB/FZ012—2005	牛仔布加工贸易单耗标准
4	HDB/FZ015—2005	聚酰胺（尼龙—6）长丝机织坯布加工贸易单耗标准
5	HDB/FZ027—2007	化纤制针织手套加工贸易单耗标准
6	HDB/FZ050—2009	精梳羊毛与化纤混纺机织纱加工贸易单耗标准
7	HDB/FZ051—2009	精梳羊毛与化纤混纺机织物加工贸易单耗标准
8	HDB/FZ099—2012	纯棉纱线加工贸易单耗标准
9	HDB/FZ048—2009	化学纤维长丝缝纫线加工贸易单耗标准
10	HDB/FZ106—2013	机织女长裤加工贸易单耗标准
11	HDB/FZ039—2008	棉及化纤制短袖针织 T 恤衫加工贸易单耗标准
12	HDB/FZ009—2001	精梳纯羊毛针织绒线加工贸易单耗标准
13	HDB/FZ069—2010	机织女西服裙加工贸易单耗标准
14	HDB/FZ036—2008	棉及化学纤维制针织男式三角裤加工贸易单耗标准
15	HDB/FZ060—2010	棉及化学纤维制针织女式三角裤加工贸易单耗标准
16	HDB/FZ017—2005	精梳纯羊毛机织物（纯羊毛精纺呢绒）加工贸易单耗标准

中华人民共和国海关总署公告

2018 年第 23 号

（关于启用保税核注清单的公告）

为推进实施以保税核注清单核注账册的管理改革，实现与加工贸易及保税监管企业料号级数据管理有机衔接，海关总署决定全面启用保税核注清单，现就相关事项公告如下：

一、保税核注清单是金关二期保税底账核注的专用单证，属于办理加工贸易及保税监管业务的相关单证。

二、加工贸易及保税监管企业已设立金关二期保税底账的，在办理货物进出境、进出海关特殊监管区域、保税监管场所，以及开展海关特殊监管区域、保税监管场所、加工贸易企业间保税货物流（结）转业务的，相关企业应按照金关二期保税核注清单系统设定的格式和填制要求向海关报送保税核注清单数据信息，再根据实际业务需要办理报关手续（保税核注清单填制规范详见附件）。

三、为简化保税货物报关手续，在金关二期保税核注清单系统启用后，企业办理加工贸易货物余料结转、加工贸易货物销毁（处置后未获得收入）、加工贸易不作价设备结转手续的，可不再办理报关单申报手续；海关特殊监管区域、保税监管场所间或与区（场所）外企业间进出货物的，区（场所）内企业可不再办理备案清单申报手续。

四、企业报送保税核注清单后需要办理报关单（备案清单）申报手续的，报关单（备案清单）申报数据由保税核注清单数据归并生成。

五、海关特殊监管区域、保税监管场所、加工贸易企业间加工贸易及保税货物流转，应先由转入企业报送进口保税核注清单，再由转出企业报送出口保税核注清单。

六、海关接受企业报送保税核注清单后，保税核注清单需要修改或者撤销的，按以下方式处理：

（一）货物进出口报关单（备案清单）需撤销的，其对应的保税核注清单应一并撤销。

（二）保税核注清单无须办理报关单（备案清单）申报或对应报关单（备案清单）尚未申报的，只能申请撤销。

（三）货物进出口报关单（备案清单）修改项目涉及保税核注清单修改的，应先修改清单，确保清单与报关单（备案清单）的一致性。

（四）报关单、保税核注清单修改项目涉及保税底账已备案数据的，应先变更保税底账数据。

（五）保税底账已核销的，保税核注清单不得修改、撤销。

七、海关对保税核注清单数据有布控复核要求的，在办结相关手续前不得修改或者撤销保税核注清单。

八、符合下列条件的保税核注清单商品项可归并为报关单（备案清单）同一商品项：

（一）料号级料件同时满足：10位商品编码相同，申报计量单位相同，中文商品名称相同，币制相同，原产国相同的可予以归并。其中，根据相关规定可予保税的消耗性物料与其他保税料件不得归并；因管理需要，海关或企业认为需要单列的商品不得归并。

（二）出口成品同时满足：10位商品编码相同，申报计量单位相同，中文商品名称相同，币制相同，最终目的国相同的可予以归并。其中，出口应税商品不得归并；涉及单耗标准与不涉及单耗标准的料号级成品不得归并；因管理需要，海关或企业认为需要单列的商品不得归并。

本公告自2018年7月1日起实施。7月1日之前，已开展试点的海关可参照本公告执行。

特此公告。

附件　保税核注清单填制规范

海关总署
2018年3月26日

附件

保税核注清单填制规范

为规范和统一保税核注清单管理，便利加工贸易及保税监管企业按照规定格式填制和向海关报送保税核注清单数据，特制定本填制规范。

一、预录入编号

本栏目填报核注清单预录入编号，预录入编号由系统根据接受申报的海关确定的规则自动生成。

二、清单编号

本栏目填报海关接受保税核注清单报送时给予保税核注清单的编号，一份保税核注清单对应一个清单编号。

保税核注清单海关编号为18位，其中第1~2位为QD，表示核注清单，第3~6位为接受申报海关的编号（海关规定的“关区代码表”中相应海关代码），第7~8位为海关接受申报的公历年份，第9位为进出口标志（“I”为进口，“E”为出口），后9位为顺序编号。

三、清单类型

本栏目按照相关保税监管业务类型填报，包括普通清单、分送集报清单、先入区后报关清单、简单加工清单、保税展示交易清单、区内流转清单、异常补录清单等。

四、手（账）册编号

本栏目填报经海关核发的金关工程二期加工贸易及保税监管各类手（账）册的编号。

五、经营企业

本栏目填报手（账）册中经营企业海关编码、经营企业的社会信用代码、经营企业名称。

六、加工企业

本栏目填报手（账）册中加工企业海关编码、加工企业的社会信用代码、加工企业名称，保税监管场所名称［保税物流中心（B型）填报中心内企业名称］。

七、申报单位编码

本栏目填报保税核注清单申报单位海关

编码、申报单位社会信用代码、申报单位名称。

八、企业内部编号

本栏目填写保税核注清单的企业内部编号或由系统生成流水号。

九、录入日期

本栏目填写保税核注清单的录入日期，由系统自动生成。

十、清单申报日期

申报日期指海关接受保税核注清单申报数据的日期。

十一、料件、成品标志

本栏目根据保税核注清单中的进出口商品为手（账）册中的料件或成品填写。料件、边角料、物流商品、设备商品填写“I”，成品填写“E”。

十二、监管方式

本栏目按照报关单填制规范要求填写。

特殊情形下填制要求如下：

调整库存核注清单，填写AAAA；设备解除监管核注清单，填写BBBB。

十三、运输方式

本栏目按照报关单填制规范要求填写。

十四、进（出）口口岸

本栏目按照报关单填制规范要求填写。

十五、主管海关

主管海关指手（账）册主管海关。

十六、起运运抵国别

本栏目按照报关单填制规范要求填写。

十七、核扣标志

本栏目填写清单核扣状态。海关接受清单报送后，由系统填写。

十八、清单进出卡口状态

清单进出卡口状态是指特殊监管区域、保税物流中心等货物，进出卡口的状态。海关接受清单报送后，根据关联的核放单过卡情况由系统填写。

十九、申报表编号

本栏目填写经海关备案的深加工结转、不作价设备结转、余料结转、区间流转、分送集报、保税展示交易、简单加工申报表编号。

二十、流转类型

本栏目填写保税货物流（结）转的实际类型，包括：加工贸易深加工结转、加工贸易余料结转、不作价设备结转、区间深加工结转、区间料件结转。

二十一、录入单位

本栏目填写保税核注清单录入单位海关编码、录入单位社会信用代码、录入单位名称。

二十二、报关标志

本栏目由企业根据加工贸易及保税货物是否需要办理报关单（进出境备案清单）申报手续填写。需要报关的填写“报关”，不需要报关的填写“非报关”。

（一）以下货物可填写“非报关”或“报关”：

1. 金关二期手（账）册间余料结转、加工贸易不作价设备结转；

2. 加工贸易销毁货物（销毁后无收

入）；

3. 特殊监管区域、保税监管场所间或与区（场所）外企业间流（结）转货物（减免税设备结转除外）。

（二）设备解除监管、库存调整类核注清单必须填写“非报关”。

（三）其余货物必须填写“报关”。

二十三、报关类型

加工贸易及保税货物需要办理报关单（备案清单）申报手续时填写，包括关联报关、对应报关。

（一）“关联报关”适用于特殊监管区域、保税监管场所申报与区（场所）外进出货物，区（场所）外企业使用H2010手（账）册或无手（账）册。

（二）特殊区域内企业申报的进出区货物需要由本企业办理报关手续的，填写“对应报关”。

（三）“报关标志”栏可填写“非报关”的货物，如填写“报关”时，本栏目必须填写“对应报关”。

（四）其余货物填写“对应报关”。

二十四、报关单类型

本栏目按照报关单的实际类型填写。

二十五、对应报关单（备案清单）编号

本栏目填写保税核注清单（报关类型为对应报关）对应报关单（备案清单）的海关编号。海关接受报关单申报后，由系统填写。

二十六、对应报关单（备案清单）申报单位

本栏目填写保税核注清单对应的报关单（备案清单）申报单位海关编码、单位名称、社会信用代码。

二十七、关联报关单编号

本栏目填写保税核注清单（报关类型为关联报关）关联报关单的海关编号。海关接受报关单申报后，由系统填写。

二十八、关联清单编号

本栏目填写要求如下：

（一）加工贸易及保税货物流（结）转、不作价设备结转进口保税核注清单编号。

（二）设备解除监管时填写原进口保税核注清单编号。

（三）进口保税核注清单无须填写。

二十九、关联备案编号

本栏目填写要求如下：

加工贸易及保税货物流（结）转保税核注清单本栏目填写对方手（账）册备案号。

三十、关联报关单收发货人

本栏目填写关联报关单收发货人名称、海关编码、社会信用代码。按报关单填制规范要求填写。

三十一、关联报关单消费使用单位/生产销售单位

本栏目填写关联报关单消费使用单位/生产销售单位名称、海关编码、社会信用代码。按报关单填制规范要求填写。

三十二、关联报关单申报单位

本栏目填写关联报关单申报单位名称、海关编码、社会信用代码。

三十三、报关单申报日期

本栏目填写与保税核注清单一一对应的报关单的申报日期。海关接受报关单申报后由系统填写。

三十四、备注（非必填项）

本栏目填报要求如下：

（一）涉及加工贸易货物销毁处置的，填写海关加工贸易货物销毁处置申报表编号。

（二）加工贸易副产品内销，在本栏内填报“加工贸易副产品内销”。

（三）申报时其他必须说明的事项填报在本栏目。

三十五、序号

本栏目填写保税核注清单中商品顺序编号。系统自动生成。

三十六、备案序号

本栏目填写进出口商品在保税底账中的顺序编号。

三十七、商品料号

本栏目填写进出口商品在保税底账中的商品料号级编号。由系统根据保税底账自动填写。

三十八、报关单商品序号

本栏目填写保税核注清单商品项在报关单中的商品顺序编号。

三十九、申报表序号

本栏目填写进出口商品在保税业务申报表商品中的顺序编号。

设备解除监管核注清单，填写原进口核注清单对应的商品序号。

四十、商品编码

本栏目填报的商品编号由10位数字组成。前8位为《中华人民共和国进出口税则》确定的进出口货物的税则号列，同时也是《中华人民共和国海关统计商品目录》确定的商品编码，后2位为符合海关监管要求的附加编号。

加工贸易等已备案的货物，填报的内容必须与备案登记中同项号下货物的商品编码一致，由系统根据备案序号自动填写。

四十一、商品名称、规格型号

按企业管理实际如实填写。

四十二、币制

按报关单填制规范要求填写。

四十三、数量及单位

按照报关单填制规范要求填写。其中第一比例因子、第二比例因子、重量比例因子分别填写申报单位与法定计量单位、第二法定计量单位、重量（千克）的换算关系。非必填项。

四十四、单价、总价

按照报关单填制规范要求填写。

四十五、产销国（地区）

按照报关单填制规范中有关原产国（地区）、最终目的国（地区）要求填写。

四十六、毛重（千克）

本栏目填报进出口货物及其包装材料的重量之和，计量单位为千克，不足一千克的填报为“1”。非必填项。

四十七、净重（千克）

本栏目填报进出口货物的毛重减去外包装材料后的重量，即货物本身的实际重量，计量单位为千克，不足一千克的填报为“1”。非必填项。

四十八、征免规定

本栏目应按照手（账）册中备案的征免规定填报；手（账）册中的征免规定为“保金”或“保函”的，应填报“全免”。

四十九、单耗版本号

本栏目适用加工贸易货物出口保税核注清单。本栏目应与手（账）册中备案的成品单耗版本一致。非必填项。

五十、简单加工保税核注清单成品

该项由简单加工申报表调取，具体字段含义与填制要求与上述字段一致。

中华人民共和国海关总署公告

2018 年第 27 号

（关于规范跨境电子商务支付企业登记管理的公告）

为进一步规范海关跨境电子商务监管工作，现将验核跨境电子商务支付企业资质有关事项公告如下：

一、自本公告发布之日起，跨境电子商务支付企业在向海关办理注册登记或信息登记手续时，应当提交相关资质证书。其中，提供跨境电子商务支付服务的银行机构提交中国银保监会或者原中国银监会颁发的“金融许可证”复印件；非银行支付机构提交中国人民银行颁发的“支付业务许可证”复印件，支付业务范围应当包括“互联网支付”。

企业按照前款规定提交复印件的，应当同时向海关交验原件。

二、跨境电子商务支付企业向海关办理注册登记手续的，按照《中华人民共和国海关报关单位注册登记管理规定》（海关总署令第 221 号）提交相关材料，同时提交相关资质证书；跨境电子商务支付企业向海关办理信息登记手续的，按照海关总署 2016 年第 26 号公告规定提交相关材料，同时提交相关资质证书。

三、在本公告发布之日前已经办理海关注册登记或信息登记的跨境电子商务支付企业，应当于 2018 年 5 月 31 日前向所在地海关补充提交相关资质证书，没有补充提交的，其海关跨境电子商务支付企业信息不再有效。

特此公告。

海关总署

2018 年 4 月 13 日

中华人民共和国海关总署公告

2018 年第 52 号

［关于海关特殊监管区域和保税物流中心（B 型）保税货物流转管理的公告］

为促进保税货物流转管理手续简化和效率提升，根据《中华人民共和国海关法》和有关法律、行政法规，优化管理和服务，进一步提升信息化管理水平，推广特殊监管区域管理系统、保税物流管理系统的应用，现将海关特殊监管区域和保税物流中心（B 型）保税货物流转（设备结转）管理有关事宜公告如下：

一、企业在特殊监管区域管理系统、保税物流管理系统设立保税底账后，办理海关特殊监管区域间、海关特殊监管区域与保税物流中心（B 型）间，以及保税物流中心（B 型）间的保税货物流转（设备结转）业务适用本公告。

二、转入、转出企业应对保税货物流转（设备结转）情况协商一致后，按照海关总署公告 2018 年第 23 号要求报送保税核注清单，其中下列栏目应符合本公告要求：

（一）清单类型填报普通清单；

（二）关联清单编号由转出企业填报对应转入企业的进口保税核注清单编号；

（三）关联备案编号填写对方手（账）册备案号；

（四）设备结转时，监管方式应填设备进出区（监管方式代码 5300）。

三、转入、转出保税核注清单按 10 位商品编码进行汇总比对，商品编码比对一致且法定数量相同的，双方核注清单比对成功；系统比对不成功的，按双方核注清单商品编码前 8 位进行汇总比对，商品编码比对一致且法定数量相同的，转人工比对。商品编码比对不一致或法定数量不同的，对转出保税核注清单予以退单，由转入转出双方协商，并根据协商结果对保税核注清单进行相应修改或撤销。

流转双方对同一商品的商品编码协商不一致时应按转入地海关依据商品归类的有关规定认定的商品编码确定。

四、转入、转出保税核注清单均已审核通过的，企业进行实际收发货，并按相关要求办理卡口核放手续。

五、按照海关总署公告 2018 年第 23 号关于简化保税货物报关手续的规定，流转双方企业可不再办理报关申报手续。对报关申报有特殊要求的从其规定。

六、设备结转时，由转入企业向主管海关申请调整设备底账监管年限截止日期。

七、海关特殊监管区域和保税监管场所与区外加工贸易企业、其他保税监管场所间的保税货物流转（设备结转）参照上述规定办理。

八、本公告自2018年7月1日起实施。7月1日前已开展试点的海关可参照本公告执行。海关总署2016年第86号公告同时废止。

特此公告。

海关总署

2018年6月1日

中华人民共和国海关总署公告

2018 年第 56 号

（关于跨境电子商务统一版信息化系统企业接入事宜的公告）

为促进跨境电子商务发展，提供便利通关服务，现将跨境电子商务零售统一版信息化系统（以下简称跨境统一版系统）企业接入相关事宜公告如下：

一、支持提供跨境统一版系统清单录入功能。电子商务企业或其代理人可登录“互联网+海关”一体化网上办事服务平台使用“跨境电子商务”功能进行清单录入、修改、申报、查询等操作。

二、公开跨境统一版系统企业对接报文标准。参与跨境电子商务业务的企业、第三方平台按照标准自行开发或市场化采购接入服务，相关授权开通等事宜按照海关总署公告〔2016〕16 号和海关总署公告〔2017〕20 号办理。有关报文规范和经过海关验证的传输协议及接入服务产品参见《海关跨境统一版系统企业对接报文规范（试行）》（详见附件 1）。

三、企业对于其向海关所申报及传输的电子数据承担法律责任。电子单证数据使用数字签名技术，其中电子订单、支付单、运单的数字签名实施过渡期自公告执行之日起 3 个月。具体如下表所示：

表 1　进口业务单证责任主体

序号	业务单证	责任主体	数字签名
1	进口清单	电商企业或其代理人	是
2	电子订单	电商企业或电商平台或受委托的快件运营人、邮政企业	是
3	支付单	支付企业或受委托的快件运营人、邮政企业	是
4	运单	物流企业	是
5	运单状态	物流企业	是
6	撤销申请单	电商企业或其代理人	是
7	退货申请单	电商企业或其代理人	是
8	入库明细单	海关监管作业场所经营企业	是

表 2　出口业务单证责任主体

序号	业务单证	责任主体	数字签名
1	出口清单	电商企业或其代理人	是
2	电子订单	电商企业或电商平台	是
3	收款单	电商企业	是
4	运单	物流企业	是
5	运抵单	海关监管作业场所经营企业	是
6	离境单	物流企业	是
7	清单总分单	电商企业或其代理人	是
8	撤销申请单	电商企业或其代理人	是
9	汇总申请单	电商企业或其代理人	是

企业数字签名的技术要求及密码产品选型参见《海关跨境统一版系统密码产品选型和使用指南》（详见附件 2），请企业根据实际业务配置。

四、有关跨境统一版系统企业用户操作手册及企业对接报文标准等附件文档，如有变更将通过“互联网+海关”一体化网上办事服务平台“文档资料”栏目及时发布。

以上事宜可咨询海关服务热线：12360。

本公告内容自 2018 年 6 月 30 日起执行。海关总署公告〔2016〕57 号同时废止。

特此公告。

附件 1　海关跨境统一版系统企业对接报文规范（略）

附件 2　海关跨境统一版系统密码产品选型和使用指南（略）

海关总署

2018 年 6 月 14 日

中华人民共和国海关总署公告

2018 年第 59 号

（关于全面推广以企业为单元加工贸易监管改革的公告）

为贯彻落实《国务院关于促进加工贸易创新发展的若干意见》（国发〔2016〕4号），全面深化海关加工贸易及保税监管改革，深入推进简政放权，引导企业自律管理，释放企业活力，提升企业内生动力，经过一年试点，有关企业积极配合，取得了初步成效。为此，海关总署决定全面推广实施“以企业为单元加工贸易监管模式”（以下简称新监管模式）改革。新监管模式改革是海关深化加工贸易监管改革的重要举措，是支持加工贸易企业发展、提升企业综合竞争力以及支持与加工贸易相关的生产性服务业发展的有力保障，是促进加工贸易创新发展的重要内容。现将有关事项公告如下：

一、改革实施范围

（一）实施新监管模式改革的企业，必须是以自己名义开展加工贸易业务的生产型企业，且符合以下条件之一：

1. 海关信用等级为一般认证及以上的；

2. 海关信用等级为一般信用企业，且企业内部加工贸易货物流和数据流透明清晰，逻辑链完整，耗料可追溯，满足海关监管要求的。

（二）新监管模式的业务范围包括：账册设立（变更）、进出口、外发加工、深加工结转、内销、剩余料件结转、核报和核销、本企业或本集团的售后维修等。

二、主要内容

（一）实施新监管模式的企业，按照以下方式开展相关业务：

1. 账册设立。企业可以根据行业特点、生产规模、管理水平等因素选择以料号或项号设立账册；账册的最大进口量为“加工贸易企业经营状况和生产能力证明”所载生产能力，即进口料件对应金额。

2. 核销周期。企业可以根据生产周期，自主选择合理核销周期，并按照现有规定确定单耗申报环节，自主选择单耗申报时间。

3. 外发加工。企业开展外发加工业务时，不再报送收发货清单，同时应保存相关资料、记录备查。

4. 集中内销。企业应于每月 15 日前对上月发生的内销保税货物，在依法提供税收担保的前提下，集中办理纳税手续，但不得跨年。

5. 深加工结转。企业在办理深加工结转手续时，应于每月月底前对上月深加工结转情况进行集中申报，不再报送收发货记录，同时应保存相关资料、记录备查。

6. 剩余料件结转。企业应在核报前，以剩余料件结转方式处置实际库存。

（二）在核销周期内，企业采用自主核

报方式向海关办理核销手续，其中对核销周期超过一年的，企业应进行年度申报。

1. 自主核报。指企业自主核定保税进口料件的耗用量并向海关如实申报的行为。企业可自主选择采用单耗、耗料清单和工单等保税进口料件耗用的核算方式，向海关申报当期核算结果，并办理核销手续。企业申报核算结果时，应报送本核销周期内的下列数据：

（1）申请核报加工贸易账册的相关材料；

（2）进、出、转、销和期末实际库存数据；

（3）边角料、残次品、副产品、受灾保税货物、销毁货物的相关情况；

（4）料件、成品退换情况；

（5）国内购买料件情况；

（6）消耗性物料情况；

（7）企业需要申报其他情况的补充说明。

2. 年度申报。对核销周期超过 1 年的企业，每年至少向海关申报 1 次保税料件耗用量等账册数据。年度申报数据的累加作为本核销周期保税料件耗用总量。

（三）在账册核销周期结束前，企业对本核销周期内因突发情况和内部自查自控中发现的问题，主动向海关补充申报，并提供及时控制或整改措施的，海关对企业的申报进行集中处置。

（四）企业应根据账册设立时的料号或项号，据实以来料加工或进料加工监管方式申报进出口。

（五）企业应按照规定提交、保留、存储相应电子数据和纸质单证。

（六）企业出现以下情形之一的，海关不再对其实施新监管模式：

1. 海关信用等级降为失信企业的；

2. 内部信息化系统不完备，加工贸易货物流和数据流逻辑链条不完整，耗料管理不能满足海关监管要求的；

3. 不能规范办理海关手续，不能按要求及时提交、保留、存储相关数据、单证和资料的；

4. 主动申请不实施新监管模式的；

5. 其他需要撤销新监管模式的。

海关不再对其实施新监管模式账册管理的，自确定之日起 30 日内，企业应向海关办理该账册核销手续。

三、其他事项

（一）海关总署将对年度申报等制度进行补充细化，同时，将研究出台海关保税维修业务监管的有关制度。在有关制度出台前，请有本企业、本集团保税维修需求的企业尽快与当地海关联系报送有关需求，海关总署将视情明确办法出台前的统一监管规则。

（二）本公告正式实施后，对尚未执行完毕的加工贸易手（账）册，企业可将尚未出口的加工贸易货物折料转入新开设的账册。

（三）本公告未明确事项，按照加工贸易监管的一般性规定实施管理。

公告内容自发布之日起施行，中华人民共和国海关总署 2018 年第 19 号公告同时废止。

特此公告。

海关总署

2018 年 6 月 21 日

中华人民共和国海关总署公告

2018年第60号

（关于修订《中华人民共和国海关进出口货物报关单填制规范》的公告）

为规范进出口货物收发货人的申报行为，统一进出口货物报关单填制要求，海关总署对《中华人民共和国海关进出口货物报关单填制规范》（海关总署2017年第13号公告）进行了修订。现将本次修订后的规范文本及有关内容公告如下：

一、根据现行相关规定，对预录入编号、海关编号、境内收发货人、备案号、运输方式、运输工具名称及航次号、消费使用单位/生产销售单位、征免性质、包装种类、标记唛码及备注、项号、商品名称及规格型号、境内目的地/境内货源地、申报单位等栏目的填制要求做了相应调整和修改。

二、新增“境外收发货人”、“货物存放地点”、“启运港”、“入境口岸/离境口岸”和“自报自缴”等5个栏目的填制要求。

三、修改4个栏目的名称，将“收发货人”改为“境内收发货人”，将“进口口岸/出口口岸”改为“进境关别/出境关别”、将“装货港/指运港”改为“经停港/指运港”，将“随附单证”改为“随附单证及编号”。

四、海关特殊监管区域企业向海关申报货物进出境、进出区，应填制“中华人民共和国海关进（出）境货物备案清单”，海关特殊监管区域与境内（区外）之间进出的货物，区外企业应填制“中华人民共和国海关进（出）口货物报关单”。保税货物流转按照相关规定执行。

五、“中华人民共和国海关进（出）境货物备案清单”比照“中华人民共和国海关进出口货物报关单填制规范”的要求填制。

六、新版通关参数可到海关总署门户网站（首页>在线服务>信息查询>通关参数）中“关检融合部分通关参数查询及下载”区域下载。

修订后的《中华人民共和国海关进出口货物报关单填制规范》（见附件）自2018年8月1日起执行，海关总署2017年第13号公告、2017年第69号公告同时废止。

特此公告。

附件 中华人民共和国海关进出口货物报关单填制规范（略）

海关总署

2018年6月21日

中华人民共和国海关总署公告

2018 年第 61 号

（关于修改进出口货物报关单和进出境货物备案清单格式的公告）

为进一步规范进出口货物收发货人的申报行为，根据《海关总署关于修订〈中华人民共和国海关进出口货物报关单填制规范〉的公告》（海关总署 2018 年第 60 号公告）要求，现决定对相关单证格式进行修改，有关修改内容公告如下：

一、此次修改涉及 4 种单证：中华人民共和国海关进口货物报关单（JG01，简称进口货物报关单）、中华人民共和国海关出口货物报关单（JG02，简称出口货物报关单）、中华人民共和国海关进境货物备案清单（JG21，简称进境货物备案清单）和中华人民共和国海关出境货物备案清单（JG22，简称出境货物备案清单），调整后的单证样式参见附件。

二、此次修改对进口、出口货物报关单和进境、出境货物备案清单布局结构进行了优化，版式由竖版改为横版，纸质单证全部采用普通打印方式，取消套打，不再印制空白格式单证。

三、进口货物报关单增加 9 项："页码/页数""境外发货人""货物存放地点""启运港""入境口岸""最终目的国（地区）""报关人员证号""电话""自报自缴"（在表体商品项下方打印）；修改 5 项：原"收发货人"修改为"境内收货人"，原"进口口岸"修改为"进境关别"，原"运输工具名称"修改为"运输工具名称及航次号"，原"装货港"修改为"经停港"，原"随附单证"修改为"随附单证及编号"；删除 2 项："录入员""录入单位"；位置变化 3 项："集装箱号""境内目的地""申报单位"。

四、出口货物报关单增加 7 项："页码/页数""境外收货人""离境口岸""原产国（地区）""报关人员证号""电话""自报自缴"（在表体商品项下方打印）；修改 4 项：原"收发货人"修改为"境内发货人"，原"出口口岸"修改为"出境关别"，原"运输工具名称"修改为"运输工具名称及航次号"，原"随附单证"修改为"随附单证及编号"；删除 2 项："录入员""录入单位"；位置变化 3 项："集装箱号""境内货源地""申报单位"。

五、进境货物备案清单增加 12 项："页码/页数""境外发货人""合同协议号""包装种类""货物存放地点""启运港""经停港""入境口岸""最终目的国（地区）""报关人员证号""电话""自报自缴"（在表体商品项下方打印）；修改 4 项：原"收发货人"修改为"境内收货人"，原"进境口岸"修改为"进境关别"，原"运输工具名称"修改为"运输工具名称/航次号"，原"随附单证"修改为"随附单证及编号”；删除 2 项：“录入员”“录入单位”；位置变化 3 项：“集装箱号”“境内目的地”“申报单位”。

六、出境货物备案清单增加 10 项：“页码/页数”“境外收货人”“合同协议号”“指运港”“离境口岸”“原产国（地区）”“包装种类”“报关人员证号”“电话”“自报自缴”（在表体商品项下方打印）；修改 4 项：原“收发货人”修改为“境内发货人”，原“出境口岸”修改为“出境关别”，原“运输工具名称”修改为“运输工具名称/航次号”，原“随附单证”修改为“随附单证及编号”；删除 2 项：“录入员”“录入单位”；位置变化 3 项：“集装箱号”“境内目的地”“申报单位”。

修改后的进口、出口货物报关单和进境、出境货物备案清单格式自 2018 年 8 月 1 日起启用，海关总署 2016 年第 28 号公告同时废止，原入境、出境货物报检单同时停止使用。

特此公告。

附件　进出口货物报关单和进出境货物备案清单（样单）（略）

海关总署

2018 年 6 月 21 日

中华人民共和国海关总署公告

2018 年第 68 号

（关于公布《中华人民共和国海关保税核查办法》所涉及法律文书格式文本的公告）

2018 年 5 月 29 日，海关总署公布了《海关总署关于修改部分规章的决定》（海关总署令第 240 号），对《中华人民共和国海关保税核查办法》有关规定作出修改。现将该办法所涉及的法律文书格式文本予以发布，自 2018 年 7 月 1 日起施行。

特此公告。

附件 1　海关保税核查工作记录

附件 2　中华人民共和国××海关保税核查处理通知书

海关总署

2018 年 6 月 26 日

附件 1

海关保税核查工作记录

被核查人情况	名称（仓库名称）			
	统一社会信用代码			
	工商注册地址			
	联系人		联系电话	

续表

<table>
<tr><td rowspan="6">核
查
情
况</td><td>核查时间</td><td></td></tr>
<tr><td>核查地点</td><td></td></tr>
<tr><td colspan="2">核查项目：</td></tr>
<tr><td colspan="2">被核查人提供的资料：</td></tr>
<tr><td colspan="2">核查内容：</td></tr>
<tr><td>核查关员签名：

年　　月　　日</td><td>被核查人签名盖章：
本企业保证所提供的资料准确无讹，愿意为之承担法律责任。

（单位印章和代表或者负责人签名）
年　　月　　日</td></tr>
<tr><td>备
注</td><td colspan="2"></td></tr>
</table>

注：本记录一式三份，海关留存两份，被核查人留存一份。

《海关保税核查工作记录》填表说明：

1. 核查时间：核查的起止日期。

2. 核查地点：核查的具体地址。

3. 核查项目：核查的主要目标或者原因。

4. 被核查人提供的资料：被核查人提供的数据、报表、账簿、单证等资料的名称和数量（包括电子资料）。

5. 核查内容：核查的过程、核查的结果等情况。

附件 2

中华人民共和国　　海关
保税核查处理通知书

编号：__________

________________：

根据《中华人民共和国海关保税核查办法》有关规定，我关对你单位进行了保税核查。经核查你单位__________，现责令你单位自收到本通知书之日起：

□__________日内补办相关手续：______________

□__________日内限期改正：__________________

□__________日内按有关规定提供担保：__________

逾期未按海关要求办理，海关将对你单位和负有直接责任人员依法给予相应处理。

特此通知。

（海关印章）
年　月　日

此通知书我单位已收到。

（被核查人单位印章或者被核查人代表签名）
年　　月　　日

注：本通知书一式两份，海关和被核查人各留存一份。在“□”内画“√”，同时填写被核查人的办理限期和办理事项。

中华人民共和国海关总署公告

2018年第85号

（关于出口监管仓库货物出入仓清单有关事项的公告）

为进一步便利企业办理出口监管仓库货物出入仓海关手续，海关总署决定，对已使用保税核注清单（或核增核扣表）办理出口监管仓库货物出入仓手续的，无须向海关提交“出口监管仓库货物入仓清单”“出口监管仓库货物出仓清单”。

本公告自发布之日起实施。

特此公告。

海关总署

2018年7月6日

中华人民共和国海关总署公告

2018 年第 104 号

（关于加工贸易监管有关事宜的公告）

2018 年 5 月 29 日，海关总署公布了《海关总署关于修改部分规章的决定》（海关总署令第 240 号），对《中华人民共和国海关加工贸易货物监管办法》（以下简称《办法》）有关规定作出修改。现结合署令修订内容以及此前发布公告内容进行调整，并重新公告如下：

一、关于《办法》第二条

经营企业应当在手册有效期内办理保税料件或者成品内销、结转、退运等海关手续。

二、关于《办法》第六条

（一）有下列情形之一的，不予办理抵押手续：

1. 抵押影响加工贸易货物生产正常开展的；

2. 抵押加工贸易货物或者其使用的保税料件涉及进出口许可证件管理的；

3. 抵押加工贸易货物属来料加工货物的；

4. 以合同为单元管理的，抵押期限超过手册有效期限的；

5. 以企业为单元管理的，抵押期限超过一年的；

6. 经营企业或者加工企业涉嫌走私、违规，已被海关立案调查、侦查，案件未审结的；

7. 经营企业或者加工企业因为管理混乱被海关要求整改，在整改期内的；

8. 海关认为不予批准的其他情形。

（二）经营企业在申请办理加工贸易货物抵押手续时，应向主管海关提交以下材料：

1. 正式书面申请；

2. 银行抵押贷款书面意向材料。

（三）经审核符合条件的，经营企业在缴纳相应保证金或者银行、非银行金融机构保函（以下简称“保证金或者保函”）后，主管海关准予其向境内银行办理加工贸易货物抵押，并将抵押合同、贷款合同复印件留存主管海关备案。

保证金或者保函按抵押加工贸易保税货物对应成品所使用全部保税料件应缴税款金额收取。

三、关于《办法》第九条

（一）“分开管理”是指加工贸易货物应与非加工贸易货物分开存放，分别记账。对确实无法实现货物分开存放的，须经主管海关在审核企业内部信息化管理系统、确认其能够通过联网监管系统实现加工贸易货物与非加工贸易货物数据信息流分开后，认定其符合“分开管理”的监管条件。企业应当确保保税货物流与数据信息流的一致性。

（二）“海关备案的场所”是指加工贸易企业在办理海关注册登记以及加工贸易业务时向海关备案的经营场所。

（三）加工贸易企业改变或者增加存放场所，应经主管海关批准。主管海关应要求加工贸易企业提交注明存放地址、期限等有关内容的书面申请和存放场所的所有权证明复印件，如属租赁场所还需提交租赁合同。

除外发加工等业务需要外，加工贸易货物不得跨直属海关辖区进行存放。

四、关于《办法》第二十一条

（一）企业在办理深加工结转业务时，有未按照有关规定进行收发货申报及报关情形的，在补办有关手续前，海关不再受理新的“深加工结转申报表”，并可根据实际情况暂停已办理“深加工结转申报表”的使用。

（二）企业应按照有关规定撤销或者修改深加工结转报关单；对已放行的深加工结转报关单，不能修改，只能撤销。

（三）转出、转入企业违反有关规定的，海关按照《中华人民共和国海关法》及《中华人民共和国海关行政处罚实施条例》的规定处理；构成犯罪的，依法追究其刑事责任。

五、关于《办法》第二十二条

（一）企业应当在货物首次外发之日起3个工作日内向海关备案外发加工基本情况；企业应当在货物外发之日起10日内向海关申报实际收发货情况，同一手（账）册、同一承揽者的收、发货情况可合并办理。

企业外发加工备案信息发生变化的，应当向海关变更有关信息。

（二）以合同为单元管理的，首次外发是指在本手册项下对同一承揽者第一次办理外发加工业务；以企业为单元管理的，首次外发是指本核销周期内对同一承揽者第一次办理外发加工业务。

（三）对全工序外发的，企业应当在外发加工备案时缴纳相当于外发加工货物应缴税款金额的保证金或者保函。企业变更外发加工信息时，涉及企业应缴纳外发加工保证金数量增加的，企业应补缴保证金或者保函。

（四）企业未按规定向海关办理外发加工手续，或者实际外发情况与申报情况不一致的，按照《中华人民共和国海关行政处罚实施条例》有关规定予以处罚。

六、关于《办法》第二十五条

企业申请内部料件串换的，应遵循以下原则：

（一）保税料件之间以及保税料件和进口非保税料件之间的串换，必须符合同品种、同规格、同数量的条件。

（二）保税料件和国产料件（不含深加工结转料件）之间的串换必须符合同品种、同规格、同数量、关税税率为零，且商品不涉及进出口许可证件管理的条件。

（三）经营企业因保税料件与非保税料件之间发生串换，串换下来同等数量的保税料件，经主管海关批准后，由企业自行处置。

七、关于《办法》第二十七条

经营企业因加工贸易出口产品售后服务需要而申请出口加工贸易手册项下进口的未加工保税料件的，可以按“进料料件复出”或者“来料料件复出”的贸易方式直接申报出口。

八、关于《办法》第三十一条

经营企业申请办理加工贸易货物内销手

续，除特别规定外，应当向海关提交下列单证：

（一）经营企业申请内销加工贸易货物的材料；

（二）提交与归类和审价有关的材料。

经营企业申请办理加工贸易货物内销手续，应当如实申报“加工贸易货物内销征税联系单”，凭以办理通关手续。

九、关于《办法》第三十一条

加工贸易料件、成品无法复出口的，按照《中华人民共和国海关关于加工贸易边角料、剩余料件、残次品、副产品和受灾保税货物的管理办法》（海关总署令第111号公布，根据海关总署令第198号、第218号、第235号和第238号修改）中对剩余料件的有关规定办理。

十、经营企业申报剩余料件结转的，应当向海关提交下列单证

（一）经营企业申报剩余料件结转的材料；

（二）经营企业拟结转的剩余料件清单。

经营企业应当如实申报“加工贸易剩余料件结转联系单”，凭以办理通关手续。

十一、关于到期手册未报核的处理

经营企业应当在手册有效期限内进行报核，对经营企业到期手册未报核的，经海关审查，按照《中华人民共和国海关行政处罚实施条例》的有关规定进行处理。

十二、关于《办法》第四十条

经营企业应按照《中华人民共和国海关报关单位注册登记管理规定》（海关总署令第221号公布，根据海关总署令第235号和第240号修改）办理海关注册登记手续。

十三、关于纸质单证使用问题

在启用计算机系统办理相关业务前，暂使用原纸质单证办理。

本公告内容自公布之日起执行。海关总署公告2005年第9号、2010年第93号、2014年第21号同时废止。

特此公告。

海关总署

2018年8月13日

中华人民共和国海关总署公告

2018 年第 113 号

（关于修订跨境电子商务统一版信息化系统企业接入报文规范的公告）

根据关检融合需求，现将跨境电子商务统一版信息化系统企业申报数据项接入报文规范修订事宜公告如下：

一、报文修订情况详见下表：

序号	中文名称	英文名称	数据格式	是否必填	说明	变更内容
进口清单表体						
1	商品规格型号	gmodel	C..510	是	填写品名、牌名、规格、型号、成分、含量、等级等，满足海关归类、审价、监管要求	由 C..250 扩充为 C..510
2	贸易国	tradeCountry	C3	否	按海关规定的“国别（地区）代码表”选择填报相应的贸易国（地区）代码	新增填制要求
进口电子订单表头						
3	订购人电话	buyerTele-phone	C..30	是	海关监管对象的电话，要求实际联系电话	新增填制要求
进口电子订单表体						
4	商品规格型号	gmodel	C..510	是	满足海关归类、审价以及监管的要求为准。包括：品名、牌名、规格、型号、成分、含量、等级等	新增填制要求
进口运单表头						
5	订单编号	orderNo	C..60	是	交易平台的订单编号，同一交易平台应唯一	新增填制要求

修订后的报文规范和经过海关验证的传输协议及接入服务产品参见《海关跨境统一版系统企业对接报文规范（试行）》（详见附件 1）。

二、企业对于其向海关所申报及传输的电子数据承担法律责任，电子单证数据使用数字签名技术。具体如下表所示：

表 1　进口业务单证责任主体

序号	业务单证	责任主体	数字签名
1	进口清单	电商企业或其代理人	是
2	电子订单	电商企业或电商平台或受委托的快件运营人、邮政企业	是
3	支付单	支付企业或受委托的快件运营人、邮政企业	是
4	运单	物流企业	是
5	运单状态	物流企业	是
6	撤销申请单	电商企业或其代理人	是
7	退货申请单	电商企业或其代理人	是
8	入库明细单	海关监管作业场所经营企业	是

表 2　出口业务单证责任主体

序号	业务单证	责任主体	数字签名
1	出口清单	电商企业或其代理人	是
2	电子订单	电商企业或电商平台	是
3	收款单	电商企业	是
4	运单	物流企业	是
5	运抵单	海关监管作业场所经营企业	是
6	离境单	物流企业	是
7	清单总分单	电商企业或其代理人	是
8	撤销申请单	电商企业或其代理人	是
9	汇总申请单	电商企业或其代理人	是

企业数字签名的技术要求及密码产品选型参见《海关跨境统一版系统密码产品选型和使用指南》（详见附件 2），请企业根据实际业务配置。

三、支持提供跨境统一版系统清单录入功能。电子商务企业或其代理人可登录“互联网+海关”一体化网上办事服务平台使用“跨境电子商务”功能进行清单录入、修改、申报、查询等操作。

四、有关跨境统一版系统企业用户操作手册及企业对接报文标准等附件文档，如有变更将通过“互联网+海关”一体化网上办事服务平台“文档资料”栏目及时发布。

本公告自 2018 年 9 月 30 日起施行，海关总署 2018 年第 56 号公告同时废止。

以上事宜可咨询海关服务热线：12360。

特此公告。

附件 1　海关跨境统一版系统企业对接报文规范（试行）（略）

附件 2　海关跨境统一版系统密码产品选型和使用指南（略）

海关总署

2018 年 9 月 4 日

国家税务总局　财政部　海关总署公告

2018 年第 5 号

（关于扩大赋予海关特殊监管区域企业增值税一般纳税人资格试点的公告）

为进一步提升海关特殊监管区域企业统筹国际国内两个市场两种资源的能力，提高海关特殊监管区域发展的质量和效益，推动加工贸易转型升级，促进贸易便利化，结合前期试点情况，国家税务总局、财政部和海关总署决定扩大赋予海关特殊监管区域企业增值税一般纳税人资格试点。现将有关事项公告如下：

一、将赋予海关特殊监管区域企业增值税一般纳税人资格试点（以下简称一般纳税人资格试点）扩大到浙江宁波出口加工区、成都高新综合保税区、阿拉山口综合保税区、广西北海出口加工区、北京天竺综合保税区、上海闵行出口加工区、郴州综合保税区、辽宁大连出口加工区、福州保税港区、福州出口加工区、青岛前湾保税港区、武汉东湖综合保税区、无锡高新区综合保税区、苏州高新技术产业开发区综合保税区、镇江综合保税区、淮安综合保税区、吴江综合保税区 17 个海关特殊监管区域。

二、建立一般纳税人资格试点退出机制（适用范围包括前期试点的 7 个海关特殊监管区域）。申请一般纳税人资格试点满 36 个月的企业可申请退出试点。退出试点后，恢复执行海关特殊监管区域内非试点企业税收政策且 36 个月内不得再申请试点。

申请退出试点企业应提前向主管税务机关和主管海关递交退出试点申请，启动退出试点工作。试点企业在退出前，应结清税款，方可办理退出手续。对区内企业退出试点前的增值税留抵税额不予抵扣或退还，转成本处理。退出试点的企业，除销售服务、无形资产或者不动产外，不得领用和开具增值税专用发票。

三、除以上调整外，一般纳税人资格试点政策其他内容继续执行《国家税务总局 财政部 海关总署关于开展赋予海关特殊监管区域企业增值税一般纳税人资格试点的公告》（国家税务总局 财政部 海关总署公告 2016 年第 65 号）的有关规定。

四、本公告自 2018 年 2 月 1 日起施行。

国家税务总局

财政部

海关总署

2018 年 1 月 12 日

文字资料篇

保税区（保税物流园区）

上海外高桥保税区
SHANGHAI WAIGAOQIAO FREE TRADE ZONE

【区域概况】 上海外高桥保税区于 1990 年 6 月由国务院批准设立，规划面积 10 平方公里，按照“边建设边发展”的原则，目前滚动开发已基本完成，进入正常运作。

2017 年，外高桥保税区贯彻落实上海自贸试验区各项改革创新举措，进一步优化园区营商环境，区域产业能级持续提升，新兴经济加快发展，经济运行效益显著好转，经济增长速度在时隔 5 年后再次恢复到两位数增长。据统计，2017 年外高桥保税区投资企业完成经营总收入 16 685. 29 亿元，比 2016 年增长 15. 0%；实现利润总额 721. 56 亿元，同比增长 39. 8%；缴纳各类税收收入 1 261. 74亿元，同比增长 11. 9%。年末从业人员 27. 11 万人，同比增长 2. 5%。

【开发建设】 2017 年，保税区加快重点工程项目建设，继续优化区域综合投资环境，紧抓产业功能升级良机，积极推进生物医药平台、仓库改扩建及企业生产设备改造更新等项目建设，促使固定资产投资额高速增长，全年完成 41. 76 亿元，比 2016 年增长 58. 8%。截至 2017 年年底，保税区已累计完成固定资产投资额 606. 98 亿元。

【企业设立】 企业投资维持在平稳区间。随着国内自贸试验区“1+3+7”格局的形成及制度创新复制推广的深入，外高桥保税区新设企业数量维持在平稳区间。据统计，2017 年外高桥保税区新设企业 2 985 家，吸引内资企业注册资本 654. 16 亿元，吸引外商投资额 81. 15 亿美元，其中合同外资 44. 14 亿美元。

从企业投资来看。2017 年外高桥新设内资企业 1 983 家，吸引内资企业注册资本 654. 16 亿元。新设内资企业中，注册资本超过 1 亿元的企业达到 98 家，合计注册资本达到 465. 14 亿元，占内资注册资本总额的 71. 1%。同期，新设外资企业 1 002 家，吸引外商投资额 81. 15 亿美元，其中合同外资 44. 14 亿美元；实际利用外资 23. 9 亿美元，同比增长 89. 7%。新设外资企业中，外商投资额超过 1 000 万美元的企业有 49 家，投资额合计 24. 4 亿美元，占外商投资额的 30. 1%。

从行业分布来看。园区内贸易类企业 1 468家，占新设企业 49. 2%；服务类企业 1267 家，占比为 42. 4%；物流类企业 103 家，占比为 3. 5%；租赁类企业 29 家，占比为 0. 1%；金融类企业 12 家，占比为 0. 4%。此外，加工类企业 4 家，占比为 0. 1%；其他类企业 102 家，占比为 3. 4%。

从企业存量来看。截至 2017 年年底，外高桥保税区现有注册企业 35 831 家，注册资本 21 328 亿元。内资企业 23 844 家，占企业总数 66. 5%；外资企业 11 987 家，占企业总数的 33. 5%。贸易类企业 18 540 家，占企业总数的 51. 7%；租赁和商业服务类企业 9 151 家，占企业总数的 25. 5%；科学研究和技术服务类企业 2 727 家，占企业总数的

7.6%；物流类企业 1 656 家，占企业总数的 4.6%；加工类企业 359 家，占企业总数的 1.0%；其他类企业3 398家。

【国际贸易】进出口贸易较快增长。国际贸易是外高桥保税区经济发展的核心功能，也是保税区政策优势和产业融合联动发展的突出表现。2017 年，外高桥保税区积极发挥总部企业集聚和贸易制度创新的叠加优势，以开放型经济发展为核心，不断拓展多元化贸易功能，巩固强化了外高桥对外窗口和对内辐射的作用，促进了进出口额较快增长。据统计，当年外高桥保税区投资企业完成进出口总额 7 959.33 亿元，比 2016 年增长 19.6%。其中，进口额 5 988.62 元，同比增长 23.8%；出口额 1 970.71 亿元，同比增长 8.5%。

外高桥保税区与世界各国和地区保持紧密经贸往来，从事进出口业务的企业数量进一步增加。据统计，2017 年外高桥保税区与 196 个国家和地区发生了进出口业务往来，其中与亚、欧和北美等传统贸易伙伴的进出口额占主体，与“一带一路”国家经贸往来较快增长。全年与外高桥保税区进出口业务往来超过 100 亿元的国家和地区达到 18 个，合计完成进出口额 6 661.47 亿元，比 2016 年增长 18.4%，占保税区进出口总额的 83.7%。居前 5 位的分别是美国 978.44 亿元，日本 966.82 亿元，韩国 592.97 亿元，我国台湾地区 570.05 亿元，德国 553.12 亿元。与“一带一路”国家和地区进出口额为 1 582.88 亿元，同比增长 16.5%，占保税区进出口总额的 19.9%。外高桥保税区贸易便利化的显著提升及新型贸易模式的发展，提高了国际贸易的活跃度，促使从事进出口贸易业务的优质企业进一步增加。据统计，2017 年外高桥保税区直接开展进出口业务的投资企业达到 5 527 家。

进出口贸易方式中物流货物占主体地位，一般贸易快速增长。随着贸易便利化水平的不断提升和功能的拓展丰富，贸易功能和物流功能的优势进一步凸显，投资企业业务运作模式不断创新，促进了进出口贸易方式的调整优化。外高桥保税区物流货物进出口额保持主体地位，完成 5 139.76 亿元，比 2016 年增长 12.9%，占保税区进出口额的 64.6%；一般贸易进出口额快速增长，完成 2 285.22 亿元，同比增长 37.1%，所占比重从 2016 年的 25.0%提升到 28.7%；加工贸易进出口额较快增长，完成 482.35 亿元，同比增长 21.6%，占比为 6.1%。

进口贸易规模快速增长。外高桥保税区充分发挥“进口货物保税、免税及滞后纳税”的政策优势及贸易便利化环境优势，通过完善综合服务网络和专业化贸易服务平台等举措，促使以电子产品为代表的机电类产品及以药品、汽车为代表的消费类产品进口额快速增长，推动进口贸易取得快速增长。据统计，2017 年外高桥保税区完成进口额 5 988.62亿元，同比增长 23.8%，占外高桥保税区进出口额的 75.2%。

出口贸易稳中有升。随着外高桥保税区总部经济能级提升，在出口分拨功能的深化拓展和面向亚太的跨国公司物流分拨基地建设的不断推进下，越来越多的投资企业利用区位优势，在立足国内市场的基础上，加快对国际市场的整合和拓展，在促进进口业务的同时也带动出口业务的发展。据统计，2017 年外高桥保税区完成出口额 1 970.71 亿元，比 2016 年增长 8.5%，占外高桥保税区进出口额 24.8%。

【产业发展】贸易业商品销售额较快增长。贸易业是保税区经济的主导产业之一，也是保税区经济总量和税收贡献的主要来源。2017 年，外高桥保税区贸易企业紧抓国内供给侧结构性改革和产业转型升级带来的新机遇，充分发挥自贸试验区制度创新和贸易便利化举措的比较优势，继续强化企业品牌效应、规模效应和辐射功能，促使贸易业商品销售额较快增长，完成15 229.04亿元，比2016年增长15.0%。其中，销售额超过10亿元的贸易企业有233家，比2016年增加46家，合计销售额12 862.33亿元，同比增长17.4%，占保税区商品销售额84.5%。对国内、国外市场销售额均较快增长。随着国内产业转型升级步伐的加快和居民消费层次的不断提升，国内市场对国外优质商品和急需资源品的需求不断增加，保税区贸易企业充分发挥连接国内外两个市场的枢纽功能，积极拓展重点商品的营销渠道，使得对国内市场的销售规模较快扩张。据统计，2017年保税区贸易企业完成国内商品销售额12 646.19亿元，比2016年增长16.3%，占保税区商品销售额的83.0%。同时，保税区贸易企业努力提升在跨国公司集团内部的地位，通过国际采购功能的培育，积极开拓亚太甚至全球市场，尤其是参与“一带一路”沿线国家的市场开发，将国内优势产品销售分拨至国际市场，促使对外商品销售规模较快增长。据统计，2017年保税区贸易企业完成对外商品销售额2 582.85亿元，比2016年增长8.7%，占保税区商品销售额的17.0%。

航运物流服务收入快速增长。航运物流产业是外高桥保税区主导产业之一。2017年，保税区深入推进航运物流功能拓展，不断创新物流业务模式，进一步完善航运物流配套环境的软硬件建设，着力提升航运物流运作效率和联动发展水平，促进了航运物流服务快速增长。据统计，2017年外高桥保税区完成航运物流服务收入240.16亿元，比2016年增长21.7%。其中，航运服务产业完成收入227.20亿元，比2016年增长21.6%，占保税区航运物流服务收入的94.6%；港口内陆运输业完成收入6.75亿元，比2016年增长1.3倍，占保税区航运物流服务收入的2.8%；航运基础产业完成收入6.21亿元。

加工制造业经营效益持续提升。2017年，外高桥保税区加工制造企业加快转型升级步伐，着力推动技术改造和产品更新，不断提高创新驱动发展和产业融合发展的能力，工业经济发展实现规模和效益双提升。全年保税区规模以上工业企业完成工业产值638.93亿元，与2016年基本持平；实现利润总额40.4亿元，同比增长26.1%，增幅连续两年达20%以上。2017年，保税区工业经济涉及21个行业大类，其中计算机、通信和其他电子设备制造业完成产值357.3亿元，占保税区工业产值的55.9%；汽车零部件制造业，完成产值96.9亿元，占比为15.2%。

服务业发展体系不断完善。2017年，保税区积极落实制度创新和服务领域的改革措施，认真贯彻落实服务产业规划部署，继续以推进服务业发展作为新旧动能转换的主要抓手，更加重视服务产业的精准培育，不断推动创新要素、新兴产业的集聚，吸引了众多服务类企业、金融类机构入驻经营，促进了技术、金融、专业及其他服务业等新兴产业加快发展。一是技术服务产业收入快速增长。保税区各类高能级的维修检测机构、信息技术企业、数据服务外包商和生物医药研发中心等不断涌现，这些新兴业态的快速发展推动了以科技研发、维修检测、技术咨询为主的技术服务产业规模不断扩大，并成为服务业重要内容和高端环节。据统计，2017年保税区技术服务业完成收入210.32亿元，比2016年增长34.0%。其中，技术应用业（包括维修、检测等）完成85.46亿元，同比增长57.3%，占保税区技术服务业收入的40.6%；技术开发业（包括研发、软件、设计等）完成78.4亿元，同比增长33.8%，占比为37.3%；技术推广业（包括咨询、培训等）完成46.46亿元，同比增长5.6%，占比为22.1%。二是贸易代理服务保持一定规模。随着商品销售规模的不断扩大和商品种类的不断拓展，保税区涌现出为数较多的为买卖双方提供贸易机会或被授权代理行使商品交易活动的企业，这些企业针对不同客户群体和商品种类，运用自身较高的服务水平和专业知识，较快、较全、较好地满足客户业务需求，使得贸易代理服务保持一定规模。据统计，2017年保税区企业完成贸易代理服务收入47.97亿元，比2016年下降13.2%。三是出租出售房屋收入保持快速增长。开展房产开发、租售及物业管理等业务活动的房产企业是保税区经济发展的重要保障。2017年保税区房产企业共完成出租出售房屋收入72.73亿元，比2016年增长49.0%，其中各开发公司合计完成出租出售房屋收入48.74亿元，同比增长24.6%。

【功能培育】 总部经济引领示范作用突出。2017年，保税区梳理完善“十三五”多层次总部经济政策体系，对原有的包括营运中心、地区总部、亚太营运商、国际结算中心等在内的企业进行了重新梳理，培育涵盖跨国公司地区总部、营运总部、大企业总部、区域性总部、贸易型总部等类型在内的总部企业184家。这些总部经济企业依托政策和服务综合优势，积极整合订单销售、贸易结算、供应链集成、人力资源、资金统筹等经营管理职能，充分利用自贸试验区改革创新试点措施，不断拓展业务统筹范围的广度和深度，迅速提升自身在跨国公司集团内部的地位和作用，发展成为集团在中国区乃至亚太地区的区域性管理平台，为保税区经济发展带来了经济贡献效应、产业聚集效应和产业关联效应。据统计，2017年保税区总部经济企业完成经营收入9 980.67亿元，比2016年增长14.2%，占保税区企业经营收入的59.8%；完成税务部门税收254.67亿元，同比增长15.2%，占保税区税务部门税收的47.1%；完成进出口额2 219.60亿元，同比增长17.4%，占保税区进出口额的27.9%。

平台经济服务效能稳步提升。截至2017年年底，成功加入外高桥保税市场会员单位的投资企业累计达到13 685家。据统计，2017年外高桥保税市场合计完成各类商品交易额14 256.02亿元，比2016年增长10.6%。保税区三大综合性市场通过延伸服务链、强化综合服务功能、提升服务能级、拓展服务范围、优化服务模式，为推动保税市场交易额的持续增长奠定了扎实的基础，继续发挥主导作用。据统计，2017年三大综合性市场合计完成各类商品交易额13 409.74亿元，比2016年增长10.8%，占保税市场交易总额的94.1%。各专业功能性市场继续发挥专业领域特色优势，积极提升服务水平和效能，完善专业服务运作模式，提升贸易便利化水平，帮助投资企业扩大经营规模，促进功能性市场交易额稳步增长。据统计，2017年各专业功能性市场完成各类商品交易额846.28亿元，比2016年增长7.8%，占保税市场交易额的5.9%。其中，危险化学品市场、医药市场和钟表市场持续增长，分别完成274.83亿元、245.70亿元和244.46亿元，比2016年分别增长3.7%、9.1%和20.5%。

外高桥港区货物吞吐量稳步攀升。2017年外高桥港区深挖已有航线资源潜力，继续发挥区位优势和口岸功能，完善航运服务，提升智能化管理水平，进一步强化对长江、内河流域的辐射作用，促使港区货物吞吐量和集装箱吞吐量稳步攀升。目前，外高桥港区1~6期共拥有泊位24个，已配备桥吊80台，码头总长度达到5 959米，陆域面积达到581万平方米。2017年外高桥港区停靠各类船舶41 788艘次，其中外籍货轮达到9 975

艘次，占外港停靠船舶数量的 23.9%；完成货物吞吐量 1.78 亿吨，同比增长 8.1%，占上海港的 23.7%；集装箱吞吐量 1 985.1 万标箱，同比增长 8.6%，占上海港的 49.3%。

【发展效益】企业利润总额快速增长。面对全球经济持续复苏和国内产业升级转型，外高桥投资企业在制度创新、贸易便利化措施的持续推动下，进一步发挥规模效应和集聚作用，有效降低运作成本，充分挖掘新的业绩增长点，促使利润总额实现快速增长。据统计，2017 年外高桥投资企业共实现利润总额 721.56 亿元，比 2016 年增长 39.8%。

各类税收收入两位数增长。外高桥保税区在投资企业整体业务规模较快攀升的促进下，区域经济产出效益取得较快增长，为国家和地方财力作出了重要贡献。据统计，2017 年外高桥保税区共完成各类税收收入 1 261.74 亿元,比 2016 年增长 11.9%，其中形成的中央税收 1 013 亿元，占保税区各类税收收入的 80.3%。全年完成税务部门税收 540.71 亿元，完成海关部门税收 721.03 亿元。

企业从业人员平稳增长。随着外高桥产业体系的不断完善，投资企业转型升级进程加快，吸引了大量高学历、专业型人才聚集，投资企业从业人员综合素质稳步提高，为外高桥的发展奠定了良好的人力资源基础。据统计，2017 年年末外高桥投资企业从业人员为 27.11 万人，比 2016 年增长 2.5%。从业人员中，中方人员 26.22 万人，占外高桥从业人员的 96.7%；外籍人员 0.89 万人，占比为 3.3%。高学历人才不断聚集增加，大学专科以上学历的人员达到 21.08 万人，比 2016 年增长 5.7%，占外高桥企业从业人员的 77.8%。

【招商部门】上海外高桥保税区由中国（上海）自由贸易试验区管委会保税区管理局统一管理。联系电话：021-58698500。

广州保税区
GUANGZHOU FREE TRADE ZONE

【**经济发展**】2017年，广州保税区按照“向政策要效益，向功能要效益，向内涵要效益”的工作思路，突出保税特色，发挥政策优势，提升服务功能，不断加快园区产业结构调整步伐，从以保税加工为主导的加工制造业向以现代物流、跨境电子商务、商贸和展览展示等为主导的现代服务业转型升级，努力克服市场需求萎缩、企业经营困难等影响，主动作为、攻坚克难，推动园区产业转型升级，经济稳步增长，多项工作取得了突破性的进展。

全年，广州保税区实现工业总产值50.73亿元，同比增长1.1%；实现商品销售额307.24亿元；实现税收总额9.56亿元，同比增长5.1%。

截至2017年年底，广州保税区累计引进企业3 582家，其中外商投资企业791家；累计合同利用外资11.32亿美元，实际利用外资8.04亿美元；累计实现商品销售额2 924亿元、工业总产值1 176.24亿元、工商税收收入151.90亿元。同时，位于广州保税区内的保税物流园区有效运作，进一步提升了区域优惠政策的丰富性和完整性。

【**投资环境**】广州保税区基础设施完善，拥有便利的区位优势、优惠的政策优势和高效的体制优势，建立了通达世界的海、陆、空立体直转通关物流系统，覆盖面广、业务形态丰富，是优质的外向型经济基地，尤其适合发展现代物流、国际商贸、保税加工、保税展销等业务。在巩固发展四大传统优势产业的基础上，园区积极拓展跨境电子商务、检测维修、汽车进口等新兴业务，并构建了全方位立体化陆、海、空联合的保税物流体系，形成以电脑及其零配件系统产品、重型机械设备制造、生物医药、模具钢材加工、食用油加工、酒类交易中心、有色金属交易市场、跨境电子商务为主导的支柱产业。截至2017年年底，广州保税区内有台湾大众电脑、卡尔蔡司光学、海瑞克（广州）隧道设备等制造企业28家，中远航运、大田仓储、普洛斯等规模以上物流仓储企业64家，卡聂高酒业、骏德酒业、裕金酒业等酒类展示销售企业48家，国美电器、丰田通商、三菱商事等规模以上商贸企业465家。其中，商贸企业占区内企业数量过半的比重，税收贡献比重接近九成。目前，区内有20多家企业获批为广州市跨境电子商务试点企业，陆续有美悦优选、跨境通等7家企业投入运营。

2017年，持续对保税区、保税物流园区的企业进行全面摸查，全面深化服务，保障园区企业增效提质，项目稳定持续发展。针对责任清单内重点工业及商贸企业，制订稳增长专项工作方案，结合企业实际扎实稳步推进经济增长，跟进企业的生产经营情况，落实各项扶持政策和措施。召开商贸业、服务类企业宣讲政策会，联系区内大型物流企业、码头企业召开多场座谈会，宣讲进出口奖励办法。主动送政策上门，联系区发展改革等部门，帮助区内“新三板”上市的高科技企业申报有关扶持补贴，帮忙企业做大做强，完成各项外贸、进出口稳增长任务。结合挂钩联系区200强重点企业制度、海关“百家企业大回访”调研活动、稳增长工作要求和安全生产等，加大力度上门走访了各行业共80多家企业。举办企业座谈会15场，邀请安利、宝洁、益海粮油、瑞致租车等重点企业逾500人次参加，发放宣传资料超过1 500份，着重宣传重大利好政策；开展了一系列统计业务、安全生产、人力资源等专业知识培训。积极协调海关、商检、工商、税务、外汇、安监、外经部门，及时解决企业生产经营中遇到的各种问题。

着手建设涵盖开发区3个海关特殊监管区域的统一信息化辅助系统，并新增“先进区后报关”和“仓储货物按状态分类监管”等自贸区政策创新业务模块。

【招商引资】2017年，园区充分整合各方资源，多层次、多渠道、全方位开展招商工作。先后与广州出入境检验检疫局、黄埔海关等单位及广东省冷链协会、广东省进口食品协会等行业协会构建合作关系，力求引入科技含量高、带动力强的项目，保障园区企业增效提质，项目稳定持续发展。

大力推进汽车项目落户，持续跟进广物控股集团、广东风槐道勤汽车销售有限公司等投资项目。11月与广物控股集团签订战略合作框架协议，建立广物循环经济产业园、广物汽车城、广物汽车衍生项目总部，着手构建完整的报废汽车“回收、拆解、破碎、加工、再制造”服务体系，以及涵盖汽车流通服务全产业链的综合汽车城，并开展汽车租赁、电子商务、金融保险等业务。引进广东风槐道勤汽车销售有限公司，注册资本为1.3亿元人民币，发展平行进口汽车销售、汽车信息咨询等业务。为更好地开展汽车产业招商，7月与广东省汽车流通协会联合举办“2017年广州市黄埔区、广州开发区汽车行业政策宣讲会”，邀请区商务、政策主管部门和海关、检验检疫等负责人对汽车产业政策、进口车通关通检业务作详细讲解，吸引珠三角各地的汽车经销商、进口商、汽配厂家等企业百余名代表参加。12月，与全国工商联汽车经销商商会联合举办第二届平行进口汽车发展研讨会，邀请海关、国检等有关部门负责人、专家学者和行业企业代表，就平行进口汽车行业的发展进行经验分享、政策宣讲和深入研讨。

引入由真牛馆（控股）投资的集进口商品展示和食品安全体验功能为一体的创意园项目，已通过专家评审。项目建成后，可推动“自贸区跨境电子商务”相关配套政策在园区落地，对加快保税区功能的提升和转换有重要的意义。与广东省进口食品协会洽谈，向会员企业宣讲园区优惠产业政策，协会旗下的威时沛运、蓝链集团等6家大型企业拟在保税区内设立广州国际食品交易中心，该中心的功能涵盖食品冷链、加工、展示、体验、销售等方面。

洽谈东莞穗丰粮食集团在西区建设国际食品加工产业园项目，规划米麦食品加工生产线及冷链物流配送仓库。项目达产可实现产值25亿元，不仅经济效益可观，而且有助于建立全产业链的粮食加工生产体系，提升园区高技术含量、高附加值的新型农业产品生产能力。引进年产能及贸易量达50万吨的现代农业深加工项目，由广州惠安仓储装卸公司与广州美豆生物技术公司合作，投资生产膨化大豆粉。

发挥园区在精细化工、食品饮料等制造业项目的传统优势，引入广东科玮生物技术公司的生物活性多肽产业园项目，在保税区打造科研、创新、产业并举的新兴产业园。

引进全球最大薄膜式触摸屏供应商、福

布斯亚太区最佳上市公司50强的深圳欧菲光科技，在园区投资数码产品摄像头项目，投资总额为70亿元，固定资产投资额为60亿元，承诺自投产后10年平均产值达200亿元。同时，引进连续十年被评为国家规划布局重点软件企业的亚信集团。该集团计划投资15亿元在园区设立亚信广州产业互联网总部，开展离岸外包、产业互联网、大数据、高端IT服务等业务，预计投产可实现年营业收入20亿元。另外，引进广州吉欧电子科技公司的合众思壮华南地区总部及广州研发中心，作为全球营销总部和财务结算中心、全国培训中心及华南地区行政中心。

引进澳大利亚十大公司之一的派安国际集团在园区设立广东派安投资有限公司，作为派安集团中国区总部，主营资产股权投资、企业总部管理、投资咨询服务等，叠加派安集团中国地区的建筑、旅游、金融、贸易、医疗等领域投资业务，项目于2017年6月完成工商注册，注册资本1 000万元。同时，促成广州保融捷市场采购管理公司与中国银行开发区分行合作，在园区构建市场采购贸易服务平台，为个体工商户与海外买家提供交易结算、担保见证等出口贸易服务，平台注册资本1 000万元。另外，与北京世纪金沙江创业投资管理公司签订合作框架协议，引入产业基金在园区开展动力电池及新能源汽车生产基地、汽车分时租赁、智慧城市5G无线网络建设运营等项目。

已引入的广州飒特红外公司投资建设车载及安防热成像机芯模块产业化项目，计划整合现有厂房生产线，添置热成像机芯模块生产线、检测线各两条，并配套相应的车载热像仪、安防热像仪整机生产线，计划投资总额2.5亿元，预计产能可达20万套/年，投产五年实现产值10亿元。另外，广州埃尔夫润滑油计划开展第四期罐区扩建工程，投资总额为700万元，预计建成后增产2万吨/年；盛势达（广州）化工公司计划增资150万美元扩大生产规模，用于汽车、建筑、电子等粘接剂、密封胶的生产和研发，牙膏、牙刷及其他日用品的原材料和半制成品的加工及产品包装，预计扩产后实现产值每年4亿元，纳税每年3 500万元；三菱电机（广州）压缩机有限公司计划增资920万元改造生产线，进行产品升级换代，预计增资后实现产值每年27亿元。

【对外贸易】 2017年，广州保税区进出区货值为114.91亿美元，商品销售额为307.24亿元。

【物流业】 2017年，广州保税区继续围绕“集中力量发展具有广州东部新城区特色的物流产业，增加为开发区和全市生产型企业配套服务能力”这一中心任务，通过保税物流园区的建设和运作，推动物流产业优化升级，构筑辐射珠三角乃至华南地区的物流平台。

为促进广州开发区物流行业协会的成立，参加由德国驻穗总领事馆和《物流》杂志社联合举办的德中高端物流企业论坛，并邀请《物流》杂志社、广东商品国际采购中心联盟主要负责人考察保税区，与开发区物流行业协会的会长单位开展座谈。继续强化广州保税区进口葡萄酒商会的作用，推动商会副会长单位酒饮公司建立网上商城，有效地为红酒街商户拓宽销售渠道。

【工业】 电子设备制造业为保税区的支柱行业。其他生产加工门类较广，主要有食用油精炼、医用材料、钢材模具、重型机械设备制造、日用品、包装材料生产等。2017年，完成工业总产值50.73亿元。

【保税物流园区】 保税物流园区正式运作以来，在通关手段信息化、监控立体化、货物流动便捷化的管理模式下，2017年进出区货值102.43亿美元，同比增长24.9%。园区业务已辐射天津、山东、湖南、江西、福建、内蒙古等10多个省份，服务企业近2 000家，其中广州开发区内企业占30%，有效地降低了企业的运输成本和仓储压力。

为打造现代物流示范区，积极推进保税物流园区与黄埔新港码头的联动建设，扩大区域辐射范围。开展区内主要物流企业码头业务量调查，并多次实地考察黄埔新港和新沙港码头，促进保税物流园区与黄埔新港联动，使其运用水上货运“巴士”快速无缝接驳南沙、深圳、香港等国际枢纽港，实现“一次报关，直通世界各大港口”，促进以国际物流配送为核心的第三方物流发展。具体操作上采用运输车辆提前备案的监管方式实行区港联动，实现“到港货物直接入园，入园货物可入仓分拣后申报，一次报关，可分批出区”。区港之间的“无缝对接”为下一步保税物流园区内企业开展国际采购、国际中转、国际贸易、国际配送等业务打下良好的基础。

保税物流园区大力开展保税仓储和国际分拨配送业务，满足了加工制造企业对保税物流业务发展的需求，有效降低了企业物流成本，提高了资金、货物周转效率，企业市场竞争力明显得到提升，从而吸引了周边地区企业的纷至沓来，利用园区的特殊功能和优惠政策为自身减负。园区对周边地区乃至整个珠三角地区强有力的辐射力无疑将带动与之关联的保税区和出口加工区的发展。

【酒类交易市场】广州保税区国际酒类交易中心是集进出口展示、贸易、仓储、物流、报关、报检于一体的进口酒类专业市场。目前，红酒交易中心呈现出整体发展，经营形式百花齐放、各具特色的态势，包括创建自有葡萄酒品牌，发展连锁加盟经营，成为中国地区总代理等。

为在激烈的竞争中继续保持华南地区著名进口红酒交易市场的地位，广州保税区国际酒类交易中心开展多种营销活动，打造高端国际商品保税展示中心。加大力度宣传推介，与承办方广州科通展览有限公司组织“首届广州保税区国际葡萄酒文化节”，在保税区酒街内举办专场推广活动，提升保税区红酒街知名度，促进专业市场发展。发挥进口葡萄酒协会作用，组织红酒街道企业共同开展宣传推广活动。积极推进红酒溯源工作进展，强化保税区“原庄原瓶”进口红酒品牌影响，推进“红酒二维码溯源平台”建设，为消费者展示全方位信息，提高专业市场的信息化水平。

【进口商品基地建设】2017年，园区确定打造进口商品基地的工作重心，通过多种渠道招商，引进进口商品专业市场项目，努力推进项目的招标、筹建和服务工作。联系外国和港澳台地区的驻穗机构，宣传保税区政策和投资环境；通过参加华南美国商会的会员活动，拜访和接待阿根廷驻穗总领事馆、香港贸促会等工作，介绍打造进口商品基地的规划，扩大宣传效果和品牌影响力。与行业协会、龙头企业沟通，争取进口商品项目落户保税区。

【发展趋势】广州保税区立足历史和现状，妥善进行业务梳理，进一步拓展功能，按照海关总署关于整合特殊监管区域的精神，拓展出口加工区保税物流功能，研究保税区、出口加工区和保税物流园区的整合升级，探索从以加工贸易为主的发展模式向保税商贸基地的发展模式转型。同时，以保税物流园区的运作为发展契机，整合现有资源，继续推进保税物流体系建设，大力发展现代物流。

【机构设置】广州保税区的地方管理机构是广州保税区管理委员会。2002年6月，广州保税区管理委员会与广州经济技术开发区、广州高新技术开发区、广州出口加工区管理委员会合署办公，构成强大的“四区合一”行政管理体系，拥有中国对外开放最完整、最系统、最丰富的优惠政策体系，可供外商选择的投资领域最宽、政策空间最大。

广州保税区管理委员会为广州市政府的派出机构，享受市一级的审批权限，机构精简、办事高效，下设办公室、发展和改革局、经济和信息化局、科技创新局、国土规划局、环保局、建设局、交通运输局、西区产业园管理委员会（保税业务管理局）、企业建设和服务局、商务局、财政局等机构。

【招商部门】广州开发区西区产业园管理委员会（保税业务管理局）是广州保税区的经济业务主管部门，践行“一切为了投资者，一切为了企业，用最好的服务，最佳的环境，让投资者获得最大的回报”的管理理念。广州开发区西区产业园管委会（保税业务管理局）联系电话：020－82112062，传真：020-82112070，联系人：陈坚。

汕头保税区
SHANTOU FREE TRADE ZONE

【概况】2017年以来，汕头保税区加快构建开放型经济新体制，切实融入临港经济区发展战略，全力推进重点项目建设和招商引资等工作，全区经济发展取得明显成效。2017年全区完成规模以上工业产值40亿元，同比增长34.1%；完成规模以上工业增加值4.72亿元，同比增长14.2%；完成固定资产投资6.32亿元，同比增长26%；实现进出口12.27亿元，同比增长2.5%，其中出口5.92亿元，同比增长17.3%。

【投资环境】加强自贸试验区政策复制，重点复制推广了简化统一进出境备案清单制度和简化无纸通关随附单证制度。启用办事服务大厅，实现一站式服务。全面推进行政审批标准化，编制标准化办事指南和业务手册，梳理并公布政务服务事项目录。推进投资审批制度改革，取消审批事项2项，由审批事项改为服务事项3项，并将原来投资审批事项规定办结时限由原来3天提速为最少1天。拓宽企业融资渠道，牵头建行汕头分行、人保财险等金融机构，为外贸企业提供“出口退税融资”，为金融机构提供保费补贴，解决外贸企业融资难题。实施人才保障，与广东省粤东技师学院、汕头职业技术学院等院校和区内企业开展政校企合作，充分发挥保税区的政策优势和学校的办学优势，为企业广泛输送人才。

【招商引资】突出保税功能，严格限制产业准入条件，明确以有保税功能需求的物流贸易产业为主、高端智能制造业为辅的招商导向。成立专门的招商引资团队，强化专人联系制度，多次赴香港、深圳、上海等地开展项目对口洽谈，全程跟踪对接在谈项目，及时解决实际问题，确保项目招得准、接得稳。2017年，汕头保税区成功引进了一批优质项目，17个较有代表性的项目分别于9月27日和12月28日集中启动建设，投资总额30.83亿元，为片区经济优化发展储好能、蓄好力。其中，宝能保税物流中心、领域跨境电子商务、海德森物流、康泽药业粤东总部、宏辉果蔬的落地，标志着区域“六大中心”发展格局已取得初步进展。

【保税物流中心（B型）全面竣工】作为粤东地区唯一享有“入中心退税”的海关特殊监管场所，汕头保税物流中心建设项目已于2017年12月28日全面竣工。保税物流中心（B型）由汕头保税物流中心有限公司投资建设，建设仓储设施及配套监管设施面积超过10万平方米。基础设施和监管设施已于11月23日正式通过海关总署等四部委验收，2018年5月建成并投入运营。中心建成运营后，将可实现“入中心退税”，通过“保税区+保税物流中心”的政策叠加，弥补保税区功能上的不足，拉动港口经济，促进区港联动，进一步发挥海关特殊监管区域（场所）的辐射和带动作用，构建汕头乃至粤东地区的外贸发展新格局，加快推动粤东地区自由贸易健康快速发展。在建设过程中，汕头保税物流中心（B 型）同步开展招商工作，积极对接各大中型物流企业，业务范围涵盖保税仓储、流通性简单加工和增值服务、全球采购、国际分拨和配送、转口贸易、保税展示、跨境电子商务等国际物流服务，力争为汕头乃至粤东地区对外贸易发展作出重大贡献。

【创业孵化基地建设全速推进】 汕头保税区"一带一路""互联网+"创业孵化基地是省市共建区域性（特色性）创业孵化基地，建设规模 1.37 万平方米。启用后，将在广东省有关部门的支持指导下，结合保税区在港口物流、国际贸易、报关通关等方面的功能政策和区位优势，从人才培育、创新驱动、项目孵化等方面形成产业转化，加速推动区域经济发展。

张家港保税区
ZHANGJIAGANG FREE TRADE ZONE

【概况】 张家港保税区于1992年经国务院批准设立，2008年转型升级为保税港区，并与金港镇实施一体化管理。辖区面积152平方公里，常住人口35万，先后获评长江经济带国家转型升级示范区、全国首批生态示范工业园区、全国最具投资潜力经济园区等称号。2017年，完成地区生产总值708.7亿元，同比增长7.5%；完成公共财政预算收入55.18亿元，同比增长32.7%；完成入库税收104.53亿元，同比增长28.5%；实现工业开票销售收入1 395.73亿元，同比增长25.2%；实现外贸进出口总额967.89亿元，同比增长26.5%，其中进口总额732.08亿美元，同比增长24.5%，此外，成功获评苏州唯一的第五届全国文明镇。

【工业经济】 2017年，张家港保税区（金港镇）完成注册外资28 682万美元，同比增长106.5%；到账外资26 520万美元，同比增长5.5%；完成注册外地资本95.27亿元，同比增长73.5%；外地资本投入135.9亿元，同比增长62.1%；完成工业投入105.56亿元，同比下降1.3%。康得新航空碳纤维复合材料产业园、先进高分子复合材料产业园和未来城“两园一城”项目成功签约，康得新二期、霍尼韦尔MTO等在建项目加快推进，两个国际级香精香料、霍尼韦尔中国工程中心、劳伦士汽车、陶氏聚醚、华昌加氢基地等24个项目开工建设，中核利柏特、晶华科技、凡赛特新材料、阅维科技、易高生物一期、国泰超威、AAK、苏州观胜等21个项目竣工投产，美国胜牌、亨通华西海工、贝内克—长顺三期、庄信万丰汽车催化剂、德国Brenntag、瑞士北尔旗等20个重大项目签约落户。全年销售超过亿元企业111家，入库税收超过5 000万元企业37家。

【新兴产业】 2017年完成新兴产业投入93.46亿元，同比增长13.9%；实现新兴产业产值770.52亿元，同比增长16.6%，新兴产业产值占工业产值比重达66.66%。新引进市领军人才（团队）18个，获评苏州“姑苏计划”人才6名、省“双创计划”人才4名，新增新三板挂牌企业5家。霍尼韦尔UOP中国研发及工程技术中心成功落户，大化所张家港产研院建成投用，环保水处理技术平台和生物医用材料研发平台建成并投入使用，半导体新材料产业园启动申报。与国家集成电路产业投资基金等机构合作，设立总规模50亿元的超越摩尔产业投资基金；成立盛芯半导体材料基金。康得新获评福布斯全球创新企业50强，多维科技入围国家科技重大专项。保税区获评江苏省知识产权示范园区，科创园获评江苏省侨联新侨创新创业基地。

【服务经济】 2017年实现服务业投入61.91亿元，同比增长1.9%；实现服务业增加值354.19亿元，同比增长10.4%，占GDP比重达到49.98%。积极实施供应链协同创新战略，担纲编制《张家港智慧城市供应链发展规划》，与中国物流与采购联合会达成供应链创新与应用战略合作，“数字保税区”一期上线运行，国际汽车城即将竣工开业，国际消费品大楼完成封顶，粮油市场启动整体搬迁，进口葡萄酒市场展销中心初步确定选址，汽车口岸平行进口量跻身全国前五，10家汽车改装企业成功落户。汽车口岸、进口消费品、化工、纺织、粮油、木材六大专业市场实现交易额5 471.23亿元（含电子交易额），税收超过40亿元。

【改革创新】获批省级行政许可权改革试点，正式组建运营行政审批局，积极推进国家级开发区赋权事项落地生效，市级行政审批权限全部下放到位。深入对接复制自贸试验区政策，仓储货物按状态分类监管、期货保税交割等重点政策红利加快显现，切实强化对上争取力度，“进口汽车随机抽查”“中规车进口先检测后报关”等多项便利化政策顺利落地，已成功复制自贸试验区政策22条。获批国家首家非自贸试验区同业联合担保试点、国家首家电力需求侧改革试点，获评国家智慧用电示范园区。“物润船联”获批国家首批“无车（船）承运”试点企业，已获批国家高技术产业和大数据基金2 000万元专项扶持。

【城市建设】统筹做好经营性土地出让。滨江大厦建成投用，金港文化中心顺利封顶，滨江集贸市场投入使用。香山景区完成省级旅游度假区规划编制上报，蒲家湾地块绿化景观、香山湖南侧市政景观等系列生态提升工程完成建设，运动公园、竹林绿化等项目有序推进。安全环保监控和应急响应中心建设顺利推进，危化品道路综合运输服务中心开工建设。

【张家港大宗商品年会】2017年6月23日，2017中国·张家港大宗商品年会在张家港市开幕。张家港保税区管委会同中国物流与采购联合会签署了战略合作协议，将重点围绕供应链创新、产业链融合、价值链提升、新经济发展等主题加强各方面的合作，为全国大宗商品在张家港的发展开创新纪元。

大连保税区
DALIAN FREE TRADE ZONE

【概况】大连保税区于1992年5月经国务院批准设立，是集保税区、保税港区、出口加工区管理于一身的特殊经济区域，是大连金普新区的重要组成部分，是中国（辽宁）自由贸易试验区的主要承载区。

大连保税区由保税区、大窑湾保税港区、出口加工区A区、大连汽车物流城和专业化港区5个部分组成。其中，保税区于1992年经国务院批准设立，面积1.92平方公里，具有国际贸易、保税仓储、出口加工、商品展示四大功能，享受免税、保税等特殊政策；大窑湾保税港区于2006年经国务院批准设立，规划面积6.88平方公里，一期启动面积3.06平方公里，2007年8月20日正式封关运作，具有港口、物流、加工、展示四大基本功能，实行国外货物入区保税、国内货物入区退税、货物在区内交易不征增值税和消费税的税收政策；出口加工区A区于2000年4月27日经国务院批准设立，是全国首批15个出口加工区之一，面积1.5平方公里，2001年5月封关运作，主要功能为出口加工，享受保税、入区退税、区内加工不征增值税等优惠政策；大连汽车物流城规划面积188平方公里，规划建设汽车整车及零部件生产基地和拥有30万人口的生态宜居型综合卫星城；专业化港区位于大孤山半岛，面积53平方公里，由集装箱、汽车、矿石、粮食、原油、成品油及液化天然气等专业化港口组成。

大连保税区以“两区、一城、一港”（辽宁自贸试验区主要承载区，大连国际航运中心、国际物流中心、国际贸易中心核心功能区；汽车物流城；国际能源港）为发展目标，推进辽宁自贸试验区大连片区建设，着力壮大临港经济，提升保税区功能地位，营造与辽宁自贸试验区和航运中心相匹配的国际化营商环境，实现经济社会持续健康发展。

【经济发展】2017年，保税区、出口加工区A区、大窑湾保税港区3个海关特殊监管区域实现保税监管货值949.14亿元，比2016年增长8.3%；实际进出口货值495.36亿元，比2016年增长12.4%。

【投资环境】大连保税区地处辽东半岛南端大孤山半岛，位于环渤海和东北亚经济圈前端，南临黄海，北靠东北腹地，是东北和远东地区进入太平洋、走向世界的海上门户。区内振兴路、轻轨（地铁）3号线、大窑湾高速公路与大连市区和沈大高速公路相通，金窑铁路经东北铁路网与全国铁路相连，并可转口至欧洲主要港口。园区距大连市中心27公里，距大连周水子机场25公里，周边环布大连港、大窑湾港、鲇鱼湾油港等大型港口及30万吨原油码头、30万吨矿石码头、汽车码头和北良港。

2017年，大连保税区环境保护与城区治理水平持续提升。农村环境连片整治扎实开展，加强城区街道环境网格化管理，强化河道治理和水源地保护，整改地质灾害隐患点28处。完成保税区快轨站（地铁）3号线南出口改造工程。投入建设资金7 400万元，完成北青线、丹大铁路广宁寺货运枢纽周边道路配套工程——上跨二广联络线立交桥工程续建及国道、村路年度建设任务。充分利用市场政策和发展基金，如约兑现政策承诺，为20余家企业40余个项目申请1.1亿元资金支持。

【招商引资】2017年，大连保税区深化与大连、上海对口合作，广泛开展招商活动，区域经济保持良好发展态势。

主动聚焦上海保税区域，在“负面清单”“单一窗口”等领域先行对标国际标准，枳极打造东北最优投资目的地。开展“沪连互通”项目对接，推动大连港集团有限公司、大连远东工具有限公司等区内企业与上海汽车集团股份有限公司、新城控股集团股份有限公司等沪籍企业深度合作、互利共赢。

大型国企总部经济体先后落地。中国石化燃料油销售有限公司“五大中心”项目中，保税油华北区域中心、辽宁润滑油仓储分销中心、辽宁检测检验中心投入运营；中粮贸易有限公司“四大中心”项目落户保税区，玉米交易中心、财务共享中心正式迁入；中国国储能源化工集团大连有限公司在保税区注册；九三粮油工业集团有限公司整合外地股权，到保税区设立自贸总部。

招商引资成果丰硕。组织参与2017夏季达沃斯论坛、连沪对口交流、辽宁自贸试验区大连片区挂牌等重大招商活动；全年开展各类招商活动40余次，其中境外招商7次。新加坡丰树产业园、大连天鹅湖健康产业园项目完成注册。4月19日，保税区与华润燃气（集团）有限公司就成立合资售电公司、参股大连保税区华润燃气有限公司签订协议。大连爱丽思生活用品有限公司增资1亿元人民币用于扩大产能，进一步拓展生产领域，当年产值首次超过20亿元。大连迪日坤船舶用品有限公司、玛弗罗零部件（大连）有限公司、大连爱知时计科技有限公司等企业增资1 000余万美元。LNG枢纽港、大连科达利精密工业有限公司二期、新城·吾悦广场等项目成功签约。全年新增市场主体4 477户，比2016年增长31.8%。至年末，全区实有市场主体首次突破2万户，达20 087户，比2016年增长27.7%，其中企业12 592户、个体户7 495户，分别比2016年增长36.1%和32.8%；注册资本（资金）1 272.85亿元，比2016年增长27.3%。

【特殊监管区建设】2017年，大连保税区保税政策功能实现新突破。在跨境电子商务、平行进口、保税展示、先入后报、进口预检等保税功能方面实现创新突破。10月13日，大连平行进口汽车“保税仓储”政策正式落地，平行进口汽车自进境申报放行之日起至出区进口申报之日结束，可在特殊监管区域内享受不超过3个月的保税存放期限。中国石化燃料油销售有限公司辽宁分公司开展船用保税燃料油“一船多供”“先供后报”等新业务，成立区域性油料供应中心，整合国内北方23个沿海港口船供保税油业务，当年完成供油30万吨，比2016年增长70%。出口加工区“委内加工”（委内加工是海关特殊监管区域的一项新业务，是指海关特殊监管区域内企业接受境内海关特殊监管区域外企业委托，对区外企业提供的入区货物进行加工并收取加工费，加工后产品全部运往境内区外的业务模式）。试点获海关批准，大连海尔电冰箱有限公司、大连海尔空调器有限公司、大连海尔精密制品有限公司、大连海泰科橡塑有限公司、大连海景包装制品有限公司、大连出口加工区好友家居材料有限公司、大连诚菱精密工业有限公司7家企业产能潜力得到释放。

特殊监管区运作水平提升。保税区海关查验场地建成并投入使用；出口加工区A区卡口信息化设备安装完毕；大窑湾港二号路重新贯通，实现与大窑湾高速公路无缝衔接，并将大窑湾港区一期、二期、三期码头连为一体，港航物流组织效率进一步提高。

【保税区物流业发展加快】 2017年，大连保税区物流产业持续向好、规模扩大。

冷链市场规模扩大。大连毅都集发冷藏物流有限公司二期项目、恒浦（大连）国际物流有限公司二期项目、大连翔祥食品有限公司第二工厂竣工投产，大窑湾口岸冷储规模达40.5万吨，连续5年位居全国第一。全年完成冷链货物吞吐量39万吨，比2016年增长31%。开通"大连—西雅图"冷藏快线，打通美国进口水果海运直航通道，运输时间缩短40%。

跨境电子商务实现集群发展。唯品会、京东、卓志供应链等大型电子商务平台企业相继与保税区签约，计划建立物流分拨基地。保税区、加工区A区跨境电子商务监管场所配套设施进入调试环节。进一步完善跨境电子商务监管通道和业务类型，完成跨境电子商务保税备货模式监管流程制定和B2B出口业务测试。跨境商品展示交易中心正式开业。全区200余家贸易公司转为跨境电子商务企业，新注册跨境电子商务企业500余家。

【贸易市场转型升级加快推进】 2017年，大连保税区加快推进贸易市场转型升级，市场贸易更加活跃。全年引进贸易类企业1 530家，新成立大连保税区明丰化工品市场、大连保税区天翔能源市场、大连宝珑物资采购供应链中心、大连港森立达木材交易中心、大连医嘉医疗产业园贸易招商平台。大连石油交易所线上交易业务平稳发展。大连环渤海能源交易中心吸纳炼化年加工能力500万吨以上生产加工企业及国内外大型石油贸易供货商近200家。森立达木材交易中心"微波介电热处理原木"项目通过国家质检总局验收，原木检疫处理时效缩至10分钟，年处理能力达100万立方米。

【大连环普产业园开园】 2017年3月7日，大连环普产业园开园仪式在保税区汽车产业园区举行，大连科达利精密工业有限公司、富乐德科技发展（大连）有限公司、捷成唯科汽车系统（大连）有限公司、亚普汽车部件股份有限公司4家汽车零部件企业同时签约入驻。环普产业园为大连保税区建成的面积最大的工业地产项目，并采取企业主导开发运营管理模式，通过"以商招商，链式发展"吸引带动作用，激发企业活力，共同参与辽宁自贸试验区大连片区建设。

上海外高桥保税物流园区
SHANGHAI WAIGAOQIAO BONDED LOGISTICS ZONE

【区域概况】上海外高桥保税物流园区作为外高桥保税区功能的延伸，是我国首个实施“区港联动”的区域，于2003年12月由国务院批准设立，规划面积1.03平方公里，目前已封关运作面积1.03平方公里。2017年，保税物流园区继续借助自贸试验区建设的制度创新和贸易便利化等优势，不断完善区内投资环境和物流通关环境，在国际中转集拼、跨境电子商务、分类监管等方面实现业务突破，园区营运能级进一步提升。

【开发建设】目前，园区开发建设进入成熟阶段，基础开发已基本完成，可经营性土地77万平方米，其中已开发土地57万平方米。园区基础设施建设逐渐完善，道路长度6.9公里，公共绿地面积12.1万平方米，河道面积2.2万平方米，泵站2座，并拥有14万平方米集装箱转运区、3座卡口和查验场地等配套设施。

园区一期10万平方米单层仓库、二期28万平方米双层仓库、1万平方米商务中心大楼、二期4-2地块2号8万平方米仓库均已投入使用。截至2017年年底，保税物流园区累计已完成固定资产投资额超过39.3亿元。

【功能培育】国际中转集拼业务实现常态化运作。园区进一步拓展立足自贸试验区特色的国际中转集拼直客模式，并实现了“简化货物进出境备案HS编码申报”的常态化运作。参与试点运作的6家企业，2017年园区中转集拼直客模式的拼箱量约为2 500标箱。跨境电子商务公共服务平台完成试单运作。园区自2016年被授予“上海市跨境电子商务示范园区”营运资质后，与上海市跨境电子商务公共服务平台合作建设了跨境电子商务集中监管场所，并于2017年8月完成了第一家企业试单，已成功试单运作4家电子商务企业。此外，与上海跨境电子商务服务港合作开发4 000平方米左右的场地用于电子商务业务的培育与规模化运作。货物状态分类监管在区内推广。2017年，配合保税区域货物状态分类监管物流配送型企业试点向常态化运作的转化，园区在企业中推广分类监管模式。园区已有4家企业可正常开展分类监管业务，合计面积约4 000平方米。截至2017年年底，园区已引进国际物流、国际配送、国际采购各类专业项目86个。

【发展效益】投资企业经营收入保持增长。据统计，2017年保税物流园区投资企业合计完成经营收入19.64亿元，比2016年增长8.4%。

进出口贸易平稳发展。2017年园区投资企业合计完成进出口额234.31亿元，比2016年增长0.2%，占全国保税物流园区进出口额的44.7%，所占比重比2016年提高13.4个百分点。据统计，2017年保税物流园区完成一线进出口货值（指保税物流园区与境外之间“进出境备案”货物）563.3亿元，比2016年增长20.6%；保税物流园区完成二线进出口货值（指保税物流园区与国内一般区域之间“视同进出口”货物）2 094.0 亿元，同比增长 7.4%。

【招商部门】上海外高桥保税物流园区由中国（上海）自由贸易试验区管委会保税区管理局统一管理。联系电话：021-58698500。

出口加工区

天津出口加工区
TIANJIN EXPORT PROCESSING ZONE

【概况】天津出口加工区是2000年4月27日经国务院批准设立的首批15个出口加工区之一，规划面积2.54平方公里。一期开发1.0平方公里，位于天津经济开发区东北部，为天津出口加工区A区，并于2001年6月29日顺利通过海关总署等国家八部委的联合验收，正式封关运作。天津出口加工区B区位于天津经济技术开发区西区，于2007年12月通过海关总署等国家九部委的联合验收，开发面积为0.435平方公里。

【经济发展】2017年，天津出口加工区进出区货物总量45.04万吨，进出区总金额5.52亿美元。其中，入境货物23万吨，金额2.73亿美元；出境货物22.04万吨，金额2.79亿美元，同期，代征税款1.49亿元。

【工业】2017年，天津出口加工区企业累计完成增加值7 984万元，累计实现工业总产值18.71亿元。

【投资环境】天津出口加工区位于天津经济技术开发区内。多年来，天津经济技术开发区始终站在我国北方对外开放的前沿，成为中国经济规模大、外向型程度高、综合投资环境优的国家级开发区。天津出口加工区地理位置优越，距离天津港5公里，距离天津滨海国际机场38公里，距天津市区40公里，距离北京市145公里，距离北京首都国际机场150公里。依托于天津滨海新区及天津经济技术开发区，园区基础设施完备，人力资源丰厚，政务环境公开，生活配套便捷。

【招商引资】天津出口加工区秉承“三资并重”的工作理念，坚持全员招商，强化精准招商，争取精品项目，提升招商引资的效率、质量和水平。园区自成立以来，依靠政策优势及海关的优质服务，招商工作进展较为顺利。自封关至今，共有项目29个，行业涉及家具、新材料、包装袋制品、物流等。

【企业服务】天津出口加工区管理委员会建立了职能部门联席会议制度和企业定期走访制度，与海关、税务等职能部门召开联席会议，共同解决区域运营过程中企业反映的问题；协调海关等职能部门深入企业一线，提供现场服务，帮助企业解决生产经营等方面存在的问题，努力为企业创造高效率、低成本的外部运行环境。

【综合保税区申报工作】综合保税区是我国政策、功能最完善的海关特殊监管区域。出口加工区转型升级为综合保税区后，除享受“国外货物入区保税、国内货物入区退税、区内交易免税”的政策外，还适用除港口作业功能外的保税港区政策，可以充分发挥区位和政策优势，拓展相关功能，即存储进出口货物和其他未办结海关手续的货物。

未来五年是天津发展的重要历史性窗口期，是由全面建成高质量小康社会向加快建设社会主义现代化大都市迈进的关键时期。为更好地发挥辐射带动作用，天津出口加工区迫切需要在功能升级和政策创新、带动经济转型和结构优化、辐射带动周边经济发展等方面实现新突破，以适应新一轮深化改革的新形势。鉴于此，将天津出口加工区于2017年申报升级为综合保税区，由天津市政府上报国务院。

【机构设置】天津出口加工区管理机构为天津出口加工区管理委员会，与天津经济技术开发区管理委员会合署办公。天津出口加工区管理委员会下设办公室，与天津开发区管理委员会商务局合署办公，行使出口加工区管理职能，从事日常管理、协调工作。天津开发区各职能部门对天津出口加工区延伸服务。

【招商部门】天津出口加工区管委会办公室与天津经济技术开发区投资促进局建立合作机制，由天津经济技术开发区投资促进局负责主要招商任务，天津出口加工区管委会办公室配合招商，并提供项目所需相关信息，做好服务工作。

天津经济技术开发区投资促进局电话：022-25202730、25201831、25202837、25201348，传真：022-25201836；天津出口加工区管委会办公室电话：022-25202233、25202367、25202373，传真：022-25201021。网址：http://3www.teda.gov.cn/myfzj/contents/1094/94649.html。

河北廊坊出口加工区
HEBEI LANGFANG EXPORT PROCESSING ZONE

【概况】 廊坊出口加工区于2005年6月3日经国务院批准设立，位于廊坊经济技术开发区域内，规划面积0.5平方公里，2007年12月7日通过海关总署等九部委联合验收，2008年8月正式封关运行，2009年正式启动全面业务，2018年1月25日经国务院批准整合优化为廊坊综合保税区。

【经济发展】 2017年，廊坊出口加工区各项经济指标稳步增长。全年完成进出区货值15.1亿美元，完成税收5 809万元。

【投资环境】 独特的区位。廊坊出口加工区位于廊坊经济技术开发区内，廊坊开发区距北京市41公里，距天津市65公里；距首都国际机场70公里，距天津国际机场80公里；距天津港105公里，地理位置得天独厚。此外，京台高速公路、京津高速公路、津保高速公路、廊涿高速公路等多条国家、省级的高速公路穿过廊坊，使廊坊与京津及全国其他地区实现全面高速互通互联。

领先的智慧园区管理模式。为进一步促进“智慧政务、智慧产业、智慧民生”的发展，廊坊经济技术开发区正在与华为公司开展深度合作，通过采购云服务模式，打造包括“一池两平台”的云计算服务平台，即依托区内云服务提供商的高等级数据中心构建专属云计算资源池和打造“政务云平台”和“企业云平台”，通过云计算平台的建设满足更高的城市信息化建设需求。整合各部门现有的数据资源，建设公共基础数据库，使得数据资源得到充分共享，逐步形成以云计算平台为基础、以大数据管理为核心、以网络安全体系为保障的智慧园区管理框架。

丰富的人力资源。廊坊经济技术开发区内的东方大学城聚集近10所大专院校，专注于管理、电子、医药、健康、数控机床等几十个专业领域高级职业技术教育，是中国较大的具有国际水平的职业教育基地。随着腾讯众创空间、中国虚拟现实产业加速中心、北理工虚拟现实产业研究院、廊坊市智慧环境生态产业研究院等国内大型研发和孵化平台的建设，廊坊经济技术开发区的高层次人才已形成汇聚之势。

优惠的政策支持。廊坊经济技术开发区相继出台有关办法，对总部企业、大数据相关产业、金融业、高技术服务业和众创空间、科技企业孵化器、加速器等，根据不同情况在落地补助、开办扶持、运营补贴、增资扶持、用房补贴、技术研发补助、增设机构奖励等方面给予支持。

高效、便捷、透明的行政服务体系。廊坊经济技术开发区成立行政审批局，将审批事项划分为经济、建设和社会服务三类业务板块。再造审批流程，打造流水线式审批模式，实现了一枚印章管审批、一个中心全覆盖。

廊坊出口加工区依托廊坊经济技术开发区完善的基础设施环境、配套的产业发展环境、丰富的人力资源环境、快捷的通关环境、优质的商务运行环境、与国际惯例接轨的政策体制环境，以建设保税物流与加工贸易等多功能于一体的现代化园区为目标，积极推进功能拓展，创新服务发展模式，成为现代服务业和加工贸易类企业的理想投资之地。

【招商引资】廊坊出口加工区立足毗邻京津的战略区位，依托京津冀协同发展战略的实施，结合廊坊经济技术开发区的产业定位，产业结构以高新技术为主，合作对象以跨国公司为主，投资规模以大型化为主，着力发展保税物流等货物贸易业、研发检测维修等生产性服务业和增值加工业务，引进辐射带动区域经济发展的保税物流、精密机械等龙头骨干企业，服务于廊坊经济技术开发区及周边区域外向型企业的供应链体系和技术开发服务体系，成为调整产业结构和提高企业运行效率的平台，同时成为廊坊市对外贸易与货物流通提升的平台。

【京东集团跨境电子商务项目入区落地】作为廊坊市人民政府与京东集团签署的《共建电子商务产业集群合作协议》的重要组成部分，京东集团在廊坊出口加工区投资建设“京东跨境电子商务保税区北方中心”项目，该项目将采用 B2B2C 模式，发展成为京东全球进口商品北方贸易基地，为京东自营和平台用户提供一站式电子商务解决方案，预计跨境贸易额将突破 100 亿元。

【发展趋势】廊坊出口加工区根据自身区位和发展条件，坚持把功能拓展作为主要发展方向，积极探索保税物流、研发、检测、售后维修服务等新业务发展之路，开展加工区的特色业务，建立廊坊出口加工区特色业务体系，致力于建设国内一流的集加工贸易与保税物流等多功能于一体的现代化园区。

【机构设置】廊坊出口加工区升级为廊坊综合保税区后，由廊坊综合保税区管理局负责日常管理工作。

【招商部门】廊坊综合保合税管理局。联系人：韩兵、刘雄，联系电话：0316－6087094，传真：0316－6087094，地址：河北省廊坊市经济技术开发区祥云道 8 号，邮政编码：065001。

上海漕河泾出口加工区
SHANGHAI CAOHEJING EXPORT PROCESSING ZONE

【经济发展】2017 年，上海漕河泾出口加工区在经历了近年来国内外严峻的经济形势后，围绕转型升级、功能拓展，大力挖掘新动能，克服各种不利因素，经济增长结构、贸易增长方式逐渐趋于合理，加工区主要经济指标呈现出企稳向好、逐步增长的发展态势。

2017 年，漕河泾出口加工区实现销售收入 324.9 亿元，同比增长 10.07%；实现工业总产值 319.51 亿元，同比增长 8.2%；实现利润总额 6.45 亿元，同比增长 206.10%；完成税收 15.48 亿元，同比增长 18.42%。同期，完成进出口总额 60.3 亿美元，同比增长 7.92%。其中，进口额 22.4 亿美元，同比增长 14.74%；出口额 37.9 亿美元，同比增长 4.26%。

【投资环境】2003 年 3 月，漕河泾出口加工区经国务院批准设立，同年 11 月通过国务院八部委验收，2004 年 3 月正式封关运作。漕河泾出口加工区位于上海市闵行区浦江镇，地理位置优越，交通便捷，是距离上海市中心最近的海关特殊监管区域。浦江镇是上海市“一城九镇”发展规划中最大的中心镇，在未来 10 年内是具有 21 世纪特征的，集居住、商贸、度假、休闲和旅游为一体的新城镇，可为出口加工区提供优质的配套服务，其区位特点为人流、物流提供了极为有利的发展空间。园区周边现已建成多片高档住宅，并引进了向明中学、仁济医院等教育和医疗资源，家乐福等大型商业中心纷纷落户，生活、交通、教育、医疗配套设施逐步完备。

漕河泾出口加工区内基础设施完善，监管设施技术先进。采用闭路视频监控系统进行监管，确保企业安全；区内由物业公司提供专业服务，餐厅等服务设施与标准厂房同步建成，满足企业员工的生活需要；海关和出入境检验检疫局在区内设立专门机构，为企业提供最大化的通关便利；专业的政策咨询机构为企业提供出口加工区各方面的政策咨询服务，为企业营造良好的营商环境。

漕河泾出口加工区是实行全封闭、卡口式管理的海关特殊监管区域，按照“境内关外”的思路设计，实现规范管理、依法行政。出口加工区实行的一系列优惠政策，有助于入区企业降低成本，同时货物通关快捷，管理手续简便，可极大地提高企业在国际市场上的竞争力。加工区与境外之间进出的货物实行“备案制”申报，除实行出口被动配额管理外，不实行进出口配额、许可证件管理；区内生产性的基础设施建设项目所需的机器、设备，建设生产厂房、仓储设施所需的基建物质，予以免税；区内企业为加工出口产品所需的原材料、零部件、元器件、包装物件及消耗性材料，予以全额保税；区内企业、行政管理机构进口的自用合理数量办公用品，均予以免税。区内企业开展加工贸易业务不实行加工贸易保证金台账制度，不实行《加工贸易登记手册》，等等。此外，作为上海自贸试验区可复制、可推广政策的试点区域，“批次进出、集中申报”“货物自行运输、集中汇总纳税”“按状态分类监管”“委内加工”等一系列政策在园区逐步实施，为企业创造了更加便利的发展环境。区内跨境电子商务进口保税备货模式也已试单成功。

【招商引资】 截至 2017 年年底，上海漕河泾出口加工区累计引进外资企业 15 家，投资总额 6.90 亿美元，合同利用外资额 2.52 亿美元，实际利用外资额 2.52 亿美元。在 15 家运营企业当中，11 家为外商独资企业，分别来自美国、日本、开曼群岛等 8 个国家和地区。从行业上分，12 家为制造型企业，3 家为仓储物流企业。

下一步，园区将重点在完善服务功能上下功夫，为企业解决瓶颈问题，创造良好的投资环境。充分发挥出口加工区、临港浦江国际科技城政策和功能的叠加效应，引入更多的、优质的企业入驻，相互促进，共同发展。通过坚持与相关职能部门和企业的协作，积极应对和协调解决园区和企业发展中遇到的问题，坚定企业发展的信心，不断优化招商引资环境。

【工业】 2017 年，上海漕河泾出口加工区实现工业总产值 319.51 亿元，工业产品销售额 324.9 亿元，企业利润总额 6.45 亿元，均大幅增长。以台湾英业达集团为主的高科技电子通信、IT 企业的聚集成为园区的主导产业，其庞大的产出规模及良性的发展态势，对上下游配套企业形成磁场效应。2008 年全球金融危机以来，上海漕河泾出口加工区面临国内外严峻的经济环境和形势，英业达集团的部分产线逐步向重庆转移，与其相关联的上下游企业也受到不同程度的影响。与此同时，以美敦力医疗器材制造和诺得卡电子为代表的一批新兴产业企业异军突起，依靠其自身产品科技含量的提升和市场的开拓，保持了园区总体运行的稳定和产量的不断增加，成为园区可持续发展的新动力。

园区将牢牢抓住自贸试验区政策和功能复制、推广的契机，争取尽快升级为综合保税区，实现服务功能显著提升、创新能力明显提高、产业承载日渐增强，形成管理规范、通关便捷、用地集约、产业集聚、协调发展的格局，成为拉动区域经济快速发展的强劲引擎。

【发展趋势】 上海漕河泾出口加工区经历了十多年的发展，已经形成电子信息制造业和医疗器械制造两大产业集聚基地。近年来，漕河泾出口加工区利用上海优越的区位优势，积极融入国家“一带一路”建设，推动自贸试验区可复制可推广优惠政策在区内先行先试，一批有代表性的、新兴的医疗和电子产业企业逐渐成长壮大，为园区的可持续发展提供了强大的动力和支撑。随着跨境电子商务业务在区内的开展，漕河泾出口加工区正逐步实现从加工贸易单一模式向集加工贸易、货物贸易、服务贸易为一体的综合模式转型升级，不断探索海关特殊监管区域实现新发展的途径和思路。

下一步，漕河泾出口加工区将在实现产业项目提质、园区品质提质、服务功能提质上下功夫，不断增强园区发展的内生动力。一是产业项目提质。提高区内企业的实力和竞争力，打牢园区提质发展的基础。最大限度地提供政策便利和创造优越的营商环境，不断增强企业发展的后劲和抵御风险的能力。二是园区品质提质。就是要逐步实现加工贸易制造业的自主品牌，使加工贸易逐步从简单加工、代工向代工+研发设计，直至拥有自主品牌发展；实现加工贸易从粗放型向集约型、从简单加工型到高附加值型转变，形成高端入区、周边配套、辐射带动、集聚发展的新格局。三是服务功能提质。充分发挥经济技术开发区、高新技术产业开发区和出口加工区“三区合一”的优势，在园区的战略发展中统一规划，统一布局，实现经济效益和社会效益的同步提升。

【机构设置】上海漕河泾出口加工区与上海临港浦江国际科技城统一由上海漕河泾开发区经济技术发展有限公司负责日常管理运行、规划建设和招商引资等方面的工作。管委会办公室是出口加工区的归口管理部门，专门负责出口加工区与职能部门协调、综合行政管理等工作。

【招商部门】招商电话：021-64296666，网址：http：//chj-pj. com/。

江苏连云港出口加工区
JIANGSU LIANYUNGANG EXPORT PROCESSING ZONE

【概况】江苏连云港出口加工区于2003年3月10日经国务院批准设立，规划面积2.97平方公里。其中，一期占地面积0.71平方公里，2003年7月通过国家验收，2004年1月封关运作；二期占地面积2.26平方公里，2009年12月通过验收，2012年11月封关运作。建区十余年来，园区基础设施日益完善，已累计投资近6亿元，建成了2.44平方公里的基础设施和18.2万平方米的标准厂房，配套了隔离围网、监管仓库、查验场地、检查卡口等监管设施。

【经济发展】2017年，连云港出口加工区突出“攻项目、建平台、学产业、强队伍”四大抓手，紧盯全年目标，强化分解落实，全力拼搏争先，各项工作稳步推进，出口加工区保税加工产业及物流业务量继续保持平稳增长。全年完成工业总产值9.97亿元，同比增长6.06%；完成工业增加值2.25亿元，同比增长7.52%；完成物流企业经营收入8 248万元，同比增长10.05%；完成进出区货值9.28亿美元，同比下降29.68%；完成保税物流货值10.13亿美元，同比下降28.12%；完成进出口总额2.11亿美元，同比增长3.64%。

【投资环境】连云港出口加工区位于连云港市东部城区。连云港市是国家首批沿海开放城市，叠加“江苏沿海开发”“长三角一体化发展”“东中西区域合作示范区”“国家创新型试点城市”“一带一路交汇点城市”五大功能。连云港东邻日韩，西依陆桥，南连长三角，北接环渤海。距韩国403海里，每周均有4班客货班轮往返仁川、平泽；距日本512海里，与大阪纬度相当。连云港气候宜人，年平均气温14℃左右，年无霜期220天，空气优良率85%以上，夏无酷暑，冬无极寒，几乎没有台风等恶劣天气。连云港出口加工区毗邻港口，距集装箱码头约10公里。连云港港是江苏省最大海港，集装箱吞吐量位列江苏港口第1位，全国港口第9位，世界港口第23位。30万吨级航道一期和30万吨级铁矿石码头已经建成，已经和160多个国家和地区的1 000多个港口有贸易往来，开通了远近洋航线60多条，可以到达世界各主要港口。连霍高速、长深高速、沈海高速在连云港市交汇，其中连霍高速在出口加工区有出入口；陇海兰新铁路东端起点连云港东站距出口加工区1公里。出口加工区距连云港白塔埠机场约35公里，可通过连霍高速乘车直达机场。连云港出口加工区配套完善，尚有约100万平方米可供出让的建设用地，能够满足建设项目的用地需求。

【招商引资】2017年，园区新签约总投资2.54亿元的全球优选进口食品加工项目；新批入区项目3个，分别为卡布伦顿研磨科技、喜马拉雅工艺制品及苏豪保税物流，项目总投资2.3亿元。截至2017年，出口加工区注册项目35个。其中，外资项目16个，投资总额2.2亿美元；内资项目19个，投资总额15.6亿元。

【工业】连云港出口加工区有来自美国、韩国、日本、我国香港地区、加拿大等国家和地区的16家企业投资，投资产业涉及新能源、医疗用品、电子、纺织等多个领域。重点企业有连云港艾业无纺布制品有限公司、连云港重山风力设备有限公司、连云港中奥铝业有限公司、连云港柏科医用制品有限公司、连云港伍江电器技术服务有限公司、江苏锦达保税仓储服务有限公司、连云港中外运储运有限公司、连云港丰诺实业有限公司等。

【创新工作】连云港出口加工区主动对接自贸试验区，承接“溢出效应”，抢抓先行先试机遇，不断创新监管制度。已成功复制推广了自贸试验区“批次进出、集中申报”“委内加工”“仓储货物按状态分类监管”等11项海关监管创新制度。监管制度的创新，简化了通关流程，提高了通关效率，降低了企业物流成本，改善和优化了通关环境，为企业发展创造了良好的制度环境。

【功能配套】2017年，连云港出口加工区基础设施建设累计投入1 805万元，主要实施的工程有出口加工区跨境电子商务综合服务平台建设，出口加工区二期道路维护工程，出口加工区一期排水管网改造工程，综合楼维修工程等。为进一步完善出口加工区区域功能，适应区内企业业务拓展要求，园区积极配合相关部门，推动出口加工区转型升级为综合保税区。

2017年7月31日，农业部认定连云港为“国家首批农业对外开放合作试验区建设试点城市”。连云港出口加工区积极配合市级相关部门，做好“连云港农业对外开放合作试验区”建设工作。借助海关特殊监管区域特殊政策，吸引农产品加工贸易企业和保税物流企业入区，扩大农产品贸易量，促进农产品走出去。探索开展农产品期货保税交割及大宗农产品现货市场保税交易业务，丰富农产品贸易业态，培育新的外贸增长点。推动农产品出口加工产业园及进口“海外仓”建设，促进农产品加工及贸易产业链向出口加工区集聚。

【发展趋势】连云港市作为“一带一路”交汇点、新亚欧大陆桥经济走廊东方起点、中哈物流合作基地和上合组织出海基地，东西连接的战略位置越发突出，双向开放的发展优势日益明显。连云港不断强化区域大通关机制，加快推动陆桥沿线以及长江经济带通关一体化，在近20个省份内实现“三互三个一”（即信息互换、监管互认、执法互助，一次申报、一次查验、一次放行），陆桥沿线10多个省份实现“检验检疫直通放行”。加工区作为连云港市目前唯一的海关特殊监管区域，区内设有海关、国检、物流、报关等办事机构，配套海关、国检监管设施，管理体系健全，通关顺畅便捷，是连云港市重要的对外开放平台，也必将受益于“一带一路”交汇点建设和双向开放不断强化的历史进程。

【机构设置】连云港出口加工区管理委员会与连云港经济技术开发区管理委员会合署办公，实行“两块牌子，一套班子”管理模式。连云港出口加工区管理局为管委会的直属单位，负责连云港出口加工区的日常管理工作。

【招商部门】招商电话：0518－80218222、13905137246，联系人：朱新强，网址：www.ldz.gov.cn。

江西九江出口加工区

JIANGXI JIUJIANG EXPORT PROCESSING ZONE

【概况】 江西九江出口加工区是江西省首家出口加工区，位于庐山西麓、鹤问湖畔，于2005年5月经国务院批准设立，2006年6月通过国家九部委验收。园区总体规划面积2.81平方公里，首期开发面积0.987平方公里。经过十年的努力发展，九江出口加工区一期已开发完成约88.87万平方米，其中公共场地及设施约23.33万平方米，企业自购土地约60.33万平方米，建有标准厂房14幢10万平方米，占地面积约5.2万平方米。

园区围绕加快项目建设发展园区经济，加快设施配套推进生态建设两大主题，从2009年起率先创建江西省首家生态工业园，努力创建资源节约型、环境友好型、经济循环型、生活配套型的绿色生态工业园。

【经济发展】 2017年是九江出口加工区奋力拼搏、厚积薄发、硕果累累的一年。一年来，园区以全面深化改革为统领，紧紧抓住长江经济带和中部城市群战略机遇，积极开展“重大项目落实年”活动，进一步做大园区工业总量、提升经济质量。围绕突出产业招商、帮扶项目做大、做优企业服务、完善园区功能四项重点工作，全区上下攻坚克难、开拓创新、主动作为，强力推进各项工作，成效明显。据统计，2017年九江出口加工区完成主营业务收入191 929万元；实现工业总产值209 862万元；实现进出口总额30 987万美元，其中出口19 024万美元，进口11 963万美元；实现税收总额7 189万元。

【投资环境】 基础设施完备。近年来，九江出口加工区共投入17亿元完善基础设施建设，建成生活配套设施16.21万平方米，建成标准厂房25万平方米；海关、通信邮政、银行超市、医疗教育、餐饮物业、公交物流等生产生活配套服务机构纷纷入驻；园区日污水处理能力达到2.3万吨；总建筑面积83 339平方米的电镀集控区已投入运营，其污水处理中心日处理污水2.3万吨，采用国际先进的污水处理工艺；2013年8月投资4 500万元的出口加工区九年一贯制学校建成并顺利开学。一个宜业宜居、功能配套齐全、蓄势待发的绿色生态工业城镇正在悄然崛起。

区位优势明显。九江地处鄂、皖、湘、赣四省交界，是京九、长江两大经济开发带的交叉点，是江西省唯一一个通江达海的港口城市，是联结全省与长江开发带和沿海开放带的“北大门”，近年来先后被评为国家重点开发区域城市、中国魅力城市、中国十佳宜居城市、跨国公司眼中十大最具钩子潜力的城市、中部最佳投资（环境）城市等。九江出口加工区立足九江，充分发挥海关特殊监管区域的政策优势，积极融入长江经济带和中部城市群两大国家战略，是九江市乃至全省外向型经济的主阵地，是国际国内加工贸易转移的首选地。

交通便捷高效。九江自古以来就是区域物流和商贸中心，这与九江通四海的便捷交通密不可分。水运方面：九江是国家一类开放口岸，是国家粮食、肉类进口指定口岸，全年可通航5 000吨级世界各地的船舶，开放与台湾直航，实现与上海港最快 48 小时内无缝对接，享受“一票到底”“起运港退税”等优惠政策。铁路方面：是国家铁路中长期规划的四大八项枢纽之一，京九（北京至香港九龙）、武九（至武汉）、合九（至合肥）、铜九（至铜陵）和昌九城际高铁等 8 条铁路在此交汇，2020 年将有 12 条铁路在此交汇。空运方面：100 公里范围内有 2 座机场，距离昌北国际机场 90 公里，实行“机场报关、一票到底”，可承接到世界各国和地区空港航空货物；距庐山机场 20 公里，支持国内各空港航空货物。陆运方面：与国内各大中城市实现高速互通，拥有福银高速、杭瑞高速、大广高速、永武高速、澎湖高速等 5 条高速，316、105 两条国道过境，至 2020 年将有 8 条高速过境。已形成以港口集装箱物流为中心，综合型物流和保税物流配套的水、陆、空现代立体交通体系，能有效辐射中部约 3 亿人口市场，是发展现代化工业的理想区域。

服务热情周到。九江出口加工区竭尽全力帮助企业解决难题。对重点企业和项目，实行一名领导、一个部门、一个责任人全天候跟踪负责制，凡园区牵头负责的项目手续，管理局安排专人跟踪服务，为企业代办完成，力促企业抢时开工建设。此外，还通过多种方式满足企业在用工、融资等方面的需求。

【招商引资】 截至 2017 年年底，九江出口加工区共引进注册企业 25 家，总投资 63 亿元人民币，其中工业企业 20 家，物流企业 5 家，拥有铨讯电子、中浩纺织、德科物流等重点企业，基本形成以电子信息通信、高端装备制造、高端色纺产业为主导，保税物流仓储、跨境电子商务等产业协调发展的产业格局。

【发展趋势】 九江出口加工区将立足九江，积极对接长江经济带战略和中部城市群等国家战略，充分发挥区位、交通等优势，围绕创建“中部地区一流出口加工区”的目标，创新发展举措，创优发展环境，努力打造绿色生态工业园区。

【机构设置】 九江出口加工区和九江经济开发区实行“两块牌子，一套人马”。九江出口加工区管理局作为九江经济技术开发区管委会的职能部门，承担出口加工区的日常管理和服务工作。

【招商部门】 招商工作联系人：骆丽萍，联系电话：13507023999、0792-8799008。

山东青岛出口加工区

SHANDONG QINGDAO EXPORT PROCESSING ZONE

【概况】山东青岛出口加工区位于青岛环胶州湾产业带中间位置，是2003年3月10日获国务院批准设立的第三批出口加工区之一，同年12月8日通过国家八部委联合验收，规划面积2.8平方公里，其中一期1.7平方公里于2004年8月正式封关运作。

2017年，青岛出口加工区紧紧围绕建设一流出口加工区的目标，以促进园区转型升级为工作主线，以业务创新、招商引资、项目建设为重点，以打造和谐园区为目标，不断解放思想、自我加压，园区主要经济指标迅速提升，各项工作均取得较大成绩。

【投资环境】青岛出口加工区距青岛胶东国际机场10公里，距青岛流亭国际机场19公里，距青岛港18公里，距前湾港33公里，周边济青高铁（在建）、青连高铁（在建）、济青高速、青银高速、308国道、204国道等路网纵横交错，形成立体式交通网络，交通便利，区位优越。

青岛出口加工区不断加大开发建设力度，完善基础设施硬环境。目前，基础设施配套达到“九通一平”标准，道路、水电、供热、供气及信息化配套达到国内一流园区水平，成为企业投资的热土。

园区在完善区域硬环境的同时，进一步提升政策环境。2017年，完善与园区发展相配套的政策功能和管理服务，积极借鉴上海自贸试验区可复制、可推广的改革创新试点经验，创新监管机制、业务类型和贸易业态，推动园区政策、管理、服务整合，优化管理职能、优化监管模式，提升发展内生动力。一是加强园区“公共服务平台”建设。建立监管部门协调机制，会同海关、国检等驻区部门，致力于优化通关通检流程、创新监管模式、提高通关通检效率，不断提升园区贸易便利化水平。二是不断完善监管设施建设，园区电子卡口和查验平台改造完毕，实现主管海关、园区海关、港口海关的数据互联互通，推行“属地申报，口岸放行”通关模式，切实提高园区通关效率。三是积极复制推广自贸试验区改革创新试点经验，“保税维修”“委内加工”“批次进出、集中申报”“集中汇总纳税”“简化报关单证”等多项海关监管新政，“进口货物预检验制度”“检验检疫分线监管模式”等检验检疫新制度在出口加工区推广实施，这些新制度的实施，进一步简化了审批手续和通关通检流程，提高了通关通检效率，降低了通关通检成本，形成了通关速度快捷、物流监控到位、加工贸易联网监管的出口加工区监管模式，为企业营造了高效、快速、顺畅的通关环境。

进一步优化投资服务体系，不断提升区域投资服务软环境。2017年，继续坚持定期走访企业制度、驻区部门联席会议制度、驻区部门与企业见面会议制度、项目协调促进领导小组会议制度等，定期掌握、研究、解决企业生产运营中遇到的问题，积极协调海关、国检等驻区部门，帮助区内企业解决在工程建设、消防整改、企业投产运营等方面遇到的问题 30 余项，营造了良好“亲商、安商、富商”服务氛围；加快推进重点项目建设和环境综合治理工作，主动对接联系落户项目，为项目建设排忧解难，推进项目开工和建设进程，集中解决了一批影响园区项目推进和环境提升的重点、难点问题，确保待建项目早开工、开工项目早竣工、竣工项目早投产，切实提高了服务企业的积极性和实效性，将招商引资成果落到实处。

【招商引资】 2017 年，不断调整招商策略，积极抓好新型产业招商。加大对文化保税、融资租赁、保税展示交易、跨境电子商务等新型产业的招商引资力度，取得有效进展。全年批准项目 5 个，其中加工贸易企业 3 个，物流项目 1 个；批准投资总额 626 万美元，实际利用外资1 586万美元。截至 2017 年年底，青岛出口加工区累计签约内外资项目 96 个。其中，外资项目 76 个，投资总额 17. 7 亿美元，合同外资 8. 3 亿美元，到账外资 5. 1 亿美元；内资项目 20 个，总投资 35 亿元人民币。所引进的项目中，投资总额过千万美元的外资项目 22 个，占引进外资企业总数的 29%，单个外资项目平均投资额达到2 328万美元。

【工业经济】 2017 年，青岛出口加工区投产企业达到 70 家，占引进项目总数的 73%；区内企业用工人数达到7 700人。当年，实现工业总产值 50. 6 亿元，其中高新技术企业工业总产值达到 7. 2 亿元；实现工业增加值 10. 9 亿元；实现销售收入 49 亿元；固定资产投资达 1. 1 亿元；实现利润总值 5. 6 亿元；进出口总值完成 8. 9 亿美元，其中出口完成 5. 5 亿美元。

【产业发展】 出口加工区紧紧围绕园区加工贸易转型升级，不断优化产业结构，创新发展模式，提升发展环境，引导鼓励企业改革创新，取得良好实效。一是在招商引资过程中，大力开展选择性招商和产业链招商，招商重点由劳动密集型企业向技术密集型转变，生产制造环节由加工组装、低端零部件制造向高端、关键或核心元器件制造转变；二是注重引导和鼓励园区企业不断优化加工贸易产业和产品结构，变“加工制造”为“研发制造”，从现行的以来料加工和进料加工为主的加工贸易向自主研发、制造产品转变；三是注重引导和鼓励企业创新贸易方式，变“贸易”为“营销”，向物流、品牌、销售渠道等下游部分延伸，延长加工贸易境内增值部分。

经过多年的招商运作和精心培育，园区形成了装备制造、电子信息、新型材料、保税物流等重点产业全面发展的新格局，高端特色产业群体正在加速形成。以安德烈斯蒂尔动力工具（青岛）有限公司、洋马发动机（山东）有限公司为龙头的装备制造业现有企业 16 家，产值达到园区企业工业总产值的 50%；以泰科电子为龙头的电子信息产业现有企业 13 家，产值达到园区企业工业总产值的 35%。

为加快产业结构转型升级步伐，园区正在全力推动产业结构由单一的保税加工向保税加工、保税物流、保税服务多元化发展转型，促进产业链向高端延伸，突出外向型保税经济特色，充分利用中非棉业大宗商品贸易平台、巴龙万汇城跨境电子商务平台等，积极探索开展大宗商品交易、跨境电子商务、保税展示交易、研发设计、检测维修、文化贸易等新兴产业，大力发展以保税为特色的保税物流业、进口高端商品保税展示交易业、高端设备保税维修业等新型业务，打造高端产业集群。

【园区管理】 2017 年，不断强化园区管理，着力建设平安和谐园区。加强安全生产监管，确保园区安全生产形势稳定。在企业开展了“两体系建设”工作，加强危险源监控，积极开展企业安全生产标准化达标创建活动，强化企业安全生产主体责任，建立企业安全生产投入长效机制。深入开展“安全生产月”“安全生产周”活动，深入企业开展安全宣传活动，发放宣传资料。组织企业主要负责人和安全管理人员进行安全生产专题培训四次，提高企业安全生产意识。

加强劳动人事监管，打造和谐的劳资关系。致力于畅通职工维权渠道，设立 24 小时公开投诉电话。实行对企业劳动用工的动态管理，定期对区内企业劳资情况进行走访摸底，妥善处理企业劳资纠纷，稳定园区的劳动用工环境；利用微信公众号、企业管理 QQ 群等形式，与企业建立多途径联络方式，加强政企沟通交流；建立了治安联动机制，区域维稳和治安防范能力有效增强。

【发展趋势】 为进一步加快转型升级步伐，提升园区承载力水平，根据国务院《关于促进海关特殊监管区域科学发展的指导意见》文件精神，青岛出口加工区正在全力推进转型升级为综合保税区的工作，打造全新的对外开放和产业创新发展新平台。今后一段时间，青岛出口加工区将紧紧围绕青岛自由贸易港区发展战略总体规划，充分发挥临近青岛胶东国际新机场的空港优势和作为青岛北部新城唯一的海关特殊监管区所具有的保税加工、保税物流、保税服务等政策功能优势，抓住实施新旧动能转换的有利时机，抓住转型升级为综合保税区的历史机遇期，以功能产业转型升级、业态创新为抓手，实现园区由单一保税功能向“保税+口岸”的复合功能转换，搭建好动能转换促进产业升级发展的功能政策平台，及时把园区产业由单一加工贸易调整为“高端加工制造业+服务贸易业”。同时，依托青岛出口加工区跨境电子商务产业园，大力发展跨境电子商务中心；依托中非棉业大宗商品贸易平台和巴龙万汇城综合贸易平台，大力发展商品贸易服务中心；依托新机场建设，发展保税物流中心、进口商品保税展示交易中心等，聚合形成业态多元、双轮驱动的创新发展新动力。青岛出口加工区将建设成为青岛市实施自由贸易区战略的重要抓手、青岛市发展保税服务贸易业的重要口岸、山东省保税加工制造业的重要基地、山东省海关特殊监管区域业态多元化创新发展先行先试的重要平台，形成特色鲜明的山东半岛产业与政策创新示范区和高端产业聚集区。

【机构设置】 根据 2017 年 1 月 20 日青岛市委市政府下发的《关于调整青岛出口加工区管理体制的通知》，青岛出口加工区整建制划归青岛前湾保税港区管理，保留青岛出口加工区管委会牌子，青岛出口加工区管理机构更名为青岛出口加工区管理局，内设综合处、经济贸易发展处（加挂安全生产监督管理处牌子）、规划建设处、投资合作促进处、公共事务管理处，并设有计划财务中心一个事业单位。青岛出口加工区管理局具体负责青岛出口加工区的管理、协调、服务工作。

【招商部门】 管理局经济贸易发展处和投资合作促进处。联系人：贝利辉，联系电话：0532－87828881、15806587511；联系人：郜永霞，联系电话：0532－87828889、18653221224。

山东青岛西海岸出口加工区
SHANDONG QINGDAO WESTCOAST EXPORT PROCESSING ZONE

【概况】 山东青岛西海岸出口加工区于2006年5月经国务院批准成立，规划面积2平方公里，2007年7月18日通过国家验收封关运营。2013年2月，按照青岛市区划调整，青岛西海岸出口加工区划归青岛前湾保税港区管理。园区实行“境内关外”政策，可开展保税加工、保税仓储、物流配送、检测维修等业务。截至2017年年底，园区已吸引来自日本、韩国、美国、我国香港地区等90余个项目落户，累计投资总额为10.67亿美元；投产企业22家，在建或拟建项目10余个。

【经济发展】 2017年，青岛西海岸出口加工区实现工业总产值102 302万元，同比增长17.98%；实现业务总收入116 107万元，同比增长43.51%；实现财政总收入49 563万元，同比增长85.94%，其中海关税收43 102万元，同比增长84.38%；完成公共财政预算收入3 474万元，同比增长38.68%；完成固定资产投资额5 425万元，同比增长3.89%；实现外贸进出口额95 375万美元，同比增长53.44%。

【投资环境】 青岛西海岸出口加工区位于太平洋西岸、山东半岛南端，东与韩国、日本隔海相望，是国家级青岛西海岸新区的重要园区。园区区位优势明显，紧邻世界第七大港口——青岛港，距离园区20公里的中铁联集青岛中心站是中国18个特大集装箱中心站之一，与全国铁路近600个集装箱办理站开展运输业务，沈海高速、青兰高速在此交汇，距青岛胶东国际机场25公里、青岛流亭国际机场40公里，构建了园区海、陆、空、铁多式联运的立体化综合交通体系。

园区基础设施完善，累计投入超过10亿元，实现了“九通一平”，全域通过国家验收。拥有2.15万平方米的商务大厦，可供企业前期办公使用；建设公共租赁房一期6万平方米、二期11万平方米，目前一期已投入使用，全部建成后可容纳人数达1.5万~2万人；周边热源厂、110千伏龙泉变电站、污水处理厂等配套齐全。

区内具备先进的智能化卡口，利用先进的集装箱号识别系统、电子车牌等实现智能化卡口自动放行，通关条件便利；具备自动化流水分拣线的跨境电子商务监管中心，服务效率领先其他区域。

【招商引资】 2017年，园区积极引入高端大项目落地，推动园区产业结构进一步优化升级。当年新落户注册资本1亿元的中瑞泰丰新材料项目、注册资金5 000万元的昊海航空、注册资本5 000万元的万嘉众合国际贸易、注册资本5 000万元的中普投资项目等17个项目，同时储备了航空模拟机培训、航空运动器材展示、高端纸加工、高端包装材料等10余个确定落户意向的在谈项目。

【产业升级】 园区重点发展现代制造、高端物流、进口商品、跨境电子商务、融资租赁、航空等产业，已形成四大主导产业，分别是以三美电子为代表的“精密电子”产业，以裕龙和中韩物流为主导的“保税物流”产业，以北海石油海洋装备为代表的“机械装备”产业和以圣美尔纤维科技为代表的“高端棉纺织”产业。同时，园区进口商品、跨境电子商务、航空产业等新兴产业正蓬勃发展。一是进口商品产业发展迅速。绿辰进口商品展示推广交易平台已吸引来自国内外的上千家客商入驻，进口商品涉及近百个国家和地区的3万个单品，主要商品为葡萄酒、啤酒、橄榄油、乳制品、各类饮品、休闲食品、日用品、洗护用品、母婴用品等。二是跨境电子商务产业实现新突破。高标准规划建设的跨境电子商务通关监管中心于2017年3月通过海关、国检验收并于当完成首单保税备货业务测试，5月底完成备货入区，12月完成与国检管理系统对接，完成实货试单。跨境电子商务公共服务平台项目于11月签约落户。三是通用航空产业亮点纷呈。成立了航空产业领导小组，给予投资项目“一站式”服务；加快推进起降点建设工作；研究制定航空产业扶持政策，完成《青岛前湾保税港区支持航空产业发展的实施意见》初稿。

【发展趋势】根据《国务院关于促进海关特殊监管区域科学发展的指导意见》要求，青岛西海岸出口加工区已提出向综合保税区转型的申请，经国务院批转进入部委会签程序。转型成功后，园区将进一步完善政策、创新制度、拓展功能、优化管理，塑造国际化、市场化、法制化的营商环境，充分发挥要素集聚和辐射带动作用，加快新旧动能承接转换，积极促进企业参与国际竞争，在青岛加快实现现代化历史进程中走在前列。

【机构设置】青岛西海岸出口加工区管理委员会为园区管理机构，下设青岛西海岸出口加工区管理局。管理局设有综合处、经济发展处、土地规划建设处、园区安全监管处、设施管理处5个处室。

【招商部门】青岛西海岸出口加工区管理局经济发展处负责园区招商引资工作。联系电话：0532－83157002、83157667，邮箱：xihaian2006@163.com，网站：www.qwepz.gov.cn。

安徽合肥出口加工区

ANHUI HEFEI EXPORT PROCESSING ZONE

【概况】 2010 年 7 月 5 日，国务院正式批准设立合肥出口加工区，规划面积 1.42 平方公里。2012 年 6 月 20 日，合肥出口加工区通过国家九部委验收，同年 8 月 21 日正式封关运行。2014 年至 2017 年，合肥出口加工区连续四年进出口总额稳居全国出口加工区第六位、中西部地区出口加工区第二位。

【投资环境】 合肥是安徽省省会，位于安徽省中部，承东启西、连南接北，是长三角经济区的重要城市之一。以合肥为圆心，半径 500 公里范围内，基本涵盖中国东、中部七省一市。合肥科教优势突出，拥有以中科院合肥物质科学研究院为代表的各类研究开发机构 564 个，国家和省部级重点实验室 37 个，以中国科学技术大学为代表的各类高等院校 59 所。

合肥出口加工区地处合肥市西南，交通优势明显，通巢湖达长江，铁路专用线直通港区，312 国道、沪蓉高速、合九铁路、宁西铁路和沪汉蓉高速铁路环绕周边。

【经济发展】 2017 年，合肥出口加工区共完成规模以上工业产值 564.3 亿元，同比增长 31.1%；完成进出口总额 46.05 亿美元，同比增长 29%。合肥出口加工区现已发展成为合肥市外向型经济的重要增长极。

【招商引资】 自封关运行以来，合肥出口加工区紧绕电子信息产业，坚持聚焦行业龙头企业，积极承接产业转移，有效推动了电子信息产业的集聚发展。截至 2017 年年底，已汇聚了联宝电子、崧贸科技、崧贸电器、胜利科技 4 个加工贸易类项目，注册有合肥海晨、中外运、新宁供应链、安徽国际货物运输、安徽瑞帆物流等 18 家仓储物流企业。其中，区内龙头企业——联宝科技由联想集团和台湾仁宝集团共同投资建设，主要生产联想笔记本电脑和一体台式机产品，是联想集团全球最大 PC 机研发生产基地，产品销往全球五大区域、13 个分区、126 个国家。

按照“打造一个中心、两大平台、辐射全省”工作思路，合肥经济技术开发区分别与江苏海晨集团、合肥百货大楼集团、深圳启明星电子商务有限公司合作共建，依托合肥出口加工区建成并运营徽购佳选、百大易购“线上线下”销售平台。

截至 2017 年年底，直销中心已发展线下实体门店 13 家，经营总面积约 8 000 平方米。2017 年 7 月 30 日，合肥出口加工区具体承办的首届安徽省进口商品供需对接会在园区成功举行，共吸引了省内外近百家采购商及进口商代表参会，苏宁易购、南京任意门、南京贝满多等进口商已与直销中心平台公司达成合作意向。

跨境电子商务线下综合园区建设初具规模。江苏舜天集团及深圳启明星、百大易购等 10 余家跨境电子商务及关联企业已陆续落户加工区，经营商品涉及母婴喂养洗护、个人保健品、化妆品、高端家居用品等品类。

【机构设置】2017 年，经安徽省机构编制委员会办公室批复，合肥出口加工区管理局由合肥经济技术开发区管委会内设副处级机构调整为管委会直属机构，正处级建制。

【招商部门】招商电话：0551-63751172，网址：http：//www. hetda. gov. cn/。

河南郑州出口加工区
HENAN ZHENGZHOU EXPORT PROCESSING ZONE

【经济发展】 2017年，在复杂多变的国内外经济环境下，河南郑州出口加工区紧抓整合升级发展机遇，深化服务意识，紧盯重点项目产能提升，全区经济运行总体平稳。全区固定资产投资、进出口、工业产值等经济指标较2016年实现较快增长。

2017年，全区新引进项目9个，批准投资总额33 162万美元；完成固定资产投资42.30亿元，同比增长69%；完成工业总产值118.71亿元，同比增长25%；完成增加值27.49亿元，同比增长18%；实现经营总收入101.20亿元，同比增长2%；实现进出口3.28亿美元，同比增长26%。区域经济运行呈现以下四大特点：

一是固定资产投资同比增长较大。2017年，郑州出口加工区为迎接整合升级，继续加大基础设施投资力度，加快推进各片区配套设施升级改造工作，全年完成基础建设投资2.19亿元，是2016年的3倍；企业投资方面，A区工业项目富泰华、华晶精密加大生产设备投入，B区新入区项目金安生物、卓好仓储完成前期土地出让手续办理，区内企业全年完成固定资产投资40.37亿元，同比增长64%。

二是工业产值保持平稳较快增长。2017年上半年，全区工业经济整体疲软，但进入下半年，重点项目富泰华开始产能爬坡，四季度进入生产高峰，受其拉动，全区工业总产值同比大幅增长。全年产值超过亿元企业4家，其中富泰华、科隆、官田3家企业均保持较快增速。

三是服务业企业发展动力不足。2017年，区内正常运营的仓储物流企业10家，实现营业收入1 630万元，同比下降13%。其中，瞻航公司经营稳定，年营业收入占全区的三分之一，其他企业主要以经营进口食品、红酒业务为主，市场趋于饱和，业务有所下滑。此外，随着跨境电子商务行业政策调整，园区中小跨境电子商务企业相继出区，2017年跨境电子商务业务出区包裹量同比下降19%，交易货值同比下降25%。

四是工商税收继续保持增长。2017年，全区完成税收7.92亿元，同比增长13%。其中，国税、地税收入3.93亿元，同比增长66%；海关关税及代征税收入3.98亿元。区内获批增值税一般纳税人资格的华晶精密、华晶微钻、润嘉食品3家试点企业，全年开具一般贸易增值税发票总额共计1.2亿元，缴纳增值税1 987万元，而试点企业非保税业务的开展，使区内加工贸易企业和物流企业内销缴纳的关税及代征税同比下降37%，仅缴纳1.5亿元。

【投资环境】 交通优势。郑州地处中国地理中心，是全国重要的铁路、航空、高速公路枢纽城市，是全国普通铁路和高速铁路网中唯一的“双十字”中心。河南郑州出口加工区位于郑州市东南部，京广铁路、陇海铁路、京港澳高速公路、连霍高速公路、310

国道、107国道、环城快速路环绕四周。航空方面，园区距4E级郑州新郑国际机场22公里，铁路方面，园区距陇海铁路圃田站3公里，距郑州铁路客运东站5公里，与亚洲吞吐量最大的货物集散中心、国家铁路一类口岸郑州铁路集装箱中心站仅一路之隔。公路方面，通过公路网络，园区2小时可达中原城市群30个省辖市，6小时可达北京、南京、武汉、西安等重要城市，最多不超过8小时可达天津、青岛、连云港等港口城市。

政策优势。河南郑州出口加工区是集保税加工、保税物流、保税研发、保税展示交易、保税检测、保税维修等综合保税功能为一体的海关特殊监管区域。2016年10月14日，郑州出口加工区成为国家赋予海关特殊监管区域企业增值税一般纳税人资格7家试点区域之一，也是试点区域中两家出口加工区之一。2016年12月6日，国务院正式批复同意整合河南郑州出口加工区和河南保税物流中心（B型）设立郑州经开综合保税区，验收合格后，郑州经开综合保税区享受现行综合保税区相关税收和外汇管理政策。同时，郑州经开综合保税区A区、C区位于中国（郑州）跨境电子商务综合试验区的核心区域，也是河南自贸试验区范围内唯一的海关特殊监管区域，享受更多国家战略带来的政策红利。

区域建设。截至2017年年底，郑州出口加工区封关运行面积2.662平方公里，其中，A区0.893平方公里，B区1.769平方公里。区内基础设施配套完善，建成标准厂房40万平方米、保税仓库10万平方米、集装箱堆场1万平方米，并配备有大型集装箱正面吊、叉车等设备，为入区企业提供了充足的生产、仓储场所和完善的配套设施。在出口加工区周边，38万平方米职工公寓建成并投入使用，为入区企业提供了生活便利。

【招商引资】2017年，郑州出口加工区继续突出重点领域招商，拓宽招商引资渠道，深入挖掘项目信息，招商引资工作取得新成效当年新引进项目9个。结合园区区位优势和产业基础，深入研究自贸区政策，锁定创新研发和品牌渠道这两个产业发展方向，制定相应的产业引进和培育策略，探索完整的项目引入机制。结合园区海关特殊监管区域政策优势，找准产业发展定位，整合现有和储备的项目资源，促进保税加工和物流产业集聚，形成保税产业集群。深入分析意向入区项目情况、市场前景及成长性，对筛选出的优质项目，加强与投资方的沟通联系，落实进区协议具体条款，千方百计促进项目尽快落地。充分利用省市搭建的招商平台，加大功能政策、服务优势宣传推介，坚持“走出去、请进来”，有针对性地赴沿海发达地区走访、调研、考察，广泛推介，重点突破。

【工业】2017年，全区完成电子信息产业产值110.66亿元，占全区工业总产值的93%；完成规模以上工业增加值27.12亿元，同比增长21%；完成工业产品销售收入101.03亿元，同比增长2%。全区规模以上工业企业7家，年产值超过亿元企业4家，高新技术企业3家。

【发展趋势】2018年是贯彻党的十九大精神的起始之年，也是郑州出口加工区深化扩区建设，实现整合升级、转型发展的开局之年。2018年，园区将落实新发展理念，坚持稳中求进工作基调，以园区全面整合升级为主线，推动多区块协同发展，努力打造“三大中心”，突出抓好创新管理机制、招商成效、企业服务、国企改革等各项工作，进一步强化环境建设、组织建设、作风建设、人才建设等保障措施，努力为将园区建设成为“一带一路”沿线对外开放的制高点、带动区域经济发展的新引擎和河南自贸试验区的重要承载区奠定坚实基础。

【机构设置】河南郑州出口加工区管理委员

会隶属郑州经济技术开发区管理委员会管理。管委会下设办公室、招商局、经济发展局、综合管理局，并设有国有投资公司郑州昇阳出口加工发展有限责任公司。目前，管委会领导班子配备主任1名，副主任3名。

【招商部门】河南郑州出口加工区招商局。招商局联系电话：0371-66866120、66866130，办公室联系电话：0371-66866100，区经济发展局联系电话：0371-66866150。

广东广州出口加工区
GUANGDONG GUANGZHOU EXPORT PROCESSING ZONE

【**概况**】广东广州出口加工区设在广州经济技术开发区东区内，规划面积3.05平方公里，按照“统一规划、分期开发”的原则，首期开发0.9平方公里。现已建成完善的监管设施和配套设施，包括围网、海关办公大楼、验货场和“七通一平”设施等。至2017年，广州出口加工区累计实现固定资产投资114.1亿元，其中基础（公共）设施投资达到了7.42亿元。

【**经济发展**】2017年，广东广州出口加工区完成工业总产值33.08亿元，同比增长2.8%。

【**投资环境**】广东广州出口加工区具有优越的地理位置，它北靠广深高速公路，南临广九铁路、广深公路，区内的主干道与黄埔新港相连，方便监管货物的转关运输，同时毗邻港口和国际空港，交通便捷，通过高速公路网可以快速连接珠三角各城市及香港、澳门。

【**招商引资和工业发展**】汽车产业是广州的三大支柱产业之一，在广东省、广州市的高度关注下蓬勃发展，形成了“东部本田，北部日产，南部丰田”三大汽车板块。广州出口加工区内的本田汽车（中国）有限公司是全国第一个整车产品100%出口的企业，目前产品已出口欧洲21个国家，吸引了70多家汽车配套厂商落户园区，形成广州市东部汽车产业基地，成为广州汽车工业发展整体战略的重要组成部分，带动了华南地区汽车产业链的发展。

【**发展趋势**】随着国家对出口加工区拓展保税物流等功能的全面铺开以及对海关特殊监管区域的整合，广州出口加工区将具备更完善的政策功能，为区内外企业提供一流的加工贸易和物流配送平台，完善的检测、维修、翻新、升级支持等售后服务。同时，准备启动未开发区域的建设，把出口加工区做大做强。

【**机构设置**】广州出口加工区的地方管理机构是广州出口加工区管理委员会。广州出口加工区与广州经济技术开发区、广州高新技术开发区、广州保税区管理委员会合署办公，构成强大的“四区合一”行政管理体系。

2005年6月，广州市委、市政府在原“四区合一”经济区域的基础上，成立了广州市萝岗区，面积为393.22平方公里。2015年7月，广州市萝岗区与黄埔区合并，设立广州新黄埔区。

广州出口加工区管委会为广州市政府的派出机构，享受市一级的审批权限，机构精简，办事高效。管委会下设办公室、发展和改革局、经济和信息化局、科技创新局、国土规划局、环保局、建设局、交通运输局、西区产业园管理委员会（保税业务管理局）、企业建设和服务局、商务局、财政局等机构。

【招商部门】广州开发区西区产业园管理委员会（保税业务管理局）。联系人：陈坚，联系电话：020－82112062，传真：020－82112070。

四川绵阳出口加工区
SICHUAN MIANYANG EXPORT PROCESSING ZONE

【概况】 四川绵阳出口加工区是2005年6月3日经国务院批准设立，其中一期于2007年11月1日经国家九部委验收通过并封关运作绵阳出口加工区享受国家级出口加工区的各项优惠政策，是四川唯一的国家级出口加工区。2017年12月15日，国务院办公厅发文同意绵阳出口加工区核减规划面积，核减后剩余0. 1373平方公里，四至范围为：北临安昌河，西临石桥铺大桥，南至石桥铺大道，东临尚高国际创意联邦地块。

【投资环境】 绵阳出口加工区地理位置优越，位于成都、重庆、西安“西三角”的腹心地带，是成都平原城市群的重要节点城市。园区距成都86公里，距重庆300多公里，距西安500公里，是成都经济圈建设的重要环节，可辐射中国西南、西北地区；距离4D级的绵阳机场仅8公里，距离正在实施改造工程的国家二级铁路集装箱皂角铺火车站仅2公里，距离成绵高速及复线、绵广高速、绵遂高速、成巴高速入口3公里，距“蓉欧快铁”起点成都青白江铁路口岸不到100公里，是“一带一路”和长江经济带结合部及连接线上的重要支点城市。从高速公路可直达乐山港、泸州港、宜宾港、广安港、南充港、广元6个港口，利用长江水道通达重庆、武汉、南京、上海等地。绵阳出口加工区充分利用绵阳科研生产基地的人才优势，与在绵阳的18家国家级科研院所、14所高等院校、8个国家重点实验室、5个国家工程技术研究中心、8个国家企业技术中心开展全面合作，可为园区企业提供各类专业技术人才。

此外，对跨境电子商务产业园总投资5亿元，规划建筑面积20万平方米，已建成6万平方米。园区具备跨境电子商务、商务办公、研发、孵化、金融、电子商务人才培训中心、综合配套服务等功能。

【招商引资】 园区引进工业企业5家，物流企业3家。其中，外资项目2个，实际利用外资656万美元。配套区累计引进工业企业24家，物流企业5家，中小微科技企业68家。

【工业】 2017年，全区完成工业总产值13. 44亿元（其中封关区内工业总产值8. 55亿元），同比增长7. 43%；完成投资1. 14亿元，同比增长128%。其中，基础设施建设0. 33亿元；进行技术改造0. 81亿元，同比增长62%；实现进出口额3. 84亿美元，其中出口2. 21亿美元。

【基础设施建设】 绵阳出口加工区基础设施建设累计投入5亿多元，园区建设已经成熟，土地集约化利用保持较高水平。建成道路5公里、隔离围网4公里，建成3 000平方米检验检疫平台，以及海关监控系统“全域通”系统和海关报关辅助管理平台、永久性关卡等通关设施；建成标准厂房13幢共14. 4万平方米，监管仓库2座共1 860平方米，职工宿舍2万平方米，大型餐饮中心

2 340平方米，便民服务中心4 000平方米，综合办公大楼3 546平方米等配套设施。

【电子商务】 2017 年 1 月，绵阳高新区整合资源，将电子商务产业发展工作交由绵阳出口加工区负责，绵阳出口加工区管委会围绕“一核四区多点”的布局推进电子商务工作。全年实现网络交易规模 559 亿元，同比增长 43. 3%；实现网络零售额 10. 5 亿元；名优特产品线上交易额为 62. 4 亿元；新增电子商务企业（含传统转型、平台、配套服务）127 家，其中新增跨境电子商务企业 37 家。到 2017 年 12 月 30 日止，园区已累计引进电子商务企业 337 家。

【机构设置与管委会领导】 绵阳出口加工区管委会下设综合科和电子商务科两个中层机构，负责出口加工区的规划建设、业务管理、对外招商引资、项目推进、协调服务等工作。

【招商部门】 出口加工区综合科，联系人：邓晓丽，联系电话：0816－2850153；跨境电子商务园电子商务科，联系人：梁川，联系电话：0816－2797830。传真：0816－2549163。

陕西西安出口加工区 A 区
SHANXI XI'AN EXPORT PROCESSING ZONE (ZONE A)

【概况】 陕西西安出口加工区于 2002 年 6 月 21 日经国务院批准设立，2004 年 4 月 5 日正式封关运行。2006 年 12 月，园区经批准成为全国首批、西北唯一一家拓展保税物流等功能试点单位。

西安出口加工区 A 区位于国家级西安经济技术开发区内，总规划面积 0.75 平方公里。毗邻西安新行政中心，距西安咸阳国际机场 20 公里，距西安火车货运站 10 公里、火车集装箱货运新站 1 公里，西安铁路北客站 2.5 公里，距绕城高速公路入口仅 1.5 公里。

【经济发展】 2017 年，西安出口加工区 A 区完成工业总产值 228.4 亿元，同比增长 8.1%；实现增加值 49.4 亿元，增长 7.9%；实现营业总收入 244.9 亿元，同比增长 7.7%；完成固定资产投资 7.6 亿元。

西安出口加工区 A 区在经济发展过程中，以陕西经济发展实际情况为基准，依托陕西在能源、人才、工业基础等方面的优势，逐渐形成了具有自身特色的发展道路，主要体现在：有效地利用陕西及西安的产业优势，将加工区的主导产业定位为航空、新能源、珠宝加工、服务贸易等领域；积极推动国有企业、内资企业入区开展加工贸易，并鼓励入区企业使用国产设备和原材料，提升国产化率，有效促进提升企业核心竞争力，同时积极倡导并促进国有企业研发、试制具有自主知识产权的加工技术及产品，促进加工贸易的转型升级；发展航空特色，已聚集了国际、国内 26 家航空制造企业及航材供应、物流企业，形成了较为齐全的横跨国内外的“航空产业制造链”，为国外知名的波音、空客、GE、庞巴迪等公司以及国内著名的西飞、西航、贯航、沈飞、成飞等厂商提供生产、供应、物流一体化的服务，已经显现在航空制造业的示范、带动、辐射作用。

提高土地利用率，走集约化发展之路，在招商过程中，鼓励企业租或买已建成的标准厂房，提高土地使用效率，加快企业投产速度。

【投资环境】 投资环境是区域发展的软实力，西安出口加工区 A 区始终把完善投资环境、提升服务质量放在首位，为承接国外及东部地区加工贸易的产业转移，从软、硬件环境及招商、安商的各项优惠政策上做好全方位的准备。

加大基础设施建设力度，完善投资环境。园区建设有现代化多功能标准厂房 25 万平方米，其中已建成的一期单层标准厂房 7 栋、二期四层标准厂房 1 栋、三期四层标准厂房 4 栋、四期标准厂房 4 栋；建成保税仓库 5 栋，面积 3.6 万平方米；建成堆场 18 500平方米；建设了公寓楼 2 万平方米，可容纳5 000人居住；建设加工区服务中心大楼 2.5 万平方米，可为企业提供办公、餐饮等服务；建设员工餐厅6 734平方米，可同时容纳5 000人就餐。

区内道路、给排水、供电、供热、供气、通信、宽带及生活服务等设施齐全。园区周边地区的白桦林居、雅荷春天、西安中学、经发中小学、西安图书馆、城市运动公园、西安国际高尔夫运动中心、长安医院等完善的生活配套设施，为园区营造出良好的人居环境，形成设施齐全的生活配套圈。

【招商引资】 西安出口加工区 A 区封关运行以来，已引进了英国罗尔斯罗易斯，法国赛峰，德国蒂森克虏伯，美国 GE、联合技术等 8 家世界 500 强企业，英国 AMS 航材、日本大河、美国雅奇等世界知名企业，以及中航工业西飞集团、西航集团、庆安集团，世纪互联，康龙化成等国内行业龙头企业 75 个项目入区，投产企业 58 家，累计实现进出口总额 137.1 亿美元，初步形成以高端航空制造为主，新能源、珠宝加工、服务贸易为辅的产业格局。

2017 年，随着自贸试验区的获批，咨询、洽谈的企业数量飞速增长，全年共接待企业及项目超过百家。重点围绕高端装备制造、新材料、新能源、跨境电子商务、智能制造和机器人等领域，先后引进了斯巴复超级电容、交大新材料系列项目、晶海铁路电气、互联网+汽车总部、耀方航空、孚兑新材料等 20 余个项目入区。

【发展趋势】 2018 年，西安出口加工区 A 区在招商引资方面，将加大对航空、机械电子、珠宝加工、服务贸易等产业的招商力度。在日常管理工作中，不断创新运行机制，提高管理和服务水平，努力完善各类各项操作管理职能，着力发挥加工制造及保税物流功能对周边地区的辐射带动作用，为进一步促进区域经济发展作出新的贡献。力争完善以航空、新能源、珠宝加工、服务贸易等为主导的产业集群，打造具有内陆特色的加工区，为西安及陕西周边地区的外向型经济发展真正起到积极的提升和促进作用。

【机构设置】 陕西西安出口加工区管委会下设陕西西安出口加工区 A 区管理办公室和陕西西安出口加工区 B 区管理办公室。

【招商部门】 西安出口加工区 A 区下设招商部门具体办理招商事宜。联系电话：029-86531038、86531019、86531016、86402928、86531010。

保税港区（综合保税区）

洋山保税港区
YANGSHAN FREE TRADE PORT AREA

【概况】 洋山保税港区于2005年6月由国务院批准设立，由小洋山港口区域、芦潮港陆上区域和连接洋山岛与陆地的东海大桥组成，经过扩区后，规划面积14.16平方公里，其中岛域面积7.31平方公里，陆域面积6.85平方公里，均已封关运作。

2017年，洋山保税港区围绕国际航运发展综合试验区的建设目标，进一步增强口岸枢纽功能，提高口岸设施集约利用和智能化水平，特别是洋山四期自动化码头正式开港，有力促进了上海国际航运中心建设。同时，进一步提升投资贸易便利化水平，着力推进国际采购与分拨配送、中转集拼、大宗商品、生鲜冷链、跨境电子商务、保税维修等新型功能发展，推动区域经济结构不断优化，产业能级进一步提升，经济总量持续增长。据统计，2017年洋山保税港区投资企业完成经营总收入3 083.68亿元，比2016年增长10.5%；完成税务部门税收105.24亿元，同比下降35.8%（不含“免、抵调增值税”的税收68.23亿元，该税收增长25.3%）；完成进出口总额770.29亿元，同比增长1.1%；年末企业从业人员4.24万人。

【开发建设】 目前，陆域范围内基本完成“七通一平”，区域内市政道路长度26.8公里，公共绿地面积64.3万平方米，河道面积10.6万平方米，泵站4座。给水、雨水、污水、电力、燃气和通信管线等市政配套管线已落实，可基本满足陆域范围各地块的市政配套需求。区内已建成各类房屋建筑面积106万平方米，其中仓库面积94万平方米，商务楼宇面积12万平方米。2017年，洋山保税港区完成固定资产投资额0.85亿元，截至2017年年底累计已完成固定资产投资额247亿元。

【企业设立】 招商引资恢复常态。随着自贸试验区制度创新成果在全国复制推广，保税区域“先行先试”的窗口期基本结束，投资者入驻保税区域恢复常态。据统计，洋山保税港区全年新设企业101家。其中，吸引内资企业注册资本2.29亿元；吸引外商投资额33.84亿美元，同比增长1.1倍。

从企业投资来看，外资企业增资成为合同外资的主体。2017年，洋山保税港区新设外资企业18家，占新设企业总数的17.8%；吸引合同外资12.5亿美元，同比增长7.9%，其中增资金额占合同外资的99%。新设内资企业83家，占新设企业总数的82.2%；吸引内资企业注册资本2.29亿元。

从行业分布来看，新设服务类企业逆势上扬。随着洋山保税港区积极落实自贸试验区制度创新和功能拓展改革成果，新设服务类企业数量取得增长。2017年新设企业中，贸易类企业25家，占新设企业总数的24.8%；物流类企业17家，占比为16.8%；新设服务类企业56家，同比增长12%，占比为55.4%。

从企业存量来看，截至 2017 年年底，洋山保税港区现有注册企业 1 956 家，注册资本为 2 509 亿元。其中，内资企业 1 652 家，占企业总数的 84.5%；外资企业 304 家，占比为 15.5%。从行业分布看，物流类企业 866 家，占企业总数的 44.3%；贸易类企业 593 家，占比为 30.3%；租赁和商业服务类企业 343 家，占比为 17.5%；其他类企业 154 家。

【国际贸易】进出口贸易略有增长。2017 年，洋山保税港区进一步推进海关、检验检疫等部门改革试点措施的落地范围，加快亚太出口分拨功能的发展，努力克服大宗商品波动带来的影响，促使进出口总额实现增长。据统计，2017 年洋山保税港区投资企业完成进出口总额 770.29 亿元，比 2016 年增长 1.1%。

开展进出口业务的重点企业数量进一步增加。2017 年洋山保税港区共有 171 家投资企业直接开展进出口业务活动。进出口额超 10 亿元的企业有 19 家，比 2016 年净增 4 家；合计完成进出口额 589.15 亿元，占洋山保税港区进出口额的 76.5%。

发生进出口业务往来的国家和地区范围进一步拓宽。2017 年洋山保税港区与世界 165 个国家和地区发生进出口业务往来，比 2016 年净增 4 个国家和地区。其中，与 23 个国家和地区的进出口额超过 10 亿元，合计进出口额 619.81 亿元，占洋山保税港区进出口额的 80.5%。

进口额小幅增长，出口额出现下降。2017 年，洋山保税港区进一步推进功能培育，优化进口商品结构，努力克服大宗商品业务波动带来的影响，促使进口额止跌回升，恢复增长，完成 482.00 亿元，比 2016 年增长 8.6%，占洋山保税港区进出口额的 62.6%。洋山物流企业依托区位优势和贸易便利化措施，积极发展出口分拨业务，但因大宗商品价格波动，铜及其制品出口额大幅度减少，导致洋山保税港区出口额出现下降。2017 年，洋山保税港区完成出口额 288.29 亿元，比 2016 年下降 9.4%，占洋山保税港区进出口额的 37.4%。

【产业发展】洋山保税港区认真落实各项贸易便利化和通关便利化创新举措，依托独特的地理位置和功能政策优势，积极拓展国际采购及物流分拨配送中心功能，在大宗商品产业和航运物流产业双轮驱动下，区域经济实现较快增长。据统计，2017 年洋山保税港区投资企业完成经营总收入 3 083.68 亿元，比 2016 年增长 10.5%。

大宗商品产业保持贸易主体地位。洋山保税港区凭借独有的口岸和航线优势，不断巩固和强化大宗商品集散功能，通过“期货保税交割”“洋山铜溢价”“大宗商品现货市场”等功能的完善，吸引了众多大宗商品交易商前来集聚，洋山已成为我国重要的大宗商品进出口物流中转集散地和贸易中心。2017 年，洋山保税港区贸易企业完成商品销售额 1 866.99 亿元，比 2016 年增长 3.9%，占洋山保税港区经营总收入的 60.5%。

航运物流服务收入快速增长。航运物流业是洋山保税港区的传统优势产业，2017 年洋山保税港区充分发挥航运枢纽和便利化创新的叠加优势，积极推进物流分拨配送中心功能，努力提升物流运作效率，推动航运物流产业快速发展。2017 年，洋山保税港区完成航运物流服务收入1 156.03亿元，比 2016 年增长 20.0%，占洋山经营总收入的 37.5%。其中，港口运输业务收入完成 875.75 亿元，比 2016 年增长 23.6%，占洋山航运物流服务收入的 75.8%；航运服务产业完成收入 280.28 亿元，比 2016 年增长 9.9%，占比为 24.2%。

【功能培育】大宗商品现货交易市场稳步推进。6 家大宗商品国际现货交易市场平稳运作，提单交易、信用证和电票结算完成系统开发，大宗商品期现联动方案已上报相关监管部门，大宗商品产业功能进一步丰富和拓展。截至2017年年底，完成有色金属、黑色金属、农产品等大宗商品交易额663亿元。

货物状态分类监管试点常态化运作。全面实施货物状态分类监管，物流仓储型企业实现常态化运作。区内获得货物状态分类监管资质的29家企业中已有23家企业正式开展此项业务，平均仓库面积达1 000平方米，主要涉及家居用品、红酒、服装、电子产品、大宗商品等货物。

跨境电子商务业务平稳发展。洋山保税港区作为上海市首批跨境电子商务示范园区，跨境电子商务业务平稳发展。国内知名跨境电子商务企业实现规模化运作，跨境电子商务大客户信息服务采集点已开展试运作。

船舶保税维修产业集群初步形成。船用发动机制造维修三强企业齐聚洋山保税港区，船舶保税维修业务运作顺畅，产业集群初步形成。保税船舶跨港维修监管方案基本形成，将进一步完善区域功能，为船舶服务产业发展营造更好的制度环境。

科创产业体系发展壮大。紧紧围绕自贸试验区建设、科创中心建设及“一带一路”建设等，洋山“科创一号”及孵化器平台加快推进离岸科创平台建设，不断发展壮大。截至2017年年底，已引进科创平台和科创企业42家。同时，建立和完善覆盖全球的国际工作站网络，已建成8个工作站，为技术和资源的引进来、为园区企业的走出去提供渠道和支撑。

口岸国际中转功能较快提升。洋山深水港依托特有的区位、政策创新及区港一体化等叠加优势，努力提升口岸服务能级和服务环境，充分发挥水水中转、国际中转的枢纽作用，促进集装箱吞吐量稳步提升。据统计，2017年洋山保税港区完成集装箱吞吐量1 653.1万标箱，比2016年增长5.9%，占上海港集装箱量的41.1%。其中，体现对国内经济腹地辐射服务作用的“水水中转”集装箱量为835.9万标箱，同比增长3.9%，占洋山港箱量的50.6%；体现对国际市场中转功能的“国际中转”集装箱量为190.8万标箱，同比增长14.0%，占洋山港箱量比重从2016年的10.7%提升到11.5%。完成货物吞吐量15 163.8万吨，同比增长6.0%，占上海港货物吞吐量的20.2%。

【发展效益】 据统计，2017年洋山保税港区完成税务部门税收105.24亿元，比2016年下降35.8%，若不含“免、抵”税，则实有税源税收为68.23亿元，增长25.3%。其中，增值税完成52.01亿元，比2016年下降56.7%，占洋山保税港区税务部门税收的49.4%；企业所得税完成44.36亿元，增长27.7%，占比为42.1%；个人所得税完成6.22亿元，增长29.5%。同期，印花税完成1.79亿元，下降4.9%。

此外，2017年全国各地的各类外贸企业为通过洋山口岸进出口货物而向洋山海关缴纳的各类关税和代征税为334.6亿元，同比增长2.9%，占上海海关征税入库总额的7.8%。

【招商部门】 洋山保税港区由中国（上海）自由贸易试验区管委会保税区管理局统一管理。联系电话：021-58698500。

烟台保税港区
YANTAI FREE TRADE PORT ZONE

【概况】烟台保税港区的前身是成立于2000年4月27日的烟台出口加工区。2009年9月7日，烟台保税港区获国务院批复设立，是全国第13家、山东省第2家保税港区，也是按照“功能整合、政策叠加”要求，全国第一家以出口加工区和临近港口整合转型升级形成的保税港区。

【区位优势】烟台保税港区位于烟台市区北部，濒临黄海，与辽东半岛隔海相望，区位优势独特。港区紧靠烟台市中心城区，东连烟台港，南临烟台火车站，北与沈海高速、烟台—大连轮渡口岸仅一网之隔，海、铁、公、邮联运优势突出。尤其对韩日海运优势明显，每周有中韩、中日海运班轮12班和5班，具有往来港口多、运输时效快、航线密集、费用低廉等特点。韩国仁川、平泽至烟台港的客货班轮夕发朝至，实现了“空运的速度、海运的价格”，为搭建便利的国际通道提供了丰富的运力资源，使烟台保税港区在全国海关特殊监管区域中拥有面向韩国物流运输集散成本优势明显的黄金线路。

【规划建设】烟台保税港区规划控制面积6.21平方公里，分为两个区块：东区面积3.95平方公里，位于烟台港芝罘湾港区；西区面积2.26平方公里，位于烟台经济技术开发区内。一期封关面积4.86平方公里，其中东区3.05平方公里，西区1.81平方公里，于2010年7月30日通过国家十一部委验收；二期封关面积1.35平方公里，其中东区0.9平方公里，西区0.45平方公里，于2016年10月12日通过验收。

【功能定位】烟台保税港区坚持从区域经济发展的全局和高度着眼，以贸易物流为重点，以高端高质高效新兴产业为引擎，以港口航线开辟、货源培育为保障，努力打造在国内外有较大影响力的区域性物流中心、特色突出的商品展示交易中心、高效便捷的航运服务中心和产业聚集的临港产业集群，在政策功能运用、产业转型发展和先行先试上更好地发挥引领带动作用，为区域经济发展提供有力的政策支撑。

【港航建设】烟台保税港区是真正实现区港一体化运作的海关特殊监管区域，货物下船即可入区，港区内集装箱、散杂货泊位全部享受保税港区政策。烟台港芝罘湾港区港口码头设施条件及集疏运体系完备，拥有2 890米的码头岸线和17米的前沿水深，共有6个集装箱泊位和4个散杂货泊位，保税港区封关区域内的集装箱吞吐能力可达500万标箱以上。共有包括中远海运、京汉、海丰等20余家船公司在烟台港开辟了航线。在保税港区政策带动下，2017年烟台港集团完成货物吞吐量2.88亿吨，集装箱吞吐量270.2万标箱，其中铝矾土、化肥、石油焦、木材等业务在全国各港口中居领先地位。正在加快建设中的西港区是烟台港未来发展的核心港区，建成后港口吞吐能力将达到1 500万标准集装箱。

【产业发展】封关运作以来，烟台保税港区依托特殊政策功能，大力发展保税加工、保税物流和保税服务。东区围绕服务港口发展，培育形成了汽车和手机部件加工、仓储物流及跨境电子商务、外贸综合服务等产业；西区依托富士康工业园，培育形成了电子加工产业链和保税物流业态。2017 年，全区实现外贸进出口 120.7 亿美元，在全国 14 个保税港区中位居前列。

在加工制造业方面，西区内富士康集团的鸿富泰、鸿富锦是山东省外贸进出口龙头骨干企业，其全球知名品牌游戏机进出口总值近 70 亿美元，占全球游戏机产量的 60%~80%，已成为全球最大的游戏机生产制造基地。2017 年，富士康任天堂游戏机产量达 1 600万台；液晶面板、夏普手机、照相模组等产品群技术革新效果逐步显现，液晶面板全年增长 45%以上，夏普手机增长 20%以上；小家电产品陆续有空气净化机、吸尘器等新品种量产，产能达到每年 40 万台以上。

在贸易物流方面，外贸综合服务、跨境电子商务、线上线下国际商品展示等新兴业态平台的支撑作用愈发突出。依托森泽等外贸综合服务平台，通过集成物流、通关、结汇、退税、出口信用保险、出口货物融资等一站式服务功能和优势资源，构建外贸 B2B 公共服务网络。该平台已关联服务中小企业 200 多家，外贸带动作用逐步显现。烟台保税港区跨境电子商务产业园已建成跨境电子商务交易平台、跨境电子商务综合服务平台、跨境电子商务集中监管平台三大业务载体，拥有格恩迪、品牌万家、塔菲克母婴网、全球购网上商城、爱活有机超市等一批电子商务网站，并与阿里巴巴“聚划算”网、台湾跨境电子商务产业发展协会签订了战略合作协议。

在招商引资方面，牢固树立“贸易立区、物流兴区”理念，把项目招引作为推动园区高质量发展的重要抓手，实行精准招商选资，在项目招引上持续发力，一批优质的国际贸易、现代物流项目入区落户。先后引进鸿诚奥翔电子商务、西涵国际贸易等一批项目落地，完成合同外资438万美元。

【营商环境】2017 年，烟台保税港区重点推进海关信息化系统配套设施和查验平台建设，“海关特殊监管区域信息化系统”“在途监管系统”“行政车辆卡口管理系统”完成上线试运行，园区货物、车辆监管的信息化、智能化、科学化水平进一步提升。投入专项资金加强区容区貌整治，整合区内厂房资源，加强空间集约利用，有效提升了园区形象。实行对企业零距离服务和限时解决问题工作制度，深入推进“放管服”改革，进一步缩短了区内项目备案手续，提高了服务效率和质量。

【招商部门】烟台保税港区招商引资和企业服务等事项由经贸发展局统一负责，联系电话：0535-6877621、6877611。

洋浦保税港区
YANGPU FREE TRADE PORT ZONE

【概况】海南洋浦保税港区位于海南西北部的洋浦半岛，2007 年 9 月经国务院批准设立，一期 2.3 平方公里于 2008 年 10 月经国务院组织验收通过，目前规划面积为2.258 4 平方公里。洋浦保税港区是我国最南端的保税港区，也是中国特色自由贸易港建设的先行试验区；拥有国家一类对外开放口岸和对越边贸口岸，拥有国家进境粮食指定口岸和进口肉类指定口岸，拥有处于东亚和东南亚国际海运主航线中心的深水良港；将全面融入国家海洋强国、“一带一路”建设，打造中国（海南）—东盟优势产业合作示范区，建设国际粮油物流加工产业园和中国（海南）—东盟椰子产业园。

洋浦保税港区具有保税、物流、加工功能，现有主导产业为粮食加工、椰子加工、冷链物流及大宗物流等。外向型企业可在区内开展保税加工、制造，国际贸易，国际采购、分销和配送，大宗物资的国际分拨和中转，保税展示、交易和仓储，产品及设备的检测、维修、组装等业务。

【经济发展】至 2017 年年底，洋浦保税港区累计实现地区生产总值 175 亿元，实现全口径税收 39.29 亿元，实现进出口货值 10.75 亿美元，完成集装箱吞吐量 232.79 万标箱，完成固定资产投资 11.05 亿元。

【投资环境】便利的物流运输。洋浦港处于东亚和东南亚国际海运主航线中心，毗邻中国—东盟自由贸易区，距越南、印度尼西亚等东南亚国家只需 1~3 天海运航程。洋浦保税港区与洋浦港实行区港一体、无缝对接，进口货物可直抵厂区。此外，海南全岛已形成“田”字形高速公路网，道路出港区可与海南高速公路联网，并建有环岛高铁，岛内运输通道非常便利。

完善的配套设施。洋浦港区现有 2 个 3.5 万吨级泊位，6 个 5 万吨级泊位，50 万平方米堆场；保税港区内已完成“七通一平”，建有现代化标准厂房约 2.6 万平方米，公共仓库约 2 万平方米，以及标准的查验平台、海关监管仓库和检疫处理区等设施，并在港区外开发区内建有配套的办公楼和蓝领公寓，可满足入驻企业需要。为进一步满足产业发展需要，拟规划建设标准厂房 6 栋（分两期）和外贸仓库 1 座，目前一期标准厂房和外贸仓库已启动建设。

优质的配套服务。一是工商、税务、商务等部门和银行、船代、货代、物流等服务企业在保税港区综合服务楼现场办公，提供“一站式”政务服务，服务便捷；二是设有专门的海关等口岸部门，提供集中报关、预约通关、查验、放行等全天候通关服务；三是港区与银行、通信等服务企业合作，为入区企业提供更加方便快捷的定制服务。

优惠的配套政策。入区企业可享受海南自贸试验区和保税港区的相关优惠政策，以及保税港区专门制定的产业扶持政策。

【招商引资】洋浦保税港区利用区位、港口

及政策优势，结合自身发展实际，重点针对粮食、椰子及冷链物流等产业进行招商，招商工作初现成效。

粮食产业。利用进境粮食指定口岸、粮食配额、保税政策等优势发展粮食产业。内蒙古恒丰集团投资建设的国际粮油物流加工产业园项目已落户，集粮食加工、物流、贸易于一体，连接国际国内粮油主产区与主销区，辐射东南亚及华南腹地。项目一期工程于2018年年底竣工投产。

椰子产业。利用东南亚丰富的椰子资源筹建中国（海南）—东盟椰子产业园，已有6家椰子加工企业和3家椰子贸易企业落户，1个椰子汁加工项目和1个椰果发酵及切果包装项目已投产。

冷链物流产业。利用进口肉类指定口岸、南海渔业资源、东盟进口零关税等优势发展肉类、海产品等冷链物流产业。已落户3家肉类贸易企业，1家海产品贸易企业；建成3 000吨备案冷库，3 000吨海产品冻库，8 000立方葡萄酒恒温库。

【机构设置】设立了洋浦保税港区管理局，为洋浦经济开发区管理委员会直属正处级事业单位，主要负责保税港区的功能开发、招商引资、企业服务、园区管理等工作。

【招商联系】洋浦保税港区管理局竭诚为入区投资企业提供全方位的优质服务。联系电话：0898－28810969，传真：0898－28810948，微信公众号：洋浦保税港区管理局，门户网站：http：//yangpu. hainan. gov. cn/yangpu/bsgq/。

苏州高新技术产业开发区综合保税区
SUZHOU NATIONAL NEW & HI-TECH DISTRICT INTEGRATED FREE TRADE ZONE

【开发建设】 苏州高新技术产业开发区（以下简称苏州高新区）综合保税区位于苏州国家高新区北部，区域规划控制面积 3.51 平方公里，由原高新区出口加工区（2003 年 3 月批准设立）和原高新区保税物流中心（B 型）（2005 年 8 月批准设立）整合形成，2010 年 8 月 10 日由国务院批准设立，同年 11 月 4 日通过国家十部委联合验收，实现封关运作。苏州高新区综合保税区以“信息化围网”手段进行监管，按照功能划分为口岸作业区、保税物流区、保税加工区。

口岸作业区：面积 0.29 平方公里，是整个高新区进出口货物通关和检验检疫的唯一场所，可用于保税货物、一般监管货物、特殊区域间货物及国际快件货物的转关通关。区内建有监管仓库 10 座 9 万平方米，查验场地 1.2 万平方米，停车场 3.6 万平方米，集装箱堆场 4.4 万平方米。

保税物流区：面积 0.52 平方公里，区内重点发展保税仓储业务、国际分拨配送业务及国际贸易。区内建有 12 万平方米现代化仓库，其中恒温仓库 800 平方米，主要用于存储电子元器件、汽车零部件、光伏设备、医疗器械，以及进口食品、酒类等货种。

保税加工区：面积 2.7 平方公里，区内重点发展保税加工、检测维修等业务。区内建有各类厂房面积约 175 万平方米，其中企业自建厂房 113 万平方米，标准厂房 41 万平方米，主要用于加工贸易生产企业的入驻。

另外，综合保税区围网外设有配套工业园 0.59 平方公里，为园区提供生产配套服务；利用紧邻园区的区位优势，为区内企业开展研发、检测、维修等功能拓展业务提供载体支持。

【投资环境】 苏州高新区综合保税区在载体建设上一直坚持高标准、严要求，努力建设具有国内一流载体的综合保税区。截至 2017 年年底，综合保税区（含围网外）共建成各类厂房仓库 244.56 万平方米，其中标准厂房 63.23 万平方米，企业自建厂房 143.62 万平方米，保税仓库 19.71 万平方米，普通仓库 18 万平方米。所有载体的规划设计、环境安全均达到国内一流建设标准，已基本形成设施先进、配套完善、交通便利，集保税加工、保税物流和进出口贸易为一体的综合性功能区域。

高新区报关报检服务中心是现今国内最具规模、通关功能最为齐备的一流区域物流通关平台之一。其将涉及货物通关流程的所有行政和社会服务纳入其中，实现海关、国检、经贸等行政管理部门，海关特殊监管区域管理部门及报关、货代等物流服务企业集中办公，真正实现“一个窗口”对外、“一条龙”服务的一站式通关模式。

【招商引资】截至2017年年底，苏州高新区综合保税区累计入驻各类市场主体234（含围网外），其中工业企业101家，贸易企业61家，物流、金融及其他服务业等72家，累计项目总投资36.43亿美元。2017年，各功能区块招商形势良好，共引进项目10个（含围网外），其中工业项目3个，贸易项目3个，其他服务业4个，新增项目总投资3 005万美元。保税加工区出租率为43.89%，区外配套工业园出租率达97.84%；保税仓库出租率约60%，普通仓库出租率近100%。

高新区综合保税区保税加工项目主要来自欧美、日韩、东南亚和我国台湾地区等地，投资领域主要涉及电子、精密机械、新材料、家用产品、汽车零部件等科技含量较高、附加值较大的产业。电子和精密机械是园区保税加工的两大主导产业。区内的新宁、大田、祥迎等知名物流企业为全国28个省份近2 000家生产企业提供保税物流服务。

【对外贸易】苏州高新区综合保税区利用功能政策和区位优势，依托苏州进口食品（化妆品）集中监管样板及进口食品（化妆品）销售展示中心，大力发展国际贸易，建设专业化国际贸易服务平台，打造集展示、推广、交易、仓储、品鉴、电子商务、融资租赁、配套服务于一体的国际贸易集聚区。

苏州进口食品检验检疫集中监管样板：位于综合保税区东区内，2011年10月获批设立，是江苏省首家进口食品检验检疫监管样板。监管样板建筑面积8 332平方米，设有常温食品存放区、化妆品存放区、恒温仓库，贴标作业区、查验区、留样室等功能区域，通过一站式通关查验，改变传统进口食品检验监管模式，优化流程，提高效率，通关时限较以往提速3~5天，同时通过电子监控、溯源管理（二维码）、风险预警、分批核销等信息化的管理系统有效地保证进口食品的质量安全。面对通关一体化政策的变化，苏州进口食品检验检疫集中监管样板正努力依托中欧班列、跨进电子商务等渠道，开拓更多的业务模式，不断将国外优质产品进口至国内消费，进一步丰富进口产品种类，满足苏州及周边城市居民消费需求。

进口巴氏杀菌奶检验检疫监管样板：2014年3月，依托进口食品检验检疫监管样板优势，以综合保税区为进口口岸，开通了全省首家“进口鲜奶快速通道”，实现了江苏省内鲜奶进口业务零的突破，使综合保税区成为继青岛保税港区之后全国进口鲜奶的第二个口岸。2017年，从澳大利亚进口巴氏杀菌奶鲜奶50批次68.60万升，货值233.52万澳元，进口量占全国50%。

进口肉类指定口岸和进口冰鲜水产品口岸：苏州高新区综合保税区依托区域产业基础、市场需求，充分发挥和利用区位交通优势、监管资源优势、载体优势，分别于2015年和2016年申报建设进口肉类指定口岸及进口冰鲜水产品口岸。2017年，综合保税区总计进口冻肉695批次1.58万吨，货值3 229.38万美元；进口冰鲜熟火腿15批次4 679.96千克，货值2.9万欧元，进口量位列全省第二。

苏州高新区进口食品（化妆品）销售展示中心：面积5 000平方米，致力于打造长三角地区最具特色的进口商品销售展示中心，2014年被江苏省商务厅评选为省进口商品交易中心之一。中心经过6年的发展，交易商品已涵盖进口葡萄酒、牛奶、奶粉、蜂蜜等各类商品，凭借优惠的扶持政策、高效的食品检验通关效率，吸引了屈臣氏酒业、澳洲鲜奶进口商伯隆贸易等十多家知名贸易企业入驻。

【经济发展】2017年，苏州高新区综合保税区实现规模以上工业总产值624.70亿元，同比增长 2.5%；完成固定资产投资 9.32 亿元，其中工业固定资产投入 8.65 亿元；实现监管货值 667.92 亿美元，同比增长 17.3%；实现进出口总值 186.31 亿美元，同比增长 35.9%，其中出口 122.52 亿美元，同比增长 31.6%。

截至 2017 年年底，苏州高新区综合保税区累计完成规模以上工业总产值4 099.35 亿元，完成固定资产投资 198.12 亿元；累计实现进出口总值1 301.24 亿美元，其中出口 869.76 亿美元。

【物流通路】苏州高新区综合保税区充分利用和发挥产业基础优势、区位交通优势、综合保税区口岸功能优势和监管资源，于 2012 年启动苏州至欧洲等地区的国际铁路货运班列项目。经过 6 年时间的发展，中欧班列（苏州）由“苏满欧”单线单向发展成为“苏满欧”“苏满俄”“苏新亚”“苏连欧”四线、进出口双向，初步形成了集中欧、中亚、中俄进出口班列为一体的国际铁路货运班列平台，为苏州地区乃至苏南地区企业的产品出口至欧洲、中亚地区，开辟了一条安全、高效、便捷的物流通道。近年来，中欧班列（苏州）受到苏州及华东地区大量生产企业的青睐和认可，成为江苏省、苏州市贯彻落实“一带一路”倡议，全面推动丝绸之路经济带建设的重要国际物流干线大通道。

苏满欧（苏州—满洲里—波兰）：班列以综合保税区监管场站为起点，纵贯华东、华北、东北，经内蒙古自治区满洲里出境，横跨俄罗斯、白俄罗斯全境，最终到达波兰华沙，出口班列最短用时 12 天，进口班列最短用时 14 天。相较其他地区中欧班列线路，“苏满欧”途经国家少，关务过境环节便捷，单据要求简单，出境环境更稳定，运输实效性有较强保障。

苏满俄（苏州—满洲里—俄罗斯）：出口班列于 2015 年实现常态化运行，经内蒙古自治区满洲里口岸出境，最终到达俄罗斯莫斯科，最短用时 12 天。途中可根据需要停靠俄罗斯伊尔库茨克、新西伯利亚、叶卡捷琳堡、布良斯克等主要站点。

苏新亚（苏州—新疆—中亚各国）：出口班列于 2015 年 7 月 10 日实现常态化运行，经新疆维吾尔自治区阿拉山口、霍尔果斯口岸出境，最终到达乌兹别克斯坦塔什干，出口班列最短用时 10 天。可根据需要发往哈萨克斯坦、吉尔吉斯斯坦、塔吉克斯坦、乌兹别克斯坦等其他中亚国家主要城市。

2017 年全年，中欧班列（苏州）共发运出口班列 150 列，货值达 14.22 亿美元，同比分别增长 26%、48%。其中，开行“苏满欧”出口班列 116 列，搭载集装箱5 288 个（40 尺），货重 6.36 万吨，货值 10.57 亿美元；“苏满欧”进口集装箱2 776个（40 尺），货重 2.56 万吨，货值 1.244 亿美元。2017 年，中欧班列（苏州）整体发运量居全国前列，单箱货值居全国第二。自常态化运行以来，累计开行“苏满欧”出口班列 359 列，发运集装箱16 328个（40 尺），货重 18.08 万吨，货值 31.36 亿美元。

【业务拓展】根据苏州跨境电子商务综合试验区实施方案和工作思路，苏州高新区跨境电子商务发展坚持政府主导与市场化运作相结合，与知名电子商务企业开展战略合作，促进管理规范化、贸易便利化、通关信息化，创新发展促进外贸增长转型升级新业务模式。

2017 年，苏州高新区综合保税区大力发展跨境电子商务 B2B 出口业务，积极与苏州市“单一窗口”对接，进行出口业务测试。6 月，海贸通与敦煌网成功合作完成了首批 B2B 出口业务。2017 年，完成跨境电子商务 B2B 出口业务 299.064 吨，出口金额 603.48 万美元，出口品类为摩托车配件、汽车配件和电脑配件等，主要出口至阿联酋和荷兰。

【发展趋势】苏州高新区综合保税区作为高新区七大服务业载体之一——现代物流及国际贸易服务集聚区，承载区域加工贸易向服务贸易转型的重任。为此，苏州高新区综合保税区将围绕建设全国一流综合保税区的发展目标，积极构建“两个平台，两个中心”。一是大力构建国际联运口岸平台，完成枢纽和通路建设；二是深化拓展贸易促进平台，建立协同机制，促进功能创新；三是集中建设国际分拨中心，完善服务体系，优化通关效率；四是重点培育国际贸易（技术）服务中心，拓展产业类型，促进产业升级。

【机构设置】2012 年 6 月，经苏州高新区管委会批准，正式设立“苏州高新技术产业开发区综合保税区管理办公室”，作为苏州高新区管委会的派出机构，行使对综合保税区的行政管理权。苏州高新区综合保税区管理办公室下设行政管理部、计划财务部、经济发展部、开发建设部、综合管理部 5 个工作部门。为了更好地推进综合保税区的开发建设，设立苏州高新区出口加工区投资开发有限公司、苏州高新区保税中心有限公司，负责综合保税区的土地开发、基础设施建设、标准厂房仓库租赁、物流仓储经营等事宜。

【招商部门】经济发展部。联系人：徐玉、谢旭东，联系电话：0512 - 68018661、66161302，传真：0512 - 66161303，电子邮件：xu. y @ snd. gov. cn、xie. xd @ snd. gov. cn，门户网站：http：//www. snd-iftz. com。

苏州工业园区综合保税区
SUZHOU INDUSTRIAL PARK INTEGRATED FREE TRADE ZONE

【开发建设】苏州工业园区综合保税区规划面积 5. 28 平方公里，分为东、西两个围网区，是在原监管点、出口加工区和保税物流中心 B 型基础上整合而成，2007 年 8 月 28 日通过海关总署等国家九部委的联合验收，2008 年 1 月 15 日正式封关运作。

【投资环境】苏州工业园区位于长三角腹地，是上海向内陆地区货物疏散和补给的枢纽，海、陆、空运输条件优越。沪宁高速公路、铁路贯穿东西，苏嘉杭高速直通南北，两小时车程内可达上海浦东和虹桥机场、杭州萧山机场、南京禄口机场。沿长江有太仓港、张家港等诸多支线港口作为上海、宁波港的补充，企业货物出口可供选择的口岸多、运费低。

园区高度重视环境载体建设。已建成各类保税仓库 40 万平方米、厂房约 170 万平方米，区外周边建成非保税仓库 60 万平方米、商业和办公设施 60 万平方米。已初步形成设施先进、配套完善、交通便利，集保税加工、保税物流和进出口贸易为一体的综合性功能区域。苏州工业园区东大门的城市建筑形态初显雏形，为区域进一步发展创造了新的增长点。

【招商引资】2017 年，园区充分依托一般纳税人资格和贸易多元化试点等政策优势，以及区域各类综合口岸平台，加大招商引资力度，全力推进重点项目引进。当年新增注册企业 22 家，其中贸易企业 16 家，仓储物流企业 1 家，生产企业 4 家，其他类型企业 1 家，进一步丰富了区域的业务形态，有效推进了国际商贸产业的集聚。

【经济发展】2017 年，园区紧密围绕高端制造、金融贸易、公共平台和仓储物流四大体系建设目标，全力推进各项功能政策试点、口岸平台建设及重点项目招商等工作，持续深化转型升级，推进区域功能提升。当年，园区共完成进出口额 221. 24 亿美元，排在全国第五位，其中贸易物流进出口额占比超过加工制造的占比 28. 55 个百分点，从 2012 年的 44. 07%提高到现在的 67. 45%，产业结构不断优化，转型升级成效显著；实现监管货值 1 058 . 06 亿美元，完成监管货运量 252. 22 万吨，受理报关单证 86. 28 万份，实现海关入库税额 40. 31 亿元；离岸、境内及跨境转口贸易结算业务发展顺利，共完成结算额 34. 96 亿美元。总体来看，园区经济发展势头良好，主要工作取得重要进展，发展后劲持续增强。

【信息化建设】2017 年，园区跨境电子商务线上综合服务平台功能持续完善，建成跨境 B2B 出口业务申报系统，开通 App 手机端，能为跨境电子商务企业、个人提供更为便利的通关物流、信息查询等服务。线上综合服务平台共吸引 200 余家跨境电子商务企业备案使用，充分为苏州跨境电子商务上下游企业服务。外汇监测服务系统进一步推广，V3. 0 版增至 70 种贸易规则，实现所有贸易规则自动核查功能，增加更多外汇统计监测分析功能。一般纳税人资格试点管理系统、国检辅助系统对接 ECIQ、综合保税区口岸作业区升级改造运作顺利，为打造高效率、便捷化、低成本的国际商贸物流体系保驾护航。

【政策创新】2017 年，园区积极开展企业增值税一般纳税人资格试点，成效显著。截至 2017 年年底，已试点企业 17 家，其中生产型企业 9 家，贸易型企业 8 家。贸易多元化试点与贸易功能区建设稳步推进，截至 2017 年年底，已累计入驻企业 84 家。2017 年度重点任务完成情况良好，与海关、检验检疫等部门合作的 12 项涉及跨境电子商务、通关便利化改革等园区开放创新综合试验重点任务全部完成。

【功能平台】2017 年，园区各类口岸平台建设和运营顺利，发展质量和综合运营效益逐步提升。

园区药品口岸运作顺利，规模逐渐发展，2017 年参加运作企业增至 33 家，累计通关 261 票。进出口食品指定监管场所累计操作1 100票，参与运作企业 60 余家。

吴淞江综合物流园（苏州工业园区港）建设项目持续推进，码头、堆场已完成验收并投入使用，已开展内贸“水水中转”支线业务、堆场暂落箱业务及散件杂货业务，并已开通园区港至上海港内贸航线。

【招商部门】产业发展局（招商局）。联系电话：0512－62878525，电子邮箱：zyx@sipac. gov. cn。

上海浦东机场综合保税区
SHANGHAI PUDONG AIRPORT FREE TRADE ZONE

【概况】 上海浦东机场综合保税区于2009年7月3日由国务院正式批准设立，规划面积3.59平方公里。2010年4月2日开始一期1.60平方公里的封关运作，2011年12月28日完成二期1.99平方公里的封关验收，实现园区3.59平方公里整体封关运作。园区四至范围为：东至机场三跑道停机坪，南至纬7路，西至南北大道东侧道路红线，北至纬0路。

2017年，浦东机场综合保税区围绕自贸试验区建设总体目标，积极探索建设高水平自由贸易港，深入推进符合企业需求的制度创新，充分发挥各项功能创新的集成效应，不断巩固区域现有的功能板块，区域经济保持快速增长态势。据统计，2017年浦东机场综合保税区新设企业43家；投资企业完成经营总收入140.55亿元，比2016年增长49.2%；进出口总额为490.47亿元，同比增长16.5%；税务部门税收为20.74亿元，同比增长45.3%。

【开发建设】 目前，浦东机场综合保税区园区道路、河道、市政管线、监管设施、信息系统等配套设施建设进一步完善，园区道路长度14.7公里，公共绿地面积5.6万平方米，泵站1座，西货区和仓储作业区均已开展业务活动。2017年，浦东机场综合保税区重点项目上海浦东机场综合保税区公共服务中心（二期）进展顺利，完成固定资产投资额0.73亿元，截至2017年年底累计已完成固定资产投资额66亿元。

【企业设立】 招商引资逐渐趋稳。2017年浦东机场综合保税区继续深化功能拓展，努力优化营商环境，不断完善企业服务，新设企业数和投资额逐渐趋稳。据统计，全年机场综合保税区新设企业43家，吸引内资企业注册资本2.39亿元，外商投资额14.9亿美元，其中合同外资6.9亿美元。

从企业投资来看，2017年浦东机场综合保税区新设内资企业34家，占新设企业总数的79.1%，内资企业注册资本2.4亿元。新设外资企业9家，占新设企业总数的20.9%；外商投资额14.9亿美元，其中合同外资6.9亿美元。

从行业分布来看，新设物流企业数逆势上扬。2017年浦东机场综合保税区新设企业中，租赁类企业13家，占新设企业总数的30.2%；物流类企业11家，增长22.2%，占比为25.6%；服务类企业11家，占比为25.6%；贸易类企业7家，占比为16.3%。

从企业存量来看，截至2017年年底，机场综合保税区现有注册企业1 083家，累计注册资本1 168亿元。其中，内资企业823家，占企业总数的76%；外资企业260家，占企业总数的24%。从行业来看，租赁和商业服务类企业592家，占企业总数的54.7%；贸易类企业296家，占比为27.3%；物流类企业113家，占比为10.4%；其他类企业82家。

【国际贸易】 2017 年，机场综合保税区继续深化海关、检验检疫等部门创新政策的落地和叠加运用，通过试点运作向常态化运作、小规模发展向集聚化发展的转变，发挥各项功能创新的集成效应，全力推动进出口额较快增长。据统计，2017 年机场综合保税区投资企业完成进出口总额 490. 47 亿元，比 2016 年增长 16. 5%。

物流货物占主要比重。从贸易方式上看，2017 年机场综合保税区物流货物进出口额占主要比重，完成 473. 56 亿元，比 2016 年增长 16. 8%，占区内进出口额的 96. 7%；加工贸易和一般贸易分别完成进出口额 8. 43 亿元和 7. 60 亿元，合计占比为 3. 3%。

进出口额超 10 亿元的企业平均增速超过 40%。据统计，2017 年机场综合保税区直接开展进出口业务的投资企业有 64 家。进出口额超过 10 亿元的企业有 11 家，合计完成进出口额 398. 26 亿元，同比增长 46. 8%，占区内进出口额的 81. 2%。

进口额快速增长。据统计，2017 年机场综合保税区完成进口额 292. 64 亿元，比 2016 年增长 22. 3%，占区内进出口额的 59. 7%。从欧、美进口额所占比重超过七成。全年机场综合保税区从欧洲进口 117. 35 亿元，比 2016 年增长 36. 3%，占比为 40. 1%，所占比重比 2016 年提高 4. 1 个百分点。其中，主要是从法国进口 44. 95 亿元，增长 61. 1%；从德国进口 39. 55 亿元，增长 19. 1%。从北美洲进口 94. 95 亿元，增长 23. 3%，占区内进口额的 32. 4%，主要是从美国进口 94. 23 亿元，增长 23. 2%。从亚洲进口 68. 87 亿元，增长 5. 4%，占比为 23. 5%。进口额超过 10 亿元的六大类商品占比超过九成，航空器等运输设备、机电、音像设备类产品、化工制品类、纺织品、光学计量医疗仪器设备和贱金属及其制品进口额均超过 10 亿元。

出口贸易持续增长。据统计，2017 年机场综合保税区完成出口额 197. 83 亿元，同比增长 8. 9%，占区内进出口额的 40. 3%。超过七成的出口商品的目的地是亚洲，机场综合保税区全年向亚洲国家和地区出口额达 144. 67 亿元，同比增长 17. 4%，占机场综合保税区出口额的 73. 1%，其中主要是向我国香港地区出口 92. 94 亿元，向新加坡出口 22. 02 亿元。同期，向欧洲出口 33. 71 亿元，向北美洲出口 14. 47 亿元，向大洋洲出口 4. 14 亿元。向上述四大洲出口额合计占区内出口额的 99. 6%。

【产业发展】 随着新设企业陆续投入经营，企业创新试点向常态化运作转化，小规模运作发展为规模化运作，租赁服务、航运物流、现代商贸等业务加快发展，机场综合保税区企业经营收入继续保持快速增长。据统计，2017 年机场综合保税区投资企业完成经营总收入 140. 55 亿元，比 2016 年增长 49. 2%。

租赁服务收入是经营收入的主体。随着机场租赁服务业务创新模式的成熟运作及租赁扶持政策的突破与落实，机场租赁企业进一步集聚发展，运作规模不断扩大，租赁企业服务收入继续保持快速增长，是机场综合保税区企业经营收入完成的主体。全年租赁类企业完成服务收入达到 92. 96 亿元，比 2016 年增长 64. 3%，占机场综合保税区经营总收入的 66. 1%。

航运物流服务收入较快增长。随着货物状态分类监管等创新试点的深化及区域营商环境的进一步优化，航运物流业务保持较快发展。全年航运物流企业完成服务收入 59. 99 元，比 2016 年增长 51. 0%，占机场综合保税区经营总收入的 42. 7%。

贸易企业的销售规模继续扩大。全年完成商品销售收入 6. 87 亿元，比 2016 年增长 35. 2%。

【功能培育】 贸易新型业态持续推进。一是跨境电子商务多元发展。浦东机场综合保税区跨境通集中查验场所继续沿用；引进顺丰跨境直通车等项目；东航物流的直购进口模式运作良好，目前已占上海进口单量的一半以上。二是国药销售规模扩大。继续推进国药进口医疗器械国内分拨销售业务的试点。

临空服务产业功能稳步发展。一是航空维修业稳步发展。在海关、税务等部门的支持下，波音维修国内飞机业务已经顺利开展。同时，区内航空维修业务规模进一步扩展。二是继续推动当日快速进出模式发展。积极协调解决原产地证明开具、查验与报检、保税与非保货物操作等企业诉求，推动浦东机场综合保税区快速转运分拨平台建设。

贸易便利化水平进一步提升。一是深化货物状态分类监管运作。进一步深化货物状态分类监管试点工作，鼓励已通过验收的企业积极开展业务，及时跟踪掌握试点企业运作情况。目前已有山特维克、鼎隆、盟天、中远、乔达、国药6家企业参与货物状态分类监管试点，其中5家公司已实质性开展货物状态分类监管业务操作，业务规模不断扩大。二是推进保税展示交易功能拓展。通过叠加应用“保税展示交易”“先进区、后报关报检”等各项监管创新制度，机场综合保税区实现了展示商品安全、高效、便捷通关，上海西岸艺术品保税发展公司顺利完成了多次艺术品保税展示活动，推动区域保税展示交易功能进一步拓展。

【发展效益】 浦东机场综合保税区在租赁业务快速发展的拉动下，税收产出效益持续快速增长。据统计，2017年机场综合保税区完成税务部门税收20.74亿元，比2016年增长45.3%。从税种来看：企业所得税突破10亿元，完成11.32亿元，保持领先增值税的势头，增长54.6%，占机场综合保税区税务部门税收绝对额的54.6%、增量的61.9%；增值税完成8.09亿元，增长45.7%，占机场综合保税区税务部门税收绝对额的39.0%、增量的39.3%。此外，个人所得税完成9 069万元，增长14.8%；印花税完成2 776万元，增长10.3%。

【招商部门】 上海浦东机场综合保税区由中国（上海）自由贸易试验区管委会保税区管理局统一管理。联系电话：021-58698500。

昆山综合保税区
KUNSHAN FREE TRADE ZONE

【开发建设】 2000年4月，国务院批准设立全国第一个出口加工区——昆山出口加工区，规划面积2.86平方公里，同年10月正式封关运作。2006年12月经国务院批准，昆山出口加工区拓展保税物流功能和开展研发、检测、维修业务试点，成为全国首批拓展功能的7个出口加工区之一。2009年12月，国务院批准在昆山出口加工区基础上设立昆山综合保税区，规划面积5.86平方公里。2012年12月，昆山综合保税区通过国家验收并封关运作。

【投资环境】 昆山综合保税区坚持把产业优化升级作为首要目标，主动推进和培养国际化营商环境，为企业打造良好的运行环境。全区已形成电子信息、光电、精密机械和保税物流四大主导产业。昆山综合保税区管理局联合海关、财政、税务等部门合力打造高效率的综合服务平台，为区内企业营造了开放、便利、高效、透明的投资环境。

【招商引资】 截至2017年年底，园区项目投资总额36.73亿美元；项目注册资本17.14亿美元；项目实际利用资本15.12亿美元，其中外资项目13.06亿美元，内资项目2.06亿美元。区内已投产企业119个，其中工业企业66个，物流企业45个，其他贸易服务类企业8个。

【对外贸易】 昆山综合保税区主动融入对接上海自贸试验区和“一带一路”建设，主动适应和引领经济发展新常态，探索更高水平的对外开放和更深层次的改革创新。通过积极培育区域发展新动能，促进特殊区域产业的转型升级，昆山综合保税区已成为昆山市开放型经济发展新高地。2017年，昆山综合保税区完成进出口总额484.36亿美元，同比增加18.79%。其中，出口339.79亿美元，同比增加23.83%；进口144.57亿美元，同比增加8.43%。同期，保税出入库总额771.22亿美元，同比增长0.4%。其中，入库389.9亿美元，同比增长7.98%；出库381.32亿美元，同比下降6.33%。

【经济发展】 2017年，昆山综合保税区经济发展保持了稳定良好的态势，产业转型步伐不断加快。企业产品从设立之初的小笔记本电脑、掌上电脑、导航仪和低附加值的卡片式数码相机发展到现在的笔记本电脑、平板电脑、智能手机等高附加值电子产品。区内产业从简单的OEM（代加工）向设计、研发，物流配送、分拨，检测、维修、售后服务转型发展。区域经济发展水平总体平衡，经济结构持续优化，发展动能逐步由新政策、新功能、新产业引领带动。昆山综合保税区着力引进高水平重大项目、龙头项目和高端产业链配套项目，积极培育高端化、高质化、高新化的产业体系，区域综合经济发展实力不断增强。同时，积极推动企业加大技改项目投入、实现产线升级，形成经济发展新动能。当年，昆山综合保税区实现工业总产值2 903.44亿元，同比增加24.12%；

实现物流营业收入 9.53 亿元，同比增长 17.38%；实现工商税收 8.54 亿元，同比下降 19.67%；实现内销收入 16.78 亿元，同比增长 392.89%。

【增值税一般纳税人试点工作】 增值税一般纳税人试点工作是综合保税区政策功能的重大突破，也是昆山综合保税区转型升级的良好契机。自试点获批以来，昆山综合保税区在力推政策落地的同时，充分梳理试点模式，进一步提升企业竞争力，推动区域经济增长。截至 2017 年 12 月 31 日，昆山综合保税区共有 16 家企业参加试点，其中 12 家正式试点运作，另有 4 家系统申请办理中。根据海关统计，非保税账册进区货值达 57.56 亿元，非保税账册出区货值 39.20 亿元；保税账册进口额为 13.55 亿美元，保税账册出口额为 20.69 亿美元。国税增值税发票开票金额为 17.03 亿元，税额为 2.87 亿元。

【企业服务】 昆山综合保税区稳步开展诚信、高效服务，深入走访区内企业，及时协调和处理企业在营运过程中出现的各类问题。一方面，通过电话沟通、网上交流等形式，及时了解企业的生产经营状况，帮助企业解决发展中遇到的瓶颈难题，推进企业平稳健康发展。另一方面，通过推进纵向到底、横向到边全覆盖和网格化的服务网络和完整的服务链，确保企业日常生产运行顺畅。此外，密切关注重点项目建设，切实抓好龙头企业增资、技术改造项目建设，强化精准企业服务特色品牌。

【安全生产】 昆山综合保税区深入贯彻落实安全生产工作部署和精神，认真实施安全生产法律法规，建立了有效的安全生产管理体系和运行机制，为保障经济发展、维护社会稳定和人民群众生命财产安全营造了良好的外部环境。

【发展趋势】 结合保税区功能特色、转型升级发展方向等综合因素，昆山综合保税区将不断发挥功能优势、产业优势、政策优势，做强现代制造业、做大货物贸易业、做优现代物流业、做精服务贸易业，着力打造“三大基地、三大平台”（三大基地为电子信息产业全球主要加工制造基地，服务昆山辐射华东的保税物流基地，连接国际、国内两个市场的进出口商品交易基地。三大平台为引进、消化、吸收再创新的研发实验平台，对制造业、贸易业提供全方位服务的服务贸易平台，简便、快速通关的口岸服务平台）。下一步，昆山综合保税区将以发展加工制造中心、贸易销售中心、交易结算中心、物流配送中心、维修服务中心和研发设计中心“六大中心”为方向，不断延伸电子信息产业链，提升电子信息产品附加值。

【机构设置】 昆山综合保税区管理局为昆山经济技术开发区工委、管委会的内设机构，设有办公室、投资促进科、贸易发展科、经济管理科、区域管理科 5 个内设科室，主要负责区内发展规划、投资洽谈、招商引资、项目报批、数据分析、企业服务、环境整治、交通治安、信访维稳、安全生产等日常工作。

郑州新郑综合保税区
ZHENGZHOU XINZHENG INTEGRATED BONDED ZONE

【开发建设】2017 年，郑州新郑综合保税区紧紧围绕“建设大枢纽、发展大物流、培育大产业、塑造大都市”发展主线，以“建设大口岸、促进大开放、实现大发展”为目标，以“完善口岸发展平台、拓展口岸服务功能、提高口岸通关效率、探索口岸经济发展”为重点，真抓实干、务实创新，为助推郑州航空港经济综合实验区圆满完成“打基础、成规模”目标任务作出突出贡献。

综合保税区建设有序推进。2017 年，综合保税区（三期）内 9 个项目均按时开工，超额完成既定目标任务。其中，战略新兴产业类项目 8 个，民生、社会事业发展工程 1 个。菜鸟、唯品会、新西兰冷链项目建成后，将重点服务助推跨境电子商务和保税冷链仓储物流的发展。

跨境电子商务实现规模化发展。一是新引进了一批优质电子商务企业，打造跨境电子商务产业链。综合保税区跨境电子商务进出口备案企业已达 338 家，其中进口企业 277 家，出口企业 61 家，已形成较完整的跨境电子商务产业链。尤其是跨境电子商务出口企业，2017 年已先后引进京猫股份、中兴供应链、河南邮政（EMS）、顺丰速运、深圳义丰源、上海驿初等多家支撑型的平台企业，成为综合保税区跨境业务的主力军。二是出口业务特色初步显现。综合保税区在不断拓展跨境进口业务的同时，着力开展跨境出口业务，在全国监管区内率先打造了“9610”跨境出口模式，跨境出口单量占 2017 年全区进出口业务总量的 84.1%，发挥了主力军的作用，超额完成计划任务。开通了郑州—台北、郑州—新西伯利亚—里加（拉脱维亚）的电子商务包机专线。

口岸建设稳步推进。依托机场一类口岸已建成进口肉类、水果、食用水生动物、冰鲜水产品、澳大利亚活牛和国际邮件经转口岸共 6 个功能性口岸，整体运营情况良好。2017 年，进境食用水生动物指定口岸累计进口 2 249 吨，货值 1 075 万美元，同比分别增长 5%、81%；进境冰鲜水产品指定口岸累计进口 683 吨，货值 619 万美元，同比分别增长 98%、86%；进境水果指定口岸累计进口 5 080 吨，货值 2 869 万美元，同比分别增长 24%、下降 19%。水果口岸等功能性口岸业务量的大幅增长，极大地促进了航空物流业迅猛发展，同时完善提升了冷链物流行业的产业链条，丰富发展了多式联运的内容和方式。

融入“一带一路”，着力发展口岸经济。一是探索保税 B2B 业务模式。依托引进的众和供应链公司等企业，利用综合保税区保税功能，从 2016 年 12 月开始，引导、鼓励企业从法国、美国、西班牙、澳大利亚等国进口 4 个批次 5 万余只近万箱红酒，为批量进口红酒打通路径。二是探索分拨配送模式。协助 ZARA 等世界著名服装品牌的服务商——香港丽服公司在综合保税区落地，开展轻奢产品的进出口中转和分拨业务。三是探索保税 O2O 业务模式。配合部分企业在郑州航空港经济综合实验区的空港跨境、世葡国贸中心、中部电子商务产业园、市区的丹尼斯、部分社区商店，开展保税商品线上和线下交易的融合发展，尝试跨境电子商务销售新模式。四是探索进口酒保税 OEM 业务模式。依托深圳禧恒实业有限公司具有的 CCIC（中国检验认证）溯源服务功能和 CIQ（中国出入境检验检疫）快速清关资格，配合企业与海关、国检探索开展无标进口酒的 OEM 业务，增强进口酒的市场竞争力。

全力助推融资租赁业务开展。2017 年 8 月 4 日，国家外汇管理局批复郑州航空港经济综合实验区开展经营性租赁收取外币租金业务，为河南开展飞机租赁产业带来历史性机遇。郑州机场和郑州新郑综合保税区经过多次对接，2017 年 12 月 28 日上午 9 点 30 分，中原航空融资租赁股份有限公司从法国空客公司引进的全新空客 A330 飞机落地郑州新郑国际机场，仅用 30 分钟就顺利完成通关通检工作，标志着郑州航空港经济综合实验区就此拉开飞机保税租赁业务大幕。

【投资环境】 郑州新郑综合保税区位于郑州航空港经济综合实验区内，紧邻郑州新郑国际机场，地理位置优越，交通便利。郑州新郑机场二期已建成投用；郑机、郑焦、郑开城铁与城郊铁路引入机场，高铁南站开工建设，“米”字形高速铁路网正在加快形成；“三纵两横”的高速路网与“三纵一横”的快速路网初步建成——一个联通境内外、辐射东中西的国际立体综合交通枢纽初步呈现。

【经济发展】 在世界经济温和复苏、国内经济稳中向好的背景下，郑州新郑综合保税区审时度势，抓紧机遇，积极招商引资，坚持以开放创新为驱动，持续优化综合保税区产业结构，围绕“放管服”深化改革，释放市场活力，提升经济社会发展动能，持续推动园区外贸进出口的持续增长，2017 年郑州新郑综合保税区外贸进出口排名始终位居全国海关特殊监管区域第一方阵。据海关统计，郑州新郑综合保税区 2017 年累计完成进出口总值约 3 374.5 亿元，与 2016 年同期相比增长 6.74%，占河南省进出口总值的 64.5%。据中国保税区出口加工区协会统计，2017 年郑州新郑综合保税区外贸进出口总值在全国海关特殊监管区域中排名第二，在全国综合保税区中排名第一。

【发展趋势】 2018 年，郑州新郑综合保税区将深入贯彻党的十九大精神，牢固树立“推动形成全面开放新格局”新理念，积极融入国家“一带一路”建设，紧紧围绕河南自贸试验区建设和跨境电子商务综试区建设，以增强口岸经济发展能力为核心，以完善口岸基础设施建设为重点，以扩大口岸对外开放范围为突破口，着力提升建设现代立体交通体系和现代物流体系的口岸服务保障能力，进一步加快口岸、海关特殊监管区域、“单一窗口”等载体平台建设，扩大口岸对外开放，提升口岸通关便利化水平，为航空港实验区经济社会发展提供强有力支撑。一是功能口岸体系不断完善，形成具有核心竞争力内陆口岸体系；二是加快推进智慧口岸建设，打造更加安全快捷的通关环境；三是突出特色，跨境电子商务进入规模化发展阶段；四是口岸经济规模质量大幅提升。

【机构设置】 郑州新郑综合保税区管委会作为河南省政府派出机构，与郑州航空港经济综合实验区管委会合署办公，实行“一个机构、两块牌子”。管委会下设机构郑州航空港经济综合实验区（郑州新郑综合保税区）口岸业务服务局，负责与省、市各口岸单位的协调配合，承担口岸“大通关”协调服务，拟定口岸发展规划等工作；郑州航空港经济综合实验区（郑州新郑综合保税区）综合保税区园区事务服务局，负责综合保税区的日常管理、综合保税区公共区域基础设施的规划建设协调和管理维护、综合保税区内企业服务等工作。

【招商部门】郑州新郑综合保税区企业入驻、相关政策咨询联系人：李纪昉，联系电话：0371－86196688，电子邮箱：teo222@163.com。

淮安综合保税区
HUAIAN FREE TRADE ZONE

【开发建设】 淮安综合保税区于 2012 年 7 月 19 日经国务院批准设立，是在原出口加工区基础上转型升级而成的综合保税区，网内面积 4.92 平方公里，网外配套区域约 10 平方公里，呈“一区两片”格局。其中，南区紧邻京沪高速出入口及规划中的淮安高铁站，具有陆运的优势；北区紧邻机场，是江苏省唯一的“空港保税区”。2013 年 1 月 30 日，综合保税区一期（2.63 平方公里）通过国家十部委组成的联合验收组的正式验收，2013 年国庆期间由出口加工区监管模式切换为综合保税区监管模式，标志着综合保税区一期正式封关运作。

淮安综合保税区具有保税加工、保税物流、货物贸易、口岸通关、进口商品展示展销等功能和进境保税、入区退税、区港直通、集中申报、快速中转等优惠政策，对淮安市乃至苏北地区外向型经济发展起到重要的政策服务、大项目聚集和国际化平台作用。

【经济发展】 截至 2017 年年底，淮安综合保税区累计实现注册外资 27.75 亿美元，完成工业总产值 4 768.84 亿元、销售收入 4 731.24亿元、工商税收 5.73 亿元、海关税收 12.56 亿元、进出口总额 328.35 亿元、进出区总值 159.1 亿美元，创造就业岗位近 4 万个。2017 年，园区实现进出口总额 90.29 亿元、工业总产值 804 亿元、工业开票 124.2 亿元、工业用电量 36 126 万千瓦时、一般公共预算收入 6 328.61 万元、工商税收 0.7 亿元，海关税收 2.52 亿元，在全国海关特殊监管区域中发展质态相对较好，在苏中、苏北暂时领先。

【招商引资】 2017 年，淮安综合保税区新批外资项目 5 个，完成协议注册外资 12.45 亿美元，实际到账 952.24 万美元，开工项目外资到账 850.1 万美元，招引亿元以上内资项目 7 个。

【产业建设】 淮安综合保税区集聚了富士康、臻鼎科技、新国纺织、淮澳融创等世界 500 强及知名企业 90 余家，全市及周边有 300 多家相关企业利用综合保税区平台开展业务，已形成以精密模具、电子接插件、印刷电路板等产品生产为主，以保税物流功能配套为辅的高科技出口加工基地，对周边地区产生了一定的辐射带动和示范作用，是江苏省新型电子元器件高技术特色产业基地、江苏省新型工业化产业示范基地和江苏省电子信息产业链国际合作示范区。

【配套建设】 截至 2017 年年底，淮安综合保税区内建成 8 万平方米标准厂房、2 万平方米监管仓库、4 万平方米保税仓库，以及设施完善、功能齐备的口岸作业平台、跨境电子商务平台等。

【发展趋势】 未来，淮安综合保税区将立足淮安，辐射苏北，实现一个目标，即“江北争第一、全国创一流”；建成两个基地，即全国重要的电子信息制造业基地和新三产业现代服务业基地；丰富三大业态，即以 IT 产业为基础的高端先进制造业，以口岸作业区为基础的国际物流业，以保税专业市场为依托的国际贸易业；打造四大中心，即保税加工中心、物流配送中心、展示展览中心和贸易销售中心；凸显五大特色板块，即加工制造、保税物流、电子商务、专业市场、商务配套。同时，进一步完善综合保税区功能政策，建成以网内为龙头、网外为配套，覆盖全市、辐射周边、设施完善、功能齐备、政策优惠、服务高效、充满活力和特色的重要经济区域。

海口综合保税区
HAIKOU FREE TRADE ZONE

【**概况**】2017年以来，海口综合保税区围绕“一江两‘岸’，东西双港驱动，南北协调发展”举措，主动适应外部经济发展的新常态，充分利用内部各种积极因素，努力推进招商引资、项目建设，深入推进供给侧结构性改革，克服经济下行不利因素的影响，确保了园区企业生产正常运行并稳步发展，并按年初预定的目标完成各项工作。

【**经济发展**】2017年，海口综合保税区（含原保税区）坚定不移地贯彻新发展理念，以复制自贸试验区改革试点经验为抓手，坚持发展质量和效益并重，探索发展跨境电子商务、离岸金融等创新业态，大力抓好招商引资、项目建设和环境优化等工作。当年，园区营业总收入首次突破700亿大关，达到773.14亿元，同比增长10.55%；实现税收17.15亿元，同比增长57.36%；关税为4亿元，同比增长120.9%；完成进出口总值48 905.04万美元，同比增长10.18%，其中出口值27 707.7万美元，同比增长161.42%；实现工业总产值116.25亿元，同比下降12.52%。

【**投资环境**】优化园区环境，增强园区吸引力。一是继续深化行政审批改革，出台综合保税区“放管服”极简审批方案。二是完善园区基础设施，抓好园区水、电、路、厂房等基础设施建设，完成新区经三路、经八路、原保税区北大门雕塑“环圆”建设，商务中心主体工程完工进入装修阶段；强力推进园区“净化、绿化、彩化、亮化、美化”五化建设；积极协调老城开发区为综合保税区内企业员工解决公租房事宜。

加强园区环境保护，狠抓综合治理、维稳，确保园区安全生产。坚决贯彻绿色发展理念，全力支持配合中央环保督察，完成新老园区突发环境应急预案编制，并建立环境保护长效机制。建立健全综合治理、维稳和安全生产长效机制，严格执行重要节假日领导带班值守和保安全年24小时值班制度，积极开展普法禁毒宣传、园区管理执法、施工工地管理等各项工作，扎实推进平安园区、平安企业创建，确保园区和谐稳定，无重大刑事案件、事故发生。

【**招商引资**】海口综合保税区始终坚持把招商引资、项目建设作为发展的第一抓手。2017年完成固定资产投资额15.15亿元（主要为实体经济项目）；园区新增注册企业133家（其中约10%为外资企业），是2016年注册数的2.4倍。

一是强化招商引资。主动对接加强“敲门”招商，精细化筹划节会平台招商，共接待国内外客商团队500多人次，参加各类招商展会16场次，签约项目20个。钻石珠宝加工方面，引进印度KARP、比利时塔斯钻石加工及“款多多”钻石饰品供应链平台等项目，打造以裸钻进口、钻石珠宝加工、展示交易业务为主的钻石珠宝加工产业园。出口加工方面，引进药物研发、化妆品出口等项目，同时依托本地资源，引进山药出口、椰子加工项目，打造农特产品的出口基地。仓储物流方面，引进松之光进口商品集散分拨中心项目、香港金泉运输广告公司的“海南国际冷链物流园”等项目。

二是力促在建项目投入使用。优化服务在建项目，全力促进在建项目建成投产。省重点项目中铁国际冷链中心于9月建成运营，已吸引海南祥泰、海南瑞今澳牛等本地知名企业进驻该中心；沙汀宁制药也已经建成投产，产生效益。

【工业】 汽车制造业产销加速下滑。2017年，汽车产业延续2016年低迷的态势，业绩继续下滑。一汽海马虽然形式上解决了体制问题，但是由于近年来科研投入不足，产品更新换代缓慢，品牌影响力下降，国内市场萎缩，短时间内很难扭转下滑的态势。配件企业除少数企业通过拓展省外市场而保持增长外，大部分企业都下滑明显，个别企业甚至出现了停产。但一汽海马“出口战略”成效显著，成为企业2017年的亮点。全年出口交货值为13.6亿元，同比增长434.6%；出口汽车1.8万辆，同比增长404%。

机电制造业大幅下降。机电制造业全年处于下降状态，行业整体有所萎缩。金盘电气2017年完成产值17.8亿，同比下降5.13%；康宁完成4.71亿，同比下降13.32%。企业生产经营普遍不顺畅或订单减少。机电制造业需要进行产业转型升级，在加快原有项目建设的同时，要积极引进高端装备制造、智能制造、精密仪器仪表和海洋装备制造等产业，为行业提供新的经济增长点和加快新旧动能转化。

生物制药企业逐年外迁导致效益下降。2017年，园区制药企业有24家，完成工业总产值43.98亿元，同比下降2.08%；完成税收5.97亿；从业人数为4 309人。2017年规模以上制药企业有14家，产值在1亿元以上的有10家，5亿元以上的4家，10亿元以上的1家。

【创新业态发展】 海口综合保税区立足海关特殊监管区的功能和政策优势，推出复制自贸试验区试点经验清单，大力发展跨境电子商务等贸易新业态，推动开放型经济优化升级。

一是推进“跨境电子商务综合示范区”建设。全力推进跨境电子商务产业园建设，标准厂房和商务中心已进入装修阶段，即将投入使用。区内跨境电子商务平台于2016年9月正式上线，“双11”“双12”期间交易量达2 228票，取得开门红。出台跨境电子商务扶持政策，吸引海中免、深圳飞象等20多家电子商务企业入驻。积极做好中国（海口）跨境电子商务综合试验区申报工作。

二是推出首批复制自贸试验区改革试点经验清单。园区会同驻区海关等职能部门，深入企业调研，针对企业需求，进一步解放思想，以制度创新为抓手，“大胆试、大胆闯、自主改”，在总结梳理自贸试验区改革试点经验的基础上，结合园区实际推出首批40项复制自贸试验区改革试点经验清单(其中海关、检验检疫部门各13项，工商商事改革6项，简化行政审批8项)，企业投资办事更加便利。

三是积极争取“钻石通关一体化试点政策”延期。试点政策实施以来，已进口成品钻3 820克拉（货值2 212万元），保税转免税首饰入境2 282件（已销售1 023件产品，销售总额337万元），有效推动园区钻石珠宝产业发展，达到预期效果。海关总署于2017年4月批复同意此项政策延长试点期限2年。印度钻石加工企业KARP和比利时“塔斯”入园发展。

四是积极推进“一带一路”自贸驿站建设。2017年5月，园区与青岛前湾保税港区签署合作备忘录，共建“一带一路”自贸驿站，加强在汽车整车进口、大宗商品贸易(橡胶)、出口加工及跨境电子商务等产业的交流与合作，助力双方企业更好地融入“一带一路”建设。12 月，园区成功举办“一带一路”自贸驿站海口双向推介会，来自全国各地综合保税区代表及企业代表 120 多人参会，分别与广西凭祥综合保税区就东南亚水果进口、与青岛前湾保税港区就橡胶贸易达成合作共识。

五是探索开展离岸金融业务。园区作为海南开放程度最高的海关特殊监管区域，正利用自身优势推进开展离岸金融业务并设立离岸金融业务中心。已和具有离岸金融牌照优势的浦发银行总行合作开展业务，该行将在园区设点。此外，与中国进出口银行海南支行签署合作备忘录，主动为区内贸易企业提供多形态的金融服务，强化银企合作。

【发展趋势】2018 年是全面贯彻落实党的十九大会议精神、实施“十三五”规划的重要一年。海口综合保税区将深入研究新常态下经济发展的新方式、新结构、新动力，推进供给侧结构性改革。一是聚焦七大产业，积极开展敲门招商，加大招商引资力度。二是加快在建项目建设进度。三是把跨境电子商务作为园区外贸发展的新业态。四是推进美兰空港综合保税区申报建设。五是推进外贸综合服务平台建设。六是开展离岸金融业务创新。七是紧抓园区经济亮点，加强区域经济合作与交流。

南京综合保税区（江宁）
NANJING FREE TRADE ZONE（JIANGNING）

【概况】 南京综合保税区江宁片区规划面积1.2平方公里，一期封关验收面积为0.855平方公里，二期封关验收0.063平方公里。已落户吉宝通讯、上美塑胶、海格木工、菲尼克斯等50余家企业，已形成先进智能制造业、新一代信息技术产业、现代服务业、国际物流等产业，累计实现进出口总额超过366亿美元。打造了江苏省综合保税区内最大的保税展示交易中心——南京国际商品博览中心，落户40多家外贸企业。总投资超过亿元的吉宝新项目、平板维修中心、爱立信全球综合项目先后签约落户。2017年，南京综合保税区江宁片区实现进出口68.79亿美元，同比增长64.76%。

【招商引资】 项目是综合保税区发展的基石，招商是园区工作的重中之重。在招商引资工作中，聚焦重点方向、整合现有资源，着力招大引强，取得了良好的成绩，在重大项目招商上取得新突破。引进爱立信全球综合项目落户综合保税区江宁片区，该项目集全球维修中心、全球采购中心、全球物流中心等五大中心于一体，项目运行后，外贸将新增10%以上。

【管理与服务】 一是贴身服务切实解决企业难题。定期对区内企业进行走访，积极协调解决好走访中企业所提的相关问题。如协调吉宝大尺寸平板电脑项目的运营投产，菲尼克斯亚太物流（南京）有限公司、中外运新运物流有限公司仓库维修问题。二是坚持安全生产各项工作不松懈。综合保税区高度重视安全生产工作，突出抓好落实部门监管责任和企业主体责任，定期召开安全生产专题会议，部署推进安全生产工作，宣传法律法规和安全知识，对监管重点企业展开拉网式隐患排查，提升安全防范能力。

【二期建设】 由于吉宝通讯、爱立信全球综合项目等一批大体量项目落户发展，一期区域已无法满足发展需要，综合保税区积极开展申请二期0.063平方公里的封关验收，按照海关、国检要求完成了基础设施、软硬件设施的建设，并于顺利通过验收，进一步拓展了江宁片区的发展空间。

【发展趋势】 2018年，综合保税区将加大功能拓展和创新发展，全力推进重点项目建设，积极培育引进新项目新增长点，打造先进制造业，引进高端研发中心，将江宁片区打造成为复制自贸试验区先进经验的先行先导先试区。

多项举措并行，确保外贸稳增长。一是继续服务好区内龙头企业，帮企业解决运营环节上的各类问题，同时积极协调海关等职能部门，保证江宁片区的通关高效。二是继续发挥综合保税区平台作用，优化通关环境，提升影响力，吸引更多的外贸企业进驻。

夯实项目基础，发展现代服务业。加大力度推进在手在谈项目，重点服务区内在建项目的工程推进，继续推动园区企业产业升级和调整。充分利用爱立信项目、DHL 供应链项目落户的契机，发挥企业的集聚效应。

推进深化改革试点。积极推进改革，提升综合保税区的贸易便利化水平。一是推进一般纳税人试点工作，二是推进跨境电子商务综试区申报工作，三是推进贸易便利化改革。

【机构设置】 南京综合保税区管委会（江宁）管理局作为南京综合保税区江宁片区的职能管理部门，承担了日常事务的管理、企业服务、产业发展、招商引资等职责。

【招商部门】 南京综合保税区江宁片区招商工作由管理局经济发展与产业促进部负责。部门负责人：李啸冰，联系电话：025-52724937，电子邮箱：lxb@jndz.cn。

南京综合保税区（龙潭）
NANJING FREE TRADE ZONE（LONGTAN）

【开发建设】南京综合保税区龙潭片区位于南京市栖霞区东部，区域规划控制面积3.83平方公里，由原南京出口加工区（2003年3月批准设立）和原龙潭保税物流中心（B型）（2005年8月批准设立）整合形成，于2012年9月17日由国务院批准设立，2013年10月29日通过国家十部委联合验收，实现封关运作，其中一期封关面积1.12平方公里。此外，南京综合保税区龙潭片区以“信息化围网”手段进行监管，按照功能划分为口岸作业区、保税物流区、保税加工区。

在综合保税区围网外建设完成了7万平方米的跨境电子商务产业园和约3 000平方米的综合保税区商业街，为综合保税区提供生产配套和生活配套服务并利用紧邻园区的区位优势，为区内企业开展研发、检测、维修等功能拓展业务提供载体支持。

【投资环境】南京综合保税区龙潭片区在载体建设上一直坚持高标准、严要求，努力建设具有国内一流载体的综合保税区。截至2017年年底，园区（含围网外）共建成各类厂房、仓库100万平方米，其中保税仓库20万平方米，企业自建仓库、厂房80万平方米，已完成建设及招商工作。所有载体的规划设计、环境安全均达到国内一流建设标准，广泛吸引各类优质企业投资入驻。

综合保税区报关报检服务中心是南京口岸地区最具规模、通关功能最为齐备的一流区域物流通关平台之一。其将涉及货物通关流程的所有行政服务纳入其中，实现海关、国检等行政管理部门，海关特殊监管区域管理部门以及报关、货代等物流服务企业集中办公，真正实现“一个窗口”对外、“一条龙”服务的一站式通关模式。

综合保税区周边规划建设有普通仓库60万平方米，商业办公设施3.7万平方米，园区已初步形成设施先进、配套完善、交通便利，集保税加工、保税物流和进出口贸易为一体的综合性功能区域。

【招商引资】在项目引进方面，综合保税区已累计引进22家物流、贸易和电子商务类企业。其中，整合搬迁物流企业10家，新引进企业33家。2017年当年引进2个项目，跨境电子商务产业园当年新引进跨境电子商务企业11家，预计全年可实现实际到位外资2 000万美元（含非综合保税区区域外资到账）。在项目建设方面，总投资7.2亿元的苏商保税物流中心一期项目已建成；总投资7 800万美元的日本京亚供应链一期项目正在进行外装。在项目洽谈方面，共有近30个重点在谈项目，包括新能源汽车项目、半导体封装测试项目、展示交易中心项目等。

【经济发展】南京综合保税区封关运作以来，利用功能政策和区位优势，依托南京龙潭港，大力发展国际贸易，积极与海关、国检协调，主动做好企业服务工作，进一步拓展业务运作的规模。2017年，实现固定资产投资2.52亿元；实现进出口17.64亿元，其中外贸出口5.36亿元；监管货值43亿美元；实际利用外资2 900万美元。

【业务拓展】平台打造。一是跨境电子商务产业园。一方面，继续做大跨境电子商务监管中心业务规模，新引进了11家电子商务企业在跨境电子商务产业园注册。另一方面，积极推进海运快件中心的筹建工作，主要与海关、国检、消防、邮政等部门多次沟通交流，完成海运快件中心方案设计，并通过海关、国检确认，正在推进建设招投标相关工作。二是进口食品集中监管仓库。进口食品集中监管仓库将由物流基地公司接管，继续为南京及周边地区进口食品安全提供保障。

项目招商。重点围绕下一代汽车、人工智能、集成电路以及货物贸易和服务贸易类项目开展招商，共引进FMC、创新工场、AMINO人工智能研究院及基金、美国PNP全球人工智能加速平台、德国Enfas新能源电池管理系统研发中心、光大融资租赁等15个项目，投资总额约180亿元。其中，FMC新能源汽车项目已开工建设；旷世科技、上海蝉生IC、氪信人工智能及重山贸易等一批公司已投入运营；光大融资租赁等2个项目落户综合保税区，实现了综合保税区融资租赁业务的新突破。

产业发展。一是积极协调有关部门，完成了龙潭综合物流园区申报省级、国家级示范物流园区的工作。目前，省级示范物流园区已获批。二是完成了国家级出口光电显示产品质量安全示范区续延申报工作。三是做好海港枢纽经济区和长江航运物流中心日常工作，紧盯重点项目，做好项目推进。

龙潭新城开发建设。管理局多次牵头召开龙潭新城推进协调会，启动各项准备工作，同时按照合作协议约定，进一步明确各项工作程序。

【发展趋势】园区学习上海外高桥、苏州工业园区综合保税区等先进园区的发展，不断加强内外联动、功能创新、品牌化运作等。下一步将南京综合保税区及配套区作为开发区实现“港产城”融合发展、推进转型升级和“二次创业”的重要功能区，予以重点支持和发展，使南京综合保税区的建设发展走在全国特殊监管区域的前列，成为推进“二次创业”、对接“一带一路”和南京市建设自贸试验区的重要载体平台。

加快外贸发展。强化外贸平台建设，以建设贸易公司集聚地、区域性进出口货物仓储物流分拨配送中心、进出口商品展示交易中心为目标，加快发展进出口贸易，使综合保税区成为南京市发展外贸进出口、对接“一带一路”的重要功能区。

推动功能创新。积极实施货物分类监管等政策，加快发展物流金融、贸易金融、融资租赁、信息服务等产业，积极争取拓展保税电子商务、服务贸易创新等试点，赋予综合保税区更多的政策发展空间。

推进联动发展。借鉴上海、苏州等地的做法，实现综合保税区、港区、综合物流园区、装备制造园区、“水一方”生态休闲旅游区、城市功能区等联动发展。

【机构设置】南京综合保税区管委会下设办公室和龙潭、江宁两个管理局。南京综合保税区（龙潭）管理局为市副局级建制，下设综合服务处、产业发展处和招商处3个处室。2014年3月，根据工作实际需要，又设立了南京综合保税区联合发展有限公司，主要承担载体管理、资产运营等工作。

除综合保税区的建设发展、日常管理工作外，管理局还承担了加工贸易企业服务、龙潭海港枢纽经济区和长江航运物流中心日常工作，龙潭综合物流园企业服务、三江河以东片区招商等工作。综合保税区管理局正由单纯的海关特殊监管区域管理机构向综合性的园区管理服务机构转变。

【招商部门】南京综合保税区（龙潭）管理局招商处招商一科。联系人：戴增涛，联系电话：025－86373770、13912980886、15895876030，地址：南京经济技术开发区宝港路66号，网址：www.njxg.com。

武汉东湖综合保税区
WUHAN EASTLAKE FREE TRADE ZONE

【概况】 武汉东湖综合保税区于 2011 年 8 月 29 日获国务院批准设立，是湖北省首家综合保税区，规划面积 5.41 平方公里。2013 年 6 月 29 日，一期 1.82 平方公里封关运行；2017 年 12 月 27 日，完成二期 3.59 平方公里的验收。

2017 年 4 月 1 日，中国（湖北）自由贸易试验区正式挂牌，武汉东湖综合保税区成为武汉东湖国家自主创新示范区和湖北自贸试验区武汉片区“双自联动”核心区，承担起建设一批战略性新兴产业、高新技术产业基地和建设中部开放高地的重任。

【投资环境】 武汉东湖综合保税区地处“中国光谷”腹地，区位独特，交通便利。依托武汉作为中部交通枢纽的地理位置，可快速连接国内外主要城市。湖北自贸试验区武汉片区是湖北自贸试验区面积最大的板块和最成熟的区域，形成以光电子信息为核心，生物健康、智能制造、环保节能为支撑，现代服务业为先导，集成电路和半导体、新网络经济两大新兴领域蓬勃发展的“5+2”产业体系。区内外集聚了武汉大学、华中科技大学等 42 所高等院校，56 个国家及省部级科研院所，20 多万专业技术人员和 80 多万在校大学生，是中国三大智力密集区之一。入驻东湖综合保税区的企业既可享受国家、省、市相关优惠政策，又可享受东湖高新区人才、资本、产业等六大支持政策和便捷智慧的政务服务环境。

【经济发展】 在湖北自贸试验区挂牌效应下，综合保税区 2017 年新增注册企业 380 余家，同比增长 140%，累计完成注册企业逾千家。全年完成进出口总货值1 130.9 亿元。其中，出口特色指标再创新高，达 378 亿元，助力高新区出口分别占到武汉市和湖北省的 60% 和 30%，全省外贸发展新引擎作用逐步凸显。

【开发建设】 强化科学规划引领发展。制订武汉东湖综合保税区二期实施性规划武汉东湖综合保税区区外物流配套园概念规划及实施性规划，深化完善《中国（湖北）内陆自由贸易试验区武汉片区综合保税板块战略规划研究》。在超前谋划、科学规划的基础上强力推进信息化建设，着力打造全省领先、全国一流的“智慧园区”项目。

着力提升园区整体环境。按照海关总署相关标准，全面建成东湖综合保税区二期，并顺利通过省政府组织的联合正式验收；配合完成园区供电设施设备检修升级；督促完善办公塔楼运营管理和服务提升；更新园区视频监控系统设施，确保围网及监管安全。

强力推动内外协同发展。结合园区产业和自贸试验区发展规划，科学谋划产业布局和协同发展配套；积极与花山港、机场集团、汉欧铁路等口岸建立合作关系，形成区内外协同发展立体化格局。

【招商引资】 东湖综合保税区按照“招商大平台”的总体思路，坚持围绕“先进制造中心”和“创新服务中心”推进招商工作，搭建国际生物医药保税、跨境电子商务、大宗商品交易、保税展示交易、外贸综合服务、跨境金融、国际检测维修等平台，模块化、专业化对接服务企业。针对湖北自贸试验区发展的关键制约和痛点问题，在省内率先出台“自贸十条”，提出十大亮点政策。出台全省唯一跨境电子商务专项政策，助力企业规模化、集聚式发展。

园区强化多边合作交流，成功举办“首届中欧自贸投资论坛”，吸引来自德国、捷克的38家欧洲企业和20多家国内企业前来洽谈；与法国、俄罗斯、澳大利亚、马来西亚、智利等11个国家、地区的企业或贸促机构进行交流合作；赴俄罗斯、德国、瑞士等地考察推介，推进产业互动和项目合作，国际影响力进一步扩大。

2017年，武汉东湖综合保税区签约亿元以上项目7个，其中50亿元以上项目1个，10亿~50亿元项目3个。

【管理服务】探索创新通关模式。推进落实海关、国检多项创新举措落实，实现了“一次备案、多次使用”“委内加工监管”“集中汇总纳税”等举措；推进全国通关一体化改革，区内通关时间压缩至0.3小时，居关区榜首。率先将报检企业备案及原产地签证企业备案纳入地方多证合一，与9项行政审批纳入窗口一次性办理，并在自贸服务窗口探索性开展原产地自助打印、多证合一等事项。继续优化进口食品、消费品预检核放监管模式，通过流程再造和工作前置，实现货物出区零等待。2017年7月、9月分别成功实现保税进口、一般出口等业务首票通关，实现跨境电子商务进出口全业务模式开展，并将平台建设及业务创新相关经验向省内各地市州进行推广对接。

全面拓展口岸功能。依托金宇保税物流园项目获批进口肉类指定查验场资质，于2017年6月通过国家质检总局验收，9月实现进口肉类首票通关及本地农产品首票保税出口业务。2017年10月，与机场集团签订“光谷城市货站”项目合作协议，将机场口岸服务前移至综合保税区，打造“自贸空中之路”，将进一步提升货物运转效率，降低进出口企业运营成本。

多维度服务企业发展。通过联合办公机制，园区全年帮助企业解决通关、税务、融资等方面问题近200个，为53家企业兑现1.4亿元产业发展专项资金。4家企业入选光谷“3551”人才。

【发展趋势】“十三五”时期，是东湖综合保税区构筑内陆开放高地核心区的关键期。东湖综合保税区将充分发挥国家自主创新示范区、自贸试验区创新政策和环境优势，大力提升区内国际化、市场化和法治化水平，建设创新与开放双轮驱动的自贸试验区。

【招商部门】投资促进处。联系电话：027-86639389。

常州综合保税区
CHANGZHOU FREE TRADE ZONE

【开发建设】 常州综合保税区前身为常州出口加工区，位于常州国家高新技术产业开发区内。常州出口加工区于2005年6月经国务院批准设立，规划面积1.66平方公里，四至范围为：东至江阴区界，西至通江大道，南至新竹路，北至沿江公路（S122省道）。2015年1月，国务院同意常州出口加工区整合优化为综合保税区，当年12月综合保税区顺利通过了省联合验收组的验收。

园区规划面积1.66平方公里，首期围网面积1.329平方公里。已建成标准厂房16.3万平方米，区内外仓储2.1万平方米，货物堆场2.1万平方米，综合服务大楼1万平方米，生活配套设施26.2万平方米。

【投资环境】 常州综合保税区位于常州市北部，交通便捷，沪宁高速公路沿区而过；距上海、南京国际机场分别为160公里和120公里，距国家一类开放口岸常州长江港8公里，距常州民航机场15公里，距京沪铁路常州站8公里，客货运输便捷。

【招商引资】 围绕保税加工、保税物流、保税服务等功能，园区全力开展项目引进工作。在保税加工项目方面，引入瑞声高性能光学镜头项目、荷兰打印耗材再制造项目西班牙高档文具项目。在保税物流项目方面，于2017年建成了合全药业分拨中心和上药集团集散分拨中心，并为天合光能、温康纳、雅柯斯（电力科技）、高览、华润包装等新北区及常州市重点企业提供配套物流服务。全年新增江苏美加隆、和蜜氏、崇道供应链、苏景瑞、盛高电子商务、德国纽新及常州森娇等10家国际贸易、跨境电子商务、供应链管理及服务企业。在保税服务项目方面，依托于进口食品指定监管库，吸引了原在周边清关的企业来区开展业务，其中森娇贸易入驻展示中心，天津东疆项目延伸的辉采时装已在环球港设立实体店。

另外，2017年常州综合保税区积极寻找项目信息，全年累计为高新区输送13条有效项目信息，包括优谷精密、海王医药、维信诺、大北农生物等在内的项目已确定落户高新区。洽谈的美国雷森保险箱项目就海关业务流程确认、落地政策和总投资等具体问题已进行磋商；汽车镁合金轮毂项目主要生产轻量化镁合金轮毂，属于金属件加工项目，预计未来销售达到10亿元。

园区利用综合保税区特殊功能政策，重点引进保税加工、保税物流和保税服务企业，累计引进万向美国公司（A123）、捷迈巴奥米特医疗器械、英国庄信万丰电池材料、香港瑞声科技、加拿大福地亚、巴西马可波罗等14家先进制造企业，28家贸易物流企业。同时带动了雅柯斯动力、泰国三友等一批外资企业在高新区投资。累计吸引外商总投资8.92亿美元，注册外资3.89亿美元。

【经济发展】 2017年是常州综合保税区转型升级的关键一年，全年加工制造企业完成工业总产值 20.02 亿元；实现销售收入 18.3 亿元、利税 2.5 亿元。当年园区完成固定资产投资 2 亿元；实现进出口 28.46 亿元，其中出口 18.67 亿元；实现到账外资5 000万美元。

【发展趋势】 2018 年，在经济新常态下，随着国内市场份额重要性提升，适合和有迫切需求入区企业类型逐步减少，园区面临巨大的发展挑战，其中既有政策优势弱化、企业发展受限的问题，也有先进地区虹吸带来的压力。但常州综合保税区树立追赶目标，积极调动相关资源，全面贯彻落实“十三五”规划，积极践行开放合作战略，深入推动区域功能创新，推进区域联动发展，适应常州开放经济新常态，围绕“一区一园一试点”，积极探索研究新业态新发展，凝心聚力，克难求进，全面推动园区发展。

【重大项目】 瑞声通讯项目。由香港瑞声科技公司投资设立，一期主要生产新一代手机高清摄像头，二期建设研发中心、高性能数控加工中心等项目，已形成总投资近 10 亿元、年产 3 亿只高清摄像头的能力。

马可波罗项目。该项目由巴西马可波罗投资设立，主要从事客车零部件、客车车身的生产和销售，达产后将形成1 000辆客车及 500 辆客车底盘的年产规模，产品全部外销。

西班牙文具项目。西班牙 poessa 文具用品公司是欧洲最大的文具用品生产销售企业之一，是一家集加工、生产、销售、贸易于一体的实业公司，在综合保税区内设立新公司——常州俾斯麦文具公司，利用区内标准厂房设立生产、分拨项目。

跨境电子商务平台建设。在商务、海关、国检等部门的大力支持与帮助下，完成了常州市跨境电子商务公共服务平台（一期）的建设，系统已挂接市商务局政务网正式上线，为相关企业进行服务。与 EMS 全力合作，完成了常州市首单直邮进口业务的清关。直邮出口稳定增长，全年累计完成跨境电子商务直邮出口业务 18 万票，业务量居省内第三。

掌上物流建设。园区启动了智能化卡口改造工作，根据海关利用“互联网+”方式，结合关区物流信息化管理系统中原有物流流程，以实现卡口车辆放行凭证的电子化，以有效提升物流运作效率。

【机构设置】 常州高新区综合保税区管理局对常州综合保税区行使管理职能。综合保税区管理局下设 3 个工作部门——综合管理部、运营保障部、项目招商部，每个部门设置相应处室。

【招商部门】 项目招商部负责常州综合保税区的招商引资工作。联系电话：0519-85169096、85169095，传真：0519-85106061，电子邮箱：czftz@czftz.com.cn。

芜湖综合保税区
WUHU INTEGRATED FREE TRADE ZONE

【开发建设】 芜湖综合保税区始于芜湖出口加工区，该区域位于芜湖经济技术开发区内。为促进芜湖市外向型经济转型升级，2013年，芜湖市政府正式启动芜湖综合保税区申报建设工作。2015年9月1日，国务院下发关于安徽芜湖出口加工区整合优化为综合保税区的批复，芜湖出口加工区整合优化为综合保税区。按综合保税区和监管功能要求，园区采取“同址建设、升级改造”的方式进行申报，并对原有卡口系统、监管围网系统进行改造升级，新建海关检查站场及监管仓库，并同步进行信息化提升建设。芜湖综合保税区于2015年12月18日通过验收，2016年9月18日正式运行。

芜湖综合保税区占地面积2.17平方公里，四至范围为：东至芜宁铁路，南至一期围网，西至芜宁公路，北至经济技术开发区衡山路。区内基本设施开发建设已完毕，实现了“七通一平”。

随着芜湖综合保税区的正式运行，园区的环境得到了较大的改善，园区面貌焕然一新，基础设施、信息化建设全面提升。其中，跨境电子商务产业园（一期）于2017年全部建成并投入运行，包括：区外6 000平方米的进口商品直销中心，已经有展示展销企业20余家入驻；150 000平方米的跨境电子商务仓储物流中心正在建设，包括跨境冷链物流中心和红酒进出口集散中心等多个仓储物流项目；10 000平方米的产业园创业中心和小鲸鱼众创空间，已有20余家电子商务平台、垂直电子商务企业入驻。

【投资环境】 芜湖濒临长江，东与长江三角洲连成一体，西接华中地区，南依黄山、九华山风景区，北临南京，交通便利，是华东地区重要的水陆交通枢纽。全市有3条高速公路、5条铁路在此交汇，芜湖长江公铁两用大桥是沟通京九、京广、京沪、陇海等铁路大动脉的重要结点，合福高铁、宁安高铁及新火车站、汽车客运南站、铜南宣高速公路建成运营；芜湖港是长江逆江而上的最后一个深水良港，是长江运输的主枢纽港，芜湖朱家桥外贸码头，已和世界50多个国家和地区建立了业务往来。此外，芜湖距南京禄口国际机场和合肥骆岗机场均约1小时车程。

2017年，芜湖市采用高标准不断优化城市交通。长江公路二桥、北沿江高速巢无段、庐铜铁路、通江大道一级公路改建、芜合高速二坝互通、沿江高速峨山路互通、芜申运河张镇码头等工程基本建成；火车站西站房、商合杭铁路长江公铁大桥、机场、轨道交通等加快建设；芜黄高速、宁芜高速芜湖东互通改建、皖江第一隧——城南过江隧道、全国首个大盾构基地配套码头等项目开工。芜湖市入选公交都市创建城市。

【招商引资】 芜湖综合保税区所在的芜湖经济技术开发区是芜湖市主要的工业产业集中区域，现有汽车电子产业园、汽车零部件出口基地、新型工业化产业示范基地、高新技术创业服务中心、外贸码头、知识产权试点园区和生态工业示范园区等多个国家级发展平台。来区投资企业3 800多家，已形成四大主导产业，分别是以奇瑞汽车为龙头的汽车及零部件产业，以兴飞通讯、映日科技、聚飞光电等企业新上项目为代表的光电信息显示产业，以美的、日立为代表的家用电器产业，以海螺型材、鑫科新材料为代表的新材料产业。

【**经济发展**】2017 年，芜湖综合保税区进出口额突破 10 亿美元大关，达到 11.41 亿美元，实现了连续 10 年增长。其中，进口 5.34 亿美元，同比增长 18.48%；出口 6.07 亿美元，同比下降 11.75%。区内重点企业中达电子、信威物流、中鼎实业 3 家企业进出口突破 1 亿美元，其中中达电子进出口值近 4 亿美元。

保税加工。2017 年，综合保税区管委会利用芜湖综合保税区转型升级的契机，加大了对中达电子、中鼎实业等龙头企业服务力度，鼓励企业调整经营战略，将科技含量高和适于保税加工的产品逐步转移至区内，为全区保税加工的发展注入了强大动力，全区保税加工完成 6.35 亿美元，实现逆势增长，增幅达 32.21%。保税加工的增长为全区产业发展的重要基础。

保税物流。芜湖综合保税区有保税物流企业 14 家，2017 年实现进出口额 5.06 亿美元，同比下降 7.3%。从结构上看，保税物流企业占全区进出口额的比重占 44%。保税物流业务主要涉及大宗商品、机械设备、机器配件、电子产品、精密仪器等产品。其业务辐射范围不断扩大。

跨境电子商务。芜湖综合保税区充分利用良好的基础设施条件和规范的海关监管条件，加快建设芜湖跨境电子商务产业园，包括跨境电子商公共务服务平台、进口商品直销中心、创业中心、监管中心、仓储物流中心等多项建设工程。

【**发展趋势**】为了充分利用综合保税区政策和功能优势，提升发展水平，推进全市开放型经济跨越发展，芜湖综合保税区启动“一区多园”规划建设。加快推进“区港空一体化”，按照“一区三园”的设想，统筹规划，推动芜湖综合保税区扩区发展，其中 A 区为芜湖综合保税区，B 区为芜湖港朱家桥港区，C 区为未来的芜湖空港物流园区。紧紧围绕“三个基地”和“三个中心”的目标任务，把芜湖综合保税区打造成出口加工制造基地、保税物流基地、区域性国际贸易基地和跨境电子商务中心、进口商品展示交易中心、高新技术产品研发中心。到 2020 年，芜湖综合保税区将建设成集保税加工、保税物流、保税贸易功能为一体，辐射带动能力强，对外开放的重要平台，以推动芜湖市外向型经济快速发展。

【**机构设置**】芜湖综合保税区管委会和芜湖经济技术开发区管委会实行“两块牌子、一套班子”的管理模式。芜湖综合保税区管委会下设综合处和业务处，分别负责综合保税区的贸易管理工作和招商引资工作，同时与芜湖经济技术开发区管委会的各职能部门对接，并依托经济技术开发区管委会其他职能部门，承担综合保税区的工程建设及服务工作。

济南综合保税区
JINAN FREE TRADE ZONE

【开发建设】济南综合保税区于2012年5月15日经国务院批准设立，面积为5.22平方公里，由原济南出口加工区转型升级而成，2013年12月25日通过海关总署等国家十部委联合验收，其中一期封关运行面积2.02平方公里。

2017年5月，为对接融入“一带一路”建设，充分发挥综合保税区与空港的叠加优势，推进落实山东省会城市群经济圈协同发展战略，济南市委、市政府决定济南综合保税区启动整体迁建至济南遥墙国际机场北侧的工作。

【投资环境】济南综合保税区具有保税加工、保税物流、国际贸易、口岸通关四大功能，是济南目前唯一的海关特殊监管区域，是济南扩大对外开放、提升外向型经济发展水平的重要平台，也是济南对接融入“一带一路”建设的崭新窗口，在全市对外开放中优势独特，地位重要，搭建起济南和山东省中西部地区与世界连通的快捷通道。

济南综合保税区拟迁建区位于山东新旧动能转换综合试验区、济南国际内陆港核心区、济南航空一类口岸叠加区域，依托济南高新技术产业开发区雄厚的产业集聚优势，迁建后的济南综合保税区区位优势更加明显。建成后，济南综合保税区将与济南遥墙国际机场空港口岸无缝对接，真正实现区港一体化，并将实现济南遥墙国际机场、高铁济南新东站、铁路董家货运站、小清河航运、城市轨道交通及高速公路立体交通和多式联运的叠加效应，极大地拓展发展空间。

【发展趋势】在今后的发展中，济南综合保税区将发挥国家级高新技术产业开发区、综合保税区、山东半岛高新区国家自主创新示范区、国家构建开放型经济新体制综合试点试验地区和国家新旧动能转换综合试验区的政策优势，坚持开放引领、创新驱动、集聚发展，构建现代物流与仓储、飞机维修与改装、保税加工与制造、跨境电子商务与商贸、金融与航空租赁5个特色产业体系，重点引入保税物流、保税加工、飞机租赁、保税展示、国际贸易、跨境电子商务、离岸金融等项目，加强与山东太古、山东翔宇、航加国际等航空产业企业的交流与合作，引入飞机客改货、航材储运与贸易、飞机维修配件制造等项目，将济南综合保税区建设成为国际综合保税服务中心、国际文化贸易交流中心、深化改革与创新开放高地、省会城市群高端产业引领区。

威海综合保税区
WEIHAI FREE TRADE ZONE

【开发建设】威海综合保税区于 2016 年 5 月 31 日经国务院批复设立，分为南北两个片区。其中，南区位于威海大水泊国际机场东侧、大水泊镇驻地南部，东至威石路，北至大水泊村南河，西至机场路，南至 309 国道，封关区 1.37 平方公里，发展规划 18.75 平方公里；北区为原威海出口加工区，2000 年 4 月 27 日经国务院批准设立，封关区 0.88 平方公里，2001 年 1 月 8 日通过了国务院八部委联合验收，同年 10 月 8 日封关运作至今。

威海综合保税区谋划确定了发展路径，探索形成了“4321”工作思路，即积极培育国际贸易、现代物流、跨境电子商务、保税服务四大业态，加快发展医疗器械、电子信息、新材料三大产业，全力搭建外贸综合服务、金融服务两个平台，集中打造服务全市、辐射胶东、面向全国的国际商品集散交易中心。实行商贸物流先行战略，与中外运集团达成了合作运营口岸查验及相关物流设施意向，与深圳怡亚通达成供应链服务合作意向，通过搭建包含金融、大数据、供应链服务等内容的综合服务平台，满足入区企业金融、供应链发展需求，推动传统贸易物流产业转型升级。

【经济发展】2017 年，威海综合保税区实现外贸进出口总值 73.7 亿元，同比增长 16.2%；实现产品销售收入 29.7 亿元，同比增长 21.2%；完成固定资产投资 1.7 亿元，同比增长 173.5%；完成税收 5 802 万元，同比增长 29.3%；保税物流进出区货值为 5.1 亿美元，同比下降 22.8%。

威海综合保税区北区至 2017 年年末，累计实现工业总产值 369 亿元，年均增长 21%；固定资产总额 36 亿元，年均增长 2%；完成进出口额 125 亿美元，年均增长 26%；税收 6.1 亿元，年均增长 49%。自 2009 年 3 月出口加工区叠加保税物流功能后，区内物流企业累计完成进出区货值 54 亿美元，年均增长 5%。2017 年，出口加工区投产企业 41 家，其中电子企业 13 家，食品企业 3 家，汽车零部件企业 3 家，物流企业 7 家；就业人数 8 276 人。

【投资环境】2017 年，威海综合保税区以抓建设、推封关为重点。北区提出了调整北区四至范围、重新申报的方案，避免了大量企业搬迁，为升级改造争取了主动。按新四至范围和红线范围，确定了企业搬迁、道路围网改造、配套用房建设等 10 个升级改造项目，经积极协调相关部门，围网改造、巡关路建设、配套用房建设、卡口门头改造等土建工程全部完工。南区累计完成投入 3 亿元，征用和流转土地约 320 万平方米，新建各类设施 3 万多平方米，硬化道路 16.3 万平方米，绿化面积 12.5 万平方米，将国家验收要求的五大项设施全部打造到位。通关服务中心、综合办公大楼装修基本结束，区内三纵三横主干路网、巡关道按标准建成通车，管网、围网、监控工程全部完工，海关监管信息化系统安装完毕，查验场地、查验仓库、检验检疫区全面建成。

【招商引资】 规范了招商对接工作流程，印制发放招商宣传手册 5 000 余份，为招商推介提供有力的支持；瞄准重点区域走出去，与北京产业转移办公室等 10 多家政府机关、商业组织建立了合作关系，拓展了信息来源渠道；组织开展了赴韩跨境电子商务专题对接等 20 余次招商推介活动，进一步强化了平台载体及特殊政策的宣传，扩大了综合保税区的影响。南区规划启动了电子信息、医疗器械、新材料 3 个特色产业园；北区依托现有闲置厂房和仓库，规划启动了高端信息产业、仓储物流中转 2 个基地，同步对接了一批产业园运营商和专业服务供应商。

威海综合保税区北区至 2017 年年末，累计入区项目 49 个，总投资 9 亿美元，其中外资企业项目 36 个，实际到账外资 5.1 亿美元。

【管理与服务】 2017 年，威海综合保税区分别走访了一批重点骨干企业，一对一推介，推动本地企业利用综合保税区开放政策和平台资源扩大产能，开拓外向型经济发展新空间。落实企业分包走访制度，年内帮助日月光半导体、仁昌电子、冲田铁工等在营企业解决融资、用工等问题 10 余项，组织园区 23 家企业参加外贸政策宣讲会，有力促进企业的转型发展。

【体制机制】 威海综合保税区管委会，为市政府派出机构，行使威海综合保税区的管理职能。2017 年 12 月，威海市机构编制委员会批复将综合保税区管委内设机构调整为 6 个，将威海经济技术开发区出口加工区管理局更名为威海综合保税区北区管理局，由隶属威海经济技术开发区管理委员会调整为隶属威海综合保税区管理委员会。

武进综合保税区
WUJIN FREE TRADE ZONE

【开发建设】武进综合保税区总体规划1.15平方公里，围网内面积1.08平方公里。其中，规划工业用地约86.8万平方米，规划仓储用地约13.93万平方米，转关监管点约7.33万平方米，配套商贸区约7万平方米。武进综合保税区引进行业龙头企业，以光宝、晶品、瑞声等龙头企业为核心，突出对新能源新材料、LED光电一体化、电子信息3个重点产业的招商，打造IT、LED照明、光电子芯片、电脑周边产品等上下游产业链，进而吸引相关配套企业在周边落户，建立一个辐射武进乃至周边的高端加工贸易集聚中心。

【经济发展】2017年，武进综合保税区完成工业总产值154.91亿元，同比增长14.54%；完成工业产品销售额120.40亿元，同比增长14.54%；完成工业增加值31.36亿元，同比增长13.68%；完成实际进出口额9.28亿美元，同比下降13.7%；进出区90.11亿美元，同比增长57.2%。同期，完成保税物流实际进出口额3.01亿美元，同比降低25%；完成进出区货值46.30亿美元，同比增长41.2%。

【招商引资】2017年，武进综合保税区新增的制造企业有制造手机3D玻璃的瑞智科技（常州）有限公司、光宝汽车电子（常州）有限公司，招引的物流企业有常州麦克森现代物流有限公司、常州麦克森供应链管理有限公司及铃江国际货运代理（上海）有限公司3家，招引的贸易企业有常州达康电子科技有限公司、三牛国际贸易（常州）有限公司、安宝乐营养品（中国）有限公司等7家，同时还和区内主要物流企业共同接洽大宗物资（铜）保税仓储、分拨项目。进区企业从开始只有光宝、晶品两家企业发展到目前生产型企业达到14家，物流服务型企业20家，贸易型企业13家。

保税物流发展势头强劲，新增恒立液压、国成新材料、铭雅商贸等6家企业进区开展业务。

武进综合保税区已有3个省级获批平台项目，分别为武进高新区公路转关监管点、常州进口食品检验检疫监管样板区和江苏武进出口加工区进口商品展示交易中心。并有序推进跨境电子商务及进口肉类口岸申报。武进综合保税区进口商品展示交易中心是踏出探索民生需求的第一步，也是今后服务方向的一大突破。现已吸引常州地区十多家进口商进行展示业务，包括法中国际贸易、澳高德庄园、添月德、赛麒、金鹏等，已收录商品包括红酒、化妆品、母婴用品、食品等200多种，分别来自澳大利亚、美国、西班牙、新西兰等世界多个地方。2017年成功举办多次综保商城惠民活动，吸引了众多消费者前来选购，极大地促进了进口，下一步将围绕惠民生的服务宗旨，搭建更大范围的进口商品选购平台。

【管理与服务】不断提高企业服务质量。武进综合保税区依照“总牵头、总负责、总协调”的工作定位，全力做好海关、国检、企业等协调联络工作，通过定期召开联席会议，执行海关、国检、滨湖公司及管理局的四方联合巡察机制，落实协同联络机制等方式为企业解难题、办实事。

逐步优化企业通关环境。园区借助信息化建设手段，不断提高企业通关环境。目前企业可通过门户网站、微信平台、场站触摸屏等设备设施，随时查看货物验放、审批等信息。联合海关，采用“物联网”技术，开发物流监控信息化管理系统，实现无纸化通关，并积极推行分送集报、区域通关等新政策，缩短流程，提供便利。场站克服人手少、工作量大等困难，为企业提供预约加班、延时加班、节假日加班。

【发展趋势】今后，武进综合保税区将围绕“一体两翼、三大转变、五大中心”的总体发展规划创新思路，谋划发展。“一体两翼”，即全力打造好武进综合保税区这个主体核心；向东利用好青洋物流园，作为区外物流、仓储配套和电子商务物流园；向西规划好国际商务区，形成“三园一中心”，打造跨境电子商务产业园、冷链物流园、配套产业园和展示交易中心。“三大转变”，即加快实现从加工贸易向服务贸易转变，从区内为主向内外联动转变，从建设为主向服务为主转变。“五大中心”，即打造制造中心、物流中心、贸易中心、研发中心、展示中心。

【机构设置】武进综合保税区管理机构是武进国家高新技术产业开发区内设局，机构全名为武进国家高新区管委会综合保税区管理局。

【招商部门】由经济发展科负责牵头招商活动。联系人：干泽幸，联系电话：0519-86221203，传 真：0519-86221200。

镇江综合保税区
ZHENJIANG COMPREHENSIVE BONDED ZONE

【开发建设】镇江综合保税区由镇江出口加工区整合优化设立，2015 年 12 月 2 日通过联合验收，总规划面积 2.53 平方公里，其中一期 0.91 平方公里封关运作。

【总体定位】“十三五”期间，镇江综合保税区将全面贯彻落实“四个全面”战略布局，践行“五大发展理念”，抢抓“一带一路”建设、长江经济带战略、苏南国家自主创新示范区建设和宁镇扬一体化发展等机遇，以供给侧结构性改革为主线，着力强化规划引领、特色发展、辐射带动、区港融合、改革创新、高效服务六大保障，在“十三五”期间，奋力打造“一区三中心”，加快成为江苏中部区域物流中心及宁镇扬外向型经济的窗口。“一区”，指现代产业集聚区，即围绕新能源、新材料、电子信息等新兴产业，延伸上下游产业链，实现科技研发、维修检测等业务多触角互动并进。“三中心”，指长三角有重要影响力的冷链物流中心、保税商品仓储分拨区域中心和知名电子商务重要枢纽中心，即充分发挥综合保税区统筹两个市场、两种资源和辐射带动作用，着力打造特色鲜明的食品进出口及冷链物流产业名片，促进商贸物流和其他服务业的深度融合，促进知名电子商务建立分拨配送中心，打造立足新区、面向全市、辐射长三角的开放型经济高效综合服务平台。

【投资环境】生产配套：区内建有监管仓库 1 970平方米，保税仓库 2 万平方米，货场 8 万平方米，标准厂房 9 万平方米，35 千瓦变电所一座。

商务配套：在大港通港路西侧、镇大铁路南侧建成出口加工区商务配套中心，占地约 7 460 平方米，总建筑面积约13 500平方米，金融、报关代理、运输代理、外贸代理、人才招聘代理及快餐供应等服务机构可进驻，为进区企业提供方便周到的服务。

生活配套：在出口加工区东侧建有约 12.99 万平方米配套服务中心，建筑总面积约 20 万平方米，拥有白领公寓、综合商业广场、商务办公楼等；在出口加工区的东北侧建有面积18 792平方米的员工公寓——“四海家园”，配套的超市、食堂等设施已投入运营，可满足区内所有企业员工的住宿、生活需求。

镇江综合保税区位于素有“天下第一江山”美誉的江苏省镇江市的东部，位于国家级经济技术开发区——镇江新区内，既是长江三角洲重要的制造业基地，也是承接国际资本和产业转移的重要窗口，现有 30 余家世界 500 强企业和国际知名企业、近 10 家中央企业落户。

镇江综合保税区实行的是“境内关外”的管理模式，实行全封闭的海关监管管理，区内企业不仅享有海关提供的简单、快捷的通关便利，还享有国家级经济技术开发区和综合保税区的各项优惠政策，享有专职部门为落户企业提供的一切便捷的配套服务。区内建有一流的基础设施和配套设施，区外建有各种生活商务配套，可以满足企业的生产生活需求。

2017 年是镇江新区“二次创业”三年行动计划的第一年，综合保税区围绕“两聚一高引领二次创业”主题，以“产业集聚、特色发展、辐射带动、改革创新、精准服务”5 项举措为着力点，努力实现“项目集聚、功能发挥、贸易便利三个突破”，促进园区经济的平稳快速发展。

【经济发展】2017 年，园区完成工业总产值 9.8 亿元，同比增长 6.2%；实现经营总收入 10.25 亿元，同比增长 5.3%；公共财政预算收入为1 719万元，同比增长 56%；海关监管货值为 10.67 亿美元，同比增长 60%，其中进出口额完成 3.14 亿美元，同比增长 20%；固定资产投入 8.47 亿元；物流企业主营业务收入为 1.63 亿元，同比增长 7.2%。

【招商引资】龙头项目集聚效应初现。随着尼桑电池落户、力信锂电池二期投产、汇鸿冷链运营、中远海运筹备开工，龙头产业带动作用彰显，6 个亿元以上项目落地（房车租赁、洗车系统、精明国际、北控智慧能源、先进光电增资、新越沥青），一批配套产业意向在谈，产业集聚态势初步形成。

北控智慧能源项目：利用力信能源二期现有建筑物和电动汽车停车棚建设光伏电站和充电桩，配套建设磷酸铁锂电池储能系统，已完成屋顶光伏电站建设并实现并网发电，2018 年 6 月底全部建成竣工。

新越高新全国沥青研发总部及仓储物流中心项目：总投资 10 亿元，分二期实施，一期建设投产后，启动二期建设，项目建成运营后，将形成每年 129 万吨沥青物流配送量、40 万吨沥青贸易量、20 万吨沥青仓储量的规模，同时研发中心提供相关咨询、检测、科研成果转化服务。

在建项目快速推进：力信锂电池项目总投资 30 亿元人民币，已投产达效；中远海运保税物流和跨境电子商务综合基地项目总投资约 6.24 亿元，已完成不动产证、建设工程规划许可证办理；总平图施工图已通过审核。

江苏汇鸿冷链物流基地项目：项目占地 20 万平方米，建筑面积 10 万平方米，总投资 10 亿元，注册资本 5.9 亿元，着力建设进口生鲜食品冷链物流集成服务平台，重点提供仓储、物流、展示、加工、金融、贸易 6 项服务。

【贸易便利】优化整合镇江港码头与汇鸿冷链查验仓储资源，顺利通过公共保税仓库、预包装食品和进口水产品查验平台的验收。增值税一般纳税人资格园区试点申请启动，“仓储货物分类监管”等通关便利化创新举措正在实施。区港融合深入推进。正式成立镇江新区区港联动合作发展推进协调小组，实现了与港务集团在规划发展、产业推介、配套改革等方面的合作机制。会同综合保税区海关和港口海关，提升高货值设备、特种商品等通关速度。

【发展趋势】空间布局更加优化。一期 0.91 平方公里区域载体开发基本完成，启动二期 1.62 平方公里区域的规划设计和基础设施建设。

产业特色更加鲜明。以创新为动力，传统产业加快转型升级，现代服务业比重明显提升，建立以新材料、新能源、电子加工为主导的保税加工，以冷链物流、大宗商品物流为主导的保税物流，以保税展示、跨境电子商务为特色的保税服务体系。

功能优势更加凸显。实现保税功能向外延伸，投资与服务贸易更加便利，通关效率明显提高，港产城融合度明显提升，建成进口特色商品展示交易中心和多门类电子商务平台。

【招商部门】镇江综合保税区管理局全面负责园区的招商引资工作。招商热线：0511-83371515、88901108，传真：0511-83373737，联系人：任晓锋，邮箱：77269157@qq.com。

嘉兴综合保税区
JIAXING FREE TRADE ZONE

【概况】嘉兴综合保税区位于浙江嘉兴滨海新城内，地处长江三角洲南翼、杭州湾北岸，紧靠国家一类开放口岸嘉兴港，是长三角沪、杭、苏、甬地区的重要交通枢纽，面积1.33平方公里，于2015年1月31日经国务院批准设立，是浙江省首个由出口加工区整合优化而设立的综合保税区，也是嘉兴市国家级对外开放平台和唯一的海关特殊监管区域。

【经济发展】2017年，嘉兴综合保税区实现规模以上产值4.3亿元；实现进出口额1.7196亿美元，其中进口额1亿美元，出口额7 196万美元；实现进出区货值14.2亿美元，其中进口货值7亿美元，出口货值7.2亿美元；实现物流企业营业收入2 758万元；实现物流货值7.6亿美元。

【投资环境】嘉兴市地处长江三角洲中心，毗邻上海，紧依苏南，是浙江省接轨上海的前沿阵地。嘉兴综合保税区位条件优越，已形成铁路、公路、港口、内河、航空等各种运输方式组成的综合交通网络，投资商务成本较低。与上海、苏州、杭州、宁波等大城市实现了“一小时交通圈”。公路铁路方面，位于沪杭铁路、沪杭高速公路、乍嘉苏高速公路、杭浦高速公路、杭州湾跨海大桥和规划在建的沪乍杭铁路、沪杭高铁的黄金通道上，东西大道、老沪杭公路等更拓深拓宽了其对外通道，形成四通八达的公路网。港口与内河方面，嘉兴港是国家一类开放口岸，浙北地区重要的出海港口、唯一的海河联运港，水深与航道条件良好，距上海洋山港和宁波港分别只有53海里和74海里；乍嘉苏内河航道和六平申线，将嘉兴港码头与京杭运河、杭申线等主要内河航线联通，有力地发挥了海河联运的优势。航空方面，至上海浦东、上海虹桥、杭州萧山三大国际机场的车程均在1小时左右，依托三大空港的航空运输条件十分便利。嘉兴综合保税区拥有便捷快速的物流大通道，交通地理区位的功能和价值日益凸显，为园区的进一步发展提供了完善便捷的交通集疏运体系保障。

滨海新城是嘉兴市现代化网络型田园城市的6个副中心之一，辖区内有一座千年古镇——乍浦镇，历史悠久，自古就有“江浙门户”“海口重镇”之称，在清代就是浙北地区对外经济文化交往的重要门户。辖区内还有省级九龙山旅游度假区、九龙山国家森林公园、港口、杭州湾跨海大桥、海鲜美食旅游等资源，集成了“山、海、港、桥、林”于一体的滨海特色。滨海新城经过近年来的开发建设，已建成26平方公里的道路框架，交通、供水、供电、供气、污水处理等城市基础配套基本完善，与周边高速公路网络实现无缝对接，交通区位优势更加明显，港口的货物集散能力得到较大提高。按照建设宜业宜居宜游型城市的理念，新城的生态建设和环境保护取得明显成效，教育、卫生、商贸、住宿餐饮、旅游休闲等功能性设施不断完善，为嘉兴综合保税区的发展提供有力支撑和保障。

【发展趋势】 嘉兴综合保税区将建设成为嘉兴市全面深化改革扩大开放的先导区、国际化品质城市的功能区、浙江省全面接轨上海示范区的先行区、高质量外资集聚地的特色区，为嘉兴市构建以“一带一路”建设为统领的对外开放新格局，全面推进全方位、宽领域、多层次对外开放作出更大的贡献。

嘉兴综合保税区着力培育三大重点发展领域：

重点发展保税仓储物流业。做特做强大宗工业基础原料进口保税仓储物流服务；通过加快冷链物流发展，重点发展果蔬及肉类冷链，积极拓展第三方冷链业务，主动承接跨境电子商务冷链业务；积极培育区域特色产品出口仓储物流服务；联动发展物流供应链管理服务。

提升发展保税加工制造业。重点以汽车零配件等高端装备制造、高档羊毛纺织加工等产业领域为主攻方向，发展保税加工制造产业；延伸保税研发设计、检测、维修产业链。

加快培育新兴保税服务业。加快培育传感器等保税产品分拨中心、贸易销售中心、交易结算中心，加快发展进口商品展示交易服务；积极培育金融、商贸、科技、咨询中介等新型保税服务业；培育发展跨境电子商务和高端保税服务领域。

【机构设置】 浙江嘉兴综合保税区管委会与嘉兴港区开发建设管委会合署办公。根据“不增设机构”的原则，采用“两块牌子，一套班子”，实行统一领导、统筹规划、分工负责、分块运作、互为依托的管理体制。设有综合管理局、规划建设局、招商局。综合管理局具体负责综合保税区的日常管理事务，内设3个科室：综合服务科、产业发展科和信息管理科。

【招商部门】 嘉兴综合保税区综合管理局，联系电话：0573-85588101、85588102，传真：0573-85588101；嘉兴综合保税区招商局，联系电话：0573-85522370、85589271，传真：0573-85581777。

吴江综合保税区
WUJIANG FREE TRADE ZONE

【概况】 吴江综合保税区于2015年1月31日经国务院批复设立，由原吴江出口加工区转型升级而成，规划面积1平方公里，2015年12月31日通过国家十部委联合验收。

【投资环境】 吴江综合保税区区位优势独特，位于江、浙、沪交汇的长三角中心，位于国家级吴江经济技术开发区，东临上海、南依杭州、西濒太湖、北靠苏州，交通便捷。沪苏浙高速公路东西贯穿吴江全境；沪宁高速公路距吴江综合保税区仅10多公里；苏嘉杭高速公路南北贯穿吴江经济技术开发区，其吴江南出口距吴江综合保税区仅500米；318国道、227省道贯穿吴江全境，与京沪铁路、京沪高速铁路相距22公里；一步之遥的京杭大运河可通航500吨级船舶，年水运量达1亿吨；苏州地铁4号线开通至吴江经济技术开发区。

吴江综合保税区多措并举，努力营造良好的投资环境。区内基础设施完善。区内道路、雨污水管网、电力、通信、供水、供气达到一流园区水平；已建成标准厂房10万平方米、保税仓库约6.1万平方米。已建成综合保税区配套生活服务区，包括8万平方米的员工宿舍、银行、邮政、餐饮、超市、购物等一系列配套服务设施。综合保税区综合服务楼建筑面积13 000平方米，入驻有综合保税区管理局、海关办事大厅、报关行、物流公司、贸易公司和跨境电子商务平台等，为企业提供便捷、高效的一站式服务。区内监管场站总占地面积25 000平方米，其中监管仓库5 000平方米，场地面积20 000平方米，可容纳90辆40尺集装箱车辆同时停放；场站按照南京海关要求，共设有4个卡口、8条通道，每条通道安装运行南京海关特殊监管区域系统，极大地提高了通关效率。

【经济发展】 2017年，吴江综合保税区，狠抓招商引资、企业服务，着力推进企业增值税一般纳税人资格试点、跨境电子商务（保税备货进口模式）等新政策的对上争取及现场推动，各项工作稳步推进。全年完成进出口监管货值145.6亿美元，其中一线进出口约32.63亿美元，二线进出口112.97亿美元；完成工业开票销售30.99亿元。

吴江综合保税区以转型升级为综合保税区为契机，在坚持引进先进制造业项目的同时，大力拓展跨境电子商务、保税物流、维修检测等新业态，各项工作均取得阶段性成果。

【机构设置】 吴江综合保税区管理局内设招商科、经济管理科、综合科3个职能部门，分别负责招商引资、区内综合行政管理、进出口审批、数据统计、安全生产管理、区内企业服务等。

【招商部门】 吴江综合保税区管理局下设招商科，主要负责综合保税区的招商引资工作。联系电话：0512-66086608、66086610。

常熟综合保税区
CHANGSHU FREE TRADE ZONE

【经济发展】 2017 年，受到国际金融危机、市场需求萎缩、综合成本上升等影响，常熟综合保税区内的部分生产企业出现了订单不足、产量下降的情况。在此情况下，常熟综合保税区一方面做好服务工作，与企业分析探讨原因，寻找解决困难的办法，向企业介绍园区的新政策，鼓励企业开展新的业务；另一方面，借助开发区汽车产业快速发展的优势，重点推进园区的保税物流产业，园区的物流企业全年经营收入达到8 915万元，比 2016 年同期增加了 25.55%，其他各项经济指标也基本与 2016 年持平。全年完成工业增加值14 212万元，同比下降 3.51%；完成工业总产值37 358万元，同比下降 2.50%；完成经营总收入 48 630 万元，同比增加 7.17%。据海关统计，2017 年，综合保税区共完成进出口总额31 221万美元，其中完成进口额23 653万美元，出口额7 568万美元。

【投资环境】 常熟综合保税区位于长江三角洲经济圈中心，东距上海 80 公里，南距苏州 45 公里，紧靠常熟港，紧邻沿江高速公路、苏嘉杭高速公路、沿江一级公路，离苏通大桥道口仅 500 米，交通区位优势十分明显。

常熟综合保税区位于常熟经济技术开发区内，依托开发区的支撑，产业基础扎实，产业配套能力强，物流运输便捷。企业入驻常熟综合保税区，不仅享有海关提供的简单、快捷的通关便利，还享有国家级综合保税区和开发区特有的优惠政策，海关、国检、银行、仓储等机构一应俱全，落户企业不出园区即可办理一切进出口手续。

常熟综合保税区分三大功能片区：一是标准厂房区，占地 10 多万平方米，建有 8 幢总面积达70 000平方米的标准厂房，分单层、二层、三层 3 种规格；二是物流配套区，占地 8 万多平方米，建有 4 幢共23 000多平方米的保税物流仓库及 1 幢仓库附属办公用房，以及2 000多平方米的海关监管仓库和10 000多平方米的附属查验场地等设施；三是自建厂房区，占地约 24 万平方米，已有 3 家区内企业建设了约50 000平方米的生产厂房。

【招商引资】 常熟综合保税区针对所在常熟经济技术开发区的产业结构情况和地理位置，积极强化招商选资，围绕汽车零部件、精密机械、装备制造、新型材料等产业进行全方位招商。同时，以提高工作效率、改进服务质量、完善服务平台为切入点，做好区内企业的服务工作，营造良好的投资环境，促进区内企业更好地发展。2017 年 9 月，区内世伟洛克（中国）流体系统科技有限公司签署了二期投资协议，增加总投资3 500万美元、注册资本2 380万美元建设二期工程，生产新的产品。

同时，积极对外宣传综合保税区政策，针对区内可以开展包括仓储物流、对外贸易、国际采购、分销和配送、国际中转、售后服务、商品展示、研发等多项业务类型，加大招商力度，引进各种新型保税业务来区运作。此外，对区内企业进行走访宣传，鼓励它们开展适合综合保税区的新业务，促进园区业务向高技术含量、高附加值和多元化方向发展。

【管理服务】常熟综合保税区在做好推动园区转型升级工作的同时，切实提高工作标准，加大支持和服务企业力度，经常深入企业了解实际情况，综合保税区管理局基本保证与企业领导每月碰头一次，及时帮助企业解决生产过程中出现的问题。同时，利用各种时机，先后5次举办各种形式的座谈会和政策宣讲会，让企业和海关、国检、国税、外汇、外经、工商等相关部门直接对话，及时了解新的政策法规。

为促进园区发展，密切关注上海自贸试验区的各类政策创新情况，认真学习国务院关于推广上海自贸试验区可复制改革试点经验的文件，积极配合商务局、税务局、外管局、海关、国检等部门做好各项试点复制推广工作。

2017年年底，园区及时启动了向海关申请开展仓储货物按状态分类监管业务这项工作，这是自贸试验区的一项海关监管创新制度，该政策可允许非保税货物入区储存，与保税货物一起参与集拼、分拨，根据国内外采购订单最终确定货物是实际离境出口还是返回境内区外。该政策的实施可使区内企业有效拓展业务类型，提升增值服务能力，提高在全球价值链中的地位，促进园区更好地对接国内外市场，同时也大大提高了园区内仓库的利用效率。

【工业】常熟综合保税区作为加工贸易企业的集聚区，依托临江临港和位于常熟经济技术开发区内的优势，吸引了不少企业入驻。到2017年年底，历年累计有18家加工和物流企业入区注册，其中加工企业为12家，大部分为欧美企业，有10家企业已正式投产。

【物流业】常熟综合保税区充分利用园区的保税功能和临港优势、联结苏南苏北桥头堡的地理位置优势及沿江铁路、苏嘉杭高速的交通优势，与开发区的国际物流产业园互动发展，大力发展现代物流业，货运量迅速增长。综合保税区第三方物流为区外广达电脑、长春化工等大型加工贸易企业提供了便捷、高效的保税物流服务，对全市的辐射带动作用日益显现，进出园区的保税物流货物每年快速递增。

【发展趋势】常熟综合保税区将充分发挥海关特殊监管区域的政策功能优势，在认真研究自贸试验区可复制推广政策的同时，积极拓展新型业务类型，大力发展对外贸易、国际采购、分销和配送、国际中转、售后服务、商品展示等业务，争取吸引更多保税物流、商贸、维修检测及展览展示项目在区内注册运营，从而丰富园区的业务类型，使园区不断发展壮大。将充分利用临江临港的区位优势和沿江开发区的特色产业结构，充分利用开发区打造汽车整车及汽车零部件产业基地的有利时机，围绕捷豹路虎和观致汽车项目及其大量的核心配套企业，借着两个项目所需大量进口零部件的东风，全力发展进口汽车零部件保税物流产业，并将园区打造成汽车零部件的出口基地，同时在此基础上大力发展汽车零部件展示产业，将常熟综合保税区打造成长三角地区进出口汽车零部件的集散地。

【机构设置】常熟出口加工区管委会，与常熟经济开发区管委会合署办公，委领导由开发区领导兼任。下设常熟出口加工区管理局。因常熟出口加工区升级为常熟综合保税区，2015年7月，管理机构更名为常熟综合保税区管理局，内设招商科、物流贸易科及综合科，并成立常熟出口加工区开发建设有限公司，具体负责综合保税区的投资、物流运作和物业管理等工作。

【招商部门】常熟综合保税区管理局，下设招商科，主要负责园区的招商引资工作。联系人：王晓楠，0512－52292757、13812817206；张诚，0512－52690181、18913634358。邮箱：stephaniewang@ cedz. org，cz@ cedz. org；传真：0512-52269665；网址：http://www. csepz. gov. cn，http：//www. csepz. com。

吴中综合保税区
WUZHONG FREE TRADE ZONE

【概况】 2017年，吴中综合保税区管理局牢牢把握稳中求进的工作基调，通过培育新业态、壮大主导产业、积极践行国家“一带一路”倡议、落实试点地区先行先试政策、规范服务管理等措施，经济发展水平得到进一步提升，产业格局逐步从加工贸易向智能制造、跨境电子商务、现代物流融合发展转变。

【经济发展】 吴中综合保税区2017年实现工业总产值4.3亿元；实现物流企业营业收入1.26亿元；实现进出口总额3.3亿美元，其中进口0.96亿美元，出口2.34亿美元；进出口监管货值75.2亿美元。

【投资环境】 吴中综合保税区建于国家级吴中经济技术开发区东部，位于中国最具发展潜力的长三角经济圈中心腹地，北部与苏州工业园区无缝对接，东部与国际大都市上海咫尺相望。苏嘉杭高速、绕城高速、京杭大运河、苏州轨道交通交汇于此，交通条件十分便捷；至上海虹桥国际机场、无锡硕放国际机场仅分别需要1小时、半小时车程。

吴中综合保税区毗邻苏州独墅湖高等教育区、苏州国际教育园，30余所高校集聚办学，能为企业提供高素质专业技术人才和创新研发人才；周边建有生物医药检测、信息网络检测、电力检测、食品（化妆品）检测、环保检测等检测认证平台，能为各类企业提供完善的检测服务。

【招商引资】 截至2017年，区内工业项目有世界500强伟创力、昱鑫科技等7个。其中，外资企业3家，注册资本1.01亿美元；内资企业4家，注册资本2.34亿元。区内内资物流项目有国海国际、嘉瑞物流等25个，注册资本1.935亿元；外资项目1个，注册资本2 000万美元。区外入驻电子商务物流企业近40家，其中平台型、总部型、基地型跨境电子商务企业6家。

【跨境电子商务和现代物流】 2017年，吴中综合保税区依托跨境电子商务相关试点政策，多渠道开辟业务通道，全力推进跨境电子商务和国际贸易的全面开展。在国家“一带一路”建设的背景下，全力推动“吴中质造”商品落地印度尼西亚进行展销。跨境电子商务企业中能泰可开设的海嗨购全球品质O2O体验中心正式营运，与多个具有网购保税进口、一般出口、直购进口业务需求的跨境电子商务企业进入深入洽谈阶段。

物流产业进一步纵深发展。吴中物流基地被认定为苏州市平台经济特色基地。在海关特殊监管区域“仓储货物按状态分类监管”制度下，分类监管仓储业务正式启动。

【平台建设】 截至2017年年底，吴中综合保税区管理局会同海关、国检、场站公司、跨电企业等部门和单位，齐心协力，攻坚克难，完成了跨境电子商务平台搭建、软件开发、政策研究等一系列工作，含导购、溯源、备案、制单、退税等多功能于一体的吴中综合保税区跨境电子商务综合服务平台

"境贸通"，与苏州综试区线上综合服务平台系统（单一窗口）、关检监管系统、跨境电子商务企业、支付企业等完成对接、上线运行。

进口食品、化妆品指定监管场所的口岸功能日渐凸显，运作规模也逐步扩大，截至2017年年底，累计进口食品、化妆品109票，重量约1 300吨，货值约1 700万人民币。

【管理与服务】 吴中综合保税区按照亲商、富商、安商的服务理念，精诚服务，注重加强政府职能部门与企业之间的沟通、协调，建立了接单转交制度、联席会议制度、一企一档制度、政企联系QQ群等，帮助企业同海关、国检、工商等部门协调相关事宜，解决企业实际困难。

【发展趋势】 2018年，吴中综合保税区将按照吴中经济技术开发区的整体部署，以创新发展为主线，大力发展核心特色产业，进一步扩大跨境电子商务产业体量，力争在网购保税进口、特殊区域出口两项功能上实现更大突破，以跨境电子商务为主要平台，将更多优质产品、特色产品在"一带一路"沿线国家和地区进行推广和营销，做大做强做优跨境电子商务产业。同时，鼓励、引导、扶持传统产业向工业4.0智能制造、互联网+等新兴产业方向转型升级，逐步形成一个功能齐全、布局合理、特色发展的综合保税区。

【机构设置】 吴中综合保税区管理局为正科级建制单位，下设办公室、电子商务物流部、企业服务部、工程管理部、保障管理部5个职能部门。

泰州综合保税区
TAIZHOU FREE TRADE ZONE

【概况】2015 年 5 月 6 日，经国务院批准，原泰州出口加工区整合优化为泰州综合保税区，总规划面积 1.76 平方公里，一期 1.08 平方公里、二期 0.5 平方公里分别于 2015 年 12 月 1 日和 2017 年 12 月 7 日通过省联合验收组验收，目前，泰州综合保税区封关运作面积为 1.58 平方公里。

围绕综合保税区的政策功能，泰州综合保税区着力打造区域性“4+1”中心，即高端研发制造中心、保税物流配送中心、进口商品展示交易中心、跨境电子商务中心及金融结算配套中心，努力成为长三角地区移动智能设备研发制造基地、制造业集群的生产服务基地、进出口商品展示交易基地和长江经济带重要物流基地。

2017 年实现工业产值 124.43 亿元，同比增长 24.40%；进出区货值 13.66 亿美元；实际进出口 1.29 亿美元；区内物流企业实现主营业务收入4 289万元。

【招商引资】泰州综合保税区围绕招商引资工作持续发力，聚焦电子信息和高端装备制造两个主导产业方向，切实推动招商引资向“招商选资”转变，将发展要素优先保障对全区产业发展有支撑性、带动性的重大项目、高效益项目和创新型项目，不断增强园区经济发展后劲。

区内现有纬创资通（泰州）有限公司、纬立资讯配件（泰州）有限公司等 30 多家企业，其中生产型企业 4 家，物流企业 4 家。

【新型业务】2017 年，泰州综合保税区密切关注政策动向，主动策应海关特殊监管区域的创新改革，不断拓展园区的政策功能，深化新型业务试点工作。启动综合保税区内仓储货物按状态分类监管业务，该项业务的开展，帮助区内两家大型物流企业整合区内外仓库，有效节约运营成本。积极争取增值税一般纳税人资格试点，抓住国家放开海关特殊监管区域内企业增值税一般纳税人资格试点的机会，对相关政策做了深入细致的解读和利弊分析，根据区内企业的实际需求情况，提交了相关申请材料。跨境电子商务业务初显规模，已经形成区外开展直购进口和零售出口业务、区内开展保税进口和特殊区域出口业务的格局。

【园区建设】积极推进园区验收工作。严格根据相关要求，做好综合保税区二期监管设施和基础设施建设工作，同步启动验收申报。2017 年 12 月 7 日，省联合验收组对泰州综合保税区二期 0.5 平方公里进行正式验收，认定验收合格。至此，泰州综合保税区一期 1.08 平方公里、二期 0.5 平方公里均正式封关运作，总验收面积 1.58 平方公里。

园区配套设施不断完善。2017 年完成标准厂房一期 1.6 万平方米、保税展示交易中心 3 万平方米的建设工程项目。同时，围绕跨境电子商务等业务的开展，按施工计划有序推进标准厂房二期 13.6 万平方米，保税仓库二期 6 万平方米恒温恒湿库，总计约 21 万平方米项目的建设工作，大大提升了综合保税区项目承载能力。

【企业服务与管理】 把企业服务摆首位，充分发扬“店小二”精神，为企业投资生产打造优质的软环境。全面形成从项目招引洽谈，到签约注册、落户开工及生产运营服务的完整服务链条，常态化、高质量地服务区内企业，保障各类业务高效顺畅地开展。海关通关环境得到进一步优化，学习借鉴上海自贸试验区通关方面的创新经验，简化通关流程，提高通关效率。积极探索并启动“掌上物流”模式改造工作，进一步提高企业物流效率，降低物流成本。

南通综合保税区
NANTONG FREE TRADE ZONE

【开发建设】 南通综合保税区规划面积5.29平方公里，实行“一区两片”的发展格局。其中，A区规划面积1.5平方公里，着重发展研发、大数据、展览展示、检测与维修、国际贸易等保税服务业，适当增加环境友好型保税加工业；B区规划面积3.79平方公里，紧邻通海港区集装箱码头，着力发展保税加工和保税物流业。

【投资环境】 南通综合保税区位于国家级南通经济技术开发区内，处于中国沿海南北交通动脉和长江入海的枢纽位置。南通位于长江入海口北岸，与上海、苏州隔江相望，是长三角地区重要的工业基地和长江流域重要的枢纽城市，也是长三角地区距离上海自贸试验区最近的城市。南通经济技术开发区于1984年12月经国务院批准设立，是我国首批14个国家级经济技术开发区之一，历经30多年发展，已成为长三角核心区域具有较强竞争力的现代产业园区。南通开发区大力推进产业转型升级发展，产业基础雄厚，形成电子信息、精密机械、装备制造、医药健康、服务外包等产业集群，为南通综合保税区的发展提供有力支撑。

南通综合保税区基础设施建设实现“九通一平”，生产要素完备，配套条件优越。总建筑面积15万平方米，可容纳近2万名员工的职工、人才公寓已经建成，可为综合保税区内企业提供生活居住配套。位于南通综合保税区A区东南侧的星湖商业板块占地面积20万平方米，建筑面积33万平方米，是集休闲、餐饮、娱乐、购物、商务、旅游、文化、办公于一体的商贸综合体。南通综合保税区B区紧邻岸线长约2 487米的通海港区集装箱作业区，B区前沿一期3个7万吨级集装箱泊位已建成并开港运营。B区商办、餐饮、职工公寓等商务配套一期工程即将投入运营，建筑面积约2.4万平方米，届时南通综合保税区B区投资环境将日趋完善。

【招商引资】 2017年，南通综合保税区新注册项目5个，新增注册资本4.71亿元。截至2017年年底，南通综合保税区累计注册企业216家，总投资26.27亿元，注册资本97.76亿元。其中，外商投资企业29家，总投资11亿美元，注册资本4.25亿美元。注册企业中，保税加工类企业32家，总投资43.10亿元；保税物流类企业17家，总投资8.66亿元；商贸类企业65家，总投资22.39亿元；展览展示类企业2家；研发企业7家；检测维修企业1家；注册经济类企业92家，总投资162.64亿元。

【经济发展】 2017年，南通综合保税区实现经营收入138.69亿元，同比增长35.60%；实现工业总产值18.42亿元，同比增长46.43%；实现进出口额44.7亿元，同比增长133.8%，其中出口额15.85亿元，同比增长82.1%，进口额28.9亿元，同比增长177.0%；完成税收3.53亿元，其中关税及海关代征税收 2.96 亿元。至 2017 年年底，南通综合保税区累计合同利用外资 4.25 亿美元，实际利用外资 2.95 亿美元；累计实现进出口额 40.17 亿美元，进出区监管货值 74.1 亿美元。

【产业聚焦】南通综合保税区内已投产保税加工型企业的主要产品为医药健康产品、汽车配套产品、纺织品、海工船舶配套产品等；在建保税加工型企业建成投产后产品包括生物医药、电子元器件、汽车零配件、可降解材料等。园区已建成 5.2 万平方米保税物流仓库，3 000立方米冷冻冷藏库，可开展进口物资的分拨业务和出口物资的集拼业务，并提供供应链一体化服务。

南通综合保税区积极发挥功能优势，推进特色产业发展。位于 A 区的国际数据中心产业园规划面积约 86.67 万平方米，已吸引阿里巴巴大数据综合服务平台、美国华平钛基数据中心、中国移动、美国尼尔森大数据分析等项目入区发展，将形成通信运营商、设备供应商、软件开发商、数据中心管理运营商、数据应用服务商相互关联的产业链，构筑具有综合保税区特色的国际数据产业发展平台。B 区集聚了中仓国际物流园、中远海运通海物流园、宝能智慧物流园和中农集团现代物流园等一批现代物流项目，正全力打造集仓储、分拨、配送、销售、供应链金融等为一体的现代物流中心。

【发展趋势】南通综合保税区将围绕保税加工、保税物流、口岸作业、保税服务四大产业，着力建设研发中心、加工制造中心、展览展示销售中心、结算中心、物流中心、检测维修中心，重点建设大数据产业园和现代物流园，力争早日建成投资自由化、贸易便利化、金融国际化、行政高效化的长三角现代物流和加工贸易运营示范区。

【机构设置】南通综合保税区管理局是南通市经济技术开发区管理委员会的派出机构，下设行政部、招商部和经济发展部。

【招商部门】招商部，联系电话：0513－85980289，网站：http：//www.ntftz.com。

扬州综合保税区
YANGZHOU FREE TRADE ZONE

【经济发展】扬州综合保税区截至2017年年底，累计完成注册项目73个，累计外资到账13.3亿美元，累计完成进出口总额123.84亿美元，完成实际进出境56.53亿美元。园区主要企业有峻茂光电、荣德新能源、逸洁科技、川岳科技、日新意旺、耀锋科技、顺风光电等，初步形成了电子信息、太阳能光伏、装备制造和LED芯片封装检测等特色产业。2017年，扬州综合保税区完成进出口总额21.34亿美元，同比增长约10%。其中，完成一线进出境额11.88亿美元，同比增长约10%。

【投资环境】扬州地处长江三角洲经济圈内，是上海经济圈和南京都市圈的节点城市，与南京、镇江构成“宁镇扬都市圈”。扬州经济技术开发区为国家级经济技术开发区，综合实力在江苏省全部130多家开发区中位居前列。区内拥有国家一类开放口岸——扬州港，京沪高速、沪宁高速、宁通高速、沿江高速纵横交错，距扬州泰州国际机场30分钟，宁启铁路与在建的淮扬镇铁路承南启北、横贯东西，构成了水陆空铁“四位一体”的立体交通网络，实现了多种运输方式联程联运的无缝衔接。

【发展趋势】园区将紧扣“十三五”发展规划，科学合理布局，通过保税加工、保税物流、保税服务“三轮驱动”，加快引进制造业重点项目，以产业集聚带动保税物流和保税服务业的发展。充分挖掘综合保税区政策，立足现有制造企业，做优保税加工；加强与港口、机场的联动，做强保税物流；充分运用上海自贸试验区可复制、可推广政策，积极主动与海关等部门对接，做新保税服务。

【招商部门】扬州综合保税区招商局。联系电话：0514－82982696，传真：0514－87529080，邮箱：yzckjgq@126.com。

盐城综合保税区
YANCHENG FREE TRADE ZONE

【概况】盐城综合保税区于 2012 年 6 月 16 日获国务院批准设立，规划面积 2.28 平方公里，首期 1.21 平方公里封关区于 2012 年 11 月通过国家验收，二期 0.82 平方公里封关区于 2018 年 1 月获批通关。园区重点发展电子信息、新材料等先进制造业和国际贸易、仓储物流、跨境电子商务等现代服务业。现有佛吉亚、盈信通科技、耀崴科技等“四上企业”（指规模以上工业企业、资质等级建筑业企业、限额以上批零住餐企业、限额以上服务业企业）28 家，其中规上工业定报企业（指规模以上需定期报送工业统计报表企业）17 家，市三星级以上企业 4 家；拥有日本 TIC 孵化中心、省汽车零部件进口贸易中心、跨境电子商务集聚区等平台 5 个。

【经济发展】2017 年，盐城综合保税区发展势头良好，实现规模以上工业开票销售 49.7 亿元，税务税收13 461万元，注册外资实际到账3 860万美元，外贸进出口总额 2.7 亿美元；新开工、竣工亿元以上工业项目分别为 3 个、2 个，新增定报企业 2 个；跨境电子商务单量 1.9 万件，总量居全省第一。

【招商引资】2017 年，盐城综合保税区开工工业项目 5 个、服务业项目 11 个，新增定报企业 3 家。年内，光耀光学、英锐晶圆、上荣实业、人工智能辅具等项目相继落户。

【产业建设】2017 年，园区内日本 TIC 先进技术孵化中心、北方青鸟孵化园、唔嚯跨境电子商务平台、江苏省汽车零部件进口交易中心、跨境电子商务集聚区等新载体、新业态逐步发展；国投自贸园二期加快建设；总面积20 000平方米的跨境电子商务集聚区开始运营。

【管理与服务】盐城综合保税区二期封关区监管设施、基础设施和配套工程全部建成，顺利通过国家验收。园区积极投身“大走访、大落实”活动，帮助企业协调解决各类难题，为企业发展营造良好的环境。年内，一般公共预算收入完成率 103%，固定资产投资完成率为 81%。

【发展趋势】园区将始终坚持与同类园区走差别竞争、错位发展、特色取胜的路子，深化改革开放、优化营商环境，致力于增强发展新动能、构筑竞争新优势，不断形成你投资我服务、你创业我帮助的和谐氛围。

南昌综合保税区
NANCHANG COMPREHENSIVE FREE TRADE ZONE

【概况】 南昌综合保税区于2016年2月9日经国务院批复成立，2017年9月完成验收工作正式封关运行。园区规划面积2平方公里，分为两个片区：一片区为原南昌出口加工区A区，位于南昌国家高新技术产业开发区内，规划面积0.31平方公里；二片区规划面积1.69平方公里，位于南昌市北部，紧邻昌北国际机场东南面，地处第18个国家级新区——赣江新区腹地，位于京九大通道和沪昆大动脉的结合部，福银高速和昌九快速路在园区交汇，到昌北国际机场和江西省内河规模最大的现代化综合码头——龙头岗国际集装箱码头的距离均不超过3公里，形成了水、陆、空立体交通枢纽，区位和交通优势明显。

【经济发展】 南昌综合保税区着力发展保税加工制造、保税服务贸易、保税物流、保税航空和保税金融五大产业，重点发展展示贸易、名品折扣、跨境电子商务、信息服务和检测维修等业态，打造昌九地区的信息产业基地和多业态综合一站式体验式消费中心。2017年，全区实现进出口总值6.8亿美元，出口创汇3.1亿美元。

【投资环境】 南昌综合保税区在基础设施建设上一直坚持高标准、严要求，区内道路、雨污水管网、电力、通信、供水、供气设施完善。截至2018年8月，共建成标准厂房12.5万平方米。

人才配套。园区周边分布着40余所高等院校，20个国家级、220个省级重点实验室和科研机构，常住人口100多万人，拥有丰富的人力资源。

生活配套。园区秉承“先生活，后生产”的理念，着力打造新型园区生活服务“邻里中心”，满足入园企业员工的吃、住、行、游、乐、购等多方面需求。

产业配套。园区链接南昌航空工业城、小蓝汽车城、红谷滩金融商务区等多个产业平台，凭借强有力的集群效应，形成巨大的制造业产业链规模。

金融配套。园区集聚境内外社会资本，引进各类金融服务机构，建立完备的金融市场体系，为企业提供股权融资、增信担保、融资租赁、供应链金融等多元化金融服务。

【招商引资】 依托现有配套能力，南昌综合保税区一片区已落户富港电子（南昌）有限公司、江西海昌电科技有限公司、合顺（南昌）光电科技有限公司、友联达光电科技（江西）有限公司、南昌欧菲光多媒体新技术有限公司等以光电产业制造为主的企业累计35家，二片区引进了南昌英华达智能制造有限公司、与德智能制造科技园、移动云计算数据中心、跨境商品展示交易中心、中江保税仓、驰盛现代物流园、国微标准厂房等项目落户。同时，园区还积极与我国台湾地区、新加坡、意大利等地的投资商进行了接触和洽谈，初步达成投资合作的意向。

【发展趋势】 南昌综合保税区结合自身的综

合竞争优势，着力打造国家“一带一路”建设的产业腹地、长江中游城市群的开放枢纽、省市开发开放的战略支点，重点发展五大产业——保税加工制造业、保税服务贸易业、保税物流业、保税航空业和保税金融业。通过四大功能平台打造，力争将南昌综合保税区建设成全国首个“内陆服务平台型”综合保税区，站在新时代更高标准、更高水平的起点上，加快形成南昌综合保税区具有创新力和竞争力的后发优势。

南昌综合保税区以“立足综保、对接自贸、服务全省”为发展定位，以搭建“一区多口岸”开放式格局为发展思路，以打造开放型经济的创新试验区、服务示范区、形象展示区为发展目标，紧抓江西省开发开放建设的重大机遇，围绕南昌市打造国际先进制造业的城市定位，落实国家关于海关特殊监管区域整合优化的总体部署和构建开放型经济新体制综合试点试验的新要求，积极策应中国南昌跨境电子商务综合试验区建设，牢牢把握自贸试验区改革试点经验向综合保税区复制推广的重要契机，推动区内产业升级、业态升级、价值链升级和体制机制创新，为南昌市乃至江西省承接国际产业转移、稳定发展对外贸易和推进区域协调发展作出更大贡献。

【机构设置】南昌综合保税区管委会内设有机关党支部、办公室、保税贸易局、招商联络局、规划建设局、财政局、服务中心 7 个机构。

【招商部门】南昌综合保税区招商联络局主要负责全区招商引资工作。联系电话：0791-86726628，网址：http：//nczbq. gov. cn/。

遵义综合保税区
ZUNYI FREE TRADE ZONE

【开发建设】 遵义综合保税区位于成渝和黔中两大经济圈的结合部，2014 年 2 月按照“边申报、边建设、边招商”启动申建工作，2017 年 7 月 1 日获国务院批准设立，2018 年 4 月 24 日通过国家验收，规划建设面积 1.11 平方公里。此外，将贵州新蒲经济开发区作为遵义综合保税区的托管区配套区，规划面积 30 平方公里。

2012 年 8 月，贵州新蒲经济开发区经贵州省政府批准成立，是遵义市实现产业转型升级、三化同步的重要载体。2014 年 2 月，贵州新蒲经济开发区正式启动开发建设。按照“两区六园”总体布局，着力推进遵义综合保税区、智能终端产业集聚区、遵义（上海）产业园、遵义软件园、遵义空港产业园、环保产业园、辣椒产业园等建设，重点发展以大数据为引领的智能终端产业、以绿色生态为特色的轻工产业、以航天航空配套为主的装备制造业等产业。

按照贵州省委、省政府对遵义市提出的“坚持红色传承、推动绿色发展，奋力打造西部内陆开放新高地”的要求，遵义综合保税区立足遵义，依托黔北，辐射黔川渝结合部，面向国际，以改革创新为引领，以发展外向型经济为核心，创新机制、创优政策、创造服务，努力打造成为遵义对外开放主阵地、黔川渝结合部开放主平台、西部内陆开放示范区、全国特色综合保税区，形成开放高地、政策洼地、产业实地、创业福地。

【经济发展】 遵义综合保税区及托管区配套区已建成标准厂房等生产生活配套设施面积达 300 多万平方米（其中围网区建成标准厂房 63 栋 40 万平方米），基础设施日益完善，产业集聚初具规模，引进企业 130 多家。2017 年，园区实现规模工业总产值 236.27 亿元，同比增长 57.1%；进出口额实现 9.64 亿美元，同比增长 140.4%。此外，收汇率居全省第一位，手机产量突破 1 亿台，集成电路突破 1 亿块，其他智能终端及配套元器件突破 1 亿个，成功获批国家新型工业化产业示范基地、中国创新创业示范基地、国家级科技企业孵化器。

【投资环境】 区位佳。遵义综合保税区地处西南地区中心位置，“南下两广通沿海、北经川渝进中原”，南距省会贵阳 143 公里，北距重庆 248 公里，是昆筑北上和川渝南下之咽喉，是黄金水道经济带建设的规划带和黔渝新欧国际铁路联运大通道的辐射带，是以重庆、成都、西安为中心的“西三角”的延伸带，是成渝和黔中两大经济区之间的重要节点城市。向北，借道黔渝新欧国际大通道融入“丝绸之路经济带”；向南，借力渝桂黔陇等地合作，构建南向通道；向东，依托长江黄金水道、乌江航道借船出海驶入“海上丝绸之路”；向西，经过杭瑞高速公路和贵昆连接铁路进入印度洋。

交通畅。目前，园区已形成 5 分钟高速、10 分钟机场、20 分钟高铁、30 分钟航道的交通网络格局。兰海、杭瑞、蓉遵国家高速贯穿全境，形成“六纵七横八联”高速路网。园区紧邻的遵义机场，是贵州第一大支线机场，已开通临时航空口岸。现有国内航线 36 条，直达深圳、上海、北京等大中型城市；国际航线 4 条，直达曼谷、首尔、香港、新加坡。重庆到贵州的快速铁路（渝黔铁路）已通车，到重庆仅需 80 分钟，到广州 6 小时。同时，时速 350 公里/小时的黔渝高铁已纳入国家《中长期铁路网规划》。园区毗邻乌江、赤水河航道，1 000吨单船可直通长江。

生态美。园区森林覆盖率达 61%，绿化面积 50 万平方米，园区内已建、在建 5 个山体公园和 1 个湿地公园。园区紧邻百里洛安·生态画廊、沙滩文化景区、云门屯、摩崖石刻、三贤堂等旅游度假区。

资源富。园区地处云贵高原，多丘陵峡谷，属亚热带季风气候，终年温凉湿润，冬无严寒，夏无酷暑。园区周边地区生产水稻、花椒、茶叶、优质鹅、商品猪、秋锦梨等农副产品，通勤一小时内分布以茶、金银花、油菜、中药材为主的植物。园区毗邻乌江渡、构皮滩等大型水电站，是西电东送的重要基地，有力保障辖区内工业用电。园区周边有丰富的煤、铝土矿、钛、锰、镁、钼、钡、烧碱等矿产资源，临近钛、锰、烧碱、高性能钢丝绳等原材料生产基地。

配套齐。人才：10 万人的遵义大学城毗邻园区，遵义师范学院、遵义医学院、贵州航天职业技术学院、遵义职业技术学院等 6 所大专院校每年可提供 2 万人的专业技术人才，同时6 000人规模的经开区职校已于 2017 年 9 月建成招生，实行校企合作，定向培养。医疗：遵义医学院附属医院、新蒲新区人民医院等 27 所综合医院建成投用。教育：拥有遵义第四中学、北京师范大学遵义附属学校、遵义文化小学等优质教育，完善的教学配套，可解决子女就近入学。生活：人才公寓、超市、电影院、购物街、美食街、园区公交等配套齐全。

成本低。水电、工业厂房租金成本比沿海地区便宜 30%，人工成本低。此外，园区内已有多家物流公司入驻，物流配送效率高，物流成本低。

政策优。入驻园区企业，可享受国家西部大开发优惠政策、贵州省及遵义市关于支持遵义综合保税区又好又快发展的实施意见等各级优惠政策。针对不同企业，园区采取一事一议，量身定制相应扶持政策，依托产业扶持基金、税收减免、厂房租金减免等方式，将企业生产成本降低 30%～50%。

服务好。依托3 000平方米的企业服务中心，为企业提供行政审批代办、金融支持、人才招聘、后勤保障等保姆式服务，让企业足不出户就可完成从落地到投产的所有投资手续。

【产业发展】 智能终端产业。在全省坚定不移实施大数据产业发展战略背景下，遵义综合保税区围绕以大数据为引领的智能终端及其配套产业、物联网及人工智能等产业，重点发展手机整机、主板、集成电路、穿戴设备、大数据存储及应用等。目前，财富之舟、年富、禾苗、斐讯等近百家智能终端制造企业已入驻，预计到 2020 年累计实现年产值 700 亿元。

特色食品产业。依托中国辣椒之都——虾子镇，重点发展以辣椒为主的特色农产品深加工、仓储、贸易于一体的全生态食品产业链。已引进辣得笑、贵三红、黔辣苑、高原山乡等辣椒加工企业入驻，其中中国辣椒城综合物流园占地约 41.33 万平方米，是集辣椒加工、批发、物流、仓储、研发认证及电子商务平台、美食城、配套商业服务为一体的综合性物流园区，是目前国内最大的辣椒专业批发市场。

物流商贸服务业。依托遵义机场、高铁站及乌江航运，以遵义综合保税区为平台，围绕保税加工、保税物流、保税服务三大业务，构建黔北地区最大的枢纽性物流园区。

【发展趋势】 着眼未来发展，遵义综合保税区确定了“123456”的发展目标和基本思路：“1”，即努力把综合保税区及托管区打造成1 000亿级产业集聚区的目标；“2”，即建立“综合保税区+经开区”“管委会+公司”的两套工作机制；“3”，即坚持边招商、边集聚、边提升“三边”发展模式，围绕保税加工、保税物流、保税服务“三大业务”，重点发展以大数据为引领的智能终端产业、以绿色生态为特色的轻工产业、以航天航空配套为主的装备制造业“三大产业”；“4”，即按照“国际化”“智能化”“生态化”“市场化”的要求，奋力打造成为“遵义对外开放主阵地、黔川渝结合部开放主平台、西部内陆开放示范区、全国特色综合保税区”的四大发展定位；“5”，即遵义综合保税区与托管区辐射区实行“统筹区内区外、统筹开发建设、统筹产业发展、统筹招商引资、统筹人员使用”等“五个统筹”工作机制；“6”，即努力建设成“机制好、产业好、政策好、配套好、服务好、发展好”的“六好”综合保税区。

哈尔滨综合保税区
HARBIN COMPREHENSIVE BONDED ZONE

【开发建设】哈尔滨综合保税区于2016年3月7日由国务院正式批准设立，于2017年3月通过国家正式验收，同年7月封关运营。规划面积3.29平方公里，一期用地面积1.38平方公里，网内面积1.127平方公里。截至2017年年末，综合保税区一期已开发利用土地面积49.5万平方米。空间布局由综合服务区、口岸作业区、保税加工区、保税物流区、商务配套区五大功能区组成，通过8.8公里的内部路网连接，整体形成园区核心框架。

哈尔滨综合保税区园区外部联络道路和区域内路网、排水、供热、供水、电力、通信、燃气管道等全部铺设完成，达到“七通一平”标准。园区一期范围内的隔离设施、进出卡口、通道设施、监管查验设施、检验检疫处理场所及设施建设全部竣工，均已达到《海关特殊监管区域基础和监管设施验收标准》。重点打造五大功能区，其中综合服务区的通关服务中心已经投入运行，口岸作业区的查验仓库和现场作业用房已经竣工投用，保税物流区5.7万平方米的标准化仓库和保税加工区3.12万平方米的高端制造业标准化厂房（用于电子机械、精密仪器）已竣工，1万平方米的重型机械加工标准化厂房已经开工建设，4.73万平方米的商务展示中心项目已完成土地摘牌。

【投资环境】哈尔滨综合保税区区位优势明显，是黑龙江对外开放的重要战略节点，能够同时辐射25个贸易口岸，具备全方位、立体化对俄开放物流体系，面向国内形成了快速直达的运输网络，面向国外形成了西接欧洲、东接东北亚乃至北美地区的国际运输大通道。哈尔滨综合保税区距离哈尔滨太平国际机场44公里，该机场是中国距离北美最近的航空港，已实现72小时过境免签，开通东北首条第五航权航线，对俄通航城市已达11个，已开通多条对俄货运包机航线，可通过俄罗斯叶卡捷琳堡的大型海外仓辐射俄罗斯全境。哈尔滨综合保税区紧邻哈尔滨四环路，距离哈同、哈大、京哈等主要高速公路入口车程均在15分钟以内。哈尔滨国际铁路集装箱中心站与全国其他17个中心站干线直连，境内可实现集装箱货运直达运输。中欧班列哈尔滨至德国汉堡和俄罗斯叶卡捷琳堡专线，是国内运距最短、成本最低的中欧国际货运线路，平均只需15天即可抵达德国汉堡，平均只需8~10天即可抵达叶卡捷琳堡。哈绥俄亚陆海航运通道的全面打通，标志着地处内陆的哈尔滨拥有了“出海口”，货物可通过铁路经绥芬河口岸到达俄罗斯东方港，再由海运到达终点韩国釜山港。

哈尔滨现已实行四省区（黑龙江、吉林、辽宁、内蒙古）海关通关和检验检疫一体化模式，哈尔滨海关与大连、沈阳、长春、呼和浩特、满洲里海关整合为一体，可实现一地查验、四省区六海关直接放行的便捷通关。通过哈尔滨多式联运海关监管中心，企业可根据物流需求，自由选择空运、铁路、陆路等多种运输方式联运，途中的货物换装、拆拼作业，不再分别进行转关申报，实行物流全程“一次申报、一次查验”。

【招商引资】根据国务院提出的“特殊监管区域要拓展业务类型，向保税加工、保税物流、保税服务等多元化方向发展”的要求，结合哈尔滨市产业特色、区位优势和资源禀赋，哈尔滨综合保税区重点打造高端装备制造、国际贸易、保税仓储物流、跨境电子商务和电子信息产品制造产业。截至2017年年末，已签约上海戊禾跨境电子商务、深圳普泰森手机检测等项目56个；重点推进项目50个，储备项目100个。其中，德国豪狮进口农机、上海东浩兰生供应链项目已入区运营，上海戊禾跨境电子商务平台、深圳普泰森手机检测项目已入区启动建设。

【管理运营】园区重点谋划建设了管理运营、国际贸易综合服务和跨境电子商务三大平台。在管理运营平台方面，按照政府主导、企业化运作的方式，组建成立了哈东投资建设有限公司，承担综合保税区的运营管理和服务工作；在国际贸易综合服务平台方面，依托上海东浩兰生集团供应链项目打造了集贸易代理、货代、报关、物流、仓储等功能于一体的国际贸易综合服务平台；在跨境电子商务服务平台方面，以哈东投资建设有限公司和上海熙菱公司为主体，组建混合所有制公司，作为跨境电子商务业务的运营主体，为园区开展跨境贸易提供平台支撑。

【经济发展】哈尔滨综合保税区自封关运行至2017年年末，仅半年时间，签约企业56个，实现进出口总额525.8万美元，完成海关税收及代征税220万元，实现工业总产值1 614.5万元。以德国豪狮、凯斯纽荷兰为龙头的农机加工、商贸产业，以哈尔滨陆港跨境电子商务平台为主的跨境电子商务产业，以上海东浩兰生集团为龙头的国际贸易综合服务产业，以深圳普泰森诺联手机检测维修企业为龙头的电子信息产品检测维修产业发展初见成效。

【发展趋势】哈尔滨综合保税区将紧抓我国推进“一带一路”建设和自贸试验区制度政策向综合保税区复制推广的重要契机，立足哈尔滨市“建设东北亚地区具有重要影响的现代化城市和哈长城市群核心城市”的总体定位，全面推动区内国际贸易功能升级、业态升级和价值链升级，深入探索区内外联动发展、园区与地区协同开放、质量效益导向型外贸促进新体系。一是提升国际贸易集成功能，集聚国际化高能级贸易商，发展新型贸易方式和交易平台，打造黑龙江省区域性进口商品采购分销基地，建设国家级跨境电子商务示范区。二是培育依托保税环境的战略性新兴产业，强化区港联动，大力发展航空装备、智能装备、精密电子、保税物流等，建设智慧型综合保税区，推动保税产业向高端领域延伸。三是依托保税区创新型产业，发展跨境电子商务、生产性服务贸易、离岸金融、服务外包等服务业，加快口岸经济转型升级。

【招商部门】哈尔滨综合保税区招商工作由管委会招商服务中心负责。联系人：马知贤，联系电话：0451-51900138、51059188，电子邮箱：mazx_ leon@ 163. com。

统计资料篇

保税区（保税物流园区）

2017 年全国保税区经济指标统计情况表

指标	单位	合计		
		当年累计	同比（%）	历年累计
增加值	万元	41 070 768	8.7	413 608 874
经营总收入	万元	310 989 610	18.2	2 934 656 841
其中：总部企业收入	万元	1 011 446	4.0	144 398 026
技术服务收入	万元	2 150 000	25.0	6 804 000
工业总产值	万元	36 429 171	3.1	459 470 706
其中：高新技术产业	万元	10 198 114	-47.5	155 476 879
商品销售额	万元	263 176 137	15.0	2 275 536 883
物流企业经营收入	万元	12 087 653	17.8	387 463 859
总部企业数	万元	6	0.0	104
批准企业数	个	14 448	-16.0	129 515
其中：加工企业	个	117	36.0	3 027
贸易企业	个	8 836	3.6	79 680
仓储物流企业	个	253	-38.1	7 691
批准外资企业数	个	1 353	-31.5	26 302
其中：加工企业	个	13	30.0	1 996
贸易企业	个	616	-33.1	15 917
仓储物流企业	个	17	-58.5	2 004
批准投资总额	万美元	10 975 103	-27.0	70 665 974
其中：外商投资总额	万美元	1 609 043	-54.2	27 216 452
合同利用外资	万美元	964 007	-42.4	17 827 626
企业实际到位资金	万美元	2 764 968	24.3	27 552 975
其中：实际利用外资	万美元	517 279	33.8	5 865 735
房屋竣工建筑面积	平方米	1 550 449	-19.8	55 937 539
固定资产投资额	万元	1 997 557	-63.4	55 757 183
其中：基础设施投资	万元	122 294	-82.6	8 396 739
税收总额	万元	17 041 716	-0.1	170 233 906
其中：海关税收及代征税	万元	8 954 171	0.0	126 963 806
税务部门税收	万元	7 970 035	12.8	77 636 670
期末从业人员	人	513 075	-20.3	513 075
其中：期末外资企业从业人员	人	367 334	-12.5	367 334
期末批准面积	平方公里	44.13	-0.2	42.18
期末验收封关面积	平方公里	39.70	-0.2	37.75

续表

指标	单位	天津港保税区		
		当年累计	同比（%）	历年累计
增加值	万元	6 530 277	1. 9	120 615 792
经营总收入		26 311 263	-10. 9	622 959 313
其中：总部企业收入		0	—	0
技术服务收入		0	—	0
工业总产值		4 364 996	-20. 7	135 395 896
其中：高新技术产业		692 806	-93. 8	56 376 214
商品销售额		18 662 479	-3. 2	300 327 376
物流企业经营收入		2 946 494	62. 7	59 240 579
总部企业数		0	—	80
批准企业数	个	4 849	1. 9	36 550
其中：加工企业		69	64. 3	806
贸易企业		1 760	-22. 0	17 368
仓储物流企业		0	-100. 0	2 877
批准外资企业数		93	-24. 4	6 551
其中：加工企业		0	—	390
贸易企业		0	-100. 0	4 819
仓储物流企业		0	-100. 0	306
批准投资总额	万美元	6 139 626	20. 4	22 941 550
其中：外商投资总额		504 044	-54. 1	7 818 434
合同利用外资		363 959	456. 5	5 880 131
企业实际到位资金		660 055	-38. 4	9 425 394
其中：实际利用外资		234 161	17. 3	3 324 197
房屋竣工建筑面积	平方米	0	—	34 081 817
固定资产投资额	万元	94 300	-97. 3	30 363 897
其中：基础设施投资		3 400	-99. 2	3 987 858
税收总额		437 802	-79. 1	12 758 429
其中：海关税收及代征税		0	-100. 0	34 148 979
税务部门税收		437 802	-6. 6	12 758 429
期末从业人员	人	40 371	-26. 2	40 371
其中：期末外资企业从业人员		0	-100. 0	0
期末批准面积	平方公里	5	0. 0	5
期末验收封关面积		5	0. 0	5

续表

指标	单位	大连保税区		
		当年累计	同比（%）	历年累计
增加值	万元	0	—	0
经营总收入		0	—	0
其中：总部企业收入		0	—	0
技术服务收入		0	—	0
工业总产值		0	—	0
其中：高新技术产业		0	—	0
商品销售额		0	—	0
物流企业经营收入		0	—	0
总部企业数		0	—	0
批准企业数	个	0	—	0
其中：加工企业		0	—	0
贸易企业		0	—	0
仓储物流企业		0	—	0
批准外资企业数		0	—	0
其中：加工企业		0	—	0
贸易企业		0	—	0
仓储物流企业		0	—	0
批准投资总额	万美元	0	—	0
其中：外商投资总额		0	—	0
合同利用外资		0	—	0
企业实际到位资金		0	—	0
其中：实际利用外资		0	—	0
房屋竣工建筑面积	平方米	0	—	0
固定资产投资额	万元	0	—	0
其中：基础设施投资		0	—	0
税收总额		0	—	0
其中：海关税收及代征税		0	—	0
税务部门税收		0	—	0
期末从业人员	人	0	—	0
其中：期末外资企业从业人员		0	—	0
期末批准面积	平方公里	1.95	—	0
期末验收封关面积		1.95	—	0

续表

指标	单位	上海外高桥保税区		
		当年累计	同比（%）	历年累计
增加值	万元	23 180 000	13.5	197 144 400
经营总收入		166 852 900	15.0	1 425 497 700
其中：总部企业收入		0	—	140 780 000
技术服务收入		2 150 000	25.0	6 804 000
工业总产值		6 389 325	0.0	98 584 424
其中：高新技术产业		1 241 900	8.8	15 384 600
商品销售额		152 290 400	15.0	1 257 537 800
物流企业经营收入		2 401 600	21.7	268 298 000
总部企业数		0	—	0
批准企业数	个	2 985	-45.8	37 251
其中：加工企业		4	100.0	362
贸易企业		1 468	-46.0	19 181
仓储物流企业		103	-14.9	1 684
批准外资企业数		1 002	-34.9	11 987
其中：加工企业		3	200.0	287
贸易企业		451	-35.8	6 208
仓储物流企业		6	-77.8	1 247
批准投资总额	万美元	1 817 934	-75.5	33 458 834
其中：外商投资总额		811 540	-62.4	14 646 040
合同利用外资		441 405	-69.5	9 153 705
企业实际到位资金		239 235	89.8	10 805 361
其中：实际利用外资		239 235	89.8	1 067 261
房屋竣工建筑面积	平方米	470 200	134.7	3 605 200
固定资产投资额	万元	417 600	58.8	6 449 800
其中：基础设施投资		0	-100.0	1 119 798
税收总额		12 617 414	11.9	115 501 148
其中：海关税收及代征税		7 210 293	13.4	67 731 493
税务部门税收		5 407 121	11.0	47 769 521
期末从业人员	人	271 098	2.5	271 098
其中：期末外资企业从业人员		256 200	0.5	256 200
期末批准面积	平方公里	10	0.0	10
期末验收封关面积		8.9	0.0	8.9

续表

指标	单位	张家港保税区		
		当年累计	同比（%）	历年累计
增加值	万元	4 654 240	7.2	41 584 610
经营总收入	万元	50 996 197	40.1	419 987 009
其中：总部企业收入	万元	797 825	5.4	2 548 212
技术服务收入	万元	0	—	0
工业总产值	万元	10 698 157	18.9	111 884 904
其中：高新技术产业	万元	3 229 455	12.3	25 391 645
商品销售额	万元	49 354 327	41.1	394 475 570
物流企业经营收入	万元	1 408 245	27.8	9 808 272
总部企业数	万元	0	—	1
批准企业数	个	1 367	14.1	10 624
其中：加工企业	个	19	46.2	372
贸易企业	个	1 308	16.8	9 586
仓储物流企业	个	40	-37.5	665
批准外资企业数	个	18	20.0	664
其中：加工企业	个	7	250.0	191
贸易企业	个	11	-15.4	423
仓储物流企业	个	0	—	46
批准投资总额	万美元	253 054	65.0	3 217 254
其中：外商投资总额	万美元	92 341	372.7	1 804 873
合同利用外资	万美元	28 797	150.0	1 034 879
企业实际到位资金	万美元	187 851	18.2	2 796 694
其中：实际利用外资	万美元	26 016	-2.5	590 200
房屋竣工建筑面积	平方米	1 030 162	-33.0	12 211 592
固定资产投资额	万元	770 908	-23.9	11 026 083
其中：基础设施投资	万元	88 211	-68.9	2 259 294
税收总额	万元	1 629 257	39.9	14 807 252
其中：海关税收及代征税	万元	767 539	45.4	8 684 080
税务部门税收	万元	861 718	35.4	6 123 172
期末从业人员	人	62 726	7.1	62 726
其中：期末外资企业从业人员	人	21 720	0.4	21 720
期末批准面积	平方公里	4.1	0.0	4.1
期末验收封关面积	平方公里	4.1	0.0	4.1

续表

指标	单位	宁波保税区		
		当年累计	同比（%）	历年累计
增加值	万元	1 743 783	10.7	19 023 693
经营总收入		21 600 000	-5.9	239 636 790
其中：总部企业收入		0	—	0
技术服务收入		0	—	0
工业总产值		3 192 886	8.5	53 422 881
其中：高新技术产业		2 482 190	3.8	40 078 775
商品销售额		17 577 051	-8.8	183 781 313
物流企业经营收入		1 239 912	30.5	6 551 373
总部企业数		0	—	0
批准企业数	个	1 947	56.5	14 138
其中：加工企业		0	—	337
贸易企业		1 675	791.0	12 009
仓储物流企业		0	—	38
批准外资企业数		32	-11.1	1 134
其中：加工企业		0	—	255
贸易企业		30	114.3	821
仓储物流企业		0	—	30
批准投资总额	万美元	1 635 560	88.8	3 860 825
其中：外商投资总额		11 175	-76.2	756 176
合同利用外资		7 762	-72.2	477 953
企业实际到位资金		1 625 056	97.7	3 069 649
其中：实际利用外资		1 692	-24.5	230 512
房屋竣工建筑面积	平方米	32 488	—	3 254 012
固定资产投资额	万元	101 895	130.4	2 610 021
其中：基础设施投资		0	—	229 558
税收总额		560 568	19.8	6 401 615
其中：海关税收及代征税		68 962	-0.7	2 152 662
税务部门税收		491 606	23.3	4 248 953
期末从业人员	人	31 867	-6.6	31 867
其中：期末外资企业从业人员		29 636	-6.6	29 636
期末批准面积	平方公里	2.3	0.0	2.3
期末验收封关面积		2.3	0.0	2.3

续表

指标	单位	福州保税区		
		当年累计	同比（%）	历年累计
增加值	万元	0	-100.0	1 001 326
经营总收入	万元	3 127 545	899.7	4 451 785
其中：总部企业收入	万元	0	—	0
技术服务收入	万元	0	—	0
工业总产值	万元	275 656	28.9	1 270 422
其中：高新技术产业	万元	129 444	1 192.9	139 456
商品销售额	万元	3 120 159	760.1	4 923 343
物流企业经营收入	万元	68 142	-9.1	485 654
总部企业数	万元	0	—	0
批准企业数	个	656	-18.5	4 166
其中：加工企业	个	9	350.0	44
贸易企业	个	639	88.5	3 361
仓储物流企业	个	8	—	220
批准外资企业数	个	7	-66.7	464
其中：加工企业	个	0	—	15
贸易企业	个	7	-30.0	382
仓储物流企业	个	0	-100.0	53
批准投资总额	万美元	142 026	-12.5	1 832 929
其中：外商投资总额	万美元	3 442	-31.7	154 146
合同利用外资	万美元	0	-100.0	90 529
企业实际到位资金	万美元	0	—	199 654
其中：实际利用外资	万美元	0	—	32 409
房屋竣工建筑面积	平方米	0	—	1 000
固定资产投资额	万元	0	-100.0	174 890
其中：基础设施投资	万元	0	—	130 864
税收总额	万元	44 722	8.4	744 655
其中：海关税收及代征税	万元	0	—	421 010
税务部门税收	万元	44 722	8.4	323 644
期末从业人员	人	27 000	-3.6	27 000
其中：期末外资企业从业人员	人	7 600	-2.6	7 600
期末批准面积	平方公里	1.8	0.0	1.8
期末验收封关面积	平方公里	0.68	0.0	0.68

续表

指标	单位	厦门象屿保税区		
		当年累计	同比（%）	历年累计
增加值	万元	723 088	-23.3	6 106 362
经营总收入	万元	6 993 477	-20.5	53 297 058
其中：总部企业收入	万元	0	—	0
技术服务收入	万元	0	—	0
工业总产值	万元	159 611	-53.7	1 986 459
其中：高新技术产业	万元	30 211	—	84 871
商品销售额	万元	5 830 220	-35.6	42 573 693
物流企业经营收入	万元	1 102 967	-32.6	9 000 472
总部企业数	万元	0	—	0
批准企业数	个	1 102	-49.5	8 082
其中：加工企业	个	0	—	45
贸易企业	个	666	-14.6	3 785
仓储物流企业	个	44	780.0	1 099
批准外资企业数	个	64	-42.3	852
其中：加工企业	个	0	—	2
贸易企业	个	23	-58.9	181
仓储物流企业	个	0	—	21
批准投资总额	万美元	439 500	-50.7	2 060 448
其中：外商投资总额	万美元	13 490	-71.8	493 533
合同利用外资	万美元	8 460	-69.8	135 616
企业实际到位资金	万美元	300	-98.5	153 217
其中：实际利用外资	万美元	300	-97.9	68 120
房屋竣工建筑面积	平方米	0	—	0
固定资产投资额	万元	0	—	776 606
其中：基础设施投资	万元	0	—	98 670
税收总额	万元	94 300	-37.3	1 128 948
其中：海关税收及代征税	万元	24 700	-5.8	396 633
税务部门税收	万元	56 500	-43.9	691 743
期末从业人员	人	0	-100.0	0
其中：期末外资企业从业人员	人	0	-100.0	0
期末批准面积	平方公里	0.63	0.0	0.63
期末验收封关面积	平方公里	0.63	0.0	0.63

续表

指标	单位	青岛保税区		
		当年累计	同比（%）	历年累计
增加值	万元	1 665 619	8.1	14 137 639
经营总收入		7 149 384	-1.4	65 554 470
其中：总部企业收入		0	—	0
技术服务收入		0	—	0
工业总产值		929 253	106.5	8 667 992
其中：高新技术产业		583 262	39.9	4 582 269
商品销售额		6 563 138	28.6	43 150 897
物流企业经营收入		1 603 059	1.8	12 278 438
总部企业数		0	—	0
批准企业数	个	1 182	6.9	10 710
其中：加工企业		0	—	207
贸易企业		1 182	21.2	10 001
仓储物流企业		0	-100.0	202
批准外资企业数		63	34.0	1 625
其中：加工企业		0	—	164
贸易企业		59	47.5	1 406
仓储物流企业		0	—	35
批准投资总额	万美元	496 018	59.9	1 972 527
其中：外商投资总额		164 168	72.6	732 692
合同利用外资		104 500	51.8	492 159
企业实际到位资金		37 365	279.7	653 018
其中：实际利用外资		10 145	3.1	164 254
房屋竣工建筑面积	平方米	0	-100.0	1 797 562
固定资产投资额	万元	59 721	6.7	902 806
其中：基础设施投资		14 031	267.0	105 044
税收总额		469 841	13.3	4 794 378
其中：海关税收及代征税		271 897	6.0	3 502 356
税务部门税收		197 944	25.1	1 657 177
期末从业人员	人	37 521	0.6	37 521
其中：期末外资企业从业人员		25 703	0.0	25 703
期末批准面积	平方公里	9.72	0.0	9.72
期末验收封关面积		7.94	0.0	7.94

续表

指标	单位	广州保税区		
		当年累计	同比（%）	历年累计
增加值	万元	476 949	15.9	4 680 224
经营总收入		4 856 043	-1.1	44 252 206
其中：总部企业收入		0	—	0
技术服务收入		0	—	0
工业总产值		507 315	1.1	11 762 505
其中：高新技术产业		209 769	-19.6	5 952 454
商品销售额		3 072 446	-8.4	29 240 064
物流企业经营收入		1 261 857	18.3	7 468 549
总部企业数		0	—	0
批准企业数	个	66	22.2	3 582
其中：加工企业		0	—	64
贸易企业		22	15.8	2 447
仓储物流企业		5	-28.6	75
批准外资企业数		4	—	791
其中：加工企业		0	—	60
贸易企业		3	—	704
仓储物流企业		0	—	3
批准投资总额	万美元	9 376	53.6	276 823
其中：外商投资总额		656	—	213 020
合同利用外资		1 058	—	113 186
企业实际到位资金		9 376	57.1	99 818
其中：实际利用外资		0	-100.0	80 351
房屋竣工建筑面积	平方米	0	—	0
固定资产投资额	万元	254 382	-28.6	1 533 701
其中：基础设施投资		0	—	127 099
税收总额		95 553	5.1	1 521 399
其中：海关税收及代征税		0	—	0
税务部门税收		95 553	5.1	1 518 958
期末从业人员	人	18 491	-14.1	18 491
其中：期末外资企业从业人员		9 467	-24.8	9 467
期末批准面积	平方公里	1.4	0.0	1.4
期末验收封关面积		1.4	0.0	1.4

续表

指标	单位	深圳保税区		
		当年累计	同比（%）	历年累计
增加值	万元	1 179 734	-1.3	2 374 841
经营总收入	万元	19 914 330	278.3	25 178 952
其中：总部企业收入	万元	0	—	0
技术服务收入	万元	0	—	0
工业总产值	万元	7 838 087	-4.4	16 033 586
其中：高新技术产业	万元	0	—	0
商品销售额	万元	5 597 657	36.3	9 703 932
物流企业经营收入	万元	0	—	303 100
总部企业数	万元	0	—	0
批准企业数	个	144	-34.5	2 762
其中：加工企业	个	3	-70.0	463
贸易企业	个	66	-17.5	1 368
仓储物流企业	个	25	-51.9	622
批准外资企业数	个	37	-32.7	1 506
其中：加工企业	个	1	-80.0	367
贸易企业	个	23	-30.3	729
仓储物流企业	个	3	-40.0	158
批准投资总额	万美元	12 536	-67.2	552 379
其中：外商投资总额	万美元	3 312	-56.3	347 666
合同利用外资	万美元	654	-86.6	271 382
企业实际到位资金	万美元	0	—	185 897
其中：实际利用外资	万美元	0	—	185 897
房屋竣工建筑面积	平方米	0	—	0
固定资产投资额	万元	0	—	0
其中：基础设施投资	万元	0	—	0
税收总额	万元	878 792	-23.9	10 458 289
其中：海关税收及代征税	万元	594 822	-40.1	8 921 305
税务部门税收	万元	283 970	76.9	1 536 984
期末从业人员	人	0	-100.0	0
其中：期末外资企业从业人员	人	0	—	0
期末批准面积	平方公里	1.98	0.0	1.98
期末验收封关面积	平方公里	1.55	0.0	1.55

续表

指标	单位	珠海保税区		
		当年累计	同比（%）	历年累计
增加值	万元	679 200	30.8	3 772 871
经营总收入		2 622 964	25.5	27 803 017
其中：总部企业收入		108 561	-14.8	661 059
技术服务收入		0	—	0
工业总产值		1 557 170	24.2	15 143 315
其中：高新技术产业		1 332 108	33.2	5 639 957
商品销售额		1 023 805	32.9	8 453 233
物流企业经营收入		13 583	-52.8	13 005 183
总部企业数		6	0.0	20
批准企业数	个	110	25.0	1 287
其中：加工企业		7	40.0	194
贸易企业		30	-26.8	406
仓储物流企业		26	62.5	176
批准外资企业数		31	6.9	526
其中：加工企业		2	0.0	182
贸易企业		7	-46.2	136
仓储物流企业		8	14.3	94
批准投资总额	万美元	18 561	-75.5	375 498
其中：外商投资总额		4 393	-83.3	189 835
合同利用外资		6 782	-56.4	143 874
企业实际到位资金		5 371	7.2	99 819
其中：实际利用外资		5 371	7.2	96 317
房屋竣工建筑面积	平方米	0	-100.0	101 799
固定资产投资额	万元	235 522	50.2	1 249 012
其中：基础设施投资		16 179	—	220 212
税收总额		188 822	4.9	1 552 454
其中：海关税收及代征税		9 518	-83.3	627 539
税务部门税收		74 894	-39.2	820 499
期末从业人员	人	19 830	3.1	19 830
其中：期末外资企业从业人员		15 587	3.0	15 587
期末批准面积	平方公里	3	0.0	3
期末验收封关面积		3	0.0	3

续表

指标	单位	汕头保税区		
		当年累计	同比（%）	历年累计
增加值	万元	237 878	4.5	3 167 116
经营总收入		565 507	12.1	6 038 541
其中：总部企业收入		105 060	19.4	408 755
技术服务收入		0	—	0
工业总产值		516 715	8.0	5 318 322
其中：高新技术产业		266 969	18.9	1 846 638
商品销售额		84 455	-7.0	1 369 662
物流企业经营收入		41 794	-11.1	1 024 239
总部企业数		0	—	3
批准企业数	个	40	21.2	363
其中：加工企业		6	-50.0	133
贸易企业		20	185.7	168
仓储物流企业		2	100.0	33
批准外资企业数		2	100.0	202
其中：加工企业		0	—	83
贸易企业		2	100.0	108
仓储物流企业		0	—	11
批准投资总额	万美元	10 912	-10.2	116 907
其中：外商投资总额		482	-90.1	60 037
合同利用外资		630	-69.6	34 212
企业实际到位资金		359	-94.2	64 454
其中：实际利用外资		359	-78.8	26 217
房屋竣工建筑面积	平方米	17 599	-80.6	884 557
固定资产投资额	万元	63 229	26.4	670 367
其中：基础设施投资		473	-59.0	118 342
税收总额		24 645	9.7	565 339
其中：海关税收及代征税		6 440	-12.4	377 749
税务部门税收		18 205	20.5	187 590
期末从业人员	人	4 171	0.0	4 171
其中：期末外资企业从业人员		1 421	0.0	1 421
期末批准面积	平方公里	2.25	-3.8	2.25
期末验收封关面积		2.25	-3.8	2.25

上海外高桥保税区统计数据表

（1）2017 年上海外高桥保税区主要经济指标完成情况表

指标名称	单位	2017 年	比上年增长（%）
经营总收入	万元	166 852 900	15.0
工业总产值	万元	6 389 325	持平
其中：高新技术产业	万元	1 241 900	8.8
电子信息产业	万元	3 572 600	持平
商品销售额	万元	152 290 400	15.0
物流企业营业收入	万元	2 401 600	21.7
当年新设企业数	个	2 985	-45.8
其中：加工企业	个	4	100.0
贸易企业	个	1 468	-46.0
仓储物流企业	个	103	-14.9
当年新设外资企业数	个	1 002	-34.9
当年吸引投资总额	万美元	1 817 934	-75.5
其中：外商投资总额	万美元	811 540	-62.4
当年合同利用外资	万美元	441 405	-69.5
当年实际利用外资	万美元	239 235	89.8
施工房屋面积	平方米	1 196 300	14.6
房屋竣工面积	平方米	470 200	1.3 倍
税收总额	万元	12 617 400	11.9
其中：工商税收	万元	5 407 100	11.0
海关税收及代征税	万元	7 210 300	13.4
固定资产投资额	万元	417 600	58.8
其中：基础设施投资	万元	1 200	-47.8
期末从业人员	人	271 100	2.5
期末保税区批准面积	平方公里	10	0.0
期末保税区验收封关面积	平方公里	8.9	0.0

（2）-1　截至2017年上海外高桥保税区历年招商引资情况表

指标	单位	历年累计
设立企业	个	35 831
其中：外资企业		11 987
投资总额	（万美元）	33 458 834
其中：外商投资总额		14 646 040
合同外资额		9 153 705
实际利用外资		1 123 700

（3）2017年上海外高桥保税区出口加工企业工业产值排名表

单位：万元

序号	行业类别	工业总产值	比重（%）	序号	行业类别	工业总产值	比重（%）
	外高桥保税区合计	6 389 325	100.0				
1	计算机、通信和其他电子设备制造业	3 572 584	55.9	11	有色金属冶炼和压延加工业	54 408	0.9
2	汽车制造业	968 816	15.2	12	家具制造业	45 964	0.7
3	化学原料和化学制品制造业	477 557	7.5	13	金属制品、机械和设备修理业	11 063	0.2
4	通用设备制造业	372 539	5.8	14	电力、热力、燃气及水生产和供应业	17 429	0.3
5	专用设备制造业	241 868	3.8	15	铁路、船舶、航空航天和其他运输设备制造业	31 721	0.5
6	橡胶和塑料制品业	189 514	3.0	16	造纸和纸制品业	7 446	0.1
7	仪器仪表制造业	117 982	1.8	17	食品制造业	6 372	0.1
8	金属制品业	94 647	1.5	18	纺织服装、服饰业	3 944	0.1
9	非金属矿物制品业	92 966	1.5	19	印刷和记录媒介复制业	3 167	0.0
10	电气机械和器材制造业	74 522	1.2	20	纺织业	2 582	0.0

（4）2017年上海外高桥保税区贸易企业商品销售额排名表

单位：亿元

序号	行业类别	商品销售额	比重（%）	序号	行业类别	商品销售额	比重（%）
	外高桥保税区合计	15 229.04	100.0				
1	机械设备、五金交电及电子产品批发	8 288.31	54.4	6	文化、体育用品及器材批发	183.72	1.2
2	矿产品、建材及化工产品批发	3 284.52	21.6	7	农畜产品批发	330.45	2.2
3	纺织、服装及日用品批发	933.00	6.1	8	贸易经纪与代理	7.63	0.1
4	医药及医疗器材批发	1 409.33	9.3	9	其他产品批发	99.32	0.7
5	食品、饮料及烟草制品批发	692.75	4.5				

广州保税区统计数据表

（1）2017 年广州保税区主要经济指标完成情况表

指标名称	单位	2017 年	比上年增长（%）
增加值	万元	476 949	15.9
销售收入	万元	4 856 043	-1.1
工业总产值	万元	507 315	1.1
其中：高新技术产业	万元	209 769	-19.6
电子信息产业	万元	261 350	14.8
商品销售额	万元	3 072 446	-8.4
物流企业营业收入	万元	1 261 857	18.3
当年批准企业数	个	66	22.2
其中：加工企业	个	0	—
贸易企业	个	22	15.8
仓储物流企业	个	5	-28.6
当年批准外资企业数	个	4	—
其中：加工企业	个	0	—
贸易企业	个	3	—
仓储物流企业	个	0	—
当年批准投资总额	万美元	9 376	53.6
其中：外商投资总额	万美元	656	—
当年合同利用外资	万美元	1 058	—
当年实际利用外资	万美元	0	-100.0
期末货物存放量	万吨		
企业货运总量	万吨		
期末施工房屋面积	平方米		
房屋竣工面积	平方米		
税收总额	万元	95 553	5.1
其中：工商税收	万元	95 553	5.1
海关税收及代征税	万元		
固定资产投资额	万元	254 382	-28.6
其中：基础设施投资	万元	0	—
期末从业人员	人	18 491	-14.1
其中：外资企业从业人员	人	9 467	-24.8
期末保税区批准面积	平方公里	1.4	0.0
期末保税区验收封关面积	平方公里	1.4	0.0

（2）-1 截至2017年广州保税区历年招商引资情况表

指标	单位	历年累计
批准企业	个	3 582
其中：外资企业		791
投资总额	（万美元）	276 823
其中：外商投资总额		213 020
合同外资额		113 186
实际利用外资		80 351

（2）-2 截至2017年广州保税区历年主要外商投资情况表

按项目数排列			按投资额排列		
序号	国别（地区）	项目数（个）	序号	国别（地区）	投资额（万美元）
1	中国香港	161	1	中国香港	28 910
2	英属维尔京群岛	32	2	英属维尔京群岛	19 919
3	日本	24	3	巴巴多斯	5 640
4	中国台湾	19	4	开曼群岛	4 677
5	美国	14	5	塞浦路斯	2 999
6	新加坡	10	6	日本	2 115
7	韩国	7	7	美国	1 858
8	马来西亚	6	8	马来西亚	1 838
9	开曼群岛	4	9	澳大利亚	1 468
10	德国	4	10	荷兰	1 282

（3）2017年广州保税区出口加工企业工业产值排名表

单位：万元

序号	企业名称	序号	企业名称
1	广上科技（广州）有限公司	11	广州飞虹友益电子科技有限公司
2	海瑞克（广州）隧道设备有限公司	12	广州卓德嘉薄膜有限公司
3	广合科技（广州）有限公司	13	广州华微电子有限公司
4	广大科技（广州）有限公司	14	卡尔蔡司（广州）太阳镜片有限公司
5	盛势达（广州）化工有限公司	15	广东科玮生物技术股份有限公司
6	卡尔蔡司光学科技（广州）有限公司	16	广州融达电源材料有限公司
7	广天科技（广州）有限公司	17	广州利时德控制拉索有限公司
8	珐玛珈（广州）包装设备有限公司	18	广州泰星电子有限公司
9	广州鸿森材料有限公司	19	广州佳盛德皮业有限公司
10	费森尤斯卡比（广州）医疗用品有限公司	20	广州美即生物科技有限公司

（4）2016 年广州保税区贸易企业商品销售额排名表

单位：万元

序号	企业名称	序号	企业名称
1	广州中邮普泰移动通信设备有限责任公司	16	广州保税区佳讯电讯有限公司
2	丰田通商（广州）有限公司	17	旭化成塑料（广州）有限公司
3	广州住友商事有限公司	18	广州冈谷钢机贸易有限公司
4	广州日产国际贸易有限公司	19	广州保税区中油中穗石油化工有限公司
5	广州市雄资石油化工有限公司	20	广州市意图石油化工有限公司
6	广州菱宝工程塑料贸易有限公司	21	广州迪爱生贸易有限公司
7	广州稻畑产业贸易有限公司	22	保世高（广州）贸易有限公司
8	广州中储国际贸易有限公司	23	广州保税区怡壮贸易有限公司
9	爱思开综合化学国际贸易（广州）有限公司	24	富昱（广州）贸易有限公司
10	广州宏协贸易有限公司	25	广州津渝兴贸易有限公司
11	广州市安利悦享荟电子商务有限公司	26	旭尚工（广州）贸易有限公司
12	广州鑫丰润能源科技有限公司	27	广州阪和贸易有限公司
13	邓禄普轮胎销售（广州）有限公司	28	佳集（广州）贸易有限公司
14	广州辉和贸易有限公司	29	川崎三兴化成（广州）国际贸易有限公司
15	广州宝力机械科技有限公司	30	三华合成（广州）塑胶有限公司

张家港保税区统计数据表

（1）2017年张家港保税区主要经济指标完成情况表

指标名称	单位	2017年	比上年增长（%）
增加值	万元	4 654 240	7.2
销售收入	万元	50 996 197	40.1
工业总产值	万元	10 698 157	18.9
其中：高新技术产业	万元	3 229 455	12.3
电子信息产业	万元	48 497	0.6
商品销售额	万元	49 354 327	41.1
物流企业营业收入	万元	1 408 245	27.8
当年批准企业数	个	1 367	14.1
其中：加工企业	个	19	46.2
贸易企业	个	1 308	16.8
仓储物流企业	个	40	-37.5
当年批准外资企业数	个	18	20.0
其中：加工企业	个	7	250.0
贸易企业	个	11	-15.4
仓储物流企业	个	0	—
当年批准投资总额	万美元	253 054	65.0
其中：外商投资总额	万美元	92 341	372.7
当年合同利用外资	万美元	28 797	150.0
当年实际利用外资	万美元	26 016	-2.6
期末货物存放量	万吨	208.49	-32.9
企业货运总量	万吨	758.68	-0.1
期末施工房屋面积	平方米	2 265 031	-24.0
房屋竣工面积	平方米	1 030 162	-33.0
税收总额	万元	1 629 257	39.9
其中：工商税收	万元	767 539	45.4
海关税收及代征税	万元	861 718	35.4
固定资产投资额	万元	770 908	-23.9
其中：基础设施投资	万元	88 211	-68.9
期末从业人员	人	62 726	7.1
其中：外资企业从业人员	人	21 720	0.4
期末保税区批准面积	平方公里	4.1	0.0
期末保税区验收封关面积	平方公里	4.1	0.0

(2)-1 截至2017年张家港保税区历年招商引资情况表

指标	单位	历年累计
批准企业	个	10 624
其中：外资企业		664
投资总额	（万美元）	3 217 254
其中：外商投资总额		1 804 873
合同外资额		1 034 879
实际利用外资		590 200

(2)-2 截至2017年张家港保税区历年主要外商投资情况表

按项目数排列			按投资额排列		
序号	国别（地区）	项目数（个）	序号	国别（地区）	投资额（万美元）
1	中国香港	272	1	中国香港	463 828
2	美国	65	2	新加坡	180 871
3	日本	50	3	美国	122 304
4	中国台湾	50	4	英属维尔京群岛	98 738
5	英属维尔京群岛	42	5	日本	78 744
6	韩国	40	6	英国	29 218
7	新加坡	40	7	中国台湾	27 787
8	澳大利亚	25	8	韩国	21 560
9	萨摩亚群岛	16	9	萨摩亚群岛	18 560
10	英国	13	10	澳大利亚	9 078

(3) 2017年张家港保税区出口加工企业工业产值排名表

单位：万元

序号	企业名称	工业总产值	序号	企业名称	工业总产值
1	中粮东海粮油工业（张家港）有限公司	1 608 814	11	道康宁（张家港）有机硅有限公司	197 805
2	江苏华昌（集团）有限公司	878 770	12	天宇羊毛工业（张家港保税区）有限公司	186 202
3	张家港康得新光电材料有限公司	675 538	13	张家港中集圣达因低温装备有限公司	178 624
4	攀华集团有限公司	626 585	14	泰柯棕化（张家港）有限公司	167 537
5	张家港扬子江石化有限公司	524 175	15	天齐锂业（江苏）有限公司	147 529
6	东华能源股份有限公司	392 491	16	瓦克化学（张家港）有限公司	137 724
7	道康宁（张家港）有限公司	331 139	17	陶氏化学（张家港）有限公司	137 272
8	路易达孚（霸州）饲料蛋白有限公司张家港分公司	269 210	18	江苏长华聚氨酯科技有限公司	131 316
9	长江润发集团有限公司	236 748	19	苏州天沃科技股份有限公司	126 480
10	佐敦涂料（张家港）有限公司	205 271	20	兰科化工（张家港）有限公司	118 212

续表

序号	企业名称	工业总产值	序号	企业名称	工业总产值
21	张家港市国泰华荣化工新材料有限公司	114 407	26	雅仕德化工（江苏）有限公司	102 317
22	双狮（张家港）精细化工有限公司	110 072	27	江苏赛宝龙石化有限公司	98 866
23	张家港欣欣高纤股份有限公司	108 975	28	张家港保税区康得菲尔实业有限公司	97 310
24	贝内克—长顺汽车内饰材料（张家港）有限公司	108 154	29	润英联（中国）有限公司	92 356
25	南港（张家港保税区）橡胶工业有限公司	105 444	30	张家港保税区长源热电有限公司	82 558

（4）2017 年张家港保税区贸易企业商品销售额排名表

单位：万元

序号	企业名称	商品销售额	序号	企业名称	商品销售额
1	张家港玖隆钢铁贸易有限公司	5 876 613	16	张家港保税区恒德投资有限公司	205 629
2	张家港保税区沙钢冶金炉料有限公司	2 200 530	17	张家港保税区昊江油脂贸易有限公司	195 684
3	张家港保税区旭江贸易有限公司	1 785 029	18	江苏沙钢世富钢铁炉料有限责任公司	194 815
4	张家港保税区九龙港资源贸易有限公司	1 170 833	19	张家港保税区海鸿国际贸易有限公司	194 151
5	张家港保税区荣德贸易有限公司	912 358	20	张家港保税区江联国际贸易有限公司	184 292
6	道康宁（张家港）投资有限公司	883 137	21	张家港保税区锦德贸易有限公司	162 178
7	江苏沙钢三中国际贸易有限公司	424 266	22	长江润发（张家港保税区）国际贸易有限公司	158 530
8	江苏新三中国际贸易有限公司	396 324	23	张家港保税区阳州国际贸易有限公司	155 422
9	中国国投国际贸易张家港有限公司	348 551	24	江苏益嘉优生物科技有限公司	154 189
10	张家港保税区德威进出口贸易有限公司	313 424	25	江苏旭航国际贸易有限公司	154 073
11	张家港保税区卓泰国际贸易有限公司	277 526	26	江苏国泰盛大贸易有限公司	150 969
12	江苏国泰华博进出口有限公司	272 583	27	中油泰富船舶燃料有限公司	150 684
13	江苏孚豪进出口有限公司	266 391	28	张家港保税区景福国际贸易有限公司	140 579
14	江苏益顺泰石化有限公司	262 980	29	周大福珠宝金行张家港保税区有限公司	130 231
15	张家港保税区丰宝成贸易有限公司	235 458	30	江苏鑫美德投资有限公司	127 054

（5）2017 年张家港保税区物流企业营业收入排名表

单位：万元

序号	企业名称	营业收入	序号	企业名称	营业收入
1	张家港保税物流园区华芳物流有限公司	85 950	16	张家港保税物流园区吉祥物流有限公司	2 785
2	张家港保税物流园区万源物流有限公司	31 295	17	张家港万创运输有限公司	2 639
3	张家港保税区东方华垦仓储有限公司	16 965	18	江苏腾瑞国际货运代理有限公司	2 542
4	张家港孚宝仓储有限公司	15 324	19	张家港保税区港鑫船务有限公司	2 426
5	江苏逸仕路物流有限公司	13 185	20	张家港保税区中海船务代理有限公司	2 346
6	张家港亚东国际物流有限公司	10 271	21	张家港昊华国际货运代理有限公司	2 289
7	张家港保税港区港务有限公司	9 643	22	张家港保税区德众国际货运代理有限公司	2 086
8	苏州中远物流有限公司	7 240	23	江苏东华能源仓储有限公司	2 066
9	张家港昌益运输有限公司	5 109	24	江苏经典国际货运代理有限公司	1 977
10	江苏正悦国际货运代理有限公司	4 946	25	张家港保税区捷信物流有限公司	1 971
11	张家港保税物流园区龙亿国际物流有限公司	4 749	26	江苏众捷物流股份有限公司	1 836
12	张家港越洋实业有限公司	4 251	27	双狮（张家港）物流有限公司	1 761
13	江苏奇捷亚国际物流有限公司	3 592	28	张家港万达物流有限公司	1 664
14	张家港保税区越港运输有限公司	3 367	29	张家港保税区苏佳物流有限公司	1 250
15	江苏海顺捷运国际货运代理有限公司	3 062	30	张家港安平运输有限公司	1 127

2017 年全国保税物流园区经济指标统计情况表

指标	单位	合计		
		当年累计	同比（%）	历年累计
增加值	万元	28 147	-32.5	700 602
经营总收入		358 516	3.6	5 654 711
批准企业数	个	1	-66.7	300
其中：贸易企业		1	—	108
物流企业		0	-100.0	120
批准外资企业数		0	-100.0	94
其中：贸易企业		0	—	40
物流企业		0	—	35
批准投资总额	万美元	15	-99.5	86 030
其中：外商投资总额		0	-100.0	63 383
合同利用外资		0	-100.0	40 304
实际利用外资		0	—	6 049
期末货物存放量	万吨	0	—	0
企业货运总量		439.45	699.0	966.57
房屋竣工面积	平方米	0	—	147 200
税收总额	万元	39 492	-98.3	30 787 810
其中：海关税收及代征税		29 960	-98.7	30 391 998
税务部门税收		9 532	-11.2	392 309
固定资产投资额		16 800	136.6	417 667
其中：基础设施投资		0	—	162 552
期末从业人员	人	3 749	-8.1	3 749
期末批准面积	平方公里	3.23	0.0	3.23
期末验收封关面积		1.93	0.0	1.93

续表

指标	单位	上海外高桥保税物流园区		
		当年累计	同比（%）	历年累计
增加值	万元	1 930	1.6	227 654
经营总收入		196 400	8.4	3 134 688
批准企业数	个	1	-66.7	86
其中：贸易企业		1	—	29
物流企业		0	-100.0	44
批准外资企业数		0	-100.0	22
其中：贸易企业		0	—	5
物流企业		0	—	11
批准投资总额	万美元	15	-99.5	70 615
其中：外商投资总额		0	-100.0	54 273
合同利用外资		0	-100.0	33 300
实际利用外资		0	—	0
期末货物存放量	万吨	0	—	0
企业货运总量		0	—	0
房屋竣工面积	平方米	0	—	117 200
税收总额	万元	0	—	5 766 900
其中：海关税收及代征税		0	—	5 712 930
税务部门税收		0	—	53 970
固定资产投资额		16 800	136.6	318 626
其中：基础设施投资		0	—	129 643
期末从业人员	人	854	2.5	854
期末批准面积	平方公里	1.03	0.0	1.03
期末验收封关面积		1.03	0.0	1.03

续表

指标	单位	天津保税物流园区		
		当年累计	同比（%）	历年累计
增加值	万元	6 887	-48.1	255 543
经营总收入	万元	120 416	11.0	2 083 043
批准企业数	个	0	—	144
其中：贸易企业	个	0	—	77
物流企业	个	0	—	36
批准外资企业数	个	0	—	59
其中：贸易企业	个	0	—	35
物流企业	个	0	—	11
批准投资总额	万美元	0	—	12 869
其中：外商投资总额	万美元	0	—	7 705
合同利用外资	万美元	0	—	5 599
实际利用外资	万美元	0	—	5 599
期末货物存放量	万吨	0	—	0
企业货运总量	万吨	0	—	0
房屋竣工面积	平方米	0	—	0
税收总额	万元	7 802	-98.6	24 465 375
其中：海关税收及代征税	万元	0	-100.0	24 154 925
税务部门税收	万元	7 802	0.0	311 484
固定资产投资额	万元	0	—	23 641
其中：基础设施投资	万元	0	—	2 909
期末从业人员	人	1 295	-21.4	1 295
期末批准面积	平方公里	1.5	0.0	1.5
期末验收封关面积	平方公里	0.6	0.0	0.6

续表

指标	单位	厦门保税物流园区		
		当年累计	同比（%）	历年累计
增加值	万元	19 330	-27.1	217 405
经营总收入		41 700	-26.1	436 980
批准企业数	个	0	—	70
其中：贸易企业		0	—	2
物流企业		0	—	40
批准外资企业数		0	—	13
其中：贸易企业		0	—	0
物流企业		0	—	13
批准投资总额	万美元	0	—	2 546
其中：外商投资总额		0	—	1 405
合同利用外资		0	—	1 405
实际利用外资		0	—	450
期末货物存放量	万吨	0	—	0
企业货运总量		439.45	699.0	966.57
房屋竣工面积	平方米	0	—	30 000
税收总额	万元	31 690	-27.3	555 535
其中：海关税收及代征税		29 960	-26.0	524 143
税务部门税收		1 730	-40.9	26 855
固定资产投资额		0	—	75 400
其中：基础设施投资		0	—	30 000
期末从业人员	人	1 600	0.0	1 600
期末批准面积	平方公里	0.7	0.0	0.7
期末验收封关面积		0.3	0.0	0.3

上海外高桥保税物流园区统计数据表

（1）2017年上海外高桥保税物流园区主要经济指标完成情况表

指标名称	单位	2017年	比上年增长（%）
经营总收入	万元	196 400	8.4
当年批准企业数	个	1	-66.7
当年批准投资总额	万美元	100	-90.0
当年合同利用外资	万美元	0	-100.0
固定资产投资额	万元	16 800	136.6
期末从业人员	人	854	2.5
期末物流园区批准面积	平方公里	1.03	0.0
期末物流园区验收封关面积	平方公里	1.03	0.0

（2）截至2017年上海外高桥保税物流园区历年招商引资情况表

指标	单位	历年累计
设立企业	个	86
其中：外资企业		22
投资总额	（万美元）	70 700
其中：外商投资总额		54 273
合同外资额		33 300

出口加工区

2017年全国出口加工区经济指标统计情况表

指标	单位	合计		
		当年累计	同比（%）	历年累计
增加值	万元	5 497 990	-0.3	52 082 598
经营总收入	万元	60 593 882	0.3	608 369 446
其中：技术服务收入	万元	1 207 191	-8.8	6 204 834
工业总产值	万元	63 852 221.8	9.8	621 686 253.3
其中：高新技术产业	万元	16 614 513	-3.8	165 115 154
物流企业经营收入	万元	397 884	13.6	2 222 382
企业利润总额	万元	1 778 097.4	-47.4	15 381 770.8
综合能源耗费量	吨标准煤	544 445	-23.6	6 007 599
批准企业数	个	234	-12.0	2 272
其中：加工企业	个	49	40.0	1 125
物流企业	个	92	-43.9	842
批准外资企业数	个	24	-27.3	930
批准投资总额	万美元	350 484	118.7	4 235 554
其中：外商投资总额	万美元	207 580	412.8	3 293 207
合同利用外资	万美元	307 868	497.5	1 991 842
企业实际到位资金	万美元	184 853	144.8	1 975 460
其中：实际利用外资	万美元	107 045	143.6	1 369 746
固定资产投资额	万元	1 386 742	26.9	18 785 006
其中：基础设施投资	万元	255 231	115.5	3 939 835
土地实际已租售面积	平方米	1 716 217	364.3	32 805 651
房屋竣工建筑面积	平方米	266 725	-62.3	20 540 811
其中：已建成厂房面积	平方米	258 238	-16.2	17 810 996
已投产运作企业数	个	157	9.8	1 485
其中：已投产加工企业数	个	117	105.3	939
已投产物流企业数	个	30	-46.4	472
其中：投资额1 000万美元以上	个	21	31.3	333
税收总额	万元	2 015 627	13.7	11 898 249
其中：海关税收及代征税	万元	1 483 166	14.4	8 797 207
税务部门税收	万元	502 634	34.8	2 921 354
期末从业人员	人	320 312	-14.6	320 312
期末批准面积	平方公里	111.14	0.0	111.14
期末验收封关面积	平方公里	68.98	0.7	68.98

续表

指标	单位	天津出口加工区		
		当年累计	同比（%）	历年累计
增加值	万元	7 984	-11.3	22 747
经营总收入		187 093	-17.1	807 007
其中：技术服务收入		0	—	0
工业总产值		187 093	-17.1	4 169 686
其中：高新技术产业		0	-100.0	134 677
物流企业经营收入		557	18.0	3 047
企业利润总额		-5 247	—	287 096
综合能源耗费量	吨标准煤	0	—	56 210
批准企业数	个	2	100.0	29
其中：加工企业		1	—	20
物流企业		1	0.0	14
批准外资企业数		0	-100.0	13
批准投资总额	万美元	975	-17.5	17 168
其中：外商投资总额		0	-100.0	5 321
合同利用外资		0	-100.0	5 321
企业实际到位资金		975	-17.5	5 321
其中：实际利用外资		0	-100.0	9 847
固定资产投资额	万元	0	-100.0	94 446
其中：基础设施投资		0	—	12 076
土地实际已租售面积	平方米	0	—	977 100
房屋竣工建筑面积		0	—	255 879
其中：已建成厂房面积		0	—	231 979
已投产运作企业数	个	1	—	31
其中：已投产加工企业数		0	—	16
已投产物流企业数		1	—	13
其中：投资额 1 000 万美元以上		0	—	0
税收总额	万元	17 499	-86.6	233 419
其中：海关税收及代征税		17 499	-83.7	194 841
税务部门税收		0	-100.0	38 549
期末从业人员	人	5 116	-64.8	5 116
期末批准面积	平方公里	2.54	0.0	2.54
期末验收封关面积		1.43	0.0	1.43

续表

指标	单位	河北秦皇岛出口加工区		
		当年累计	同比（%）	历年累计
增加值	万元	4 710	6.0	39 302
经营总收入	万元	14 213	-3.2	151 341
其中：技术服务收入	万元	0	—	0
工业总产值	万元	14 132	-3.3	151 026
其中：高新技术产业	万元	0	—	0
物流企业经营收入	万元	78	14.7	344
企业利润总额	万元	936	13.0	2 870
综合能源耗费量	吨标准煤	1 430	8.3	13 653
批准企业数	个	1	-80.0	23
其中：加工企业	个	1	0.0	13
物流企业	个	0	-100.0	10
批准外资企业数	个	0	—	6
批准投资总额	万美元	76	-95.9	9 735
其中：外商投资总额	万美元	0	—	992
合同利用外资	万美元	0	—	706
企业实际到位资金	万美元	76	68.9	1 020
其中：实际利用外资	万美元	0	—	508
固定资产投资额	万元	1 700	-26.0	32 923
其中：基础设施投资	万元	1 600	-23.7	27 550
土地实际已租售面积	平方米	2 500	-90.6	149 132
房屋竣工建筑面积	平方米	0	—	133 366
其中：已建成厂房面积	平方米	0	—	125 998
已投产运作企业数	个	0	—	12
其中：已投产加工企业数	个	0	—	8
已投产物流企业数	个	0	—	4
其中：投资额1 000万美元以上	个	0	—	0
税收总额	万元	1 029	-43.6	14 554
其中：海关税收及代征税	万元	767	-55.5	13 580
税务部门税收	万元	262	151.9	974
期末从业人员	人	898	-5.7	898
期末批准面积	平方公里	2.5	0.0	2.5
期末验收封关面积	平方公里	0.67	0.0	0.67

续表

指标	单位	河北廊坊出口加工区		
		当年累计	同比（%）	历年累计
增加值	万元	1 165	-67.1	20 792
经营总收入		21 377	-25.7	159 580
其中：技术服务收入		0	—	3
工业总产值		18 385	-37.6	162 808
其中：高新技术产业		10 197	-56.6	62 334
物流企业经营收入		18	—	946
企业利润总额		63	-83.2	-385
综合能源耗费量	吨标准煤	62	-93.7	6 951
批准企业数	个	1	—	5
其中：加工企业		0	—	3
物流企业		0	—	2
批准外资企业数		0	—	3
批准投资总额	万美元	15	—	1 804
其中：外商投资总额		0	—	1 479
合同利用外资		0	—	1 462
企业实际到位资金		1 347	—	1 617
其中：实际利用外资		1 347	—	1 309
固定资产投资额	万元	12 000	—	13 332
其中：基础设施投资		12 000	—	6 420
土地实际已租售面积	平方米	0	—	189 756
房屋竣工建筑面积		0	—	32 882
其中：已建成厂房面积		0	—	28 090
已投产运作企业数	个	0	—	5
其中：已投产加工企业数		0	—	3
已投产物流企业数		0	—	3
其中：投资额1 000万美元以上		0	—	0
税收总额	万元	5 813	-20.3	36 689
其中：海关税收及代征税		5 813	-20.3	36 602
税务部门税收		0	—	84
期末从业人员	人	50	-87.6	50
期末批准面积	平方公里	0.5	0.0	0.5
期末验收封关面积		0.49	0.0	0.49

续表

指标	单位	内蒙古呼和浩特出口加工区		
		当年累计	同比（%）	历年累计
增加值	万元	1 525	-55.3	164 733
经营总收入		6 621	-46.5	202 226
其中：技术服务收入		0	—	0
工业总产值		6 887	-44.6	493 571
其中：高新技术产业		0	—	32 413
物流企业经营收入		32	33.3	172
企业利润总额		-741	—	-476
综合能源耗费量	吨标准煤	2 012	-2.6	59 019
批准企业数	个	0	—	29
其中：加工企业		0	—	5
物流企业		0	—	3
批准外资企业数		0	—	3
批准投资总额	万美元	0	—	4 554
其中：外商投资总额		0	—	2 132
合同利用外资		0	—	2 080
企业实际到位资金		0	—	1 863
其中：实际利用外资		0	—	1 811
固定资产投资额	万元	4 802	60.0	103 632
其中：基础设施投资		0	-100.0	53 731
土地实际已租售面积	平方米	0	—	138 175
房屋竣工建筑面积		0	—	68 639
其中：已建成厂房面积		0	—	52 787
已投产运作企业数	个	0	—	7
其中：已投产加工企业数		0	—	4
已投产物流企业数		0	—	1
其中：投资额1 000万美元以上		0	—	1
税收总额	万元	464	-43.2	12 847
其中：海关税收及代征税		334	-34.6	10 340
税务部门税收		130	-51.5	2 409
期末从业人员	人	435	-17.5	435
期末批准面积	平方公里	2.21	0.0	2.21
期末验收封关面积		1.04	0.0	1.04

续表

指标	单位	辽宁大连出口加工区		
		当年累计	同比（%）	历年累计
增加值	万元	0	-100.0	1 722 054
经营总收入	万元	0	-100.0	6 326 034
其中：技术服务收入	万元	0	—	0
工业总产值	万元	0	-100.0	6 358 914
其中：高新技术产业	万元	0	-100.0	95 702
物流企业经营收入	万元	0	-100.0	13 503
企业利润总额	万元	0	-100.0	205 721
综合能源耗费量	吨标准煤	0	-100.0	112 984
批准企业数	个	0	—	74
其中：加工企业	个	0	—	69
物流企业	个	0	—	5
批准外资企业数	个	0	—	69
批准投资总额	万美元	0	—	62 874
其中：外商投资总额	万美元	0	—	53 681
合同利用外资	万美元	0	—	53 681
企业实际到位资金	万美元	0	—	54 404
其中：实际利用外资	万美元	0	—	47 126
固定资产投资额	万元	520	-77.5	1 169 021
其中：基础设施投资	万元	520	69.9	77 715
土地实际已租售面积	平方米	0	—	1 174 577
房屋竣工建筑面积	平方米	0	—	664 310
其中：已建成厂房面积	平方米	0	—	642 060
已投产运作企业数	个	0	—	67
其中：已投产加工企业数	个	0	—	65
已投产物流企业数	个	0	—	2
其中：投资额1 000万美元以上	个	0	—	6
税收总额	万元	13 343	48.5	134 592
其中：海关税收及代征税	万元	3 126	-40.9	53 490
税务部门税收	万元	10 217	205.9	80 742
期末从业人员	人	0	-100.0	0
期末批准面积	平方公里	1.5	0.0	1.5
期末验收封关面积	平方公里	1.5	0.0	1.5

续表

指标	单位	辽宁大连出口加工区B区		
		当年累计	同比（%）	历年累计
增加值	万元	0	—	1 158 050
经营总收入	万元	2 133 478	-52.0	9 192 718
其中：技术服务收入	万元	0	—	0
工业总产值	万元	2 133 478	-52.0	9 192 754
其中：高新技术产业	万元	0	—	0
物流企业经营收入	万元	0	—	0
企业利润总额	万元	672 330	-59.9	3 246 012
综合能源耗费量	吨标准煤	0	—	85 212
批准企业数	个	0	—	1
其中：加工企业	个	0	—	1
物流企业	个	0	—	0
批准外资企业数	个	0	—	1
批准投资总额	万美元	0	—	250 000
其中：外商投资总额	万美元	0	—	250 000
合同利用外资	万美元	0	—	62 500
企业实际到位资金	万美元	0	—	62 500
其中：实际利用外资	万美元	0	—	62 500
固定资产投资额	万元	0	—	1 504 000
其中：基础设施投资	万元	0	—	1 000
土地实际已租售面积	平方米	0	—	600 000
房屋竣工建筑面积	平方米	0	—	160 000
其中：已建成厂房面积	平方米	0	—	160 000
已投产运作企业数	个	0	-100.0	3
其中：已投产加工企业数	个	0	—	1
已投产物流企业数	个	0	—	0
其中：投资额1 000万美元以上	个	0	—	0
税收总额	万元	164 202	1 306.9	286 365
其中：海关税收及代征税	万元	0	—	181
税务部门税收	万元	145 614	1 147.7	267 596
期末从业人员	人	1 800	0.0	1 800
期末批准面积	平方公里	1.45	0.0	1.45
期末验收封关面积	平方公里	1.18	0.0	1.18

续表

指标	单位	上海漕河泾出口加工区		
		当年累计	同比（%）	历年累计
增加值	万元	0	—	1 518 343
经营总收入		3 249 034	10.1	75 175 523
其中：技术服务收入		0	—	0
工业总产值		3 195 100	8.2	75 759 000
其中：高新技术产业		3 105 820	8.5	42 198 936
物流企业经营收入		5 726	59.2	10 929
企业利润总额		64 480	206.1	466 160
综合能源耗费量	吨标准煤	17 711	-64.9	599 900
批准企业数	个	0	-100.0	32
其中：加工企业		0	—	16
物流企业		0	—	4
批准外资企业数		0	—	15
批准投资总额	万美元	0	—	69 086
其中：外商投资总额		0	—	69 036
合同利用外资		0	—	25 163
企业实际到位资金		0	—	25 268
其中：实际利用外资		0	—	25 198
固定资产投资额	万元	0	—	370 074
其中：基础设施投资		0	—	236 051
土地实际已租售面积	平方米	0	—	582 133
房屋竣工建筑面积		0	—	581 700
其中：已建成厂房面积		0	—	581 700
已投产运作企业数	个	0	—	12
其中：已投产加工企业数		0	—	12
已投产物流企业数		0	—	0
其中：投资额 1 000 万美元以上		0	—	4
税收总额	万元	154 800	18.4	1 057 318
其中：海关税收及代征税		129 698	1 106.3	758 782
税务部门税收		30 402	29.4	198 550
期末从业人员	人	22 800	56.7	22 800
期末批准面积	平方公里	3	0.0	3
期末验收封关面积		0.9	0.0	0.9

续表

指标	单位	上海嘉定出口加工区		
		当年累计	同比（%）	历年累计
增加值	万元	12 808	-40.9	122 071
经营总收入	万元	337 250	235.0	947 511
其中：技术服务收入	万元	0	—	0
工业总产值	万元	66 194	-34.8	670 090
其中：高新技术产业	万元	0	—	0
物流企业经营收入	万元	0	—	0
企业利润总额	万元	4 481	-38.3	61 136
综合能源耗费量	吨标准煤	4 889	-43.4	45 933
批准企业数	个	0	-100.0	11
其中：加工企业	个	0	—	2
物流企业	个	0	-100.0	6
批准外资企业数	个	0	-100.0	2
批准投资总额	万美元	0	-100.0	4 560
其中：外商投资总额	万美元	0	—	4 000
合同利用外资	万美元	0	-100.0	4 000
企业实际到位资金	万美元	0	—	2 108
其中：实际利用外资	万美元	0	—	2 108
固定资产投资额	万元	2 400	-71.8	91 261
其中：基础设施投资	万元	0	—	57 540
土地实际已租售面积	平方米	0	—	40 000
房屋竣工建筑面积	平方米	0	-100.0	50 591
其中：已建成厂房面积	平方米	0	-100.0	50 539
已投产运作企业数	个	0	-100.0	11
其中：已投产加工企业数	个	0	-100.0	2
已投产物流企业数	个	0	-100.0	9
其中：投资额 1 000 万美元以上	个	0	—	1
税收总额	万元	232	-56.9	4 788
其中：海关税收及代征税	万元	0	—	78
税务部门税收	万元	232	—	1 451
期末从业人员	人	1 301	-33.3	1 301
期末批准面积	平方公里	3	0.0	3
期末验收封关面积	平方公里	1	0.0	1

续表

指标	单位	上海闵行出口加工区		
		当年累计	同比（%）	历年累计
增加值	万元	43 229	-81.5	797 395
经营总收入	万元	572 215	-33.6	8 003 103
其中：技术服务收入	万元	0	—	0
工业总产值	万元	572 215	-33.6	8 044 538
其中：高新技术产业	万元	0	—	0
物流企业经营收入	万元	0	-100.0	3 133
企业利润总额	万元	4 067	-93.6	163 136
综合能源耗费量	吨标准煤	4 035	-10.1	78 838
批准企业数	个	0	—	26
其中：加工企业	个	0	—	16
物流企业	个	0	—	4
批准外资企业数	个	0	—	17
批准投资总额	万美元	0	—	58 652
其中：外商投资总额	万美元	0	—	25 707
合同利用外资	万美元	0	—	13 656
企业实际到位资金	万美元	0	—	16 602
其中：实际利用外资	万美元	0	—	10 446
固定资产投资额	万元	2 641	—	366 268
其中：基础设施投资	万元	2 020	—	50 623
土地实际已租售面积	平方米	0	—	849 153
房屋竣工建筑面积	平方米	0	—	463 016
其中：已建成厂房面积	平方米	0	—	433 280
已投产运作企业数	个	0	-100.0	76
其中：已投产加工企业数	个	0	-100.0	64
已投产物流企业数	个	0	-100.0	12
其中：投资额1 000万美元以上	个	0	—	0
税收总额	万元	63 170	-13.7	285 004
其中：海关税收及代征税	万元	56 887	-9.9	238 915
税务部门税收	万元	6 283	-31.6	45 232
期末从业人员	人	3 903	-16.6	3 903
期末批准面积	平方公里	3	0.0	3
期末验收封关面积	平方公里	1.9	0.0	1.9

续表

指标	单位	上海松江出口加工区		
		当年累计	同比（%）	历年累计
增加值	万元	801 811	16. 1	10 461 384
经营总收入		15 907 932	15. 6	236 266 489
其中：技术服务收入		1 086 519	-12. 9	5 776 084
工业总产值		15 448 695	13. 3	237 395 981
其中：高新技术产业		0	—	22 906 867
物流企业经营收入		60 934	30. 7	362 470
企业利润总额		97 554	71. 3	1 937 916
综合能源耗费量	吨标准煤	86 995	7. 7	1 030 809
批准企业数	个	9	0. 0	142
其中：加工企业		8	166. 7	99
物流企业		1	0. 0	25
批准外资企业数		0	-100. 0	85
批准投资总额	万美元	854	-25. 8	257 603
其中：外商投资总额		0	-100. 0	245 914
合同利用外资		0	-100. 0	109 516
企业实际到位资金		405	-71. 9	91 893
其中：实际利用外资		0	-100. 0	84 327
固定资产投资额	万元	46 832	12. 8	1 342 433
其中：基础设施投资		0	—	151 641
土地实际已租售面积	平方米	0	—	2 134 695
房屋竣工建筑面积		0	—	1 067 839
其中：已建成厂房面积		0	—	1 067 839
已投产运作企业数	个	7	133. 3	95
其中：已投产加工企业数		6	100. 0	70
已投产物流企业数		1	—	21
其中：投资额 1 000 万美元以上		0	—	38
税收总额	万元	206 774	-13. 2	2 282 386
其中：海关税收及代征税		206 774	23. 8	1 693 199
税务部门税收		0	-100. 0	589 187
期末从业人员	人	53 299	-16. 4	53 299
期末批准面积	平方公里	5. 96	0. 0	5. 96
期末验收封关面积		4. 18	0. 0	4. 18

续表

指标	单位	上海青浦出口加工区		
		当年累计	同比（%）	历年累计
增加值	万元	111 286	37.8	874 180
经营总收入		663 631	22.3	3 132 964
其中：技术服务收入		0	—	0
工业总产值		652 827	21.6	4 458 558
其中：高新技术产业		626 144	27.0	2 852 340
物流企业经营收入		7 284	24.9	32 330
企业利润总额		25 480	-15.7	207 759
综合能源耗费量	吨标准煤	29 099	4.0	233 739
批准企业数	个	0	—	31
其中：加工企业		0	—	15
物流企业		0	—	5
批准外资企业数		0	—	25
批准投资总额	万美元	0	—	80 751
其中：外商投资总额		0	—	80 000
合同利用外资		0	—	32 767
企业实际到位资金		0	—	18 924
其中：实际利用外资		0	—	18 501
固定资产投资额	万元	0	—	254 317
其中：基础设施投资		0	—	66 101
土地实际已租售面积	平方米	0	—	661 683
房屋竣工建筑面积		0	—	206 970
其中：已建成厂房面积		0	—	191 664
已投产运作企业数	个	0	—	18
其中：已投产加工企业数		0	—	13
已投产物流企业数		0	—	5
其中：投资额1 000万美元以上		0	—	11
税收总额	万元	39 221	-18.5	359 365
其中：海关税收及代征税		24 493	-36.9	275 824
税务部门税收		14 728	58.6	83 140
期末从业人员	人	3 251	1.0	3 251
期末批准面积	平方公里	3	0.0	3
期末验收封关面积		1.6	0.0	1.6

续表

指标	单位	上海金桥出口加工区		
		当年累计	同比（%）	历年累计
增加值	万元	0	—	239 785
经营总收入	万元	281 670	0.2	1 971 695
其中：技术服务收入	万元	0	—	0
工业总产值	万元	308 268	33.6	1 920 426
其中：高新技术产业	万元	204 243	161.1	1 281 197
物流企业经营收入	万元	21 628	4.4	135 703
企业利润总额	万元	6 869	-75.9	180 765
综合能源耗费量	吨标准煤	13 901	0.2	93 262
批准企业数	个	0	—	36
其中：加工企业	个	0	—	33
物流企业	个	0	—	3
批准外资企业数	个	0	—	32
批准投资总额	万美元	0	—	168 171
其中：外商投资总额	万美元	0	—	159 935
合同利用外资	万美元	0	—	60 133
企业实际到位资金	万美元	0	—	61 565
其中：实际利用外资	万美元	0	—	60 133
固定资产投资额	万元	0	—	236 461
其中：基础设施投资	万元	0	—	102 539
土地实际已租售面积	平方米	0	—	488 869
房屋竣工建筑面积	平方米	0	—	225 322
其中：已建成厂房面积	平方米	0	—	225 322
已投产运作企业数	个	0	—	26
其中：已投产加工企业数	个	0	—	25
已投产物流企业数	个	0	—	1
其中：投资额1 000万美元以上	个	0	—	6
税收总额	万元	99 619	50.5	463 850
其中：海关税收及代征税	万元	44 332	26.6	199 321
税务部门税收	万元	55 287	77.5	264 529
期末从业人员	人	2 171	0.0	2 171
期末批准面积	平方公里	2.8	0.0	2.8
期末验收封关面积	平方公里	1.55	0.0	1.55

续表

指标	单位	江苏南京（南区）出口加工区（转型为综合保税区）		
		当年累计	同比（%）	历年累计
增加值	万元	0	—	366 352
经营总收入	万元	4 897 977	12. 8	18 206 340
其中：技术服务收入	万元	0	—	0
工业总产值	万元	3 469 068. 8	71. 3	14 174 712. 28
其中：高新技术产业	万元	17 870	—	17 870
物流企业经营收入	万元	6 900	46. 8	24 471
企业利润总额	万元	9 057. 4	339. 7	9 711. 8
综合能源耗费量	吨标准煤	7 184	-63. 8	71 951
批准企业数	个	3	200. 0	45
其中：加工企业	个	2	—	32
物流企业	个	1	—	11
批准外资企业数	个	3	200. 0	35
批准投资总额	万美元	3 600	20. 0	41 563
其中：外商投资总额	万美元	2 600	-13. 3	38 521
合同利用外资	万美元	3 100	3. 3	28 729
企业实际到位资金	万美元	1 760	24. 6	16 569
其中：实际利用外资	万美元	1 760	24. 6	16 495
固定资产投资额	万元	16 000	100. 0	57 799
其中：基础设施投资	万元	16 000	100. 0	49 173
土地实际已租售面积	平方米	0	—	238 325
房屋竣工建筑面积	平方米	33 000	—	687 358
其中：已建成厂房面积	平方米	33 000	—	269 558
已投产运作企业数	个	0	—	12
其中：已投产加工企业数	个	0	—	9
已投产物流企业数	个	0	—	3
其中：投资额 1 000 万美元以上	个	0	—	5
税收总额	万元	41 354	201. 5	428 596
其中：海关税收及代征税	万元	40 614	246. 7	404 216
税务部门税收	万元	540	-73. 0	24 151
期末从业人员	人	15 000	15. 4	15 000
期末批准面积	平方公里	0. 85	0. 0	0. 85
期末验收封关面积	平方公里	0. 85	0. 0	0. 85

续表

指标	单位	江苏常州出口加工区（转型为综合保税区）		
		当年累计	同比（%）	历年累计
增加值	万元	48 047	4.3	301 932
经营总收入	万元	206 223	4.1	1 376 695
其中：技术服务收入	万元	0	—	0
工业总产值	万元	200 194	4.3	1 347 275
其中：高新技术产业	万元	178 637	4.0	353 334
物流企业经营收入	万元	6 029	-4.2	26 388
企业利润总额	万元	21 818	-9.3	118 558
综合能源耗费量	吨标准煤	6 395	-41.2	54 775
批准企业数	个	2	-81.8	42
其中：加工企业	个	2	—	14
物流企业	个	0	-100.0	16
批准外资企业数	个	2	100.0	18
批准投资总额	万美元	5 167	545.9	55 787
其中：外商投资总额	万美元	5 167	545.9	89 200
合同利用外资	万美元	5 000	—	38 900
企业实际到位资金	万美元	5 000	—	27 893
其中：实际利用外资	万美元	5 000	—	23 846
固定资产投资额	万元	20 025	178.6	246 915
其中：基础设施投资	万元	17 147	258.7	170 675
土地实际已租售面积	平方米	266 700	—	478 009
房屋竣工建筑面积	平方米	27 565	—	262 036
其中：已建成厂房面积	平方米	27 565	—	262 036
已投产运作企业数	个	1	—	14
其中：已投产加工企业数	个	1	—	11
已投产物流企业数	个	0	—	3
其中：投资额1 000万美元以上	个	1	—	5
税收总额	万元	38 456	-68.2	326 065
其中：海关税收及代征税	万元	33 948	-69.9	286 295
税务部门税收	万元	4 508	-43.7	39 467
期末从业人员	人	1 265	-4.9	1 265
期末批准面积	平方公里	1.66	0.0	1.66
期末验收封关面积	平方公里	1.33	0.0	1.33

续表

指标	单位	武进出口加工区（转型为综合保税区）		
		当年累计	同比（%）	历年累计
增加值	万元	313 604	13.7	1 024 914
经营总收入	万元	1 211 587	14.5	4 873 087
其中：技术服务收入	万元	0	—	0
工业总产值	万元	1 549 115	14.5	6 670 655
其中：高新技术产业	万元	1 502 468	12.3	6 161 875
物流企业经营收入	万元	7 373	7.2	36 448
企业利润总额	万元	133 851	9.4	358 378
综合能源耗费量	吨标准煤	19 727	24.8	91 224
批准企业数	个	2	-50.0	29
其中：加工企业	个	1	-50.0	13
物流企业	个	0	—	13
批准外资企业数	个	1	-50.0	11
批准投资总额	万美元	100 584	—	215 379
其中：外商投资总额	万美元	100 406	—	200 966
合同利用外资	万美元	35 513	5 741.0	88 926
企业实际到位资金	万美元	513	-14.5	64 769
其中：实际利用外资	万美元	513	-14.5	51 618
固定资产投资额	万元	76 243	9.4	510 757
其中：基础设施投资	万元	0	-100.0	16 656
土地实际已租售面积	平方米	0	—	479 863
房屋竣工建筑面积	平方米	0	—	549 388
其中：已建成厂房面积	平方米	0	—	464 687
已投产运作企业数	个	6	—	29
其中：已投产加工企业数	个	3	—	13
已投产物流企业数	个	0	—	13
其中：投资额1 000万美元以上	个	1	—	8
税收总额	万元	74 944	114.1	215 206
其中：海关税收及代征税	万元	43 656	69.8	144 605
税务部门税收	万元	31 288	236.2	70 601
期末从业人员	人	25 734	-28.1	25 734
期末批准面积	平方公里	1.15	0.0	1.15
期末验收封关面积	平方公里	1.08	0.0	1.08

续表

指标	单位	江苏吴中出口加工区（转型为综合保税区）		
		当年累计	同比（%）	历年累计
增加值	万元	114 393	22.9	422 100
经营总收入	万元	61 593	5.8	2 398 189
其中：技术服务收入	万元	0	-100.0	315
工业总产值	万元	43 387	-8.4	2 307 939
其中：高新技术产业	万元	0	—	0
物流企业经营收入	万元	12 554	35.8	52 465
企业利润总额	万元	-4 800	—	-81 036
综合能源耗费量	吨标准煤	6 579	-22.3	48 600
批准企业数	个	1	-66.7	36
其中：加工企业	个	0	—	8
物流企业	个	1	-66.7	27
批准外资企业数	个	0	—	4
批准投资总额	万美元	152	-88.4	71 475
其中：外商投资总额	万美元	0	—	41 556
合同利用外资	万美元	0	—	32 808
企业实际到位资金	万美元	0	—	23 191
其中：实际利用外资	万美元	0	—	10 418
固定资产投资额	万元	2 787	64.5	270 450
其中：基础设施投资	万元	0	—	86 903
土地实际已租售面积	平方米	0	—	903 359
房屋竣工建筑面积	平方米	0	—	344 404
其中：已建成厂房面积	平方米	0	—	344 404
已投产运作企业数	个	1	-66.7	25
其中：已投产加工企业数	个	0	—	4
已投产物流企业数	个	1	-66.7	20
其中：投资额1 000万美元以上	个	0	—	4
税收总额	万元	106 631	21.1	365 916
其中：海关税收及代征税	万元	105 249	20.7	356 637
税务部门税收	万元	1 355	59.2	9 249
期末从业人员	人	1 441	-16.9	1 441
期末批准面积	平方公里	3	0.0	3
期末验收封关面积	平方公里	1.38	0.0	1.38

续表

指标	单位	江苏连云港出口加工区		
		当年累计	同比（%）	历年累计
增加值	万元	22 460	7.5	171 259
经营总收入		64 185	-11.9	749 578
其中：技术服务收入		385	6.4	1 397
工业总产值		99 660	6.1	784 076
其中：高新技术产业		389	5.1	46 862
物流企业经营收入		8 248	10.0	42 272
企业利润总额		466	—	16 580
综合能源耗费量	吨标准煤	628	-0.6	12 437
批准企业数	个	3	50.0	35
其中：加工企业		2	—	15
物流企业		1	-50.0	20
批准外资企业数		0	—	16
批准投资总额	万美元	1 470	-46.0	37 114
其中：外商投资总额		0	—	22 041
合同利用外资		0	—	11 336
企业实际到位资金		0	-100.0	12 875
其中：实际利用外资		0	-100.0	9 765
固定资产投资额	万元	8 610	53.9	97 057
其中：基础设施投资		1 805	33.7	37 155
土地实际已租售面积	平方米	0	—	400 168
房屋竣工建筑面积		0	—	345 631
其中：已建成厂房面积		0	—	335 063
已投产运作企业数	个	4	100.0	32
其中：已投产加工企业数		1	—	13
已投产物流企业数		3	50.0	19
其中：投资额1 000万美元以上		0	—	6
税收总额	万元	9 063	-9.9	51 375
其中：海关税收及代征税		8 906	-9.7	45 254
税务部门税收		157	-17.4	6 116
期末从业人员	人	1 194	-9.1	1 194
期末批准面积	平方公里	2.97	0.0	2.97
期末验收封关面积		2.97	0.0	2.97

续表

指标	单位	江苏淮安出口加工区（转型为综合保税区）		
		当年累计	同比（%）	历年累计
增加值	万元	737 139	2.9	6 002 568
经营总收入		8 048 973	17.2	47 312 384
其中：技术服务收入		0	—	0
工业总产值		8 041 387	14.2	47 688 440
其中：高新技术产业		0	—	0
物流企业经营收入		2 153	30.0	9 233
企业利润总额		221 765	-51.2	1 664 795
综合能源耗费量	吨标准煤	128 818	-16.2	987 468
批准企业数	个	0	-100.0	18
其中：加工企业		0	-100.0	14
物流企业		0	—	4
批准外资企业数		0	-100.0	13
批准投资总额	万美元	0	-100.0	133 240
其中：外商投资总额		0	-100.0	133 040
合同利用外资		124 500	5 828.6	188 373
企业实际到位资金		952	-42.7	62 194
其中：实际利用外资		952	-42.7	61 494
固定资产投资额	万元	11 382	72.5	640 601
其中：基础设施投资		2 630	-42.8	361 097
土地实际已租售面积	平方米	0	-100.0	184 009
房屋竣工建筑面积		0	-100.0	1 610 000
其中：已建成厂房面积		0	-100.0	1 453 260
已投产运作企业数	个	0	—	15
其中：已投产加工企业数		0	—	11
已投产物流企业数		0	—	4
其中：投资额 1 000 万美元以上		0	—	6
税收总额	万元	32 266	11.0	183 208
其中：海关税收及代征税		25 217	24.0	125 604
税务部门税收		7 045	-19.4	57 275
期末从业人员	人	28 300	-32.6	28 300
期末批准面积	平方公里	4.92	0.0	4.92
期末验收封关面积		2.63	0.0	2.63

续表

指标	单位	江苏扬州出口加工区（转型为综合保税区）		
		当年累计	同比（%）	历年累计
增加值	万元	67 370	9.9	574 932
经营总收入		447 372	-23.6	2 964 010
其中：技术服务收入		0	—	0
工业总产值		467 426	-1.7	3 847 952
其中：高新技术产业		0	—	0
物流企业经营收入		78 417	76.9	228 029
企业利润总额		55 850	31.1	372 649
综合能源耗费量	吨标准煤	240	-75.8	15 508
批准企业数	个	2	-50.0	39
其中：加工企业		2	0.0	30
物流企业		0	-100.0	9
批准外资企业数		1	—	31
批准投资总额	万美元	78 500	6 934.1	253 675
其中：外商投资总额		61 500	—	233 578
合同利用外资		78 500	—	202 005
企业实际到位资金		59 500	51 193.1	133 620
其中：实际利用外资		59 500	—	133 497
固定资产投资额	万元	26 611	728.2	464 469
其中：基础设施投资		26 611	6 205.9	175 615
土地实际已租售面积	平方米	0	—	731 817
房屋竣工建筑面积		0	—	520 987
其中：已建成厂房面积		0	—	520 987
已投产运作企业数	个	108	—	157
其中：已投产加工企业数		102	—	147
已投产物流企业数		6	—	10
其中：投资额 1 000 万美元以上		16	—	44
税收总额	万元	57 469	142.7	210 091
其中：海关税收及代征税		41 461	147.0	144 802
税务部门税收		12 416	80.0	61 697
期末从业人员	人	2 362	6.2	2 362
期末批准面积	平方公里	2.2	0.0	2.2
期末验收封关面积		1.47	0.0	1.47

续表

指标	单位	江苏镇江出口加工区（转型为综合保税区）		
		当年累计	同比（%）	历年累计
增加值	万元	22 287	13.8	139 974
经营总收入	万元	102 474	5.3	529 703
其中：技术服务收入	万元	0	—	0
工业总产值	万元	97 965	6.2	613 135
其中：高新技术产业	万元	97 965	6.2	576 818
物流企业经营收入	万元	16 322	7.1	77 196
企业利润总额	万元	20 333	5.6	125 473
综合能源耗费量	吨标准煤	2 650	2.6	20 929
批准企业数	个	4	0.0	29
其中：加工企业	个	2	—	3
物流企业	个	2	-50.0	18
批准外资企业数	个	2	—	13
批准投资总额	万美元	6 100	-32.0	87 501
其中：外商投资总额	万美元	6 100	—	36 290
合同利用外资	万美元	17 100	—	27 681
企业实际到位资金	万美元	14 037	109.3	31 608
其中：实际利用外资	万美元	14 037	135.1	28 419
固定资产投资额	万元	84 689	2 805.3	172 133
其中：基础设施投资	万元	84 267	3 003.8	134 028
土地实际已租售面积	平方米	0	—	546 764
房屋竣工建筑面积	平方米	0	—	146 676
其中：已建成厂房面积	平方米	0	—	146 676
已投产运作企业数	个	0	—	17
其中：已投产加工企业数	个	0	—	2
已投产物流企业数	个	0	—	6
其中：投资额1 000万美元以上	个	0	—	7
税收总额	万元	24 439	0.2	138 623
其中：海关税收及代征税	万元	20 988	0.6	121 492
税务部门税收	万元	3 303	-6.1	16 983
期末从业人员	人	879	4.3	879
期末批准面积	平方公里	2.53	0.0	2.53
期末验收封关面积	平方公里	0.91	0.0	0.91

续表

指标	单位	江苏泰州出口加工区（转型为综合保税区）		
		当年累计	同比（%）	历年累计
增加值	万元	204 596	31.3	531 704
经营总收入	万元	1 245 372	17.0	3 442 929
其中：技术服务收入	万元	0	—	0
工业总产值	万元	1 244 300	24.4	3 448 792
其中：高新技术产业	万元	1 187 427	53.4	3 081 451
物流企业经营收入	万元	4 289	-14.5	27 532
企业利润总额	万元	3 612	-89.1	48 854
综合能源耗费量	吨标准煤	17 756	-58.4	98 089
批准企业数	个	6	-53.8	36
其中：加工企业	个	0	—	4
物流企业	个	0	-100.0	4
批准外资企业数	个	2	—	4
批准投资总额	万美元	4 667	59.4	73 453
其中：外商投资总额	万美元	4 304	—	65 004
合同利用外资	万美元	2 152	—	25 132
企业实际到位资金	万美元	0	—	23 908
其中：实际利用外资	万美元	0	—	22 980
固定资产投资额	万元	2 155	-92.0	456 793
其中：基础设施投资	万元	1 551	-94.2	237 491
土地实际已租售面积	平方米	6 100	-35.9	778 472
房屋竣工建筑面积	平方米	0	-100.0	801 073
其中：已建成厂房面积	平方米	0	-100.0	429 959
已投产运作企业数	个	2	-81.8	19
其中：已投产加工企业数	个	0	—	4
已投产物流企业数	个	0	-100.0	3
其中：投资额1 000万美元以上	个	0	—	2
税收总额	万元	11 207	33.7	40 180
其中：海关税收及代征税	万元	4 086	17.6	23 341
税务部门税收	万元	7 121	45.1	16 839
期末从业人员	人	5 976	-1.2	5 976
期末批准面积	平方公里	1.76	0.0	1.76
期末验收封关面积	平方公里	1.58	46.3	1.58

续表

指标	单位	江苏常熟出口加工区（转型为综合保税区）		
		当年累计	同比（%）	历年累计
增加值	万元	14 212	-3.5	108 065
经营总收入	万元	48 630	7.2	516 358
其中：技术服务收入	万元	0	—	0
工业总产值	万元	37 358	-2.5	482 767
其中：高新技术产业	万元	0	—	0
物流企业经营收入	万元	8 915	25.5	50 079
企业利润总额	万元	2 202	-48.0	15 811
综合能源耗费量	吨标准煤	613	-1.4	5 088
批准企业数	个	0	—	13
其中：加工企业	个	0	—	10
物流企业	个	0	—	3
批准外资企业数	个	0	—	10
批准投资总额	万美元	0	-100.0	15 157
其中：外商投资总额	万美元	0	—	14 965
合同利用外资	万美元	0	-100.0	7 271
企业实际到位资金	万美元	0	-100.0	5 967
其中：实际利用外资	万美元	0	—	5 775
固定资产投资额	万元	0	-100.0	56 117
其中：基础设施投资	万元	0	—	28 000
土地实际已租售面积	平方米	0	—	240 811
房屋竣工建筑面积	平方米	0	—	137 940
其中：已建成厂房面积	平方米	0	—	122 440
已投产运作企业数	个	0	—	13
其中：已投产加工企业数	个	0	—	10
已投产物流企业数	个	0	—	3
其中：投资额 1 000 万美元以上	个	0	—	5
税收总额	万元	20 442	80.5	116 874
其中：海关税收及代征税	万元	18 083	109.9	99 343
税务部门税收	万元	2 359	-12.9	17 244
期末从业人员	人	793	-2.7	793
期末批准面积	平方公里	0.94	0.0	0.94
期末验收封关面积	平方公里	0.53	0.0	0.53

续表

指标	单位	江苏吴江出口加工区（转型为综合保税区）		
		当年累计	同比（%）	历年累计
增加值	万元	21 434	-21.1	154 259
经营总收入		310 886	-50.9	3 593 666
其中：技术服务收入		0	—	0
工业总产值		310 793	-51.2	3 948 932
其中：高新技术产业		0	—	1 511 859
物流企业经营收入		989	2.9	10 517
企业利润总额		2 846	—	-58 431
综合能源耗费量	吨标准煤	1 081	-57.5	25 349
批准企业数	个	1	-66.7	38
其中：加工企业		0	-100.0	30
物流企业		0	—	5
批准外资企业数		1	-50.0	33
批准投资总额	万美元	140	-98.5	106 622
其中：外商投资总额		140	-98.5	104 967
合同利用外资		100	-96.8	46 812
企业实际到位资金		0	—	21 658
其中：实际利用外资		0	—	20 059
固定资产投资额	万元	293	-80.1	172 977
其中：基础设施投资		0	—	37 054
土地实际已租售面积	平方米	0	—	388 165
房屋竣工建筑面积		0	—	221 124
其中：已建成厂房面积		0	—	219 924
已投产运作企业数	个	0	—	15
其中：已投产加工企业数		0	—	11
已投产物流企业数		0	—	4
其中：投资额 1 000 万美元以上		0	—	5
税收总额	万元	19 582	-32.3	159 306
其中：海关税收及代征税		17 530	-35.1	149 409
税务部门税收		2 052	7.4	9 897
期末从业人员	人	578	-21.7	578
期末批准面积	平方公里	1	0.0	1
期末验收封关面积		1	0.0	1

续表

指标	单位	浙江杭州出口加工区		
		当年累计	同比（%）	历年累计
增加值	万元	132 721	-15.3	1 476 770
经营总收入	万元	998 568	3.5	16 811 260
其中：技术服务收入	万元	0	—	0
工业总产值	万元	989 482	4.5	16 708 370
其中：高新技术产业	万元	675 133	3 933.8	777 620
物流企业经营收入	万元	9 086	-48.9	102 891
企业利润总额	万元	30 945	-16.1	371 197
综合能源耗费量	吨标准煤	34 130	158.7	216 284
批准企业数	个	4	-81.0	150
其中：加工企业	个	0	—	25
物流企业	个	4	-81.0	124
批准外资企业数	个	0	-100.0	40
批准投资总额	万美元	500	-90.8	73 632
其中：外商投资总额	万美元	0	-100.0	55 481
合同利用外资	万美元	500	-85.6	27 681
企业实际到位资金	万美元	0	-100.0	28 568
其中：实际利用外资	万美元	0	-100.0	21 101
固定资产投资额	万元	24 077	156.2	440 533
其中：基础设施投资	万元	0	—	115 118
土地实际已租售面积	平方米	0	—	886 049
房屋竣工建筑面积	平方米	0	—	584 187
其中：已建成厂房面积	平方米	0	—	575 729
已投产运作企业数	个	0	—	125
其中：已投产加工企业数	个	0	—	25
已投产物流企业数	个	0	—	99
其中：投资额 1 000 万美元以上	个	0	—	12
税收总额	万元	124 759	78.4	685 206
其中：海关税收及代征税	万元	107 200	92.9	504 802
税务部门税收	万元	17 559	22.5	180 403
期末从业人员	人	6 995	-6.9	6 995
期末批准面积	平方公里	2.92	0.0	2.92
期末验收封关面积	平方公里	2	0.0	2

续表

指标	单位	浙江宁波出口加工区		
		当年累计	同比（%）	历年累计
增加值	万元	280 549	18.0	3 826 465
经营总收入		2 086 206	5.1	38 747 435
其中：技术服务收入		0	—	0
工业总产值		2 177 132	4.6	39 954 317
其中：高新技术产业		1 894 104	4.6	34 897 699
物流企业经营收入		56 509	-10.5	404 958
企业利润总额		70 642	5.5	1 058 582
综合能源耗费量	吨标准煤	34 300	-68.8	861 114
批准企业数	个	0	—	43
其中：加工企业		0	—	35
物流企业		0	—	5
批准外资企业数		0	—	42
批准投资总额	万美元	0	—	226 422
其中：外商投资总额		0	—	226 422
合同利用外资		0	—	98 705
企业实际到位资金		0	—	55 285
其中：实际利用外资		0	—	55 285
固定资产投资额	万元	52 188	19.6	1 280 038
其中：基础设施投资		0	—	42 969
土地实际已租售面积	平方米	0	—	661 000
房屋竣工建筑面积		0	—	1 001 000
其中：已建成厂房面积		0	—	1 001 000
已投产运作企业数	个	0	—	23
其中：已投产加工企业数		0	—	20
已投产物流企业数		0	—	3
其中：投资额1 000万美元以上		0	—	7
税收总额	万元	4 350	-2.4	63 264
其中：海关税收及代征税		4 350	-2.4	62 064
税务部门税收		0	—	1 200
期末从业人员	人	17 153	-15.5	17 153
期末批准面积	平方公里	3	0.0	3
期末验收封关面积		3	0.0	3

续表

指标	单位	浙江嘉兴出口加工区（转型为综合保税区）		
		当年累计	同比（%）	历年累计
增加值	万元	7 692	-11.9	70 646
经营总收入		45 263	-12.2	392 647
其中：技术服务收入		0	—	4 617
工业总产值		43 069	-4.7	381 293
其中：高新技术产业		0	—	0
物流企业经营收入		2 758	15.4	10 009
企业利润总额		-1 559	—	14 875
综合能源耗费量	吨标准煤	1 333	-26.7	17 155
批准企业数	个	1	—	27
其中：加工企业		0	—	18
物流企业		1	—	7
批准外资企业数		0	—	14
批准投资总额	万美元	0	—	30 333
其中：外商投资总额		0	—	21 843
合同利用外资		0	—	14 426
企业实际到位资金		626	439.7	7 566
其中：实际利用外资		626	439.7	5 435
固定资产投资额	万元	31 348	25.3	262 355
其中：基础设施投资		19 817	-15.8	71 351
土地实际已租售面积	平方米	450	—	502 169
房屋竣工建筑面积		0	—	161 141
其中：已建成厂房面积		0	—	161 116
已投产运作企业数	个	0	—	14
其中：已投产加工企业数		0	—	12
已投产物流企业数		0	—	2
其中：投资额1 000万美元以上		0	—	5
税收总额	万元	30 098	209.7	108 029
其中：海关税收及代征税		29 650	220.3	100 743
税务部门税收		448	-2.4	7 286
期末从业人员	人	720	-7.6	720
期末批准面积	平方公里	2.98	0.0	2.98
期末验收封关面积		1.3	0.0	1.3

续表

指标	单位	浙江慈溪出口加工区		
		当年累计	同比（%）	历年累计
增加值	万元	4 694	6.0	28 942
经营总收入		15 208	14.9	93 041
其中：技术服务收入		0	—	0
工业总产值		8 868	-7.5	74 118
其中：高新技术产业		0	—	0
物流企业经营收入		3 625	88.8	14 650
企业利润总额		907	36.8	3 751
综合能源耗费量	吨标准煤	34	-22.7	416
批准企业数	个	3	-62.5	36
其中：加工企业		0	—	4
物流企业		3	-62.5	32
批准外资企业数		0	—	8
批准投资总额	万美元	1 800	-61.7	45 037
其中：外商投资总额		0	—	19 138
合同利用外资		0	—	11 329
企业实际到位资金		300	-71.4	11 202
其中：实际利用外资		0	—	4 047
固定资产投资额	万元	8 050	-29.9	127 055
其中：基础设施投资		7 250	-36.8	120 347
土地实际已租售面积	平方米	102 000	-58.0	633 161
房屋竣工建筑面积		0	—	168 102
其中：已建成厂房面积		0	—	163 002
已投产运作企业数	个	0	-100.0	25
其中：已投产加工企业数		0	—	3
已投产物流企业数		0	-100.0	22
其中：投资额1 000万美元以上		0	—	1
税收总额	万元	9 484	16.6	66 780
其中：海关税收及代征税		9 147	15.8	65 608
税务部门税收		337	45.9	1 172
期末从业人员	人	185	68.2	185
期末批准面积	平方公里	2	0.0	2
期末验收封关面积		0.7	0.0	0.7

续表

指标	单位	安徽合肥出口加工区		
		当年累计	同比（%）	历年累计
增加值	万元	0	—	0
经营总收入	万元	5 299 458	26.2	19 728 785
其中：技术服务收入	万元	0	—	0
工业总产值	万元	5 642 790	31.1	20 340 665
其中：高新技术产业	万元	0	—	0
物流企业经营收入	万元	11 155	5.9	48 510
企业利润总额	万元	-79	—	27 542
综合能源耗费量	吨标准煤	5 278	16.2	23 041
批准企业数	个	0	-100.0	16
其中：加工企业	个	0	—	4
物流企业	个	0	-100.0	12
批准外资企业数	个	0	—	3
批准投资总额	万美元	0	—	31 784
其中：外商投资总额	万美元	0	—	30 865
合同利用外资	万美元	0	—	27 100
企业实际到位资金	万美元	0	—	27 252
其中：实际利用外资	万美元	0	—	26 850
固定资产投资额	万元	0	—	365 429
其中：基础设施投资	万元	0	—	7 645
土地实际已租售面积	平方米	0	—	318 933
房屋竣工建筑面积	平方米	0	—	312 514
其中：已建成厂房面积	平方米	0	—	197 067
已投产运作企业数	个	0	—	11
其中：已投产加工企业数	个	0	—	3
已投产物流企业数	个	0	—	8
其中：投资额1 000万美元以上	个	0	—	2
税收总额	万元	196 282	16.5	886 457
其中：海关税收及代征税	万元	178 755	14.2	815 482
税务部门税收	万元	17 527	46.1	70 975
期末从业人员	人	8 145	4.9	8 145
期末批准面积	平方公里	1.42	0.0	1.42
期末验收封关面积	平方公里	1.42	0.0	1.42

续表

指标	单位	安徽芜湖出口加工区（转型为综合保税区）		
		当年累计	同比（%）	历年累计
增加值	万元	56 211	12.2	335 954
经营总收入	万元	280 200	28.8	1 909 734
其中：技术服务收入	万元	0	—	0
工业总产值	万元	83 908	30.5	1 924 069
其中：高新技术产业	万元	26 467	23.2	114 379
物流企业经营收入	万元	34	-27.7	276
企业利润总额	万元	12 026	5.9	49 446
综合能源耗费量	吨标准煤	5 184	-9.4	84 359
批准企业数	个	3	-25.0	34
其中：加工企业	个	0	-100.0	18
物流企业	个	3	0.0	14
批准外资企业数	个	0	—	9
批准投资总额	万美元	5 280	-18.7	70 535
其中：外商投资总额	万美元	0	—	30 870
合同利用外资	万美元	0	—	30 590
企业实际到位资金	万美元	241	-83.8	51 865
其中：实际利用外资	万美元	0	—	30 590
固定资产投资额	万元	16 818	1 710.3	305 060
其中：基础设施投资	万元	10 000	—	166 930
土地实际已租售面积	平方米	26 667	—	979 065
房屋竣工建筑面积	平方米	0	—	360 646
其中：已建成厂房面积	平方米	0	—	344 846
已投产运作企业数	个	4	300.0	25
其中：已投产加工企业数	个	0	-100.0	14
已投产物流企业数	个	4	—	11
其中：投资额 1 000 万美元以上	个	1	0.0	11
税收总额	万元	68 313	10.9	231 129
其中：海关税收及代征税	万元	64 162	7.6	212 221
税务部门税收	万元	4 151	112.7	18 772
期末从业人员	人	4 001	8.5	4 001
期末批准面积	平方公里	2.17	0.0	2.17
期末验收封关面积	平方公里	2.17	0.0	2.17

续表

指标	单位	福建福州出口加工区		
		当年累计	同比（%）	历年累计
增加值	万元	2 535	9.4	29 883
经营总收入	万元	21 847	18.6	127 495
其中：技术服务收入	万元	0	—	0
工业总产值	万元	20 855	22.9	123 030
其中：高新技术产业	万元	0	—	0
物流企业经营收入	万元	2 917	105.9	11 817
企业利润总额	万元	645	84.8	4 271
综合能源耗费量	吨标准煤	461	9.8	2 192
批准企业数	个	117	112.7	232
其中：加工企业	个	0	—	12
物流企业	个	47	-14.5	150
批准外资企业数	个	9	-10.0	31
批准投资总额	万美元	15 215	100.5	62 086
其中：外商投资总额	万美元	2 150	-18.9	15 280
合同利用外资	万美元	1 950	-18.4	10 770
企业实际到位资金	万美元	2 000	308.2	8 841
其中：实际利用外资	万美元	1 930	3 760.0	4 757
固定资产投资额	万元	47 275	14.0	197 442
其中：基础设施投资	万元	790	-77.0	30 684
土地实际已租售面积	平方米	0	—	375 007
房屋竣工建筑面积	平方米	0	—	141 450
其中：已建成厂房面积	平方米	0	—	89 758
已投产运作企业数	个	16	-11.1	56
其中：已投产加工企业数	个	0	-100.0	2
已投产物流企业数	个	11	-31.3	48
其中：投资额1 000万美元以上	个	0	-100.0	4
税收总额	万元	43 787	-16.6	331 943
其中：海关税收及代征税	万元	43 230	-16.7	325 826
税务部门税收	万元	547	-11.5	6 005
期末从业人员	人	535	10.3	535
期末批准面积	平方公里	1.14	0.0	1.14
期末验收封关面积	平方公里	0.44	0.0	0.44

续表

指标	单位	江西南昌出口加工区（转型为综合保税区）		
		当年累计	同比（%）	历年累计
增加值	万元	15 175	3.5	200 466
经营总收入		429 305	-18.5	2 526 759
其中：技术服务收入		586	—	669
工业总产值		435 093	-18.4	3 070 701
其中：高新技术产业		0	-100.0	63 365
物流企业经营收入		0	-100.0	1 753
企业利润总额		-3 362	—	-6 424
综合能源耗费量	吨标准煤	337	764.1	27 773
批准企业数	个	0	—	26
其中：加工企业		0	—	11
物流企业		0	—	10
批准外资企业数		0	—	16
批准投资总额	万美元	0	—	50 000
其中：外商投资总额		0	—	50 000
合同利用外资		0	—	30 000
企业实际到位资金		0	—	27 000
其中：实际利用外资		0	—	20 862
固定资产投资额	万元	0	—	109 220
其中：基础设施投资		0	—	45 078
土地实际已租售面积	平方米	0	—	272 680
房屋竣工建筑面积		0	—	214 927
其中：已建成厂房面积		0	—	214 927
已投产运作企业数	个	0	-100.0	39
其中：已投产加工企业数		0	-100.0	21
已投产物流企业数		0	-100.0	18
其中：投资额1 000万美元以上		0	-100.0	24
税收总额	万元	105	-41.3	820
其中：海关税收及代征税		55	-60.7	534
税务部门税收		42	7.7	224
期末从业人员	人	3 803	112.7	3 803
期末批准面积	平方公里	1	0.0	1
期末验收封关面积		1	0.0	1

续表

指标	单位	江西九江出口加工区		
		当年累计	同比（%）	历年累计
增加值	万元	18 296	-4.4	155 301
经营总收入	万元	191 929	-57.9	1 880 136
其中：技术服务收入	万元	0	—	0
工业总产值	万元	209 862	-55.3	2 431 296
其中：高新技术产业	万元	0	—	0
物流企业经营收入	万元	327	10.5	1 930
企业利润总额	万元	1 870	-40.2	31 821
综合能源耗费量	吨标准煤	5 814	18.4	21 130
批准企业数	个	0	-100.0	36
其中：加工企业	个	0	-100.0	30
物流企业	个	0	-100.0	6
批准外资企业数	个	0	-100.0	22
批准投资总额	万美元	0	-100.0	81 580
其中：外商投资总额	万美元	0	-100.0	67 930
合同利用外资	万美元	0	-100.0	74 882
企业实际到位资金	万美元	0	—	19 926
其中：实际利用外资	万美元	0	—	17 915
固定资产投资额	万元	857	-61.6	122 379
其中：基础设施投资	万元	10	-94.2	20 652
土地实际已租售面积	平方米	0	-100.0	927 331
房屋竣工建筑面积	平方米	0	—	230 383
其中：已建成厂房面积	平方米	0	—	189 516
已投产运作企业数	个	0	—	30
其中：已投产加工企业数	个	0	—	25
已投产物流企业数	个	0	—	5
其中：投资额1 000万美元以上	个	0	—	16
税收总额	万元	7 189	39.7	23 575
其中：海关税收及代征税	万元	6 872	39.7	19 742
税务部门税收	万元	317	39.6	3 833
期末从业人员	人	1 597	-0.1	1 597
期末批准面积	平方公里	0.99	0.0	0.99
期末验收封关面积	平方公里	0.99	0.0	0.99

续表

指标	单位	山东青岛出口加工区		
		当年累计	同比（%）	历年累计
增加值	万元	109 420	6.1	1 257 791
经营总收入		494 528	11.6	4 723 016
其中：技术服务收入		738	20.8	2 766
工业总产值		505 834	2.8	4 838 556
其中：高新技术产业		72 440	-41.0	1 257 666
物流企业经营收入		1 096	7.5	7 183
企业利润总额		55 865	-31.9	769 562
综合能源耗费量	吨标准煤	8 373	6.0	69 493
批准企业数	个	5	-28.6	96
其中：加工企业		3	-25.0	85
物流企业		1	-66.7	10
批准外资企业数		0	-100.0	76
批准投资总额	万美元	626	-94.4	230 645
其中：外商投资总额		0	-100.0	176 945
合同利用外资		0	-100.0	82 562
企业实际到位资金		3 124	-13.0	171 223
其中：实际利用外资		1 586	-35.7	50 607
固定资产投资额	万元	11 357	12.0	406 867
其中：基础设施投资		777	-59.1	72 242
土地实际已租售面积	平方米	0	—	1 455 404
房屋竣工建筑面积		0	-100.0	501 000
其中：已建成厂房面积		0	-100.0	459 719
已投产运作企业数	个	0	-100.0	70
其中：已投产加工企业数		0	-100.0	62
已投产物流企业数		0	-100.0	8
其中：投资额1 000万美元以上		0	—	22
税收总额	万元	36 515	-18.9	210 761
其中：海关税收及代征税		19 881	-25.6	98 382
税务部门税收		16 634	-9.1	110 254
期末从业人员	人	7 700	0.0	7 700
期末批准面积	平方公里	2.8	0.0	2.8
期末验收封关面积		1.7	0.0	1.7

续表

指标	单位	山东青岛西海岸出口加工区		
		当年累计	同比（%）	历年累计
增加值	万元	31 253	58.2	262 442
经营总收入	万元	116 107	43.5	1 023 328
其中：技术服务收入	万元	0	-100.0	1 305
工业总产值	万元	102 302	18.0	992 669
其中：高新技术产业	万元	21 232	-12.1	55 779
物流企业经营收入	万元	12 536	32.4	58 697
企业利润总额	万元	5 302	385.1	72 189
综合能源耗费量	吨标准煤	6 567	15.9	23 204
批准企业数	个	19	-40.6	94
其中：加工企业	个	1	—	21
物流企业	个	16	-11.1	54
批准外资企业数	个	1	-50.0	22
批准投资总额	万美元	6 538	-58.1	106 740
其中：外商投资总额	万美元	1 538	-56.4	77 338
合同利用外资	万美元	350	-90.1	63 655
企业实际到位资金	万美元	4 820	37.7	69 409
其中：实际利用外资	万美元	1 512	-16.4	45 540
固定资产投资额	万元	5 425	3.9	184 657
其中：基础设施投资	万元	1 176	30.7	53 184
土地实际已租售面积	平方米	0	—	1 816 377
房屋竣工建筑面积	平方米	6 102	-68.7	623 716
其中：已建成厂房面积	平方米	0	-100.0	586 278
已投产运作企业数	个	3	0.0	21
其中：已投产加工企业数	个	0	-100.0	8
已投产物流企业数	个	3	200.0	12
其中：投资额1 000万美元以上	个	1	-66.7	12
税收总额	万元	48 738	82.8	189 429
其中：海关税收及代征税	万元	43 102	84.4	164 910
税务部门税收	万元	5 636	71.9	24 519
期末从业人员	人	3 288	4.1	3 288
期末批准面积	平方公里	2	0.0	2
期末验收封关面积	平方公里	2	0.0	2

续表

指标	单位	山东潍坊出口加工区（转型为综合保税区）		
		当年累计	同比（%）	历年累计
增加值	万元	214 030	7.5	783 820
经营总收入	万元	873 248	26.3	2 826 536
其中：技术服务收入	万元	0	—	0
工业总产值	万元	845 300	23.6	2 770 283
其中：高新技术产业	万元	759 600	38.1	2 430 445
物流企业经营收入	万元	4 628	-12.5	26 390
企业利润总额	万元	50 030	-58.3	323 993
综合能源耗费量	吨标准煤	9 230	19.8	27 765
批准企业数	个	17	142.9	89
其中：加工企业	个	11	175.0	70
物流企业	个	3	50.0	13
批准外资企业数	个	1	—	17
批准投资总额	万美元	40 210	117.6	239 444
其中：外商投资总额	万美元	200	—	32 433
合同利用外资	万美元	200	-95.6	16 490
企业实际到位资金	万美元	24 742	24.7	142 579
其中：实际利用外资	万美元	1 015	1.5	5 014
固定资产投资额	万元	175 500	4.5	934 058
其中：基础设施投资	万元	5 700	67.6	40 186
土地实际已租售面积	平方米	1 060 000	—	3 514 398
房屋竣工建筑面积	平方米	118 000	—	1 199 478
其中：已建成厂房面积	平方米	118 000	—	951 760
已投产运作企业数	个	2	—	34
其中：已投产加工企业数	个	2	—	26
已投产物流企业数	个	0	—	8
其中：投资额1 000万美元以上	个	1	—	5
税收总额	万元	44 990	28.1	218 378
其中：海关税收及代征税	万元	15 740	11.0	100 187
税务部门税收	万元	29 250	39.7	118 179
期末从业人员	人	7 500	0.0	7 500
期末批准面积	平方公里	5.17	0.0	5.17
期末验收封关面积	平方公里	1.7	0.0	1.7

续表

指标	单位	山东威海出口加工区		
		当年累计	同比（%）	历年累计
增加值	万元	68 543	20.8	1 051 646
经营总收入	万元	297 246	21.2	3 684 073
其中：技术服务收入	万元	0	—	0
工业总产值	万元	298 015	20.8	3 691 366
其中：高新技术产业	万元	98 169	35.6	648 117
物流企业经营收入	万元	3 202	21.7	18 206
企业利润总额	万元	13 495	173.7	35 015
综合能源耗费量	吨标准煤	3 123	20.8	40 497
批准企业数	个	0	-100.0	89
其中：加工企业	个	0	-100.0	74
物流企业	个	0	—	15
批准外资企业数	个	0	-100.0	66
批准投资总额	万美元	0	-100.0	86 962
其中：外商投资总额	万美元	0	-100.0	80 937
合同利用外资	万美元	0	-100.0	76 153
企业实际到位资金	万美元	4 010	158.7	54 315
其中：实际利用外资	万美元	4 010	161.6	51 448
固定资产投资额	万元	17 131	173.5	361 293
其中：基础设施投资	万元	2 744	684.0	195 964
土地实际已租售面积	平方米	0	—	1 127 010
房屋竣工建筑面积	平方米	0	—	459 552
其中：已建成厂房面积	平方米	0	—	452 860
已投产运作企业数	个	0	-100.0	41
其中：已投产加工企业数	个	0	-100.0	34
已投产物流企业数	个	0	—	7
其中：投资额1 000万美元以上	个	0	—	11
税收总额	万元	5 802	29.3	60 505
其中：海关税收及代征税	万元	80	23.1	3 801
税务部门税收	万元	5 722	29.4	55 904
期末从业人员	人	8 276	13.4	8 276
期末批准面积	平方公里	2.6	0.0	2.6
期末验收封关面积	平方公里	1.34	0.0	1.34

续表

指标	单位	河南郑州出口加工区		
		当年累计	同比（%）	历年累计
增加值	万元	274 875	18.2	735 677
经营总收入		1 011 978	1.5	5 220 316
其中：技术服务收入		0	—	0
工业总产值		1 187 087	25.1	5 445 043
其中：高新技术产业		1 118 098	27.8	2 697 346
物流企业经营收入		1 630	-14.6	6 545
企业利润总额		25 594	-5.6	78 044
综合能源耗费量	吨标准煤	24 929	12.7	68 105
批准企业数	个	9	0.0	58
其中：加工企业		2	0.0	28
物流企业		3	-40.0	34
批准外资企业数		0	—	9
批准投资总额	万美元	33 162	44.9	141 783
其中：外商投资总额		0	—	60 825
合同利用外资		0	—	29 942
企业实际到位资金		1 301	-62.7	33 321
其中：实际利用外资		0	—	28 529
固定资产投资额	万元	423 003	69.0	876 197
其中：基础设施投资		21 875	206.4	90 963
土地实际已租售面积	平方米	251 800	—	890 499
房屋竣工建筑面积		0	-100.0	734 713
其中：已建成厂房面积		0	-100.0	589 121
已投产运作企业数	个	1	-50.0	24
其中：已投产加工企业数		1	—	13
已投产物流企业数		0	-100.0	11
其中：投资额1 000万美元以上		0	—	0
税收总额	万元	79 162	12.7	207 935
其中：海关税收及代征税		39 841	-14.5	102 313
税务部门税收		39 321	66.5	105 622
期末从业人员	人	25 811	9.4	25 811
期末批准面积	平方公里	2.7	0.0	2.7
期末验收封关面积		2.66	0.0	2.66

续表

指标	单位	湖北武汉出口加工区		
		当年累计	同比（%）	历年累计
增加值	万元	8 218	302.8	53 594
经营总收入	万元	27 133	302.0	7 983 838
其中：技术服务收入	万元	5 675	304.8	7 527
工业总产值	万元	12 681	304.5	5 099 146
其中：高新技术产业	万元	11 061	305.2	3 286 604
物流企业经营收入	万元	546	295.7	2 216
企业利润总额	万元	60	0.0	11 017
综合能源耗费量	吨标准煤	848	-3.6	11 209
批准企业数	个	0	—	16
其中：加工企业	个	0	—	9
物流企业	个	0	—	7
批准外资企业数	个	0	—	6
批准投资总额	万美元	1 852	—	18 557
其中：外商投资总额	万美元	0	—	8 880
合同利用外资	万美元	32 772	—	40 252
企业实际到位资金	万美元	36 749	—	49 819
其中：实际利用外资	万美元	3 202	—	10 272
固定资产投资额	万元	9 738	303.7	45 456
其中：基础设施投资	万元	7 240	300.0	24 655
土地实际已租售面积	平方米	0	—	330 392
房屋竣工建筑面积	平方米	0	—	369 814
其中：已建成厂房面积	平方米	0	—	281 832
已投产运作企业数	个	0	-100.0	58
其中：已投产加工企业数	个	0	-100.0	27
已投产物流企业数	个	0	-100.0	10
其中：投资额1 000万美元以上	个	0	—	1
税收总额	万元	20 321	342.8	355 969
其中：海关税收及代征税	万元	19 187	344.5	329 840
税务部门税收	万元	1 080	297.1	24 954
期末从业人员	人	445	5.5	445
期末批准面积	平方公里	1.3	0.0	1.3
期末验收封关面积	平方公里	1.3	0.0	1.3

续表

指标	单位	广东广州出口加工区		
		当年累计	同比（%）	历年累计
增加值	万元	68 352	2.8	699 655
经营总收入		329 928	2.4	3 769 789
其中：技术服务收入		0	—	0
工业总产值		330 842	2.8	3 817 109
其中：高新技术产业		0	—	0
物流企业经营收入		0	—	0
企业利润总额		10 462	—	83 479
综合能源耗费量	吨标准煤	2 666	23.1	39 702
批准企业数	个	0	—	1
其中：加工企业		0	—	1
物流企业		0	—	0
批准外资企业数		0	—	1
批准投资总额	万美元	0	—	12 500
其中：外商投资总额		0	—	12 500
合同利用外资		0	—	5 400
企业实际到位资金		0	—	5 338
其中：实际利用外资		0	—	5 338
固定资产投资额	万元	0	—	127 232
其中：基础设施投资		0	—	58 800
土地实际已租售面积	平方米	0	—	0
房屋竣工建筑面积		0	—	0
其中：已建成厂房面积		0	—	0
已投产运作企业数	个	0	—	1
其中：已投产加工企业数		0	—	1
已投产物流企业数		0	—	0
其中：投资额1 000万美元以上		0	—	1
税收总额	万元	0	—	0
其中：海关税收及代征税		0	—	0
税务部门税收		0	—	0
期末从业人员	人	772	-8.2	772
期末批准面积	平方公里	3	0.0	3
期末验收封关面积		0.9	0.0	0.9

续表

指标	单位	广东深圳出口加工区		
		当年累计	同比（%）	历年累计
增加值	万元	210 482	-34.3	3 452 011
经营总收入	万元	841 599	-37.4	14 387 637
其中：技术服务收入	万元	0	—	0
工业总产值	万元	843 066	-34.3	14 543 852
其中：高新技术产业	万元	71 190	-9.5	6 274 334
物流企业经营收入	万元	0	—	0
企业利润总额	万元	-51 620	—	819 482
综合能源耗费量	吨标准煤	2 435	-43.1	117 134
批准企业数	个	7	-46.2	147
其中：加工企业	个	5	150.0	19
物流企业	个	2	-81.8	79
批准外资企业数	个	0	—	1
批准投资总额	万美元	0	—	115 135
其中：外商投资总额	万美元	0	—	114 584
合同利用外资	万美元	0	—	47 849
企业实际到位资金	万美元	0	—	39 605
其中：实际利用外资	万美元	0	—	36 331
固定资产投资额	万元	0	—	180 755
其中：基础设施投资	万元	0	—	84 984
土地实际已租售面积	平方米	0	—	1 333 000
房屋竣工建筑面积	平方米	0	—	57 290
其中：已建成厂房面积	平方米	0	—	57 290
已投产运作企业数	个	0	—	7
其中：已投产加工企业数	个	0	—	0
已投产物流企业数	个	0	—	7
其中：投资额1 000万美元以上	个	0	—	0
税收总额	万元	0	—	114 378
其中：海关税收及代征税	万元	0	—	89 430
税务部门税收	万元	0	—	24 941
期末从业人员	人	0	-100.0	0
期末批准面积	平方公里	3	0.0	3
期末验收封关面积	平方公里	3	0.0	3

续表

指标	单位	广西北海出口加工区		
		当年累计	同比（%）	历年累计
增加值	万元	195 307	1.8	1 558 646
经营总收入	万元	1 008 658	2.1	7 420 359
其中：技术服务收入	万元	0	—	75 500
工业总产值	万元	1 035 441	3.4	7 663 661
其中：高新技术产业	万元	0	—	0
物流企业经营收入	万元	2 156	0.3	15 139
企业利润总额	万元	142 252	1.4	1 058 904
综合能源耗费量	吨标准煤	5 979	3.8	56 355
批准企业数	个	7	0.0	97
其中：加工企业	个	3	50.0	76
物流企业	个	1	—	12
批准外资企业数	个	0	—	44
批准投资总额	万美元	4 476	-76.4	102 485
其中：外商投资总额	万美元	0	-100.0	54 819
合同利用外资	万美元	0	-100.0	34 750
企业实际到位资金	万美元	18 461	74.8	99 440
其中：实际利用外资	万美元	7 191	-31.9	50 757
固定资产投资额	万元	8 443	-80.4	304 774
其中：基础设施投资	万元	0	—	86 747
土地实际已租售面积	平方米	0	—	828 338
房屋竣工建筑面积	平方米	0	—	744 244
其中：已建成厂房面积	平方米	0	—	744 244
已投产运作企业数	个	0	—	41
其中：已投产加工企业数	个	0	—	34
已投产物流企业数	个	0	—	4
其中：投资额 1 000 万美元以上	个	0	—	12
税收总额	万元	22 806	-27.5	204 617
其中：海关税收及代征税	万元	11 271	-25.5	106 384
税务部门税收	万元	11 535	-29.3	97 931
期末从业人员	人	18 867	0.0	18 867
期末批准面积	平方公里	1.45	0.0	1.45
期末验收封关面积	平方公里	1.13	0.0	1.13

续表

指标	单位	四川绵阳出口加工区		
		当年累计	同比（%）	历年累计
增加值	万元	37 256	12.7	252 128
经营总收入		93 496	23.5	556 030
其中：技术服务收入		0	—	0
工业总产值		85 543	11.6	765 355
其中：高新技术产业		0	—	0
物流企业经营收入		65	20.4	507
企业利润总额		6 564	177.1	33 253
综合能源耗费量	吨标准煤	900	137.5	10 724
批准企业数	个	1	—	8
其中：加工企业		0	—	5
物流企业		1	—	3
批准外资企业数		0	—	2
批准投资总额	万美元	0	—	3 970
其中：外商投资总额		0	—	1 194
合同利用外资		0	—	310
企业实际到位资金		0	—	656
其中：实际利用外资		0	—	310
固定资产投资额	万元	1 641	-10.4	42 545
其中：基础设施投资		0	—	2 000
土地实际已租售面积	平方米	0	—	21 474
房屋竣工建筑面积		0	—	105 804
其中：已建成厂房面积		0	—	98 724
已投产运作企业数	个	0	—	7
其中：已投产加工企业数		0	—	5
已投产物流企业数		0	—	2
其中：投资额1 000万美元以上		0	—	0
税收总额	万元	502	321.8	6 764
其中：海关税收及代征税		19	137.5	112
税务部门税收		483	335.1	6 652
期末从业人员	人	2 684	-8.8	2 684
期末批准面积	平方公里	0.56	0.0	0.56
期末验收封关面积		0.15	0.0	0.15

续表

指标	单位	云南昆明出口加工区（转型为综合保税区）		
		当年累计	同比（%）	历年累计
增加值	万元	141	-33.8	1 338
经营总收入		631	-44.3	5 403
其中：技术服务收入		0	—	0
工业总产值		58	-18.3	2 217
其中：高新技术产业		0	—	0
物流企业经营收入		626	-44.7	3 233
企业利润总额		66	53.5	304
综合能源耗费量	吨标准煤	524	-23.5	4 731
批准企业数	个	0	—	13
其中：加工企业		0	—	7
物流企业		0	—	5
批准外资企业数		0	—	1
批准投资总额	万美元	0	—	7 739
其中：外商投资总额		0	—	273
合同利用外资		0	—	270
企业实际到位资金		0	—	7 720
其中：实际利用外资		0	—	270
固定资产投资额	万元	0	—	66 353
其中：基础设施投资		0	—	24 690
土地实际已租售面积	平方米	0	—	42 588
房屋竣工建筑面积		0	—	36 835
其中：已建成厂房面积		0	—	25 727
已投产运作企业数	个	0	—	12
其中：已投产加工企业数		0	—	7
已投产物流企业数		0	—	5
其中：投资额 1 000 万美元以上		0	—	0
税收总额	万元	10	-41.2	1 805
其中：海关税收及代征税		0	—	1 701
税务部门税收		8	-52.9	102
期末从业人员	人	25	0.0	25
期末批准面积	平方公里	2	0.0	2
期末验收封关面积		0.48	0.0	0.48

续表

指标	单位	陕西西安出口加工区A区		
		当年累计	同比（%）	历年累计
增加值	万元	493 865	7.9	3 602 366
经营总收入	万元	2 449 226	7.7	15 322 718
其中：技术服务收入	万元	5 710	78.4	13 964
工业总产值	万元	2 284 039	8.1	13 692 425
其中：高新技术产业	万元	884 715	5.5	5 427 475
物流企业经营收入	万元	30 961	4.8	293 158
企业利润总额	万元	5 987	-8.8	82 524
综合能源耗费量	吨标准煤	10 401	6.1	64 956
批准企业数	个	3	50.0	75
其中：加工企业	个	2	0.0	62
物流企业	个	0	—	12
批准外资企业数	个	0	-100.0	22
批准投资总额	万美元	1 050	92.3	95 702
其中：外商投资总额	万美元	0	-100.0	16 949
合同利用外资	万美元	0	-100.0	13 549
企业实际到位资金	万美元	1 050	619.2	74 942
其中：实际利用外资	万美元	0	-100.0	13 110
固定资产投资额	万元	75 824	-40.0	1 673 179
其中：基础设施投资	万元	5 277	30.3	193 346
土地实际已租售面积	平方米	0	—	764 126
房屋竣工建筑面积	平方米	0	—	456 162
其中：已建成厂房面积	平方米	0	—	425 282
已投产运作企业数	个	1	—	58
其中：已投产加工企业数	个	1	—	46
已投产物流企业数	个	0	—	12
其中：投资额1 000万美元以上	个	0	—	9
税收总额	万元	11 333	-38.7	208 842
其中：海关税收及代征税	万元	8 216	-39.6	153 023
税务部门税收	万元	3 117	-3.6	28 799
期末从业人员	人	3 803	5.9	3 803
期末批准面积	平方公里	1.46	0.0	1.46
期末验收封关面积	平方公里	0.75	0.0	0.75

续表

指标	单位	陕西西安出口加工区 B 区		
		当年累计	同比（%）	历年累计
增加值	万元	474 915	16.7	3 372 296
经营总收入		1 790 674	-47.7	19 838 394
其中：技术服务收入		27 128	35.9	76 891
工业总产值		6 431 591	89.0	24 280 674
其中：高新技术产业		3 593 111	5.6	21 442 194
物流企业经营收入		678	-39.7	21 379
企业利润总额		21 647	-87.7	321 892
综合能源耗费量	吨标准煤	0	-100.0	61 665
批准企业数	个	0	—	40
其中：加工企业		0	—	10
物流企业		0	—	21
批准外资企业数		0	—	11
批准投资总额	万美元	0	—	139 662
其中：外商投资总额		0	—	131 450
合同利用外资		0	—	103 100
企业实际到位资金		0	—	107 056
其中：实际利用外资		0	—	102 850
固定资产投资额	万元	35 977	2 813.1	627 639
其中：基础设施投资		0	—	3 382
土地实际已租售面积	平方米	0	—	366 047
房屋竣工建筑面积		0	—	343 000
其中：已建成厂房面积		0	—	243 000
已投产运作企业数	个	0	-100.0	14
其中：已投产加工企业数		0	-100.0	7
已投产物流企业数		0	—	6
其中：投资额 1 000 万美元以上		0	-100.0	8
税收总额	万元	15 948	61.4	88 646
其中：海关税收及代征税		0	—	23 828
税务部门税收		5 486	-44.5	53 919
期末从业人员	人	6 041	38.1	6 041
期末批准面积	平方公里	1.34	0.0	1.34
期末验收封关面积		0.79	0.0	0.79

续表

指标	单位	新疆乌鲁木齐出口加工区（转型为综合保税区）		
		当年累计	同比（%）	历年累计
增加值	万元	2 409	18.3	18 590
经营总收入	万元	8 683	-32.2	99 089
其中：技术服务收入	万元	0	—	1 873
工业总产值	万元	7 854	-29.9	113 894
其中：高新技术产业	万元	5 644	20.9	56 953
物流企业经营收入	万元	0	—	2
企业利润总额	万元	679	9.5	2 508
综合能源耗费量	吨标准煤	875	3.6	11 222
批准企业数	个	0	—	9
其中：加工企业	个	0	—	7
物流企业	个	0	—	2
批准外资企业数	个	0	—	1
批准投资总额	万美元	0	—	11 316
其中：外商投资总额	万美元	0	—	600
合同利用外资	万美元	0	—	300
企业实际到位资金	万美元	0	—	1 159
其中：实际利用外资	万美元	0	—	236
固定资产投资额	万元	0	—	22 954
其中：基础设施投资	万元	0	—	3 329
土地实际已租售面积	平方米	0	—	229 310
房屋竣工建筑面积	平方米	0	—	64 332
其中：已建成厂房面积	平方米	0	—	54 881
已投产运作企业数	个	0	—	5
其中：已投产加工企业数	个	0	—	4
已投产物流企业数	个	0	—	1
其中：投资额1 000万美元以上	个	0	—	0
税收总额	万元	81	-62.0	759
其中：海关税收及代征税	万元	0	—	0
税务部门税收	万元	81	-55.7	690
期末从业人员	人	204	-15.7	204
期末批准面积	平方公里	3	0.0	3
期末验收封关面积	平方公里	0.4	0.0	0.4

续表

指标	单位	湖南郴州出口加工区（转型为综合保税区）		
		当年累计	同比（%）	历年累计
增加值	万元	160 852	-19.6	1 191 296
经营总收入		768 289	-30.8	5 524 214
其中：技术服务收入		77 950	64.7	200 510
工业总产值		804 284	-19.6	5 445 436
其中：高新技术产业		121 694	-49.3	2 208 029
物流企业经营收入		144	9.1	852
企业利润总额		13 346	-50.7	133 680
综合能源耗费量	吨标准煤	11 595	-36.0	192 411
批准企业数	个	0	—	14
其中：加工企业		0	—	11
物流企业		0	—	1
批准外资企业数		0	—	0
批准投资总额	万美元	0	—	18 239
其中：外商投资总额		0	—	18 239
合同利用外资		0	—	18 239
企业实际到位资金		0	—	15 093
其中：实际利用外资		0	—	15 093
固定资产投资额	万元	0	—	218 678
其中：基础设施投资		0	—	84 495
土地实际已租售面积	平方米	0	—	300 000
房屋竣工建筑面积		0	—	440 000
其中：已建成厂房面积		0	—	0
已投产运作企业数	个	0	—	14
其中：已投产加工企业数		0	—	11
已投产物流企业数		0	—	1
其中：投资额1 000万美元以上		0	—	0
税收总额	万元	2 032	-60.3	17 425
其中：海关税收及代征税		0	-100.0	11 776
税务部门税收		0	—	305
期末从业人员	人	7 020	0.0	7 020
期末批准面积	平方公里	3	0.0	3
期末验收封关面积		1.4	0.0	1.4

续表

指标	单位	福建泉州出口加工区（转型为综合保税区）		
		当年累计	同比（%）	历年累计
增加值	万元	0	—	7 321
经营总收入	万元	706 985	-10.1	3 535 361
其中：技术服务收入	万元	2 500	25.0	41 413
工业总产值	万元	772 603	2.0	7 262 067
其中：高新技术产业	万元	0	—	0
物流企业经营收入	万元	0	—	9 102
企业利润总额	万元	4 647	-22.4	269 840
综合能源耗费量	吨标准煤	1 101	57.3	9 159
批准企业数	个	0	—	19
其中：加工企业	个	0	—	16
物流企业	个	0	—	0
批准外资企业数	个	0	—	5
批准投资总额	万美元	0	—	42 267
其中：外商投资总额	万美元	0	—	8 012
合同利用外资	万美元	0	—	7 207
企业实际到位资金	万美元	377	-53.0	45 214
其中：实际利用外资	万美元	377	-48.4	7 228
固定资产投资额	万元	29 122	29.2	206 780
其中：基础设施投资	万元	3 990	320.0	83 714
土地实际已租售面积	平方米	0	—	546 123
房屋竣工建筑面积	平方米	0	—	1 203 202
其中：已建成厂房面积	平方米	0	—	1 129 977
已投产运作企业数	个	0	—	12
其中：已投产加工企业数	个	0	—	10
已投产物流企业数	个	0	—	0
其中：投资额1 000万美元以上	个	0	—	5
税收总额	万元	9 669	86.4	68 560
其中：海关税收及代征税	万元	4 868	54.3	51 269
税务部门税收	万元	4 801	136.2	14 173
期末从业人员	人	1 113	—	1 113
期末批准面积	平方公里	2.05	0.0	2.05
期末验收封关面积	平方公里	2.05	0.0	2.05

续表

指标	单位	浙江嘉兴出口加工区B区（转型为综合保税区）		
		当年累计	同比（%）	历年累计
增加值	万元	80 139	-15.3	718 659
经营总收入		387 703	4.9	1 932 923
其中：技术服务收入		0	—	0
工业总产值		330 695	-31.0	2 162 614
其中：高新技术产业		330 695	-31.0	2 162 614
物流企业经营收入		4 759	-53.4	15 772
企业利润总额		24 414	-21.1	381 971
综合能源耗费量	吨标准煤	16 223	-4.9	97 875
批准企业数	个	1	-80.0	8
其中：加工企业		1	—	2
物流企业		0	-100.0	3
批准外资企业数		1	—	2
批准投资总额	万美元	37 475	—	115 075
其中：外商投资总额		23 475	—	101 075
合同利用外资		6 131	-52.1	57 373
企业实际到位资金		2 487	-80.6	53 729
其中：实际利用外资		2 487	-80.6	51 791
固定资产投资额	万元	93 278	-22.4	571 842
其中：基础设施投资		2 434	46.2	39 546
土地实际已租售面积	平方米	0	—	330 135
房屋竣工建筑面积		82 058	-37.2	490 188
其中：已建成厂房面积		79 673	-39.0	413 088
已投产运作企业数	个	0	-100.0	7
其中：已投产加工企业数		0	—	1
已投产物流企业数		0	-100.0	3
其中：投资额1 000万美元以上		0	—	1
税收总额	万元	31 332	28.9	139 656
其中：海关税收及代征税		28 079	72.3	77 078
税务部门税收		3 253	-59.3	62 578
期末从业人员	人	5 083	0.4	5 083
期末批准面积	平方公里	1.65	0.0	1.65
期末验收封关面积		1.04	0.0	1.04

天津出口加工区统计数据表

（1）2017年天津出口加工区主要经济指标完成情况表

指标名称	单位	2017年	比上年增长（%）
增加值	万元	7 984	-11.3
工业总产值	万元	187 093	-17.1
其中：高新技术产业	万元	0	—
电子信息产业	万元	0	—
工业产品销售额	万元	—	—
企业利润总额	万元	-5 247	—
物流企业营业收入	万元	557	18.0
当年批准企业数	个	2	100.0
其中：外资企业	个	0	—
仓储物流企业	个	1	—
当年批准投资总额	万美元	975	-17.5
其中：外资项目投资额	万美元	0	-100.0
当年企业实际到位资金	万美元	975	—
历年已投产物流企业	个	13	—
历年已投产工业企业	个	16	—
其中：投资额1 000万美元（含）以上	个	1	
税收总额	万元	17 499	-86.6
其中：海关部门税收及代征税	万元	17 499	-83.7
工商税收	万元	0	-100.0
期末从业人员	人	5 116	-64.8
其中：期末外资企业从业人员	人	—	
期末出口加工区批准面积	平方公里	2.54	0.0
期末出口加工区验收封关面积	平方公里	1.435	0.0

(2)-1 截至2017年天津出口加工区历年招商引资情况表

指标	单位	历年累计
批准企业	个	29
其中：外资企业		6
投资总额	(万美元)	17 168
其中：外商投资总额		5 321
合同外资额		5 321
实际利用外资		5 321

(2)-2 截至2017年天津出口加工区历年主要外商投资情况表

按项目数排列			按投资额排列		
序号	国别（地区）	项目数（个）	序号	国别（地区）	投资额（万美元）
1	中国港、澳、台	5	1	中国港、澳、台	
2	美国	1	2	美国	

(3) 2017年天津出口加工区出口加工企业工业产值排名表

单位：万元

序号	企业名称	序号	企业名称
1	美克国际家私加工（天津）有限公司	4	天津协承昌新材料科技有限公司
2	天津通冶科技发展有限公司	5	天津中塑包装制品有限公司
3	瑞森厨柜（天津）有限公司		

(4) 2017年天津出口加工区物流企业营业收入排名表

单位：万元

序号	企业名称	序号	企业名称
1	天津驰尔通物流有限公司	4	天津通冶科技发展有限公司
2	天津恒鼎物流有限公司	5	天津振合生物工程有限公司
3	天津大田储运有限公司	6	中天汇优（天津）国际物流有限公司

河北廊坊出口加工区统计数据表

（1）2017 年河北廊坊出口加工区主要经济指标完成情况表

指标名称	单位	2017 年	比上年增长（%）
增加值	万元	1 165	-67.1
工业总产值	万元	18 385	-37.6
其中：高新技术产业	万元	10 197	-56.6
电子信息产业	万元	—	—
工业产品销售额	万元	21 377	-25.7
企业利润总额	万元	63	-83.2
物流企业营业收入	万元	18	—
综合能源耗费量	吨标准煤	62	-93.7
当年批准企业数	个	1	—
其中：外资企业	个	—	—
仓储物流企业	个	1	100.0
当年批准投资总额	万美元	14.56	—
其中：外资项目投资额	万美元	—	—
增资额	万美元	—	—
当年合同利用外资	万美元	—	—
其中：增资额	万美元	—	—
当年企业实际到位资金	万美元	1 347	-29.2
其中：实际利用外资	万美元	1 347	-29.2
固定资产投资额	万元	12 000	-7.7
其中：基础设施投资	万元	12 000	-7.7
开发公司投资	万元	—	—
期末施工房屋面积	平方米	171 141.45	—
其中：期末在建厂房面积	平方米	171 141.45	—
房屋竣工面积	平方米	—	—
其中：已建成厂房面积	平方米	—	—
已建成仓库面积	平方米	—	—
土地实际已租售面积	平方米	—	—
历年已投产物流企业	个	3	50.0
历年已投产工业企业	个	3	—
其中：投资额 1 000 万美元（含）以上	个	—	—
税收总额	万元	5 813	-20.3
其中：海关部门税收及代征税	万元	5 813	-20.3
工商税收	万元	—	—
期末从业人员	人	50	-89.6
其中：期末外资企业从业人员	人	46	—
期末出口加工区批准面积	平方公里	0.5	—
期末出口加工区验收封关面积	平方公里	0.49	—

(2)-1 截至2017年河北廊坊出口加工区历年招商引资情况表

指标	单位	历年累计
批准企业	个	7
其中：外资企业		4
投资总额	（万美元）	13 085
其中：外商投资总额		12 828
合同外资额		12 739
实际利用外资		4 080

(2)-2 截至2017年河北廊坊出口加工区历年主要外商投资情况表

按项目数排列			按投资额排列		
序号	国别（地区）	项目数（个）	序号	国别（地区）	投资额（万美元）
1	中国香港	2	1	中国香港	12 128
2	美国	1	2	美国	700
3	瑞士	1	3	瑞士	140

(3) 2017年河北廊坊出口加工区出口加工企业工业产值排名表

单位：万元

序号	企业名称	工业总产值	序号	企业名称	工业总产值
1	廊坊安科光电有限公司	8 850	2	廊坊圣利亚马钢活动房屋有限公司	7 618

(4) 2017年河北廊坊出口加工区物流企业营业收入排名表

单位：万元

序号	企业名称	营业收入	序号	企业名称	营业收入
1	廊坊大田物流有限公司	18	3	廊坊保通国际货运代理有限公司	—
2	廊坊空港物流有限公司	—			

江苏连云港出口加工区统计数据表

（1）2017 年江苏连云港出口加工区主要经济指标完成情况表

指标名称	单位	2017 年	比上年增长（%）
增加值	万元	22 460	7.5
经营总收入	万元	64 185	-11.9
其中：技术服务收入	万元	385	6.4
工业总产值	万元	99 660	6.1
其中：高新技术产业	万元	389	5.1
物流企业经营收入	万元	8 248	10.1
企业利润总额	万元	466	—
综合能源耗费量	吨标准煤	628	-0.6
当年批准企业数	个	3	50.0
其中：加工企业	个	2	—
物流企业	个	1	-50.0
批准外资企业数	个	0	—
当年批准投资总额	万美元	1 470	-46.0
其中：外商投资额	万美元	0	—
当年合同利用外资	万美元	0	—
当年企业实际到位资金	万美元	0	-100.0
其中：实际利用外资	万美元	0	-100.0
固定资产投资额	万元	8 610	53.9
其中：基础设施投资	万元	1 805	33.7
土地实际已租售面积	平方米	0	—
房屋竣工建筑面积	平方米	0	—
其中：已建成厂房面积	平方米	0	—
已投产运作企业数	个	4	100.0
其中：已投产加工企业数	个	1	—
已投产物流企业数	个	3	50.0
其中：投资额 1 000 万美元（含）以上	个	0	—
税收总额	万元	9 063	-9.9
其中：海关部门税收及代征税	万元	8 906	-9.7
税务部门税收	万元	157	-17.4
期末从业人员	人	1 194	-9.1
期末出口加工区批准面积	平方公里	2.97	0.0
期末出口加工区验收封关面积	平方公里	2.97	0.0

(2)-1 截至2017年江苏连云港出口加工区历年招商引资情况表

指标	单位	历年累计
批准企业	个	35
其中：外资企业		16
投资总额	（万美元）	37 114
其中：外商投资总额		22 041
合同外资额		11 336
实际利用外资		9 765

(2)-2 截至2017年江苏连云港出口加工区历年主要外商投资情况表

按项目数排列			按投资额排列		
序号	国别（地区）	项目数（个）	序号	国别（地区）	投资额（万美元）
1	美国	5	1	美国	6 569
2	中国香港	2	2	韩国	5 400
3	加拿大	2	3	日本	1 230
4	韩国	1	4	中国香港	1 100
5	日本	1	5	加拿大	800

(3) 2017年江苏连云港出口加工区出口加工企业工业产值排名表

单位：万元

序号	企业名称	工业总产值	序号	企业名称	工业总产值
1	连云港艾业无纺布制品有限公司	56 869	4	连云港柏科医用制品有限公司	1 788
2	重山风力设备（连云港）有限公司	37 014	5	杰亮电子科技（连云港）有限公司	388
3	连云港中奥铝业有限公司	3 601			

(4) 2017年江苏连云港出口加工区物流企业经营收入排名表

单位：万元

序号	企业名称	营业收入	序号	企业名称	营业收入
1	连云港中外运储运有限公司	4 631	3	连云港汉华保税仓储有限公司	765
2	江苏锦达保税仓储服务有限公司	2 524	4	新世嘉（连云港）保税仓储有限公司	328

江西九江出口加工区统计数据表

（1）2017 年江西九江出口加工区主要经济指标完成情况表

指标名称	单位	2017 年	比上年增长（%）
增加值	万元	18 296	-4.4
工业总产值	万元	209 862	-55.3
企业利润总额	万元	1 870	-40.2
物流企业营业收入	万元	327	10.5
综合能源耗费量	吨标准煤	5 814	18.4
固定资产投资额	万元	857	-61.6
其中：基础设施投资	万元	10	-94.2
土地实际已租售面积	平方米	0	
历年已投产物流企业	个	5	
历年已投产工业企业	个	25	
其中：投资额 1 000 万美元（含）以上	个	16	
税收总额	万元	7 189	39.7
其中：海关部门税收及代征税	万元	6 872	39.7
工商税收	万元	317	39.6
期末从业人员	人	1 597	-0.1
其中：期末外资企业从业人员	人		
期末出口加工区批准面积	平方公里	0.99	0.0
期末出口加工区验收封关面积	平方公里	0.99	0.0

（2）-1　截至 2017 年江西九江出口加工区历年招商引资情况表

指标	单位	历年累计
批准企业	个	36
其中：外资企业		22
投资总额	（万美元）	81 580
其中：外商投资总额		67 930
合同外资额		74 882
实际利用外资		17 915

(2)-2 截至2017年江西九江出口加工区历年主要外商投资情况表

按项目数排列			按投资额排列		
序号	国别（地区）	项目数（个）	序号	国别（地区）	投资额（万美元）
1	中国台湾	9	1	中国台湾	
2	中国香港	7	2	中国香港	
3	美国	2	3	美国	
4	波兰	1	4	沙特	
5	沙特	1	5	波兰	

(3) 2017年江西九江出口加工区出口加工企业工业产值排名表

单位：万元

序号	企业名称	序号	企业名称
1	九江铨讯电子有限公司	3	九江欧雅仕钟表有限公司
2	九江恒讯电子有限公司	4	九江中浩纺织有限公司

(4) 2016年江西九江出口加工区物流企业营业收入排名表

单位：万元

序号	企业名称	序号	企业名称
1	江西思必得海铁联运有限公司	3	德科（九江）企业服务有限公司
2	九江中兴物流有限公司		

山东青岛出口加工区统计数据表

（1）2017 年山东青岛出口加工区主要经济指标完成情况表

指标名称	单位	2017 年	比上年增长（%）
增加值	万元	109 420	6.1
工业总产值	万元	505 834	2.8
其中：高新技术产业	万元	72 440	-41.0
工业产品销售额	万元	494 528	11.6
企业利润总额	万元	55 865	-31.9
物流企业营业收入	万元	1 096	7.5
综合能源耗费量	吨标准煤	8 373	6.0
当年批准企业数	个	5	-28.6
其中：外资企业	个	3	-25.0
仓储物流企业	个	2	-66.7
当年批准投资总额	万美元	626	-94.4
其中：外资项目投资额	万美元	0	-100.0
增资额	万美元	—	—
当年合同利用外资	万美元	0	-100.0
其中：增资额	万美元	—	—
当年企业实际到位资金	万美元	3 124	-13.0
其中：实际利用外资	万美元	1 586	-35.7
固定资产投资额	万元	11 357	12.0
其中：基础设施投资	万元	777	-59.1
开发公司投资	万元	0	0
期末施工房屋面积	平方米	0	—
其中：期末在建厂房面积	平方米	0	—
房屋竣工面积	平方米	0	-100.0
其中：已建成厂房面积	平方米	0	-100.0
已建成仓库面积	平方米	0	-100.0
土地实际已租售面积	平方米	0	—
历年已投产物流企业	个	8	—
历年已投产工业企业	个	62	—
其中：投资额 1 000 万美元（含）以上	个	22	—
税收总额	万元	36 515	-18.9
其中：海关部门税收及代征税	万元	19 881	-25.6
工商税收	万元	16 634	-9.1
期末从业人员	人	7 700	0.0
其中：期末外资企业从业人员	人	7 380	0.0
期末出口加工区批准面积	平方公里	2.80	0.0
期末出口加工区验收封关面积	平方公里	1.70	0.0

(2)-1 截至2017年山东青岛出口加工区历年招商引资情况表

指标	单位	历年累计
批准企业	个	96
其中：外资企业		76
投资总额	(万美元)	230 645
其中：外商投资总额		176 945
合同外资额		82 562
实际利用外资		50 607

(2)-2 截至2017年山东青岛出口加工区历年主要外商投资情况表

按项目数排列			按投资额排列		
序号	国别（地区）	项目数（个）	序号	国别（地区）	投资额（万美元）
1	中国香港	25	1	中国香港	33 510
2	日本	15	2	日本	29 549
3	韩国	11	3	德国	8 445
4	英国	5	4	韩国	8 395
5	加拿大	3	5	新加坡	6 100

(3) 2017年山东青岛出口加工区出口加工企业工业产值排名表

单位：万元

序号	企业名称	工业总产值	序号	企业名称	工业总产值
1	安德烈斯蒂尔动力工具（青岛）有限公司	173 250	7	青岛天湾电机有限公司	11 953
2	泰科电子（青岛）有限公司	104 466	8	青岛尖能办公用品有限公司	8 360
3	洋马发动机（山东）有限公司	60 411	9	高丽精线合金（青岛）有限公司	7 110
4	星电高科技（青岛）有限公司	49 881	10	青岛恩利旺精密工业有限公司	5 507
5	青岛奥技科光学有限公司	37 949	11	青岛天银织物科技有限公司	4 875
6	马斯奇奥（青岛）农机制造有限公司	26 112			

(4) 2017年山东青岛出口加工区物流企业营业收入排名表

单位：万元

序号	企业名称	序号	企业名称
1	青岛德尔达国际物流有限公司	3	青岛普特物流有限公司
2	诺得益轮胎（青岛）有限公司		

河南郑州出口加工区统计数据表

（1）2017 年河南郑州出口加工区主要经济指标完成情况表

指标名称	单位	2017 年	比上年增长（%）
增加值	万元	274 875	18.2
工业总产值	万元	1 187 087	25.1
其中：高新技术产业	万元	1 118 098	27.8
电子信息产业	万元	1 106 585	25.1
工业产品销售额	万元	1 010 348	1.5
企业利润总额	万元	25 594	-5.6
物流企业营业收入	万元	1 630	-14.6
综合能源耗费量	吨标准煤	24 929	12.7
当年批准企业数	个	9	0.0
其中：外资企业	个	0	—
仓储物流企业	个	3	-40.0
当年批准投资总额	万美元	33 162	45.0
其中：外资项目投资额	万美元	0	—
增资额	万美元	0	—
当年合同利用外资	万美元	0	—
其中：增资额	万美元	0	—
当年企业实际到位资金	万美元	1 301	-62.7
其中：实际利用外资	万美元	0	—
固定资产投资额	万元	423 003	69.0
其中：基础设施投资	万元	21 875	206.4
开发公司投资	万元	0	—
期末施工房屋面积	平方米	0	—
其中：期末在建厂房面积	平方米	0	—
房屋竣工面积	平方米	0	-100.0
其中：已建成厂房面积	平方米	0	-100.0
已建成仓库面积	平方米	0	—
土地实际已租售面积	平方米	251 800	—
历年已投产物流企业	个	11	—
历年已投产工业企业	个	13	—
其中：投资额 1 000 万美元（含）以上	个	7	—
税收总额	万元	79 162	12.7
其中：海关部门税收及代征税	万元	39 841	-14.6
工商税收	万元	39 321	66.5
期末从业人员	人	25 811	9.4
其中：期末外资企业从业人员	人	24 943	18.1
期末出口加工区批准面积	平方公里	2.7	0.0
期末出口加工区验收封关面积	平方公里	2.66	0.0

(2)-1 截至2017年河南郑州出口加工区历年招商引资情况表

指标	单位	历年累计
批准企业	个	48
其中：外资企业		8
投资总额	（万美元）	141 783
其中：外商投资总额		60 825
合同外资额		29 942
实际利用外资		28 529

(2)-2 截至2017年河南郑州出口加工区历年主要外商投资情况表

按项目数排列			按投资额排列		
序号	国别（地区）	项目数（个）	序号	国别（地区）	投资额（万美元）
1	中国香港	4	1	中国香港	65 922
2	中国台湾	2	2	美国	600
3	美国	1	3	英属维尔京群岛	538
4	英属维尔京群岛	1	4	中国台湾	166

(3) 2017年河南郑州出口加工区出口加工企业工业产值排名表

单位：万元

序号	企业名称	序号	企业名称
1	富泰华精密电子（郑州）有限公司	6	河南省豫星华晶微钻有限公司
2	河南科隆实业有限公司	7	河南瑞蓝斯机械零配件有限公司
3	郑州市官田电子科技有限公司	8	郑州硕达钻石有限公司
4	郑州朝歌纺纱有限公司	9	郑州梦祥银工艺制品进出口有限公司
5	华晶精密制造股份有限公司	10	台钻科技（郑州）有限公司

(4) 2016年河南郑州出口加工区物流企业营业收入排名表

单位：万元

序号	企业名称	序号	企业名称
1	瞻航保税物流服务（郑州）有限公司	6	郑州领域保税仓储有限公司
2	郑州思博雅保税仓储服务有限公司	7	河南荷赛仓储服务有限公司
3	郑州润嘉食品有限公司	8	郑州天皓保税仓储服务有限公司
4	河南中部保税物流中心有限公司	9	郑州悦海保税物流服务有限公司
5	郑州大华天诚进出口有限公司	10	郑州酒港供应链管理有限公司

广东广州出口加工区统计数据表

（1）2017 年广州出口加工区主要经济指标完成情况表

指标名称	单位	2017 年	比上年增长（%）
增加值	万元	68 352	2.8
工业总产值	万元	330 842	2.8
工业产品销售额	万元	329 928	2.4
企业利润总额	万元	10 462	156.8
综合能源耗费量	吨标准煤	2 666	23.1
期末从业人员	人	772	-8.2
其中：期末外资企业从业人员	人	772	-8.2
期末出口加工区批准面积	平方公里	3	0.0
期末出口加工区验收封关面积	平方公里	0.9	0.0

（2）-1　截至 2017 年广东广州出口加工区历年招商引资情况表

指标	单位	历年累计
批准企业	个	1
其中：外资企业		1
投资总额	（万美元）	12 500
其中：外商投资总额		12 500
合同外资额		5 400
实际利用外资		5 338

（2）-2　截至 2017 年广东广州出口加工区历年主要外商投资情况表

按项目数排列			按投资额排列		
序号	国别（地区）	项目数（个）	序号	国别（地区）	投资额（万美元）
1	日本	1	1	日本	5 400

（3）2017年广东广州出口加工区出口加工企业工业产值排名表

单位：万元

序号	企业名称
1	本田汽车（中国）有限公司

四川绵阳出口加工区统计数据表

（1）2017 年四川绵阳出口加工区主要经济指标完成情况表

指标名称	单位	2017 年	比上年增长（%）
增加值	万元	37 256	12.7
经营总收入	万元	93 496	23.5
其中：技术服务收入	万元	0	—
工业总产值	万元	85 543	11.6
其中：高新技术产业	万元	0	—
物流企业经营收入	万元	65	20.4
企业利润总额	万元	6 564	117.1
综合能源耗费量	吨标准煤	900	137.5
批准企业数	个	1	—
其中：加工企业	个	0	—
物流企业	个	1	—
批准外资企业数	个	0	—
批准投资总额	万美元	0	—
其中：外商投资额	万美元	0	—
合同利用外资	万美元	0	—
企业实际到位资金	万美元	0	—
其中：实际利用外资	万美元	0	—
固定资产投资额	万元	1 641	-10.4
其中：基础设施投资	万元	0	—
土地实际已租售面积	平方米	0	0.0
房屋竣工建筑面积	平方米	0	—
其中：已建成厂房面积	平方米	0	—
已投产运作企业数	个	0	—
其中：已投产加工企业数	个	0	0.0
已投产物流企业数	个	0	—
其中：投资额 1 000 万美元以上	个	0	—
税收总额	万元	502	321.9
其中：海关部门税收及代征税	万元	19	137.5
税务部门税收	万元	483	335.1
期末从业人员	人	2 684	-8.8
期末出口加工区批准面积	平方公里	0.56	0.0
期末出口加工区验收封关面积	平方公里	0.15	0.0

(2)-1 截至2017年四川绵阳出口加工区历年招商引资情况表

指标	单位	历年累计
批准企业	个	8
其中：外资企业		2
投资总额	(万美元)	3 970
其中：外商投资总额		1 194
合同外资额		310
实际利用外资		656

(2)-2 截至2017年四川绵阳出口加工区历年主要外商投资情况

按项目数排列			按投资额排列		
序号	国别（地区）	项目数（个）	序号	国别（地区）	投资额（万美元）
1	美国	1	1	美国	210
2	中国台湾	1	2	中国台湾	100

(3) 2017年四川绵阳出口加工区出口加工企业工业产值排名表

单位：万元

序号	企业名称	工业总产值	序号	企业名称	工业总产值
1	虹锐电工有限责任公司	51 392	4	四川柯西澳光电科技有限公司	227
2	绵阳普思电子有限公司	33 526	5	绵阳景旺电子有限公司	0
3	绵阳连康电子有限公司	398			

(4) 2016年四川绵阳出口加工区物流企业营业收入排名表

单位：万元

序号	企业名称	序号	企业名称
1	绵阳出口加工区华泰物流有限公司	3	绵阳市新兴源物流有限公司
2	中外运空运发展股份有限公司绵阳分公司		

陕西西安出口加工区 A 区统计数据表

（1）2017 年陕西西安出口加工区 A 区主要经济指标完成情况表

指标名称	单位	2017 年	比上年增长（%）
增加值	万元	493 865	7.9
工业总产值	万元	2 284 039	8.1
其中：高新技术产业	万元	884 715	5.5
电子信息产业	万元	—	—
工业产品销售额	万元	2 449 226	7.7
企业利润总额	万元	5 987	-8.8
物流企业营业收入	万元	30 961	4.8
综合能源耗费量	吨标准煤	10 401	6.1
当年批准企业数	个	3	50.0
其中：外资企业	个	0	—
仓储物流企业	个	0	—
当年批准投资总额	万美元	1 050	92.3
其中：外资项目投资额	万美元	0	—
增资额	万美元	0	—
当年合同利用外资	万美元	0	—
其中：增资额	万美元	0	—
当年企业实际到位资金	万美元	1 050	619.2
其中：实际利用外资	万美元	0	—
固定资产投资额	万元	75 824	-40.0
其中：基础设施投资	万元	5 277	30.3
开发公司投资	万元	—	—
期末施工房屋面积	平方米	0	—
其中：期末在建厂房面积	平方米	0	—
房屋竣工面积	平方米	0	—
其中：已建成厂房面积	平方米	0	—
已建成仓库面积	平方米	0	—
土地实际已租售面积	平方米	0	—
历年已投产物流企业	个	12	
历年已投产工业企业	个	46	
其中：投资额 1 000 万美元（含）以上	个	9	
税收总额	万元	11 333	-32.7
其中：海关部门税收及代征税	万元	8 216	-40.0
工商税收	万元	3 117	-3.7
期末从业人员	人	3 803	5.9
其中：期末外资企业从业人员	人	—	—
期末出口加工区批准面积	平方公里	1.46	—
期末出口加工区验收封关面积	平方公里	0.75	—

(2)-1　截至2017年陕西西安出口加工区A区招商引资情况表

指标	单位	历年累计
批准企业	个	75
其中：外资企业		22
投资总额	（万美元）	95 702
其中：外商投资总额		16 949
合同外资额		13 549
实际利用外资		13 110

(2)-2　截至2017年陕西西安出口加工区A区历年主要外商投资情况表

按项目数排列			按投资额排列		
序号	国别（地区）	项目数（个）	序号	国别（地区）	投资额（万美元）
1	中国香港	6	1	英国	5 301
2	美国	5	2	中国香港	4 955
3	新加坡	3	3	意大利	2 255
4	英国	2	4	法国	1 860
5	中国台湾	2	5	日本	1 530

(3) 2017年陕西西安出口加工区A区出口加工企业工业产值排名表

单位：万元

序号	企业名称	序号	企业名称
1	西安庆安航空机械制造有限公司	11	西安海博云天网络技术有限公司
2	西安富鑫珠宝有限公司	12	西安西罗涡轮制造有限公司
3	西安西航集团莱特航空制造技术有限公司	13	西安金耘特殊金属有限公司
4	西安商泰机械制造有限公司	14	西安阿美瑞肯生物工程有限公司
5	西安祺创太阳能科技有限公司	15	时硕科技（西安）有限公司公司
6	西安天祺光电技术有限公司	16	西安华欧精密机械有限责任公司
7	西安沃迈特航材有限公司	17	蒂森克虏伯航空材料（西安）有限公司
8	米斯尔钻石加工（西安）有限公司	18	西安西飞国际科技发展有限公司
9	西安龙辉钻石加工有限公司	19	西安普瑞新特能源有限公司
10	西安赛威短舱有限公司	20	西安益仁机械制造有限公司

(4) 2016年陕西西安出口加工区A区物流企业营业收入排名表

单位：万元

序号	企业名称	序号	企业名称
1	西安盈和展宏物流有限公司	6	西安普润斯国际货运有限公司
2	西安昊通供应链服务有限公司	7	西安碧瑞祥物流有限公司
3	西安秦嘉物流供应链有限公司	8	西安陆海恒利物流服务有限公司
4	西安凯迪克航材物流有限公司	9	易通国际物流（西安）有限公司
5	陕西云通国际物流有限公司	10	陕西易通国际货运有限公司

保税港区（综合保税区）

2017 年全国保税港区经济指标统计情况表

指标	单位	合计		
		当年累计	同比（%）	历年累计
增加值	万元	6 735 264	46.5	26 620 576
经营总收入	万元	68 369 017	32.1	485 562 730
其中：技术服务收入	万元	0	—	393 253
工业总产值	万元	11 832 139	9.6	121 003 569
其中：高新技术产业	万元	1 355	-99.8	3 408 832
物流企业经营收入	万元	14 180 752	18.5	83 636 435
企业利润总额	万元	1 820 068	103.2	2 848 389
综合能源耗费量	吨标准煤	28 139	-29.2	430 160
批准企业数	个	3 675	11.7	20 970
其中：加工企业	个	15	150.0	213
物流企业	个	196	-2.0	3 248
批准外资企业数	个	280	-51.6	2 166
批准投资总额	万美元	3 400 680	-15.2	17 308 078
其中：外商投资总额	万美元	991 986	-58.1	7 253 110
合同利用外资	万美元	816 222	-53.9	4 699 826
企业实际到位资金	万美元	138 481	15.8	2 648 412
其中：实际利用外资	万美元	134 061	13.7	1 085 735
固定资产投资额	万元	903 259	35.9	11 846 094
其中：基础设施投资	万元	362 770	29.2	4 819 787
土地实际已租售面积	平方米	227 788	-69.1	25 276 489
房屋竣工建筑面积	平方米	0	-100.0	6 092 557
其中：已建成厂房面积	平方米	0	-100.0	4 446 731
已投产运作企业数	个	138	-92.9	6 583
其中：已投产加工企业数	个	33	3 200.0	145
已投产物流企业数	个	43	230.8	2 232
其中：投资额 1 000 万美元以上	个	0	-100.0	115
税收总额	万元	7 201 038	58.4	26 586 484
其中：海关税收及代征税	万元	4 462 547	6.9	15 662 015
税务部门税收	万元	2 738 315	-5.4	11 147 739
期末从业人员	人	158 891	-1.2	158 891
期末批准面积	平方公里	87.298	-7.4	87.298
期末验收封关面积	平方公里	63.648	2.1	63.648

续表

指标	单位	天津东疆保税港区		
		当年累计	同比（%）	历年累计
增加值	万元	1 740 000	—	1 740 000
经营总收入	万元	13 990 000	—	13 990 000
其中：技术服务收入	万元	0	—	0
工业总产值	万元	0	—	0
其中：高新技术产业	万元	0	—	0
物流企业经营收入	万元	0	—	0
企业利润总额	万元	0	—	0
综合能源耗费量	吨标准煤	0	—	0
批准企业数	个	2 788	36.2	11 889
其中：加工企业	个	0	-100.0	26
物流企业	个	109	1.9	1 205
批准外资企业数	个	255	-52.6	1 457
批准投资总额	万美元	2 953 793	-19.1	11 978 430
其中：外商投资总额	万美元	646 166	-70.7	5 174 367
合同利用外资	万美元	681 866	-58.8	3 863 742
企业实际到位资金	万美元	56 245	43.8	1 234 474
其中：实际利用外资	万美元	53 761	40.0	255 516
固定资产投资额	万元	60 899	128.7	2 238 690
其中：基础设施投资	万元	6 985	—	700 114
土地实际已租售面积	平方米	0	-100.0	5 526 500
房屋竣工建筑面积	平方米	0	-100.0	804 089
其中：已建成厂房面积	平方米	0	-100.0	754 889
已投产运作企业数	个	0	-100.0	4 600
其中：已投产加工企业数	个	0	—	0
已投产物流企业数	个	0	—	800
其中：投资额1 000万美元以上	个	0	—	0
税收总额	万元	1 287 156	41.2	3 541 430
其中：海关税收及代征税	万元	0	—	0
税务部门税收	万元	1 287 156	41.2	3 541 430
期末从业人员	人	20 000	0.0	20 000
期末批准面积	平方公里	10	0.0	10
期末验收封关面积	平方公里	10	0.0	10

续表

指标	单位	大连大窑湾保税港区		
		当年累计	同比（%）	历年累计
增加值	万元	0	-100.0	1 286 397
经营总收入	万元	0	-100.0	3 309 266
其中：技术服务收入	万元	0	—	0
工业总产值	万元	0	-100.0	14 343
其中：高新技术产业	万元	0	—	0
物流企业经营收入	万元	0	-100.0	808 984
企业利润总额	万元	0	-100.0	102 598
综合能源耗费量	吨标准煤	0	-100.0	119 254
批准企业数	个	0	—	119
其中：加工企业	个	0	—	2
物流企业	个	0	—	87
批准外资企业数	个	0	—	49
批准投资总额	万美元	0	—	156 125
其中：外商投资总额	万美元	0	—	133 296
合同利用外资	万美元	0	—	133 296
企业实际到位资金	万美元	0	—	153 711
其中：实际利用外资	万美元	0	—	113 476
固定资产投资额	万元	60 341	264.8	699 742
其中：基础设施投资	万元	52 112	4 544.6	107 652
土地实际已租售面积	平方米	0	—	2 623 790
房屋竣工建筑面积	平方米	0	—	1 010 438
其中：已建成厂房面积	平方米	0	—	1 009 088
已投产运作企业数	个	0	—	80
其中：已投产加工企业数	个	0	—	2
已投产物流企业数	个	0	—	77
其中：投资额1 000万美元以上	个	0	—	16
税收总额	万元	173 066	-18.7	1 133 105
其中：海关税收及代征税	万元	167 853	-17.4	1 024 392
税务部门税收	万元	5 213	-45.9	108 711
期末从业人员	人	0	-100.0	0
期末批准面积	平方公里	6.88	0.0	6.88
期末验收封关面积	平方公里	3.06	0.0	3.06

续表

指标	单位	洋山保税港区		
		当年累计	同比（%）	历年累计
增加值	万元	3 800 000	16.6	13 054 500
经营总收入		30 836 800	10.5	298 591 600
其中：技术服务收入		0	—	0
工业总产值		0	—	0
其中：高新技术产业		0	—	0
物流企业经营收入		11 560 300	20.0	67 030 400
企业利润总额		1 576 100	160.0	100
综合能源耗费量	吨标准煤	0	—	0
批准企业数	个	101	-25.2	1 956
其中：加工企业		0	—	0
物流企业		17	-29.2	934
批准外资企业数		18	-43.8	304
批准投资总额	万美元	373 760	58.1	2 612 029
其中：外商投资总额		338 472	114.3	1 314 409
合同利用外资		124 758	7.9	240 431
企业实际到位资金		16 890	-78.7	96 145
其中：实际利用外资		16 890	-78.7	403 866
固定资产投资额	万元	8 500	-71.2	2 529 700
其中：基础设施投资		0	—	115 900
土地实际已租售面积	平方米	0	—	0
房屋竣工建筑面积		0	—	0
其中：已建成厂房面积		0	—	0
已投产运作企业数	个	0	—	480
其中：已投产加工企业数		0	—	0
已投产物流企业数		0	—	717
其中：投资额1 000万美元以上		0	—	0
税收总额	万元	4 399 399	85.0	16 648 930
其中：海关税收及代征税		3 347 000	2.9	11 952 100
税务部门税收		1 052 399	-36.3	4 925 199
期末从业人员	人	42 400	-2.4	42 400
期末批准面积	平方公里	14.16	0.0	14.16
期末验收封关面积		14.16	0.0	14.16

续表

指标	单位	张家港保税港区		
		当年累计	同比（%）	历年累计
增加值	万元	70 415	30.8	487 015
经营总收入	万元	1 408 245	27.8	9 773 848
其中：技术服务收入	万元	0	—	0
工业总产值	万元	0	—	0
其中：高新技术产业	万元	0	—	45 477
物流企业经营收入	万元	1 408 245	27.8	9 773 848
企业利润总额	万元	0	—	0
综合能源耗费量	吨标准煤	0	—	0
批准企业数	个	366	-5.2	3 751
其中：加工企业	个	2	—	2
物流企业	个	12	300.0	130
批准外资企业数	个	4	-33.3	104
批准投资总额	万美元	47 097	27.0	344 597
其中：外商投资总额	万美元	5 060	1 113.4	94 706
合同利用外资	万美元	5 060	1 113.4	72 356
企业实际到位资金	万美元	0	—	86 344
其中：实际利用外资	万美元	0	—	25 759
固定资产投资额	万元	0	—	0
其中：基础设施投资	万元	0	—	0
土地实际已租售面积	平方米	0	—	1 185 236
房屋竣工建筑面积	平方米	0	—	833 700
其中：已建成厂房面积	平方米	0	—	334 200
已投产运作企业数	个	0	—	80
其中：已投产加工企业数	个	0	—	0
已投产物流企业数	个	0	—	61
其中：投资额1 000万美元以上	个	0	—	0
税收总额	万元	754 174	52.2	1 785 040
其中：海关税收及代征税	万元	738 876	51.9	1 745 141
税务部门税收	万元	15 298	67.6	39 799
期末从业人员	人	10 122	16.6	10 122
期末批准面积	平方公里	4.1	0.0	4.1
期末验收封关面积	平方公里	1.53	0.0	1.53

续表

指标	单位	宁波梅山保税港区		
		当年累计	同比（%）	历年累计
增加值	万元	0	—	1 065 206
经营总收入		2 162 827	14.4	9 525 269
其中：技术服务收入		0	—	0
工业总产值		0	—	0
其中：高新技术产业		0	—	0
物流企业经营收入		417 967	37.2	1 484 425
企业利润总额		0	—	0
综合能源耗费量	吨标准煤	0	—	0
批准企业数	个	4	0.0	313
其中：加工企业		0	—	0
物流企业		2	—	141
批准外资企业数		0	—	35
批准投资总额	万美元	1 657	-38.6	552 027
其中：外商投资总额		0	—	54 459
合同利用外资		0	—	25 836
企业实际到位资金		1 657	736.9	500 485
其中：实际利用外资		0	—	25 344
固定资产投资额	万元	223 574	7.0	2 158 002
其中：基础设施投资		197 620	-3.1	2 127 072
土地实际已租售面积	平方米	0	—	1 794 064
房屋竣工建筑面积		0	—	404 605
其中：已建成厂房面积		0	—	210 986
已投产运作企业数	个	4	0.0	313
其中：已投产加工企业数		0	—	0
已投产物流企业数		2	—	141
其中：投资额 1 000 万美元以上		0	-100.0	57
税收总额	万元	103 139	65.8	597 170
其中：海关税收及代征税		0	—	0
税务部门税收		103 139	65.8	597 170
期末从业人员	人	1 520	0.9	1 520
期末批准面积	平方公里	7.7	0.0	7.7
期末验收封关面积		2.5	0.0	2.5

续表

指标	单位	厦门海沧保税港区		
		当年累计	同比（%）	历年累计
增加值	万元	205 301	12.5	1 429 010
经营总收入	万元	673 137	11.5	3 728 480
其中：技术服务收入	万元	0	—	0
工业总产值	万元	480 127	-5.2	5 333 076
其中：高新技术产业	万元	0	—	0
物流企业经营收入	万元	178 900	27.2	943 460
企业利润总额	万元	51 282	-17.8	508 835
综合能源耗费量	吨标准煤	7 024	-19.0	106 719
批准企业数	个	0	—	84
其中：加工企业	个	0	—	45
物流企业	个	0	—	37
批准外资企业数	个	0	—	48
批准投资总额	万美元	0	—	102 543
其中：外商投资总额	万美元	0	—	83 393
合同利用外资	万美元	4 100	—	51 740
企业实际到位资金	万美元	0	—	40 355
其中：实际利用外资	万美元	0	—	39 094
固定资产投资额	万元	12 225	-78.4	413 854
其中：基础设施投资	万元	12 225	-76.7	336 147
土地实际已租售面积	平方米	0	—	816 490
房屋竣工建筑面积	平方米	0	—	813 408
其中：已建成厂房面积	平方米	0	—	795 870
已投产运作企业数	个	64	—	130
其中：已投产加工企业数	个	31	—	64
已投产物流企业数	个	19	—	52
其中：投资额1 000万美元以上	个	0	—	8
税收总额	万元	20 806	-2.1	101 628
其中：海关税收及代征税	万元	57	-5.0	523
税务部门税收	万元	20 649	-2.6	101 004
期末从业人员	人	11 571	-0.4	11 571
期末批准面积	平方公里	9.51	0.0	9.51
期末验收封关面积	平方公里	5.52	0.0	5.52

续表

指标	单位	广州南沙保税港区		
		当年累计	同比（%）	历年累计
增加值	万元	135 314	0.7	863 957
经营总收入		335 446	-1.7	2 094 200
其中：技术服务收入		0	—	0
工业总产值		83 470	29.4	464 008
其中：高新技术产业		0	—	0
物流企业经营收入		247 727	-5.4	1 672 477
企业利润总额		45 575	2.8	242 820
综合能源耗费量	吨标准煤	248	-65.5	5 493
批准企业数	个	0	—	282
其中：加工企业		0	—	5
物流企业		0	—	271
批准外资企业数		0	—	10
批准投资总额	万美元	0	—	279 758
其中：外商投资总额		0	—	126 715
合同利用外资		0	—	96 235
企业实际到位资金		0	—	149 325
其中：实际利用外资		0	—	38 652
固定资产投资额	万元	6 265	-29.0	256 915
其中：基础设施投资		6 261	-28.7	116 478
土地实际已租售面积	平方米	0	—	3 741 433
房屋竣工建筑面积		0	—	736 689
其中：已建成厂房面积		0	—	736 689
已投产运作企业数	个	0	—	270
其中：已投产加工企业数		0	—	3
已投产物流企业数		0	—	261
其中：投资额 1 000 万美元以上		0	—	19
税收总额	万元	12 887	-3.6	94 474
其中：海关税收及代征税		0	—	0
税务部门税收		12 887	-3.6	94 474
期末从业人员	人	2 412	1.3	2 412
期末批准面积	平方公里	7.06	0.0	7.06
期末验收封关面积		3.7	0.0	3.7

续表

指标	单位	烟台保税港区		
		当年累计	同比（%）	历年累计
增加值	万元	426 578	-2.7	4 934 655
经营总收入		4 691 544	2.6	69 346 199
其中：技术服务收入		0	—	0
工业总产值		4 691 855	2.0	70 184 322
其中：高新技术产业		1 355	-99.8	3 363 355
物流企业经营收入		46 168	0.8	225 004
企业利润总额		18 172	—	1 345 790
综合能源耗费量	吨标准煤	20 867	23.1	194 518
批准企业数	个	4	-60.0	191
其中：加工企业		0	-100.0	77
物流企业		4	-50.0	102
批准外资企业数		1	—	88
批准投资总额	万美元	384	-49.9	121 282
其中：外商投资总额		288	—	99 079
合同利用外资		438	234.4	60 041
企业实际到位资金		344	-66.7	68 969
其中：实际利用外资		210	-22.5	43 950
固定资产投资额	万元	18 029	114.8	465 584
其中：基础设施投资		18 029	282.1	102 054
土地实际已租售面积	平方米	0	—	3 500 500
房屋竣工建筑面积		0	—	1 142 118
其中：已建成厂房面积		0	—	465 054
已投产运作企业数	个	2	100.0	115
其中：已投产加工企业数		0	-100.0	70
已投产物流企业数		2	—	45
其中：投资额1 000万美元以上		0	—	5
税收总额	万元	127 257	11.3	704 559
其中：海关税收及代征税		103 890	13.6	425 644
税务部门税收		23 367	2.2	278 865
期末从业人员	人	43 425	-9.3	43 425
期末批准面积	平方公里	7.26	0.0	7.26
期末验收封关面积		6.21	27.8	6.21

续表

指标	单位	重庆两路寸滩保税港区		
		当年累计	同比（%）	历年累计
增加值	万元	0	—	0
经营总收入		6 604 925	-1.9	37 672 879
其中：技术服务收入		0	—	393 253
工业总产值		6 430 700	14.5	44 780 856
其中：高新技术产业		0	—	0
物流企业经营收入		319 025	-16.3	1 621 575
企业利润总额		0	—	0
综合能源耗费量	吨标准煤	0	—	0
批准企业数	个	350	-37.8	1 835
其中：加工企业		1	0.0	29
物流企业		48	0.0	253
批准外资企业数		0	-100.0	39
批准投资总额	万美元	4 560	-93.2	862 956
其中：外商投资总额		0	-100.0	144 644
合同利用外资		0	—	151 517
企业实际到位资金		63 200	—	209 498
其中：实际利用外资		63 200	—	136 650
固定资产投资额	万元	455 600	71.5	1 104 700
其中：基础设施投资		51 700	—	51 700
土地实际已租售面积	平方米	36 300	—	36 300
房屋竣工建筑面积		0	—	0
其中：已建成厂房面积		0	—	0
已投产运作企业数	个	64	30.6	433
其中：已投产加工企业数		2	—	2
已投产物流企业数		19	58.3	49
其中：投资额1 000万美元以上		0	—	0
税收总额	万元	134 363	22.2	1 106 649
其中：海关税收及代征税		0	—	0
税务部门税收		134 363	22.2	1 105 649
期末从业人员	人	26 000	23.0	26 000
期末批准面积	平方公里	8.37	0.0	8.37
期末验收封关面积		8.37	0.0	8.37

续表

指标	单位	广西钦州保税港区		
		当年累计	同比（%）	历年累计
增加值	万元	0	—	0
经营总收入		0	—	0
其中：技术服务收入		0	—	0
工业总产值		145 987	3 935.0	154 123
其中：高新技术产业		0	—	0
物流企业经营收入		0	—	0
企业利润总额		0	—	0
综合能源耗费量	吨标准煤	0	—	0
批准企业数	个	33	-74.0	437
其中：加工企业		0	-100.0	11
物流企业		0	-100.0	78
批准外资企业数		0	—	25
批准投资总额	万美元	0	-100.0	98 264
其中：外商投资总额		0	—	22 268
合同利用外资		0	—	0
企业实际到位资金		0	—	12 128
其中：实际利用外资		0	—	0
固定资产投资额	万元	51 130	53.2	1 868 436
其中：基础设施投资		17 235	75.6	1 124 359
土地实际已租售面积	平方米	0	—	4 384 441
房屋竣工建筑面积		0	—	172 103
其中：已建成厂房面积		0	—	31 470
已投产运作企业数	个	0	—	43
其中：已投产加工企业数		0	—	2
已投产物流企业数		0	—	23
其中：投资额 1 000 万美元以上		0	—	3
税收总额	万元	113 572	-24.0	480 640
其中：海关税收及代征税		104 320	-26.7	429 291
税务部门税收		9 176	30.1	47 503
期末从业人员	人	766	-2.8	766
期末批准面积	平方公里	10	0.0	10
期末验收封关面积		6.34	0.0	6.34

续表

指标	单位	海南洋浦保税港区		
		当年累计	同比（%）	历年累计
增加值	万元	357 656	-5.8	1 759 836
经营总收入		7 666 093	-5.7	37 530 989
其中：技术服务收入		0	—	0
工业总产值		0	—	72 841
其中：高新技术产业		0	—	0
物流企业经营收入		2 420	-5.3	76 262
企业利润总额		128 939	-32.2	648 246
综合能源耗费量	吨标准煤	0	—	4 176
批准企业数	个	29	61.1	113
其中：加工企业		12	1 100.0	16
物流企业		4	—	10
批准外资企业数		2	—	7
批准投资总额	万美元	19 429	468.9	200 067
其中：外商投资总额		2 000	—	5 774
合同利用外资		0	—	4 632
企业实际到位资金		145	—	96 978
其中：实际利用外资		0	—	3 428
固定资产投资额	万元	6 696	-36.0	110 471
其中：基础设施投资		603	—	38 311
土地实际已租售面积	平方米	191 488	1 561.9	1 667 735
房屋竣工建筑面积		0	—	175 407
其中：已建成厂房面积		0	—	108 485
已投产运作企业数	个	4	100.0	39
其中：已投产加工企业数		0	—	2
已投产物流企业数		1	0.0	6
其中：投资额1 000万美元以上		0	—	7
税收总额	万元	75 219	-2.1	392 859
其中：海关税收及代征税		551	-28.4	84 924
税务部门税收		74 668	-1.9	307 935
期末从业人员	人	675	-1.6	675
期末批准面积	平方公里	2.258	-75.5	2.258
期末验收封关面积		2.258	-1.8	2.258

洋山保税港区统计数据表

（1）2017年洋山保税港区主要经济指标完成情况表

指标名称	单位	2017年	比上年增长（%）
经营总收入	万元	30 836 800	10.5
物流企业营业收入	万元	11 560 300	20.0
当年新设企业数	个	101	-25.2
其中：仓储物流企业	个	17	-29.2
当年新设外资企业数	个	18	-43.8
当年吸引投资总额	万美元	373 760	58.1
其中：外商投资总额	万美元	338 472	1.1倍
当年合同利用外资	万美元	124 758	7.9
港区货物吞吐量	万吨	15 164	6.0
港区集装箱吞吐量	万标准箱	1 653	5.9
税务部门税收	万元	1 052 399	-35.8
固定资产投资额	万元	8 500	-71.2
期末从业人员	人	42 400	-2.4
期末批准面积	平方公里	14.16	0.0
期末验收封关面积	平方公里	14.16	0.0

（2）截至2017年洋山保税港区历年招商引资情况表

指标	单位	历年累计
设立企业	个	1 956
其中：外资企业		304
投资总额	（万美元）	2 612 029
其中：外商投资总额		1 314 409
合同外资额		240 431

2017年全国综合保税区经济指标统计情况表

指标	单位	合计		
		当年累计	同比（%）	历年累计
增加值	万元	15 091 874.59	59.1	79 153 051.59
经营总收入		127 623 784.4	43.6	652 429 489.4
其中：技术服务收入		1 656 204	5.4	4 607 227
工业总产值		126 347 392	65.7	653 760 315
其中：高新技术产业		13 054 752.1	-24.7	85 814 162.1
物流企业经营收入		2 421 161.44	13.3	16 462 644.44
企业利润总额		3 592 225.57	33.2	16 525 787.57
综合能源耗费量	吨标准煤	711 999	6.1	5 639 264
批准企业数	个	2 465	-1.6	9 064
其中：加工企业		28	0.0	497
物流企业		186	11.4	868
批准外资企业数		54	3.8	925
批准投资总额	万美元	589 844	-49.3	5 484 014
其中：外商投资总额		241 264	-75.5	4 194 759
合同利用外资		106 767	-69.7	1 903 320
企业实际到位资金		132 108	-5.1	1 911 281
其中：实际利用外资		109 876	7.3	1 515 033
固定资产投资额	万元	7 867 607.96	143.8	41 774 693.96
其中：基础设施投资		275 993	76.5	1 655 363
土地实际已租售面积	平方米	538 630	0.9	23 921 188
房屋竣工建筑面积		314 108	58.4	14 441 663
其中：已建成厂房面积		296 938	150.5	12 327 639
已投产运作企业数	个	452	-16.9	3 035
其中：已投产加工企业数		26	18.2	405
已投产物流企业数		59	1.7	401
其中：投资额1 000万美元以上		6	-71.4	204
税收总额	万元	4 294 920	2.7	18 629 934
其中：海关税收及代征税		3 365 689	33.2	13 007 819
税务部门税收		929 222	23.2	4 717 537
期末从业人员	人	552 175	-9.6	594 835
期末批准面积	平方公里	75.1	4.6	75.1
期末验收封关面积		49.787	2.3	49.787

续表

指标	单位	北京天竺综合保税区		
		当年累计	同比（%）	历年累计
增加值	万元	0	-100.0	3 144 869
经营总收入	万元	2 171 357	8.9	11 578 077
其中：技术服务收入	万元	21 293	-9.7	105 154
工业总产值	万元	257 205	20.9	1 843 446
其中：高新技术产业	万元	223 870	51.0	381 684
物流企业经营收入	万元	451 986	-10.1	5 441 181
企业利润总额	万元	360 545	33.5	1 369 581
综合能源耗费量	吨标准煤	40 560	121.7	272 242
批准企业数	个	50	47.1	353
其中：加工企业	个	0	-100.0	43
物流企业	个	1	0.0	62
批准外资企业数	个	1	—	62
批准投资总额	万美元	18 362	160.6	362 006
其中：外商投资总额	万美元	105	—	84 040
合同利用外资	万美元	0	—	74 560
企业实际到位资金	万美元	0	-100.0	124 045
其中：实际利用外资	万美元	0	-100.0	57 143
固定资产投资额	万元	61 130	39.9	829 677
其中：基础设施投资	万元	12 634	123.3	68 632
土地实际已租售面积	平方米	0	—	3 237 569
房屋竣工建筑面积	平方米	0	—	923 000
其中：已建成厂房面积	平方米	0	—	0
已投产运作企业数	个	0	—	71
其中：已投产加工企业数	个	0	—	18
已投产物流企业数	个	0	—	27
其中：投资额1 000万美元以上	个	0	—	9
税收总额	万元	109 377	-44.2	2 062 481
其中：海关税收及代征税	万元	15 772	-60.4	1 472 215
税务部门税收	万元	93 605	-40.1	590 266
期末从业人员	人	22 570	-3.3	22 570
期末批准面积	平方公里	5.94	0.0	5.94
期末验收封关面积	平方公里	3.17	0.0	3.17

续表

指标	单位	天津滨海新区综合保税区		
		当年累计	同比（%）	历年累计
增加值	万元	166 819	1.9	3 218 414
经营总收入		1 149 227	85.1	14 896 896
其中：技术服务收入		0	—	136 463
工业总产值		210 716	-16.3	13 671 090
其中：高新技术产业		210 716	-94.5	13 671 090
物流企业经营收入		818	-1.2	365 639
企业利润总额		0	-100.0	1 155 324
综合能源耗费量	吨标准煤	0	—	0
批准企业数	个	0	—	494
其中：加工企业		0	—	0
物流企业		0	—	0
批准外资企业数		0	—	0
批准投资总额	万美元	0	—	0
其中：外商投资总额		0	—	0
合同利用外资		0	—	0
企业实际到位资金		0	—	0
其中：实际利用外资		0	—	0
固定资产投资额	万元	0	—	1 630 228
其中：基础设施投资		0	—	0
土地实际已租售面积	平方米	0	—	0
房屋竣工建筑面积		0	—	0
其中：已建成厂房面积		0	—	0
已投产运作企业数	个	0	—	735
其中：已投产加工企业数		0	—	0
已投产物流企业数		0	—	0
其中：投资额 1 000 万美元以上		0	—	0
税收总额	万元	29 852	13.0	211 618
其中：海关税收及代征税		0	-100.0	94 740
税务部门税收		29 852	76.5	116 877
期末从业人员	人	1 913	42.8	1 913
期末批准面积	平方公里	1.96	0.0	1.96
期末验收封关面积		1.96	0.0	1.96

续表

指标	单位	上海浦东机场综合保税区		
		当年累计	同比（%）	历年累计
增加值	万元	594 000	44.1	1 443 300
经营总收入	万元	1 405 500	49.2	4 592 300
其中：技术服务收入	万元	0	—	0
工业总产值	万元	0	—	0
其中：高新技术产业	万元	0	—	0
物流企业经营收入	万元	599 900	51.0	2 023 300
企业利润总额	万元	335 400	48.8	0
综合能源耗费量	吨标准煤	0	—	0
批准企业数	个	43	-54.7	1 083
其中：加工企业	个	0	—	0
物流企业	个	11	22.2	112
批准外资企业数	个	9	-55.0	260
批准投资总额	万美元	152 340	-44.0	1 165 617
其中：外商投资总额	万美元	148 666	-44.6	1 038 208
合同利用外资	万美元	68 876	-30.9	378 170
企业实际到位资金	万美元	30 248	65.6	350 388
其中：实际利用外资	万美元	30 248	65.6	265 088
固定资产投资额	万元	7 300	-58.0	500 700
其中：基础设施投资	万元	0	—	0
土地实际已租售面积	平方米	0	—	0
房屋竣工建筑面积	平方米	0	—	0
其中：已建成厂房面积	平方米	0	—	0
已投产运作企业数	个	0	—	494
其中：已投产加工企业数	个	0	—	1
已投产物流企业数	个	0	—	54
其中：投资额1 000万美元以上	个	0	—	0
税收总额	万元	503 743	54.6	1 195 872
其中：海关税收及代征税	万元	296 318	61.9	693 536
税务部门税收	万元	207 425	45.3	518 842
期末从业人员	人	3 217	11.7	3 000
期末批准面积	平方公里	3.59	0.0	3.59
期末验收封关面积	平方公里	3.59	0.0	3.59

续表

指标	单位	苏州工业园综合保税区		
		当年累计	同比（%）	历年累计
增加值	万元	0	—	0
经营总收入		3 637 734	1.5	25 416 167
其中：技术服务收入		0	—	0
工业总产值		2 781 943	-21.6	20 976 318
其中：高新技术产业		0	—	0
物流企业经营收入		143 502	1.4	892 658
企业利润总额		252 331	7.4	1 368 314
综合能源耗费量	吨标准煤	0	—	43 363
批准企业数	个	22	-29.0	346
其中：加工企业		4	33.3	126
物流企业		1	-75.0	55
批准外资企业数		0	-100.0	174
批准投资总额	万美元	8 102	102.5	404 013
其中：外商投资总额		3 235	150.2	373 700
合同利用外资		1 235	79.8	139 432
企业实际到位资金		4 407	26.2	159 798
其中：实际利用外资		18	-98.1	130 689
固定资产投资额	万元	68 817	53.1	345 719
其中：基础设施投资		0	-100.0	3 270
土地实际已租售面积	平方米	0	—	3 671 599
房屋竣工建筑面积		0	—	1 825 180
其中：已建成厂房面积		0	—	1 432 980
已投产运作企业数	个	0	—	170
其中：已投产加工企业数		0	—	70
已投产物流企业数		0	—	34
其中：投资额 1 000 万美元以上		0	—	44
税收总额	万元	403 076	9.5	1 590 566
其中：海关税收及代征税		403 076	9.5	1 413 830
税务部门税收		0	—	156 278
期末从业人员	人	30 350	-8.4	30 350
期末批准面积	平方公里	5.28	0.0	5.28
期末验收封关面积		4.86	0.0	4.86

续表

指标	单位	苏州高新区综合保税区		
		当年累计	同比（%）	历年累计
增加值	万元	502 650	6.7	3 087 530
经营总收入		6 627 867	15.5	30 874 095
其中：技术服务收入		278 576	11.9	623 771
工业总产值		6 247 000	2.5	41 716 402
其中：高新技术产业		5 661 494	-2.2	21 750 324
物流企业经营收入		272 184	12.4	748 306
企业利润总额		121 324	14.2	439 552
综合能源耗费量	吨标准煤	87 364	8.7	744 465
批准企业数	个	1	-66.7	97
其中：加工企业		0	-100.0	74
物流企业		1	0.0	20
批准外资企业数		0	-100.0	75
批准投资总额	万美元	75	-95.1	300 228
其中：外商投资总额		0	-100.0	252 680
合同利用外资		75	-95.1	130 006
企业实际到位资金		800	79.8	103 135
其中：实际利用外资		800	79.8	102 960
固定资产投资额	万元	93 200	-30.6	1 981 168
其中：基础设施投资		300	14.1	134 312
土地实际已租售面积	平方米	0	—	1 477 814
房屋竣工建筑面积		0	—	1 858 361
其中：已建成厂房面积		0	—	1 838 515
已投产运作企业数	个	1	-50.0	63
其中：已投产加工企业数		0	-100.0	50
已投产物流企业数		1	0.0	13
其中：投资额1 000万美元以上		0	—	34
税收总额	万元	160 874	3.0	660 458
其中：海关税收及代征税		143 993	2.5	525 091
税务部门税收		16 881	7.5	135 367
期末从业人员	人	39 604	4.6	39 604
期末批准面积	平方公里	3.51	0.0	3.51
期末验收封关面积		3.51	0.0	3.51

续表

指标	单位	昆山综合保税区		
		当年累计	同比（%）	历年累计
增加值	万元	1 312 006	3.2	11 956 229
经营总收入		33 288 596	38.3	267 960 521
其中：技术服务收入		730 482	-13.3	2 167 836
工业总产值		29 034 400	24.1	262 147 856
其中：高新技术产业		232 796	73.2	8 192 283
物流企业经营收入		95 271	17.4	723 126
企业利润总额		379 591	14.7	3 421 935
综合能源耗费量	吨标准煤	108 107	10.6	1 034 811
批准企业数	个	13	85.7	148
其中：加工企业		3	-25.0	81
物流企业		5	150.0	52
批准外资企业数		0	-100.0	81
批准投资总额	万美元	31 812	39.3	367 321
其中：外商投资总额		30 000	34.8	344 139
合同利用外资		10 000	-0.8	148 253
企业实际到位资金		8 612	823.0	151 163
其中：实际利用外资		6 800	1 783.7	130 553
固定资产投资额	万元	171 515	268.3	2 411 507
其中：基础设施投资		1 370	15.6	77 945
土地实际已租售面积	平方米	479 572	827.2	4 006 425
房屋竣工建筑面积		127 000	477.6	3 391 208
其中：已建成厂房面积		127 000	477.6	3 391 208
已投产运作企业数	个	3	0.0	119
其中：已投产加工企业数		0	—	66
已投产物流企业数		0	-100.0	45
其中：投资额1 000万美元以上		0	—	39
税收总额	万元	85 386	-19.7	945 299
其中：海关税收及代征税		0	—	0
税务部门税收		85 386	-19.7	945 299
期末从业人员	人	146 254	17.5	146 254
期末批准面积	平方公里	5.86	0.0	5.86
期末验收封关面积		5.86	0.0	5.86

续表

指标	单位	成都高新综合保税区		
		当年累计	同比（%）	历年累计
增加值	万元	8 392 197	189.9	25 897 410
经营总收入		25 508 028	157.8	77 517 911
其中：技术服务收入		345 675	121.0	827 919
工业总产值		53 392 460	307.6	136 543 704
其中：高新技术产业		2 423 053	-35.2	12 222 784
物流企业经营收入		45 044	322.7	188 075
企业利润总额		1 330 820	251.8	3 136 155
综合能源耗费量	吨标准煤	150 288	51.1	959 462
批准企业数	个	0	—	40
其中：加工企业		0	—	22
物流企业		0	—	18
批准外资企业数		0	—	25
批准投资总额	万美元	0	—	222 232
其中：外商投资总额		0	—	213 255
合同利用外资		0	—	89 576
企业实际到位资金		0	—	96 876
其中：实际利用外资		0	—	89 576
固定资产投资额	万元	4 602 523	2 053.8	10 873 955
其中：基础设施投资		0	—	95 651
土地实际已租售面积	平方米	0	—	3 816 276
房屋竣工建筑面积		0	—	1 759 308
其中：已建成厂房面积		0	—	1 279 003
已投产运作企业数	个	0	—	39
其中：已投产加工企业数		0	—	22
已投产物流企业数		0	—	17
其中：投资额1 000万美元以上		0	—	15
税收总额	万元	243 847	220.9	849 882
其中：海关税收及代征税		14 199	470.0	193 075
税务部门税收		229 648	212.4	656 807
期末从业人员	人	75 849	14.4	75 849
期末批准面积	平方公里	4.68	0.0	4.68
期末验收封关面积		4.68	0.0	4.68

续表

指标	单位	广西凭祥综合保税区		
		当年累计	同比（%）	历年累计
增加值	万元	8 700	-44.0	43 488
经营总收入	万元	428 155	-27.6	1 875 534
其中：技术服务收入	万元	0	—	5 500
工业总产值	万元	38 322	-9.2	169 622
其中：高新技术产业	万元	0	—	0
物流企业经营收入	万元	12 224	-16.2	34 399
企业利润总额	万元	7 663	-17.4	29 716
综合能源耗费量	吨标准煤	0	—	0
批准企业数	个	56	-6.7	269
其中：加工企业	个	7	0.0	20
物流企业	个	20	-16.7	83
批准外资企业数	个	0	-100.0	1
批准投资总额	万美元	7 450	-63.9	49 379
其中：外商投资总额	万美元	0	-100.0	455
合同利用外资	万美元	0	-100.0	151
企业实际到位资金	万美元	1 601	-63.0	17 775
其中：实际利用外资	万美元	0	-100.0	151
固定资产投资额	万元	32 389	61.9	129 986
其中：基础设施投资	万元	25 816	252.6	69 695
土地实际已租售面积	平方米	37 800	24.6	587 926
房屋竣工建筑面积	平方米	38 770	39.7	195 875
其中：已建成厂房面积	平方米	21 600	-22.1	104 651
已投产运作企业数	个	21	23.5	143
其中：已投产加工企业数	个	2	-33.3	11
已投产物流企业数	个	8	-11.1	51
其中：投资额1 000万美元以上	个	1	0.0	2
税收总额	万元	28 478	-36.1	225 610
其中：海关税收及代征税	万元	25 307	-41.1	216 408
税务部门税收	万元	3 171	95.6	8 585
期末从业人员	人	1 420	25.4	1 420
期末批准面积	平方公里	8.5	0.0	8.5
期末验收封关面积	平方公里	1.01	0.0	1.01

续表

指标	单位	海口综合保税区		
		当年累计	同比（%）	历年累计
增加值	万元	87 784	227.4	129 668
经营总收入	万元	5 587 096	-1.8	22 965 049
其中：技术服务收入	万元	277 578	-7.2	576 573
工业总产值	万元	501	12.1	36 683
其中：高新技术产业	万元	407	—	18 560
物流企业经营收入	万元	78	-99.8	4 389 246
企业利润总额	万元	146 604	272.9	184 406
综合能源耗费量	吨标准煤	162	—	162
批准企业数	个	77	113.9	989
其中：加工企业	个	2	—	3
物流企业	个	75	127.3	186
批准外资企业数	个	4	—	99
批准投资总额	万美元	45 750	6.4	182 407
其中：外商投资总额	万美元	6 425	—	51 608
合同利用外资	万美元	0	—	28 493
企业实际到位资金	万美元	0	-100.0	29 332
其中：实际利用外资	万美元	0	—	29 029
固定资产投资额	万元	70 709	125.1	444 877
其中：基础设施投资	万元	63 709	103.5	174 075
土地实际已租售面积	平方米	258	—	602 526
房屋竣工建筑面积	平方米	7 000	-92.0	419 757
其中：已建成厂房面积	平方米	7 000	-39.2	344 112
已投产运作企业数	个	1	—	3
其中：已投产加工企业数	个	1	—	3
已投产物流企业数	个	0	—	0
其中：投资额1 000万美元以上	个	0	—	0
税收总额	万元	18 897	6.5	73 339
其中：海关税收及代征税	万元	4	-88.2	9 990
税务部门税收	万元	18 893	6.7	63 349
期末从业人员	人	5 451	33.4	5 451
期末批准面积	平方公里	1.93	0.0	1.93
期末验收封关面积	平方公里	1.93	0.0	1.93

续表

指标	单位	郑州新郑综合保税区		
		当年累计	同比（%）	历年累计
增加值	万元	2 637 970	15.2	17 518 354
经营总收入	万元	27 420 364	12.0	132 362 944
其中：技术服务收入	万元	0	—	150 252
工业总产值	万元	27 366 113	15.2	132 954 800
其中：高新技术产业	万元	0	—	0
物流企业经营收入	万元	186 058	-35.4	235 198
企业利润总额	万元	308 621	-14.3	2 589 491
综合能源耗费量	吨标准煤	153 140	22.0	536 330
批准企业数	个	0	-100.0	41
其中：加工企业	个	0	-100.0	5
物流企业	个	0	-100.0	36
批准外资企业数	个	0	-100.0	3
批准投资总额	万美元	180 311	-69.7	936 054
其中：外商投资总额	万美元	1 811	-99.7	750 640
合同利用外资	万美元	9 695	-94.3	409 875
企业实际到位资金	万美元	54 000	1.2	314 371
其中：实际利用外资	万美元	54 000	1.2	336 597
固定资产投资额	万元	1 242 000	-15.5	9 462 010
其中：基础设施投资	万元	0	—	180 672
土地实际已租售面积	平方米	0	—	2 473 062
房屋竣工建筑面积	平方米	0	—	2 000 000
其中：已建成厂房面积	平方米	0	—	2 000 000
已投产运作企业数	个	29	—	41
其中：已投产加工企业数	个	6	—	5
已投产物流企业数	个	23	—	36
其中：投资额 1 000 万美元以上	个	0	—	3
税收总额	万元	2 196 800	-13.1	8 598 973
其中：海关税收及代征税	万元	2 114 988	38.2	7 096 366
税务部门税收	万元	81 812	-16.2	602 607
期末从业人员	人	171 995	-36.2	214 872
期末批准面积	平方公里	5.07	0.0	5.07
期末验收封关面积	平方公里	5.07	0.0	5.07

续表

指标	单位	无锡高新区综合保税区		
		当年累计	同比（%）	历年累计
增加值	万元	1 305 410.59	4.4	12 252 667.59
经营总收入	万元	6 492 599.36	18.2	40 551 417.36
其中：技术服务收入	万元	0	—	0
工业总产值	万元	6 380 160	17.7	41 010 448
其中：高新技术产业	万元	4 270 703.1	16.1	29 455 228.1
物流企业经营收入	万元	51 010.44	11.5	299 739.44
企业利润总额	万元	317 488.57	-4.8	2 696 744.57
综合能源耗费量	吨标准煤	162 208	-34.1	2 017 014
批准企业数	个	4	33.3	59
其中：加工企业	个	2	100.0	40
物流企业	个	2	0.0	17
批准外资企业数	个	2	100.0	39
批准投资总额	万美元	6 220	-45.4	870 150
其中：外商投资总额	万美元	6 220	-30.9	848 599
合同利用外资	万美元	2 220	-84.7	384 012
企业实际到位资金	万美元	5 618	-50.8	356 132
其中：实际利用外资	万美元	5 598	-37.9	322 409
固定资产投资额	万元	873 547.96	33.7	10 487 355.96
其中：基础设施投资	万元	11 846	-42.1	197 804
土地实际已租售面积	平方米	0	—	1 380 560
房屋竣工建筑面积	平方米	0	-100.0	1 115 290
其中：已建成厂房面积	平方米	0	-100.0	1 115 290
已投产运作企业数	个	4	0.0	49
其中：已投产加工企业数	个	2	100.0	28
已投产物流企业数	个	2	-33.3	16
其中：投资额1 000万美元以上	个	0	-100.0	17
税收总额	万元	286 562	29.4	1 646 259
其中：海关税收及代征税	万元	174 593	36.2	835 343
税务部门税收	万元	111 969	20.1	810 916
期末从业人员	人	39 499	10.3	39 499
期末批准面积	平方公里	3.5	0.0	3.5
期末验收封关面积	平方公里	2.39	0.0	2.39

续表

指标	单位	南通综合保税区		
		当年累计	同比（%）	历年累计
增加值	万元	39 395	58.9	192 630
经营总收入		1 386 850	35.6	3 694 021
其中：技术服务收入		2 600	—	13 722
工业总产值		184 208	46.4	853 232
其中：高新技术产业		20 883	48.0	59 694
物流企业经营收入		18 204	115.7	41 970
企业利润总额		17 561	148.0	38 238
综合能源耗费量	吨标准煤	9 410	262.9	26 272
批准企业数	个	5	-93.7	216
其中：加工企业		3	0.0	32
物流企业		1	-50.0	17
批准外资企业数		0	-100.0	29
批准投资总额	万美元	25 270	-71.3	262 667
其中：外商投资总额		0	-100.0	110 014
合同利用外资		0	-100.0	42 539
企业实际到位资金		3 943	-77.6	86 160
其中：实际利用外资		142	-98.1	29 510
固定资产投资额	万元	14 997	-17.1	197 332
其中：基础设施投资		1 000	284.6	41 960
土地实际已租售面积	平方米	0	-100.0	1 026 666
房屋竣工建筑面积		0	-100.0	384 942
其中：已建成厂房面积		0	-100.0	319 757
已投产运作企业数	个	1	-98.6	144
其中：已投产加工企业数		0	-100.0	10
已投产物流企业数		0	-100.0	16
其中：投资额1 000万美元以上		0	-100.0	18
税收总额	万元	35 259	29.6	155 215
其中：海关税收及代征税		29 570	25.1	139 690
税务部门税收		5 689	59.6	15 525
期末从业人员	人	2 039	4.7	2 039
期末批准面积	平方公里	5.29	0.0	5.29
期末验收封关面积		2.15	0.0	2.15

续表

指标	单位	黑龙江绥芬河综合保税区		
		当年累计	同比（%）	历年累计
增加值	万元	4 385	0.0	14 179
经营总收入	万元	5 216	2.9	17 386
其中：技术服务收入	万元	0	—	37
工业总产值	万元	111 252	3.4	304 059
其中：高新技术产业	万元	0	—	0
物流企业经营收入	万元	230	10.6	2 607
企业利润总额	万元	533	4.1	2 077
综合能源耗费量	吨标准煤	483	8.1	2 716
批准企业数	个	71	7.6	602
其中：加工企业	个	0	-100.0	14
物流企业	个	0	-100.0	23
批准外资企业数	个	0	-100.0	9
批准投资总额	万美元	20 045	0.2	99 566
其中：外商投资总额	万美元	0	-100.0	185
合同利用外资	万美元	0	-100.0	63
企业实际到位资金	万美元	10 588	-10.3	30 701
其中：实际利用外资	万美元	0	—	20
固定资产投资额	万元	17 236	5.2	50 602
其中：基础设施投资	万元	9 215	25.6	18 701
土地实际已租售面积	平方米	21 000	-66.4	149 167
房屋竣工建筑面积	平方米	0	—	0
其中：已建成厂房面积	平方米	0	—	0
已投产运作企业数	个	14	-26.3	121
其中：已投产加工企业数	个	10	-23.1	97
已投产物流企业数	个	2	0.0	16
其中：投资额1 000万美元以上	个	0	-100.0	8
税收总额	万元	3 896	8.5	24 412
其中：海关税收及代征税	万元	1 707	3.5	7 191
税务部门税收	万元	2 189	14.1	17 237
期末从业人员	人	2 700	1 250.0	2 700
期末批准面积	平方公里	1.8	0.0	1.8
期末验收封关面积	平方公里	1.8	0.0	1.8

续表

指标	单位	济南综合保税区		
		当年累计	同比（%）	历年累计
增加值	万元	39 079	9.2	247 410
经营总收入		266 229	10.8	1 351 328
其中：技术服务收入		0	—	0
工业总产值		225 959	23.8	1 415 502
其中：高新技术产业		10 830	15.5	62 515
物流企业经营收入		11 312	70.1	184 599
企业利润总额		13 319	17.4	91 270
综合能源耗费量	吨标准煤	277	4.9	2 427
批准企业数	个	10	-58.3	126
其中：加工企业		4	33.3	31
物流企业		3	-78.6	38
批准外资企业数		0	-100.0	12
批准投资总额	万美元	0	-100.0	96 322
其中：外商投资总额		0	-100.0	43 955
合同利用外资		0	-100.0	30 245
企业实际到位资金		0	-100.0	74 888
其中：实际利用外资		0	—	8 180
固定资产投资额	万元	394 034	2.0	1 723 791
其中：基础设施投资		0	—	22 814
土地实际已租售面积	平方米	0	—	1 140 930
房屋竣工建筑面积		0	—	348 035
其中：已建成厂房面积		0	—	310 995
已投产运作企业数	个	2	-75.0	35
其中：已投产加工企业数		2	0.0	21
已投产物流企业数		0	-100.0	10
其中：投资额 1 000 万美元以上		0	-100.0	4
税收总额	万元	23 487	0.3	164 872
其中：海关税收及代征税		23 415	0.6	154 858
税务部门税收		65	-52.9	10 007
期末从业人员	人	1 160	-10.1	1 160
期末批准面积	平方公里	5.22	0.0	5.22
期末验收封关面积		2.02	0.0	2.02

续表

指标	单位	南京综合保税区（龙潭）		
		当年累计	同比（%）	历年累计
增加值	万元	1 479	-55.6	6 903
经营总收入	万元	7 792	-27.8	26 152
其中：技术服务收入	万元	0	—	0
工业总产值	万元	0	—	0
其中：高新技术产业	万元	0	—	0
物流企业经营收入	万元	7 792	-27.0	26 041
企业利润总额	万元	426	-68.7	2 985
综合能源耗费量	吨标准煤	0	—	0
批准企业数	个	2	-75.0	22
其中：加工企业	个	0	—	0
物流企业	个	1	—	15
批准外资企业数	个	2	—	3
批准投资总额	万美元	11 039	2 073.0	23 199
其中：外商投资总额	万美元	2 951	—	10 751
合同利用外资	万美元	2 941	—	5 541
企业实际到位资金	万美元	2 900	716.9	4 584
其中：实际利用外资	万美元	2 900	2 097.0	1 216
固定资产投资额	万元	25 200	2 072.4	344 908
其中：基础设施投资	万元	2 240	761.5	302 500
土地实际已租售面积	平方米	0	—	280 668
房屋竣工建筑面积	平方米	32 255	—	111 624
其中：已建成厂房面积	平方米	32 255	—	82 045
已投产运作企业数	个	2	100.0	17
其中：已投产加工企业数	个	0	—	0
已投产物流企业数	个	1	0.0	12
其中：投资额1 000万美元以上	个	1	—	1
税收总额	万元	19 649	-38.9	51 794
其中：海关税收及代征税	万元	18 907	-39.7	50 253
税务部门税收	万元	740	-2.5	1 499
期末从业人员	人	240	10.1	240
期末批准面积	平方公里	3.83	0.0	3.83
期末验收封关面积	平方公里	1.15	0.0	1.15

续表

指标	单位	舟山港综合保税区		
		当年累计	同比（%）	历年累计
增加值	万元	0	—	0
经营总收入		12 240 400	171.5	16 748 917
其中：技术服务收入		0	—	0
工业总产值		115 539	—	115 539
其中：高新技术产业		0	—	0
物流企业经营收入		525 548	54.1	866 560
企业利润总额		0	—	0
综合能源耗费量	吨标准煤	0	—	0
批准企业数	个	2 085	1.5	4 140
其中：加工企业		2	-33.3	5
物流企业		63	-8.7	132
批准外资企业数		32	113.3	47
批准投资总额	万美元	82 729	38.4	142 514
其中：外商投资总额		41 616	35.6	72 295
合同利用外资		11 725	-61.8	42 404
企业实际到位资金		9 156	260.2	11 698
其中：实际利用外资		9 156	260.2	11 698
固定资产投资额	万元	115 200	-11.0	244 709
其中：基础设施投资		70 078	-13.6	151 188
土地实际已租售面积	平方米	0	-100.0	70 000
房屋竣工建筑面积		21 163	—	21 163
其中：已建成厂房面积		21 163	—	21 163
已投产运作企业数	个	372	-10.8	789
其中：已投产加工企业数		2	—	2
已投产物流企业数		22	-31.3	54
其中：投资额1 000万美元以上		4	-33.3	10
税收总额	万元	145 512	428.2	173 059
其中：海关税收及代征税		103 620	7 338.6	105 013
税务部门税收		41 892	60.0	68 071
期末从业人员	人	7 897	13.8	7 897
期末批准面积	平方公里	5.85	0.0	5.85
期末验收封关面积		3.51	0.0	3.51

续表

指标	单位	哈尔滨综合保税区		
		当年累计	同比（%）	历年累计
增加值	万元	0	—	0
经营总收入		774	—	774
其中：技术服务收入		0	—	0
工业总产值		1 614	—	1 614
其中：高新技术产业		0	—	0
物流企业经营收入		0	—	0
企业利润总额		-1	—	-1
综合能源耗费量	吨标准煤	0	—	0
批准企业数	个	26	—	39
其中：加工企业		1	—	1
物流企业		2	—	2
批准外资企业数		4	—	6
批准投资总额	万美元	339	—	339
其中：外商投资总额		235	—	235
合同利用外资		0	—	0
企业实际到位资金		235	—	235
其中：实际利用外资		214	—	214
固定资产投资额	万元	77 810	—	116 169
其中：基础设施投资		77 785	—	116 144
土地实际已租售面积	平方米	0	—	0
房屋竣工建筑面积		87 920	—	87 920
其中：已建成厂房面积		87 920	—	87 920
已投产运作企业数	个	2	—	2
其中：已投产加工企业数		1	—	1
已投产物流企业数		0	—	0
其中：投资额1 000万美元以上		0	—	0
税收总额	万元	225	—	225
其中：海关税收及代征税		220	—	220
税务部门税收		5	—	5
期末从业人员	人	17	—	17
期末批准面积	平方公里	3.29	—	3.29
期末验收封关面积		1.127	—	1.127

苏州高新区综合保税区统计数据表

（1）2017年苏州高新区综合保税区主要经济指标完成情况表

指标名称	单位	2017年	比上年增长（%）
增加值	万元	502 650	6.7
工业总产值	万元	6 247 000	2.5
企业利润总额	万元	121 324	14.3
物流企业营业收入	万元	272 184	12.4
综合能源耗费量	吨标准煤	87 364	8.7
当年批准企业数	个	1	-66.7
其中：加工企业	个	0	—
仓储物流企业	个	1	—
当年批准外资企业数	个	0	—
其中：加工企业	个	0	—
仓储物流企业	个	0	—
当年批准投资总额	万美元	75	—
其中：外商投资总额	万美元	0	—
增资额	万美元	0	—
当年合同利用外资	万美元	75	—
其中：增资额	万美元	0	—
当年实际到位资金	万美元	800	—
其中：实际利用外资	万美元	800	—
历年已投产运作企业数	个	63	—
其中：已投产加工企业数	个	50	—
已投产物流企业数	个	13	—
其中：投资额1 000万美元以上	个	34	—
土地实际已租售面积	平方米	0	—
房屋竣工面积	平方米	0	—
其中：已建成厂房面积	平方米	0	—
已建成仓库面积	平方米	0	—
港区货物吞吐量（限保税港区）	万吨	—	—
港区集装箱吞吐量（限保税港区）	万标准箱	—	—
税务部门税收	万元	16 881	7.5
固定资产投资额	万元	93 200	-30.6
其中：基础设施投资	万元	300	14.1
期末从业人员	人	39 604	4.6
其中：期末外资企业从业人员	人	37 960	3.2
期末批准面积	平方公里	3.51	0.0
期末验收封关面积	平方公里	3.51	0.0

（2）-1 截至2017年苏州高新区综合保税区历年招商引资情况表

指标	单位	历年累计
批准企业	个	97
其中：外资企业		75
投资总额	（万美元）	300 228
其中：外商投资总额		252 680
合同外资额		130 006
实际利用外资		102 960

（2）-2 截至2017年苏州高新区综合保税区历年主要外商投资情况表

按项目数排列			按投资额排列		
序号	国别（地区）	项目数（个）	序号	国别（地区）	投资额（万美元）
1	中国台湾	16	1	中国台湾	120 433
2	美国	9	2	英属维尔群岛	71 941
3	萨摩亚群岛	6	3	萨摩亚群岛	26 490
4	韩国	6	4	中国香港	15 698
5	英属维尔群岛	5	5	瑞士	5 395

（3）2017年苏州高新区综合保税区物流企业营业收入排名表

单位：万元

序号	企业名称	序号	企业名称
1	苏州高新区伟天国际物流有限公司	6	苏州新宁物流有限公司
2	苏州综保通运国际货运代理有限公司	7	苏州祥迎国际物流有限公司
3	苏州宇庆仓储有限公司	8	苏州宏恒鑫物流有限公司
4	苏州综保物流有限公司	9	苏州华伟仓储物流管理有限公司
5	苏州大田仓储有限公司	10	苏州恒捷国际物流有限公司

（4）2016年苏州高新区综合保税区工业企业工业产值排名表

单位：万元

序号	企业名称	序号	企业名称
1	名硕电脑（苏州）有限公司	6	加贺沢山电子（苏州）有限公司
2	凯硕电脑（苏州）有限公司	7	苏州源成铝制品制造有限公司
3	百硕电脑（苏州）有限公司	8	倍雅电子护理制品（苏州）有限公司
4	美视伊汽车镜控（苏州）有限公司	9	美克司电子机械（苏州）有限公司
5	东江塑胶制品（苏州）有限公司	10	飞迅世通科技（苏州）有限公司

苏州工业园区综合保税区统计数据表

（1）2017 年苏州工业园区综合保税区主要经济指标完成情况表

指标名称	单位	2017 年	比上年增长（%）
增加值	万元	0	—
工业总产值	万元	2 781 943	-21.6
企业利润总额	万元	252 331	7.4
物流企业营业收入	万元	143 502	1.4
综合能源耗费量	吨标准煤	0	—
当年批准企业数	个	22	-29.0
其中：加工企业	个	4	33.3
仓储物流企业	个	1	-75.0
当年批准投资总额	万美元	8 102	102.5
其中：外商投资总额	万美元	3 235	150.2
当年合同利用外资	万美元	1 235	79.8
当年实际到位资金	万美元	4 407	26.2
历年已投产运作企业数	个	170	—
其中：已投产加工企业数	个	70	—
已投产物流企业数	个	34	—
其中：投资额 1 000 万美元以上	个	44	—
固定资产投资额	万元	68 817	—
期末从业人员	人	30 350	-8.4

（2）-1 截至 2017 年苏州工业园区综合保税区历年招商引资情况表

指标	单位	历年累计
批准企业	个	346
其中：外资企业		174
投资总额	（万美元）	404 013
合同外资额		139 432
实际利用外资		130 689

(2)-2 截至2017年苏州工业园区综合保税区历年主要外商投资情况表

按项目数排列			按项目数排列		
序号	国别（地区）	项目数（个）	序号	国别（地区）	项目数（个）
1	中国香港	31	4	英国	7
2	美国	21	5	日本	8
3	新加坡	21			

(3) 2017年苏州工业园区综合保税区物流企业营业收入排名表

单位：万元

序号	企业名称	序号	企业名称
1	全球物流（苏州）有限公司	6	苏州伟中物流股份有限公司
2	优尼派特（苏州）物流有限公司	7	苏州宏高货运有限公司
3	苏州工业园区伟创国际物流有限公司	8	苏州邦达新物流有限公司
4	苏州得尔达国际物流有限公司	9	苏州工业园区联合储运有限公司
5	苏州美集供应链管理有限公司	10	苏州合冠国际供应链有限公司

(4) 2016年苏州工业园区综合保税区工业企业工业产值排名表

单位：万元

序号	企业名称	序号	企业名称
1	苏州长城开发科技有限公司	6	舒尔电子（苏州）有限公司
2	苏州三星电子家电有限公司	7	赛峰起落架系统（苏州）有限公司
3	卡特彼勒（苏州）有限公司	8	施乐辉医用产品（苏州）有限责任公司
4	泰科电子（苏州）有限公司	9	水星海事技术（苏州）有限公司
5	优利康听力技术（苏州）有限公司	10	百得（苏州）科技有限公司

昆山综合保税区统计数据表

(1) 2017 年昆山综合保税区主要经济指标完成情况表

指标名称	单位	2017 年	比上年增长 (%)
增加值	万元	1 312 006	3.2
工业总产值	万元	29 034 400	24.1
企业利润总额	万元	379 591	14.7
物流企业营业收入	万元	95 271	17.4
综合能源耗费量	吨标准煤	108 107	10.6
当年批准企业数	个	13	85.7
其中：加工企业	个	3	-25.0
仓储物流企业	个	5	150.0
当年批准外资企业数	个	0	—
其中：加工企业	个	0	—
仓储物流企业	个	0	—
当年批准投资总额	万美元	31 812	39.3
其中：外商投资总额	万美元	30 000	34.8
增资额	万美元	30 000	35.4
当年合同利用外资	万美元	10 000	-0.8
其中：增资额	万美元	10 000	—
当年实际到位资金	万美元	8 612	823.0
其中：实际利用外资	万美元	6 800	1 783.7
历年已投产运作企业数	个	119	—
其中：已投产加工企业数	个	66	—
已投产物流企业数	个	45	—
其中：投资额 1 000 万美元以上	个	39	—
土地实际已租售面积	平方米	479 572	827.2
房屋竣工面积	平方米	127 000	477.6
其中：已建成厂房面积	平方米	127 000	477.6
已建成仓库面积	平方米	0	—
港区货物吞吐量（限保税港区）	万吨		
港区集装箱吞吐量（限保税港区）	万标准箱		
税务部门税收	万元	85 386	-19.7
固定资产投资额	万元	171 515	268.3
其中：基础设施投资	万元	1 370	15.6
期末从业人员	人	146 254	17.5
其中：期末外资企业从业人员	人	143 407	—
期末批准面积	平方公里	5.86	0.0
期末验收封关面积	平方公里	5.86	0.0

(2)-1　截至2017年昆山综合保税区历年招商引资情况表

指标	单位	历年累计
批准企业	个	148
其中：外资企业		81
投资总额	（万美元）	367 321
其中：外商投资总额		344 139
合同外资额		148 253
实际利用外资		130 553

(2)-2　截至2017年昆山综合保税区历年主要外商投资情况表

按项目数排列			按投资额排列		
序号	国别（地区）	项目数（个）	序号	国别（地区）	投资额（万美元）
1	中国台湾	29	1	中国台湾	112 646
2	中国香港	10	2	开曼群岛	67 289
3	英属维尔京群岛	10	3	中国香港	65 642
4	新加坡	8	4	英属维尔京群岛	57 374
5	日本	7	5	萨摩亚	16 667

(3) 2017年昆山综合保税区物流企业营业收入排名表

单位：万元

序号	企业名称	序号	企业名称
1	昆山飞力仓储服务有限公司	6	昆山叶水福鼎亚物流有限公司
2	全球物流（昆山）有限公司	7	江苏飞力达现代物流有限公司
3	昆山世远物流有限公司	8	昆山恒莱亦禾供应链管理有限公司
4	昆山新宁物流有限公司	9	昆山中外运物流有限公司
5	江苏天合国际物流有限公司	10	江苏鼎瀚供应链管理有限公司

(4) 2016年昆山综合保税区工业企业工业产值排名表

单位：万元

序号	企业名称	序号	企业名称
1	仁宝信息技术（昆山）有限公司	6	纬视晶光电（昆山）有限公司
2	纬新资通（昆山）有限公司	7	牧田（昆山）有限公司
3	世硕电子（昆山）有限公司	8	富翔精密工业（昆山）有限公司
4	仁宝资讯工业（昆山）有限公司	9	仁宝电子科技（昆山）有限公司
5	纬创资通（昆山）有限公司	10	昆山扬皓光电有限公司

上海浦东机场综合保税区统计数据表

（1）2017年上海浦东机场综合保税区主要经济指标完成情况表

指标名称	单位	2017年	比上年增长（%）
营业总收入	万元	1 405 500	49.2
物流企业营业收入	万元	599 900	51.0
当年新设企业数	个	43	-54.7
其中：物流企业	个	11	22.2
当年新设外资企业数	个	9	-55.0
当年吸引投资总额	万美元	152 340	-44.0
其中：外商投资总额	万美元	148 666	-44.6
当年合同利用外资	万美元	68 876	-30.9
税务部门税收	万元	207 425	45.3
固定资产投资额	万元	7 300	-58.0
期末从业人员	人	3 217	11.7
期末批准面积	平方公里	3.59	0.0
期末验收封关面积	平方公里	3.59	0.0

（2）截至2017年上海浦东机场综合保税区历年招商引资情况表

指标	单位	历年累计
设立企业	个	1 083
其中：外资企业		260
投资总额	（万美元）	1 165 617
其中：外商投资总额		1 038 208
合同外资额		378 170

郑州新郑综合保税区统计数据表

（1）2017年郑州新郑综合保税区主要经济指标完成情况表

指标名称	单位	2017年	比上年增长（%）
增加值	万元	2 637 970	15.2
工业总产值	万元	27 366 113	15.2
企业利润总额	万元	308 621	-14.3
物流企业营业收入	万元	186 058	-35.4
综合能源耗费量	吨标准煤	153 140	22.0
当年批准企业数	个	0	—
其中：加工企业	个		—
仓储物流企业	个		—
当年批准外资企业数	个	0	—
其中：加工企业	个		—
仓储物流企业	个		—
当年批准投资总额	万美元	0	—
其中：外商投资总额	万美元		—
增资额	万美元		—
当年合同利用外资	万美元	0	—
其中：增资额	万美元		
当年实际到位资金	万美元	0	—
其中：实际利用外资	万美元		
历年已投产运作企业数	个	41	—
其中：已投产加工企业数	个	5	—
已投产物流企业数	个	36	—
其中：投资额1 000万美元以上	个	3	
土地实际已租售面积	平方米		
房屋竣工面积	平方米		
其中：已建成厂房面积	平方米		
已建成仓库面积	平方米		
港区货物吞吐量（限保税港区）	万吨		
港区集装箱吞吐量（限保税港区）	万标准箱		
税务部门税收	万元	81 812	-16.2
固定资产投资额	万元	1 242 000	-15.5
其中：基础设施投资	万元	0	0.0
期末从业人员	人	171 995	—
其中：期末外资企业从业人员	人	171 995	
期末批准面积	平方公里	5.073	0.0
期末验收封关面积	平方公里	5.073	0.0

(2)-1 截至2017年郑州新郑综合保税区历年招商引资情况表

指标	单位	历年累计
批准企业	个	41
其中：外资企业		3
投资总额	(万美元)	936 054
其中：外商投资总额		750 640
合同外资额		409 875
实际利用外资		314 371

(2)-2 截至2017年郑州新郑综合保税区历年主要外商投资情况表

按项目数排列			按投资额排列		
序号	国别（地区）	项目数（个）	序号	国别（地区）	投资额（万美元）
1	中国台湾	2	1	中国台湾	595 500
2	中国香港	1	2	中国香港	156

(3) 2017年郑州新郑综合保税区物流企业营业收入排名表

单位：万元

序号	企业名称	营业收入	序号	企业名称	营业收入
1	郑州准时达物流有限公司	第一	2	郑州畅联国际物流有限公司	第二

(4) 2017年郑州新郑综合保税区工业企业工业产值排名表

单位：万元

序号	企业名称	工业总产值	序号	企业名称	工业总产值
1	鸿富锦精密电子（郑州）有限公司	第一	2	河南裕展精密科技有限公司	第二

海口综合保税区统计数据表

（1）2017 年海口综合保税区主要经济指标完成情况表

指标名称	单位	2017 年	比上年增长（%）
增加值	万元	87 784	227.4
经营总收入	万元	5 587 096	-1.8
其中：技术服务收入	万元	277 578	-7.2
工业总产值	万元	501	12.1
其中：高新技术产业	万元	407	—
物流企业经营收入	万元	78	-99.8
企业利润总额	万元	146 604	272.9
综合能源耗费量	吨标准煤	162	—
批准企业数	个	77	113.9
其中：加工企业	个	2	—
物流企业	个	75	127.3
批准外资企业数	个	4	—
批准投资额	万美元	45 750	6.4
其中：外商投资总额	万美元	6 425	—
合同利用外资	万美元	0	—
企业实际到位资金	万美元	0	-100.0
其中：实际利用外资	万美元	0	—
固定资产投资额	万元	70 709	125.1
其中：基础设施投资	万元	63 709	103.5
土地实际已租售面积	平方米	258	—
房屋竣工面积	平方米	7 000	-92.0
其中：已建成厂房面积	平方米	7 000	-39.2
已投产运作企业数	个	1	—
其中：已投产加工企业数	个	1	—
已投产物流企业数	个	0	—
其中：投资额 1 000 万美元以上	个	0	—
税收总额	万元	18 897	6.5
其中：海关税收及代征税	万元	4	-88.2
税务部门税收	万元	18 893	6.7
期末从业人员	人	5 451	33.4
期末批准面积	平方公里	1.93	0.0
期末验收封关面积	平方公里	1.93	0.0

(2)-1 截至2017年海口综合保税区历年招商引资情况表

指标	单位	历年累计
批准企业	个	989
其中：外资企业		99
投资总额	(万美元)	182 407
其中：外商投资总额		51 608
合同外资额		28 493
实际利用外资		29 029

(2)-2 截至2017年海口综合保税区历年主要外商投资情况表

按项目数排列			按投资额排列		
序号	国别（地区）	项目数（个）	序号	国别（地区）	投资额（万美元）
1	中国香港	6	1	美国	5 187
2	英国	2	2	中国香港	2 196
3	美国	2	3	萨摩亚群岛	936
4	萨摩亚群岛	1	4	中国台湾	859
5	中国台湾	2	5	英国	519

(3) 2017年海口综合保税区出口加工企业工业产值排名表

单位：万元

序号	企业名称	工业总产值	序号	企业名称	工业总产值
1	一汽海马汽车有限公司	350 760	16	海南惠普森医药生物技术有限公司	9 018
2	海南金盘电气有限公司	178 025	17	海南明芳机械有限公司	8 327
3	海口奇力制药股份有限公司	128 062	18	海南新世通制药有限公司	7 181
4	海南中和药业有限公司	80 523	19	海南林恒制药有限公司	6 639
5	海南葫芦娃制药有限公司	50 956	20	海南泰新电气成套设备工程有限公司	5 689
6	康宁（海南）光通信有限公司	47 106	21	海南三叶美好制药有限公司	5 571
7	海南养生堂药业有限公司	44 874	22	广州宏原汽车配件有限公司海南分公司	4 619
8	一汽海马动力有限公司	34 211	23	海口全盛汽车配件有限公司	4 348
9	海南钧达汽车饰件有限公司	33 862	24	海南卓泰制药有限公司	3 618
10	海南灵康制药有限公司	30 597	25	海南森祺制药有限公司	3 489
11	海南亚洲制药股份有限公司	30 011	26	海南拍拍看信息技术有限公司	3 210
12	海南锦瑞制药有限公司	17 885	27	海南瑞应鑫汽车配件有限公司	3 184
13	海南全星制药有限公司	15 830	28	海南联顺金属工业有限公司	2 976
14	浙江万向系统有限公司海南分公司	14 721	29	海南瑞利工业有限公司	2 687
15	全兴工业（海南）有限公司	14 505	30	泓缘生物科技有限公司	2 604

（4）2017年海口综合保税区贸易企业商品销售额排名表

单位：万元

序号	企业名称	商品销售额	序号	企业名称	商品销售额
1	海口国能商业有限公司	5 623 209	16	海口渤海一号租赁有限公司	2 606
2	海南华信国际石油有限公司	339 599	17	海口渤海三号租赁有限公司	2 606
3	海航航空技术有限公司	277 581	18	海口保税区钱力贸易有限公司	2 322
4	海南益瑞贸易有限责任公司	124 490	19	海口保税区开发建设总公司	1 878
5	海南信兴汽车销售有限公司	47 768	20	海口福山天然气利用发展有限公司	1 866
6	大新华飞机维修服务有限公司	40 627	21	海南泽昊贸易有限公司	1 470
7	海南旺佳旺商贸有限公司	30 367	22	海口安基实业发展有限公司	1 351
8	海口鑫诚华汽车销售有限公司	16 443	23	海口蓝丰源汽车销售服务有限公司	530
9	海南广铝幕墙装饰有限公司	13 793	24	海南大洲燕窝实业有限公司	530
10	海口渤海四号租赁有限公司	10 001	25	海南恒远泰富实业有限公司	405
11	海口渤海五号租赁有限公司	10 001	26	海南广冷安装工程有限公司	221
12	海南协信医疗器械有限公司	5 309	27	海南广冷机电设备有限公司	67
13	海南灵镜医疗净化工程有限公司	5 205	28	海口优传酒业有限公司	64
14	海口综合保税区本顺中成汽车供应链管理有限公司	5 187	29	海南聚亿源贸易有限公司	36
15	海南新邦贸易有限公司	2 705	30	海南美多堡实业有限公司	33

（5）2017年海口综合保税区物流企业营业收入排名表

单位：万元

序号	企业名称	序号	企业名称
1	长春市达成储运有限公司海南分公司	13	海南久久物流有限公司
2	海南鑫捷通运输有限公司经营部	14	海口互信物流有限公司
3	海南泛亚国际物流园投资控股有限公司	15	海口鑫远达物流有限公司
4	海口港区船务货运代理有限公司	16	海南南洋保税物流有限公司
5	海南天创物流货运有限公司	17	海南中铁邮轮仓储物流有限公司
6	海口恒远世盛仓储有限公司	18	海口保税区九百里物流有限公司
7	海南海航保税物流有限公司	19	海口富兴盛物流服务有限公司
8	海南运新保税物流服务有限公司	20	海口益盛物流服务有限公司
9	海南中铁保税冷链物流有限公司	21	海口翰森顺捷物流有限公司
10	海口嘉里大通物流有限公司	22	海南赛德克物流有限公司
11	海口综保仓储物流有限公司	23	海南大印保税物流有限公司
12	海南亿胶物流有限公司		

常州综合保税区统计数据表

(1) 2017年常州综合保税区主要经济指标完成情况表

指标名称	单位	2017年	比上年增长(%)
增加值	万元	48 047	4.3
工业总产值	万元	200 194	4.3
企业利润总额	万元	21 818	-9.3
物流企业营业收入	万元	6 029	-4.2
综合能源耗费量	吨标准煤	6 395	-41.2
当年批准企业数	个	2	-81.8
其中:加工企业	个	2	—
仓储物流企业	个	0	-100.0
当年批准外资企业数	个	2	100.0
其中:加工企业	个	2	
仓储物流企业	个	0	—
当年批准投资总额	万美元	5 167	545.9
其中:外商投资总额	万美元	5 167	545.9
增资额	万美元	0	—
当年合同利用外资	万美元	5 000	—
其中:增资额	万美元	5 000	—
当年实际到位资金	万美元	5 000	—
其中:实际利用外资	万美元	5 000	—
历年已投产运作企业数	个	14	
其中:已投产加工企业数	个	11	
已投产物流企业数	个	3	
其中:投资额1 000万美元以上	个	5	
土地实际已租售面积	平方米	266 700	—
房屋竣工面积	平方米	27 565	—
其中:已建成厂房面积	平方米	27 565	—
已建成仓库面积	平方米	0	
港区货物吞吐量(限保税港区)	万吨		
港区集装箱吞吐量(限保税港区)	万标准箱		
税务部门税收	万元	4 508	-43.7
固定资产投资额	万元	20 025	178.6
其中:基础设施投资	万元	17 147	258.7
期末从业人员	人	1 265	-4.9
其中:期末外资企业从业人员	人	1 265	
期末批准面积	平方公里	1.66	0.0
期末验收封关面积	平方公里	1.33	0.0

(2)-1　截至2017年常州综合保税区历年招商引资情况表

指标	单位	历年累计
批准企业	个	42
其中：外资企业		18
投资总额	（万美元）	55 787
其中：外商投资总额		89 200
合同外资额		38 900
实际利用外资		23 846

(2)-2　截至2017年常州综合保税区历年主要外商投资情况表

按项目数排列			按投资额排列		
序号	国别（地区）	项目数（个）	序号	国别（地区）	投资额（万美元）
1	中国香港	9	1	美国	214 973
2	美国	5	2	中国香港	25 125
3	中国台湾	1	3	英国	4 500
4	英国	1	4	中国台湾	1 000
5	土耳其	1	5	土耳其	760

(3) 2017年常州综合保税区物流企业营业收入排名表

单位：万元

序号	企业名称	序号	企业名称
1	中国外运常州分公司	6	江苏众诚国际物流有限公司常州分公司
2	江苏远洋新世纪货运代理有限公司常州分公司	7	常州安捷兰国际物流有限公司
3	常州海航报关有限公司	8	中国邮政EMS常州分公司
4	港中旅华贸国际物流股份有限公司常州分公司	9	常州恒萱物流有限公司
5	江苏万红国际货运代理有限公司	10	三友绿色动力（常州）贸易有限公司

(4) 2017年常州综合保税区工业企业工业产值排名表

单位：万元

序号	企业名称	工业总产值	序号	企业名称	工业总产值
1	常州巴奥米特医疗器械有限公司	79 493	5	福地亚（常州）采矿设备有限公司	2 587
2	雅柯斯发电机（常州）有限公司	51 021	6	派纳维斯工具（常州）有限公司	978
3	常州高博能源材料有限公司	43 786	7	瑞声通讯科技（常州）有限公司	747
4	庄信万丰电池材料（常州）有限公司	21 582			

芜湖综合保税区统计数据表

（1）2017 年芜湖综合保税区主要经济指标完成情况表

指标名称	单位	2017 年	比上年增长（%）
增加值	万元	56 211	12. 2
工业总产值	万元	283 908	30. 5
企业利润总额	万元	12 026	5. 9
物流企业营业收入	万元	34	-27. 7
综合能源耗费量	吨标准煤	5 184	-9. 4
当年批准企业数	个	3	-25. 0
其中：加工企业	个	0	—
仓储物流企业	个	3	—
当年批准外资企业数	个	0	—
其中：加工企业	个	0	—
仓储物流企业	个	0	—
当年批准投资总额	万美元	5 280	-18. 7
当年实际到位资金	万美元	241	-83. 8
其中：实际利用外资	万美元	0	—
历年已投产运作企业数	个	25	—
其中：已投产加工企业数	个	14	—
已投产物流企业数	个	11	—
其中：投资额 1 000 万美元以上	个	11	—
土地实际已租售面积	平方米	26 667	—
税务部门税收	万元	4 151	112. 7
固定资产投资额	万元	16 818	1 710. 3
其中：基础设施投资	万元	10 000	—
期末从业人员	人	4 001	8. 6
其中：期末外资企业从业人员	人	3 778	8. 5
期末批准面积	平方公里	2. 17	0. 0
期末验收封关面积	平方公里	2. 17	0. 0

（2）-1　截至 2017 年芜湖综合保税区历年招商引资情况表

指标	单位	历年累计
批准企业	个	34
其中：外资企业		9
投资总额	（万美元）	70 535
其中：外商投资总额		30 870
合同外资额		30 590
实际利用外资		30 590

（2）-2　截至 2017 年芜湖综合保税区历年主要外商投资情况表

按项目数排列			按投资额排列		
序号	国别（地区）	项目数（个）	序号	国别（地区）	投资额（万美元）
1	中国香港	4	1	中国香港	27 113
2	美国	2	2	美国	1 444
3	中国台湾	2	3	新加坡	1 250
4	新加坡	1	4	中国台湾	685

（3）2017 年芜湖综合保税区物流企业营业收入排名表

单位：万元

序号	企业名称	序号	企业名称
1	芜湖信威物流有限公司	4	芜湖嘉鑫国际物流有限公司
2	芜湖久方物流有限公司	5	芜湖凯文国际物流有限公司
3	芜湖海德出口加工区物流有限公司		

（4）2017 年芜湖综合保税区工业企业工业产值排名表

单位：万元

序号	企业名称	序号	企业名称
1	中达电子（芜湖）有限公司	5	安徽昌永得机械有限公司
2	芜湖中鼎实业有限公司	6	芜湖安华玻璃有限公司
3	芜湖前源眼镜有限公司	7	芜湖华烨工业用布有限公司
4	合保电气（芜湖）有限公司	8	固镒电子（芜湖）有限公司

武进综合保税区统计数据表

(1) 2017 年武进综合保税区主要经济指标完成情况表

指标名称	单位	2017 年	比上年增长 (%)
增加值	万元	313 604	13.7
工业总产值	万元	1 549 115	14.5
企业利润总额	万元	133 851	9.4
物流企业营业收入	万元	7 373	7.2
综合能源耗费量	吨标准煤	19 727	24.9
当年批准企业数	个	2	-50.0
其中：加工企业	个	1	-50.0
仓储物流企业	个	0	—
当年批准外资企业数	个	1	-50.0
当年批准投资总额	万美元	100 584	127.0
其中：外商投资总额	万美元	100 406	164.0
当年合同利用外资	万美元	35 513	5 741.0
其中：增资额	万美元	—	—
当年实际到位资金	万美元	513	-14.5
其中：实际利用外资	万美元	513	-14.5
历年已投产运作企业数	个	29	-77.8
其中：已投产加工企业数	个	13	-75.0
已投产物流企业数	个	13	-100.0
其中：投资额 1 000 万美元以上	个	8	-85.7
税务部门税收	万元	31 288	236.2
固定资产投资额	万元	76 243	9.4
期末从业人员	人	25 734	-28.1
期末批准面积	平方公里	1.15	0.0
期末验收封关面积	平方公里	1.08	0.0

（2）-1　截至2017武进综合保税区历年招商引资情况表

指标	单位	历年累计
批准企业	个	29
其中：外资企业		11
投资总额	（万美元）	215 379
其中：外商投资总额		200 966
合同外资额		88 926
实际利用外资		51 618

（2）-2　截至2017年武进综合保税区历年主要外商投资情况表

按项目数排列			按投资额排列		
序号	国别（地区）	项目数（个）	序号	国别（地区）	投资额（万美元）
1	中国台湾	4	1	中国台湾	74 160
2	中国香港	4	2	中国香港	24 013
3	德国	1	3	德国	534
4	瑞典	1	4	瑞典	76

（3）2017年武进综合保税区物流企业营业收入排名表

单位：万元

序号	企业名称	营业收入	序号	企业名称	营业收入
1	常州飞力达现代物流有限公司	4 656	4	上海立扬国际货运代理有限公司常州分公司	42
2	常州亨通海晨物流有限公司	2 570	5	常州市武进恒通国际物流有限公司	34
3	常州中外运有限公司	86			

（4）2017年武进综合保税区工业企业工业产值排名表

单位：万元

序号	企业名称	工业总产值	序号	企业名称	工业总产值
1	光宝科技（常州）有限公司	758 714	4	晶品光电（常州）有限公司	88 290
2	瑞声光学科技（常州）有限公司	559 255	5	常州嘉发纺织科技有限公司	12 307
3	光宝光电（常州）有限公司	118 818	6	常州道达纺织科技有限公司	11 563

镇江综合保税区统计数据表

(1) 2017年镇江综合保税区主要经济指标完成情况表

指标名称	单位	2017年	比上年增长(%)
增加值	万元	22 287	13.8
工业总产值	万元	97 965	6.2
企业利润总额	万元	20 333	5.6
物流企业营业收入	万元	16 322	7.2
综合能源耗费量	吨标准煤	2 650	2.6
当年批准企业数	个	4	0.0
其中：加工企业	个	2	—
仓储物流企业	个	2	-50.0
当年批准外资企业数	个	2	—
其中：加工企业	个		
仓储物流企业	个		
当年批准投资总额	万美元	6 100	-32.1
其中：外商投资总额	万美元	6 100	—
增资额	万美元	—	
当年合同利用外资	万美元	17 100	—
其中：增资额	万美元	—	
当年实际到位资金	万美元	14 037	109.3
其中：实际利用外资	万美元	14 037	135.1
历年已投产运作企业数	个	17	—
其中：已投产加工企业数	个	2	—
已投产物流企业数	个	6	—
其中：投资额1 000万美元以上	个	7	—
土地实际已租售面积	平方米	0	—
房屋竣工面积	平方米	0	—
其中：已建成厂房面积	平方米	0	—
已建成仓库面积	平方米	0	—
港区货物吞吐量（限保税港区）	万吨	912	-42.0
港区集装箱吞吐量（限保税港区）	万标准箱	0.11	—
税务部门税收	万元	3 303	-6.1
固定资产投资额	万元	84 689	2 805.3
其中：基础设施投资	万元	84 267	3 003.8
期末从业人员	人	879	4.3
其中：期末外资企业从业人员	人	795	5.0
期末批准面积	平方公里	2.53	—
期末验收封关面积	平方公里	0.91	—

（2）-1　截至2017年镇江综合保税区历年招商引资情况表

指标	单位	历年累计
批准企业	个	29
其中：外资企业		13
投资总额	（万美元）	87 501
其中：外商投资总额		36 290
合同外资额		27 681
实际利用外资		28 419

（2）-2　截至2017年镇江综合保税区历年主要外商投资情况表

按项目数排列			按投资额排列		
序号	国别（地区）	项目数（个）	序号	国别（地区）	投资额（万美元）
1	中国香港	7	1	中国香港	16 656
2	中国台湾	2	2	中国台湾	2 360

（3）2017年镇江综合保税区物流企业营业收入排名表

单位：万元

序号	企业名称	序号	企业名称
1	镇江远港物流有限公司	3	镇江中沙保税物流有限公司
2	镇江瑞翔国际物流有限公司	4	镇江出口加工区港诚国际贸易有限责任公司

（4）2017年镇江综合保税区工业企业工业产值排名表

单位：万元

序号	企业名称	序号	企业名称
1	山特维克材料科技（中国）有限公司	3	镇江吉福装饰有限公司
2	先进光电科技（镇江）有限公司		

常熟综合保税区统计数据表

（1）2017 年常熟综合保税区主要经济指标完成情况表

指标名称	单位	2017 年	比上年增长（%）
增加值	万元	14 212	-3.5
工业总产值	万元	37 358	-2.5
其中：高新技术产业	万元	—	—
电子信息产业	万元	—	—
经营总收入	万元	48 630	7.2
企业利润总额	万元	2 202	-48.0
物流企业营业收入	万元	8 915	25.5
综合能源耗费量	吨标准煤	613	-1.4
当年批准企业数	个	0	—
其中：外资企业	个	0	—
仓储物流企业	个	0	—
当年批准投资总额	万美元	0	—
其中：外资项目投资额	万美元	0	—
增资额	万美元	0	—
当年合同利用外资	万美元	0	—
其中：增资额	万美元	0	—
当年企业实际到位资金	万美元	0	—
其中：实际利用外资	万美元	0	—
固定资产投资额	万元	0	—
其中：基础设施投资	万元	0	—
开发公司投资	万元	0	—
期末施工房屋面积	平方米	0	—
其中：期末在建厂房面积	平方米	0	—
房屋竣工面积	平方米	137 940	—
其中：已建成厂房面积	平方米	122 440	—
已建成仓库面积	平方米		—
土地实际已租售面积	平方米	240 811	—
历年已投产物流企业	个	3	—
历年已投产工业企业	个	10	—
其中：投资额 1 000 万美元以上	个	5	—
税收总额	万元	20 442	80.5
其中：海关部门税收及代征税	万元	18 083	109.9
工商税收	万元	2 359	-12.9
期末从业人员	人	793	-2.7
其中：期末外资企业从业人员	人	729	-21.0
期末批准面积	平方公里	0.94	0.0
期末验收封关面积	平方公里	0.53	0.0

（2）-1　截至2017年常熟综合保税区历年招商引资情况表

指标	单位	历年累计
批准企业	个	13
其中：外资企业		10
投资总额	（万美元）	15 157
其中：外商投资总额		14 965
合同外资额		7 271
实际利用外资		5 775

（2）-2　截至2017年常熟综合保税区历年主要外商投资情况表

按项目数排列			按投资额排列		
序号	国别（地区）	项目数（个）	序号	国别（地区）	投资额（万美元）
1	美国	5	1	美国	6 835
2	新加坡	1	2	新加坡	3 120
3	印度	1	3	中国台湾	2 980
4	韩国	1	4	印度	1 500
5	中国台湾	1	5	韩国	420

（3）2017年常熟综合保税区出口加工企业工业产值排名表

单位：万元

序号	企业名称	序号	企业名称
1	众达机械（常熟）工程有限公司	6	泰富益农用机械设备（常熟）有限公司
2	世伟洛克（中国）流体系统科技有限公司	7	卡彭特特种金属（常熟）有限公司
3	欧地管道系统（苏州）有限公司	8	迪爱奇希电子（常熟）有限公司
4	常熟美信达科技能源设备有限公司	9	常熟安卓塑业有限公司
5	常熟拓凯日用品有限公司		

（4）2017年常熟综合保税区物流企业营业收入排名表

单位：万元

序号	企业名称	序号	企业名称
1	常熟外轮代理有限公司	3	苏州时创仓储物流有限公司
2	常熟华顺物流有限公司		

盐城综合保税区统计数据表

(1) 2017年盐城综合保税区主要经济指标完成情况表

指标名称	单位	2017年	比上年增长(%)
增加值	万元	108 467	105.0
工业总产值	万元	509 235	143.0
企业利润总额	万元	3 876	85.0
物流企业营业收入	万元	23 578	-25.0
综合能源耗费量	吨标准煤	8 260	35.0
当年批准企业数	个	20	-16.0
其中:加工企业	个	3	
仓储物流企业	个	3	
当年批准外资企业数	个	6	100.0
其中:加工企业	个	2	
仓储物流企业	个	1	
当年批准投资总额	万美元	63 000	
其中:外商投资总额	万美元	49 200	
增资额	万美元		
当年合同利用外资	万美元	17 035	
其中:增资额	万美元		
当年实际到位资金	万美元	3 860	74.0
其中:实际利用外资	万美元		
历年已投产运作企业数	个	56	
其中:已投产加工企业数	个	20	
已投产物流企业数	个	15	
其中:投资额1 000万美元以上	个	11	
土地实际已租售面积	平方米		
房屋竣工面积	平方米	620 357	
其中:已建成厂房面积	平方米	470 557	
已建成仓库面积	平方米	120 485	
港区货物吞吐量(限保税港区)	万吨		
港区集装箱吞吐量(限保税港区)	万标准箱		
税务部门税收	万元	13 461	60.4
固定资产投资额	万元	152 300	
其中:基础设施投资	万元	35 000	
期末从业人员	人	4 900	
其中:期末外资企业从业人员	人	3 500	
期末批准面积	平方公里	2.28	
期末验收封关面积	平方公里	2.03	

(2)-1　截至2017年盐城综合保税区历年招商引资情况表

指标	单位	历年累计
批准企业	个	87
其中：外资企业		25
投资总额	(万美元)	62 206
其中：外商投资总额		49 273
合同外资额		64 311
实际利用外资		29 377

(2)-2　截至2017年盐城综合保税区历年主要外商投资情况表

按项目数排列			按投资额排列		
序号	国别（地区）	项目数（个）	序号	国别（地区）	投资额（万美元）
1	中国台湾	5	1	中国香港	19 000
2	中国香港	3	2	中国台湾	10 000
3	法国	1	3	法国	4 200

(3) 2017年盐城综合保税区物流企业营业收入排名表

单位：万元

序号	企业名称	序号	企业名称
1	盐城市东风物流有限公司	6	江苏捷顺国际物流有限公司
2	太平集运江苏物流有限公司	7	盐城华顺物流有限公司
3	盐城锦程国际物流有限公司	8	盐城隆力奇东源物流有限公司
4	江苏捷通保税储运有限公司	9	盐城捷悦国际货运代理有限公司
5	江苏捷通物流有限公司	10	江苏泛江国际物流有限公司

(4) 2017年盐城综合保税区工业企业工业产值排名表

单位：万元

序号	企业名称	序号	企业名称
1	盐城盈信通科技有限公司	6	双龙集团上海防爆电机盐城有限公司
2	盐城福汇纺织有限公司	7	台玻悦达汽车玻璃有限公司
3	耀崴光电（盐城）有限公司	8	江苏大昌弹簧工业有限公司
4	盐城耀崴科技有限公司	9	牛力士布雷维尼（盐城）回转支承有限公司
5	布雷维尼（盐城）行星减速机有限公司	10	盐城市老周豆制品有限公司

哈尔滨综合保税区统计数据表

（1）2017 年哈尔滨综合保税区主要经济指标完成情况

指标名称	单位	2017 年	比上年增长（%）
工业总产值	万元	1 614.5	
当年批准企业数	个	26	
其中：加工企业	个	3	
仓储物流企业	个	3	
当年批准外资企业数	个	4	
其中：加工企业	个	1	
当年批准投资总额	万美元	339	
其中：外商投资总额	万美元	235	
当年实际到位资金	万美元	235	
其中：实际利用外资	万美元	214	
历年已投产运作企业数	个	2	
其中：已投产加工企业数	个	1	
房屋竣工面积	平方米	87 920	
其中：已建成厂房面积	平方米	31 151	
已建成仓库面积	平方米	56 759	
税务部门税收	万元	5	
固定资产投资额	万元	77 810	
其中：基础设施投资额	万元	77 785	
期末从业人员	人	17	
其中：期末外资企业从业人员	人	5	
期末批准面积	平方公里	3.29	
期末验收封关面积	平方公里	1.127	

（2）-1　截至2017年哈尔滨综合保税区历年招商引资情况表

指标	单位	历年累计
批准企业	个	39
其中：外资企业		6
投资总额	（万美元）	339
其中：外商投资总额		235
实际利用外资		214

（2）-2　截至2017年哈尔滨综合保税区历年主要外商投资情况表

按项目数排列			按投资额排列		
序号	国别（地区）	项目数（个）	序号	国别（地区）	投资额（万美元）
1	德国	1	1	德国	235

（3）2017年哈尔滨综合保税区工业企业工业产值排名表

单位：万元

序号	企业名称	工业总产值
1	豪狮农业机械（哈尔滨）有限公司	1 614.5

工作与研究篇

倾力稳定主业保增长　积极创新复制促转型 全国海关特殊监管区域上半年进出口成绩斐然

中国保税区出口加工区协会秘书处

2018 年上半年，全国海关特殊监管区域认真贯彻落实党的十九大精神，在进一步加快海关特殊监管区域整合优化的工作中强化自贸试验区创新成果的复制推广，注重优化指导产业的营商环境，加大政策业态试点复制力度，采取积极有为的举措应对复杂多变的国际贸易环境，取得外贸进出口稳中有进的较好成绩。上半年有进出口业务的 130 个区域共实现进出口3 564.9 亿美元，同比增长 19.6%，占全国外贸进出口总值的 16.2%。其中，出口1 970.8 亿美元，进口1 594.1 亿美元，同比分别增长 24.9% 和 15.5%。六类区域中，保税区、综合保税区、保税物流园区和跨境工业区的增幅都在 20%以上，为近 5 年来最好业绩（详见表 1）。

表 1　全国海关特殊监管区域年 2018 年上半年进出口情况统计表

	个数	进出口（亿美元）		出口（亿美元）		进口（亿美元）	
		金额	同比（%）	金额	同比（%）	金额	同比（%）
合计	130	3 564.9	19.6	1 970.8	24.9	1 594.1	15.5
保税区	10	1 079.9	22.3	588.1	14.6	491.8	25.8
出口加工区	32	436.2	10.9	268.6	9.4	167.6	13.5
保税港区	14	507.7	9.1	168.9	−11.7	338.8	23.6
综合保税区	65	1 493.1	23.2	926.9	23.2	566.2	23.2
保税物流园区	4	45.2	31.6	16.1	17.1	29.1	41.1
跨境工业区	2	2.8	32.1	2.2	136.6	0.6	-49.6

数据来源：海关总署统计月报公开信息。

综合分析全国海关特殊监管区域 2018 年上半的外贸进出口情况，主要有以下特点：

一是进出口总值增长较快，部分区域的作用突出。上半年我国海关特殊监管区域实现进出口3 564.9 亿美元，首次超过历史最好成绩的 2013 年，部分区域的贡献拉动作用尤为突出。上海外高桥、深圳福田、成都高新等进出口排名前 10 位区域合计实现进出口2 177.9 亿美元，其中出口1 109.0 亿美元，进口1 068.9 亿美元，分别占全国 130 个区域同期的 61.4%，54.2%和 67.1%（详见表 2）。

表 2　全国海关特殊监管区域 2018 年上半年外贸排名前 10 位区域进出口统计表

		进出口（亿美元）		出口（亿美元）		进口（亿美元）	
		金额	同比（%）	金额	同比（%）	金额	同比（%）
	合计	2 177.9	—	1 109. 0	—	1 068. 9	—
1	上海外高桥保税区	618. 8	17. 5	156. 0	22. 6	462. 8	15. 9
2	深圳福田保税区	289. 2	36. 7	110. 9	7. 1	178. 3	65. 2
3	成都高新综合保税区	236. 3	36. 3	127. 6	44. 6	108. 7	25. 8
4	昆山综合保税区	220. 3	7. 7	151. 5	3. 4	68. 8	18. 5
5	郑州新郑综合保税区	180. 0	1. 4	113. 9	6. 0	66. 1	-5. 7
6	苏州工业园区综合保税区	142. 9	55. 3	117. 7	65. 7	25. 2	20. 3
7	重庆西永综合保税区	137. 5	25. 5	103. 0	24. 9	34. 5	27. 2
8	陕西西安出口加工区	121. 1	42. 7	76. 8	63. 9	44. 3	16. 5
9	上海松江出口加工区	121. 0	-13. 9	85. 2	-19. 9	35. 8	4. 5
10	无锡高新区综合保税区	110. 8	36. 3	66. 4	39. 0	44. 4	32. 4

数据来源：海关总署统计月报公开信息。

二是中西部进出口占比上升，部分区域绩效较明显。上半年我国中西部地区的海关特殊监管区域在复制推广自贸试验区改革创新成果、加快推进整合优化方面取得实质性成果，部分区域实现较快发展，已有成都高新、郑州新郑、重庆西永综合保税区和陕西西安出口加工区进入全国海关特殊监管区域同期外贸进出口 10 强。成都高新实现进出口值 236. 3 亿美元，同比增长 36. 3%，占四川省及成都市同期外贸进出口总值的比重分别为 55. 4%和 65. 4%，列上海外高桥、深圳福田保税区之后，为全国第三名，在 10 个保税区以外的全国 120 个海关特殊监管区域同期进出口中排第一名（详见表 3）。

表 3　中西部地区海关特殊监管区域 2018 年上半年进出口排名前 10 位区域统计表

		进出口（亿美元）		出口（亿美元）		进口（亿美元）	
		金额	同比（%）	金额	同比（%）	金额	同比（%）
	合计	848. 8	—	527. 1	—	321. 7	—
1	成都高新综合保税区	236. 3	36. 3	127. 6	44. 6	108. 7	25. 8
2	郑州新郑综合保税区	180. 0	1. 4	113. 9	6. 0	66. 1	-5. 7
3	重庆西永综合保税区	137. 5	25. 5	103. 0	24. 9	34. 5	27. 2
4	陕西西安出口加工区	121. 1	42. 7	76. 8	63. 9	44. 3	16. 5
5	重庆两路寸滩保税港区	64. 5	7. 9	40. 7	1. 4	23. 8	21. 2
6	西安高新综合保税区	44. 8	29. 7	18. 3	-20. 4	26. 5	129. 1

续表

		进出口（亿美元）		出口（亿美元）		进口（亿美元）	
		金额	同比（%）	金额	同比（%）	金额	同比（%）
7	安徽合肥出口加工区	30.1	82.3	21.6	115.8	8.5	32.7
8	广西凭祥综合保税区	14.1	24.2	11.5	24.7	2.6	62.8
9	武汉东湖综合保税区	11.2	-10.7	9.0	-15.5	2.2	16.2
10	红河综合保税区	9.2	301.4	4.7	224.1	4.5	437.0

数据来源：海关总署统计月报公开信息。

三是主导产业增长势头喜人，加工贸易有较好表现。从上半年全国进出口排名前10位，以及东部地区、中西部地区进出口排名前10位的海关特殊监管区域的分布、贸易方式看，主要有以下特点：长三角和中西部地区部分省会城市相对较好；上海、深圳等沿海沿边口岸以货物贸易为主，其他多数区域均以加工贸易为主；电子信息产业加工贸易为区域进出口增长的主要动力；外商著名企业投资项目仍然是区域进出口增长的基础（详见表4）。

表4　东部地区海关特殊监管区域2018年上半年进出口排名前10位区域统计表

		进出口（亿美元）		出口（亿美元）		进口（亿美元）	
		金额	同比（%）	金额	同比（%）	金额	同比（%）
	合计	1 791.1	—	789.9	—	1 001.2	—
1	上海外高桥保税区	618.8	17.5	156.0	22.6	462.7	15.9
2	深圳福田保税区	289.2	36.7	110.9	7.1	178.3	65.2
3	昆山综合保税区	220.3	7.7	151.5	3.4	68.8	18.5
4	苏州工业园区综合保税区	142.9	55.3	117.7	65.7	25.2	20.3
5	上海松江出口加工区	121.0	-13.9	85.2	-19.9	35.8	4.5
6	无锡高新区综合保税区	110.8	36.3	66.4	39.0	44.4	32.4
7	苏州高新区综合保税区	90.8	29.1	57.0	32.0	33.8	24.4
8	天津东疆保税港区	75.3	6.3	7.8	19.6	67.5	5.0
9	洋山保税港区	63.8	19.1	20.3	-7.3	43.4	37.5
10	深圳前海湾保税港区	58.2	124.2	17.1	3.6	41.2	333.3

数据来源：海关总署统计月报公开信息。

综合分析全国海关特殊监管区域2018年上半年进出口数据，也存在有一些值得关注的问题：

一是发展不平衡的局面并未得到有效改变，地域和区域之间的差距仍在继续拉大。如东部地区和中西部地区进出口同期排名第10位的进出口额分别为58.2亿美元、9.2亿美元。

二是“一区一业一企”独大独强矛盾仍然突出，个别产业和个别企业决定区域发展速度。如西安、无锡、苏州和其他区域进出口增长都与个别企业增长或部分关键电子产品元器件价格上涨有直接或间接联系。

三是进口增幅低于出口的情况值得关注，实体企业进区投资持续下降必须引起高度重视。上半年区域进口增幅低于出口增幅近10个百分点可能影响出口增长的持续。同时，全国有统计的海关特殊监管区域同期新进区设立的10 384个企业中，加工企业141个（其中10个保税区42个，91个其他海关特殊监管区域99个），仅约占总数的1.4%，区内加工制造业持续萎缩的状况仍在加剧。

部分海关特殊监管区域2018年上半年发展状况研究

2018年上半年，全国海关特殊监管区域在加快海关特殊监管区域整合优化中取得外贸进出口稳中有进的较好成绩。中国保税区出口加工区协会秘书处对部分海关特殊监管区域2018年上半年工作情况进行了汇集并予以发布，以有助于其他各区域在创新发展工作中相互借鉴。

上海自贸试验区

上海自贸试验区管委会保税区管理局

2018年以来，上海自贸试验区管委会保税区管理局认真学习贯彻落实党的十九大精神，紧紧围绕建设最高标准、最好水平自由贸易园区的目标，不断提升区域贸易和投资自由化便利化水平，不断优化区域营商环境，各项年度重点工作有序推进，区域经济发展质量、效率和动力加快提升。

一、区域经济发展情况

上半年区域完成经营总收入10 430亿元，同比增长8.5%；完成商品销售额9 050亿元，同比增长9%；航运物流服务收入为735亿元，同比增长6.5%；完成工商税收531.8亿元，同比增长20.7%。区域完成进出口额4 727.2亿元，同比增长8.8%（全市增长3.8%），占全市比重提升至29.3%。商品销售额、工商税收、海关税收占全国海关特殊监管区域的比重均超过50%。

二、重点工作推进情况

（一）深化落实制度创新

1. 落实投资领域改革创新。推进企业名称核准、“一照多址”等改革试点，1~6月，完成外商投资企业新设备案334家，吸引合同外资24.2亿美元，实到外资13.7亿美元。推进“单窗通办”改革，设置9个“单窗通办”服务窗口，可统一受理15个事项(包括主动纳入的1项)，并就企业开办变更、外商投资、区域扶持政策等个性化问题进行专项辅导，进一步放大改革效应。启动建筑项目综合验收改革试点工作，基本实现“送审材料一口受理、项目现场一次踏勘、验收意见归口出具”，目前已完成外高桥保税区新发展102号仓库项目综合验收试点。落实扩大开放措施，配合市发展改革委在大宗商品、融资租赁、文物拍卖、医药医疗器械、专业贸易平台等方面提出扩大开放建议，并推动相关政策率先落地。1~4月，两批54项扩大开放措施落地项目94个，累计落地项目2 100多个。

2. 深化贸易监管制度创新。推动压缩通

关时间，会同市口岸办、上海海关、上港集团等部门和单位开展调研，研究提升进出境通关时效的途径；协调海关等部门推出并启动报关报检、通关与物流并联作业等贸易便利化措施，梳理区域现有海关 AEO 高级认证企业情况，在诚信企业中探索进一步降低进境货物查验率的举措；配合上港集团推进口岸物流无纸化工作，初步实现出口集装箱无纸化流转。深化货物状态分类监管试点，完善仓储类企业常态化管理，在调研企业需求的基础上，会同税务等部门形成货物状态分类监管贸易类企业扩大试点具体工作路径。完善国际贸易“单一窗口”功能，配合市口岸办推动国际贸易“单一窗口”业务功能拓展到金融服务、进口博览会等板块，深化“自贸专区”与上海国际贸易“单一窗口”最新界面的全面对接。推动原产地预裁定、未再加工证明等海关制度创新在区内落地。

3. 推动金融创新与风险防范联动协同。在调研企业实际需求的基础上，会同外汇管理局上海市分局形成进一步便利企业跨境贸易外汇结算业务的试点方案。由中国中化集团有限公司投资设立的中化资本有限公司顺利落户，成为区内落地的首家金融控股公司。对保税区域内的重点风险企业开展整治工作，共处理风险提示函 16 份，共召开 3 次投资类企业变更联席会议，累计会审 144 家企业材料。

4. 提升事中事后监管水平。积极提升共享平台信息资源质量，优化与市法人库的信息对接方式，推进数据的修正工作，确保企业主体数据的完整性。制定信息共享平台地理信息库、保税区域展示平台项目建设实施方案，深化数据收集和应用。进一步梳理企业标志类数据资源，完善综合审批平台数据对接，畅通综合执法系统对审批数据的调取应用。继续开展“电信大数据与企业运营状态关联性分析”专题研究，为后续大数据应用进行技术储备。完成保税区域企业第一轮公共信用基础评价测试，在此基础上进一步修改评价模型，推动信用评价系统优化完善。

（二）推动重点功能项目有效运作

1. 总部经济能级进一步提升。精准对接总部企业个性化需求，打造跨国公司地区总部、国内大企业总部、营运性总部、区域性总部和境外投资总部等多层次总部经济体系，2018 年区内新增 6 家跨国公司地区总部，累计达 89 家。区域 220 余家各类总部企业占区域经济总量比重超过 50%。

2. 提升专业平台能级。专业贸易平台功能进一步凸显，区域非特殊用途化妆品备案数超过千个，已吸引香奈儿、乐金、伊丽莎白雅顿、强生、汉高、欧莱雅等一大批国际知名化妆品牌入区运作。品牌汽车和平行进口汽车协同发展，上半年区域完成汽车销售额 370 亿元；协调海关出台平行进口汽车保税仓储期限突破 3 个月限制政策，推进占地 7 万平方米的平行进口汽车森兰主题园建设，进一步完善产业配套功能，推动平行进口汽车规模化发展。国际中转集拼有序推进，协调海关推进日通、近铁成为第三批试点企业，1~6 月，外高桥物流园区完成直客模式国际中转集拼业务量约1 600标箱。

3. 拓展新型经济模式业态。融资租赁业务集聚发展，累计设立企业近2 000家，涵盖航空、船舶、能源设备、工业设备等八大业务板块，租赁资产近8 600亿元。跨境电子商务产业常态化运作，完善跨境电子商务各园区一站式综合服务平台的运作机制，推进外高桥森兰京东汇项目，推动自贸试验区红酒交易中心跨境电子商务平台的启动运作，继续推动旭空科技跨境电子商务出口试点。检测维修产业加快发展，船舶设备保税维修和船用物料区港直供业务试点成功运作，曼恩完成自贸试验区首票国际船舶设备保税维修区港直供业务；首架新一代737波音货机在区内完成改装并成功交付；协调海关优化外高桥保税区奥宝等境内外维修业务运作模式，推动机电维修业务发展。科创产业体系初步形成，自贸试验区国际生物医药科创中心、洋山“科创一号”及外高桥复旦科技园创新中心升级发展，区域外资研发中心扩大规模，已引进检远、技控、Rofin-Sina激光等项目。首届“X-SUMMIT全球并购与中国创新峰会”成功举办，区域广泛借鉴国际先进经验，打造自贸试验区科创峰会品牌取得实质性进展。

4. 服务中国国际进口博览会。主动与市商务委、上海海关等部门对接，目前酒类、化妆品、智能制造、汽车、文化平台以及澳大利亚、中东欧十六国、智利等国别商品中心已成为首届中国国际进口博览会“6+365”的常年展示交易平台。

5. 打造服务“一带一路”建设品牌。打造对外文化贸易品牌，协调海关等部门取消美术品一线通关监管证件验核，企业手续办理时间从20个工作日缩短至1周内，促进国家对外文化贸易基地等文化服务平台做大规模；推动自贸试验区艺术品保税仓库二期建成运作；与中国国家画院、中国国家图书馆签约合作，促进更多国家级文化资源与自贸试验区联动发展。

6. 服务上海“四大品牌”建设。优化拓展外高桥专业进口贸易平台、国别（地区）商品中心的服务功能，目前已有7家国别（地区）商品中心投入运营，外高桥酒类、化妆品、文化等贸易平台上半年带动销售额达1 265亿元。

（三）强化精准服务

1. 提升服务能级。一是完成“政企通”App第一期项目的开发建设；加快推进保税区域企业服务中心建设，持续强化窗口精细化管理，为企业提供政策咨询、项目申报全流程的专业化服务等。外高桥综合服务大厅2018年1~5月份共接待办事61 000多人次，窗口服务满意率达98.2%，投诉现场解决率达到100%，企业办事效率和满意度显著增强。二是外国人服务“单一窗口”3.0版于6月中旬正式启用线上平台，“单一窗口”功能不断升级；加强与相关部门的沟通及业务对接，探索容缺受理机制；持续开展专题培训，不断扩大“单一窗口”影响力。推动保税区人才App上线应用；1~5月人力资源服务平台共受理各类业务3 867笔，接待各种咨询解答12 200人次。

2. 加强对标研究。一是制订大调研工作方案，在行业类别全覆盖的基础上，力争实现所有企业全覆盖。目前已完成调研企业数1.03万家，收集问题和建议共计600余条，将持续跟进问题解决情况，确保企业诉求得到有效答复。二是立足区域发展需求，形成对标先进地区具体改革项目表，重点在融资租赁、平行进口汽车、航空维修、跨境电子商务等方面对比差距，提出改革目标和主要举措，为推进区域改革创新提供参考。三是开展“十三五”中期评估，将保税区域“十三五”规划细分成93个小项，逐项分析目前进展情况、下一步工作计划及存在的问题和困难，为区域高质量发展提供思路和路径。

3. 优化空间布局。以安胜科创基地项目为试点，探索土地转型流程与建管审批流程并联途径，缩短审批时效。配合市发展改革委、市规土局做好洋山四期扩区的基础数据梳理工作。

4. 完善综合保障。推进区域展示厅二期建设，目前已完成前期建设方案设计及比选工作，正按照项目建设时间节点稳步推进。5月新版OA系统正式上线运行，目前运行稳定，公文流转正常，正在进行部分功能的优化完善工作。进一步推进环保创新，2018以来共完成344.48吨的中小企业危险废物的统一收集；完成第二次全国污染源普查的清查工作，明确须普查的企业近190家。开展户外广告、建筑工程、乱设摊、危险化学品等专项检查整治工作。

天津港保税区

天津港保税区管委会

一、经济运行情况

2018年上半年，保税区完成工业产值567.8亿元，同比下降0.4%；一般公共预算收入39.7亿元，同比下降37.8%，其中税收收入32.9亿元，同比增长5.9%；固定资产投资147亿元；外贸出口额预计240亿元，同比增长1.1倍。实现限额以上商品销售额1 717.9亿元，同比下降18.7%；限额以上社会消费品零售额98亿元，同比下降26.7%；实际利用外资3.15亿美元，实际利用内资（市外口径）127.5亿元。

二、招商引资情况

上半年全区新增各类市场主体2 126家，引进重点项目68个，其中内资项目52个，外资项目16个。包括中海俄制直升机维修、天航旅游、海航渤海现代物流、菜鸟跨境电子商务等物流类项目。在实体项目中，包括投资10亿元的德国派格系列汽车零部件、瑞幸咖啡生产基地、力神四联动力电池Pack系统及模组组装等先进制造业项目。借助天津举办第二届世界智能大会集中引进了金山云第二总部、小米生态链等一批“智能项目”，推动中电科53所与大族激光合作共建大族激光研发和生产基地。另外新引进海航航空货运板块、新奥集团能源结算、绿地集团进口商品北方总部等总部类项目。

三、项目建设情况

上半年区域项目建设稳步推动。博格华纳汽车零部件扩建、常熟汽车零部件生产研发基地、茨埃威尔变速器部件、航空口岸大通关基地、中铁建大厦二期等项目按期开工，金加利物流、伊利奶粉湿混生产线扩建、融汇商务园等9个项目实现竣工，泰富海港工程装备、新船重工、中交北方设备研发生产基地、金佰利婴儿用品、神州租车总部、金隅住宅、国寿养老等续建项目加快推进。

四、自贸试验区工作推动情况

细化落实天津自贸试验区深改方案工作任务，推动各项改革措施加快落地，与市卫计委、市科委、市工信委共同推动“探索建设基因诊断技术应用示范中心，开展出生缺陷疾病、肿瘤等重大疾病防治应用”政策落地，组织基因诊断、肿瘤治疗等重点医疗单位和企业，共同探索政策突破和落地方案。在跨境电子商务方面，圆满保障电商企业“6·18”大促活动顺利完成，3家重点电子商务企业合计完成订单109万单，占全市单量的73%。

五、京津冀协同发展推进情况

积极落实京津冀协同发展 2018 年重点工作，上半年在谈京冀各类项目 136 个。推动与中科院工业生物技术研究所加快合成生物中心项目建设，召开中心建筑设计方案国际征集评审会，加快引进京津冀地区成熟科技项目落地。

六、科技发展和创新创业情况

上半年全区完成新认定科技型企业 470 家，累计新增国家级科技型中小企业 141 家、科技小巨人 9 家。科技创新中心建设全面推进，GE 智能制造中心被认定为外资研发中心，新推出水电工厂机器人、医疗无人搬运小车等 15 个创新项目。科大讯飞智汇谷运营中心项目进展顺利，已高水平举办多场人工智能推广活动。科技招商取得新成效，新开发深圳控石机器人、伊娃机器人、神州医疗基因检测健康大数据等优质项目源。

成都高新综合保税区

成都高新综合保税区管理局

2018 年，随着成都市电子信息产业功能区打造工作的全面推进，成都高新综合保税区进出口规模得到持续增长，取得较好成绩。1～6 月，实现进出口总额 1 340 亿元（不含双流园区），同比增长 26%，占全省外贸进出口总额的 54%，拉动全省进出口增长 13.7 个百分点。主要情况如下：

一、总体运行情况

（一）龙头企业持续发力，推动进出口继续保持增长态势

2018 年上半年，随着英特尔、鸿富锦和戴尔“三驾马车”的持续发力，成都高新综合保税区进出口额呈现稳步增长趋势。1～6 月，英特尔进出口额实现 727 亿元，同比增长 27%，占成都高新综合保税区进出口总额的 54 %，占全省总额近 30%；鸿富锦实现进出口额 399 亿元，同比增长 26%，占成都高新综合保税区进出口总额的 30%；戴尔实现进出口额 117 亿元，同比增长 53%，占成都高新综合保税区进出口总额的 9%。

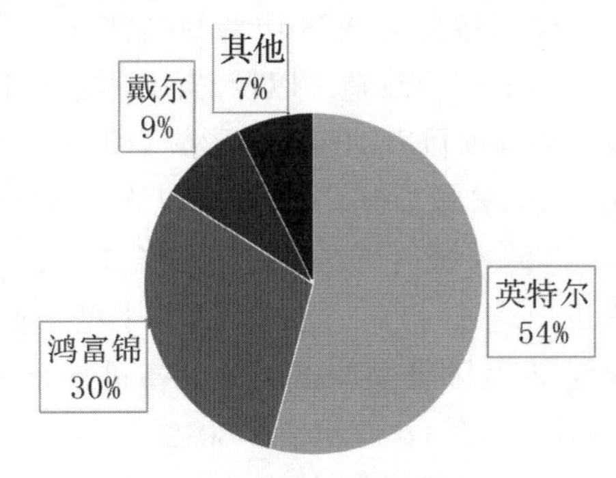

图 1　进出口总额占比

（二）智能终端制造持续增长，集成电路封装测试企业高速增长

受鸿富锦、戴尔等重点企业产销增长拉动，成都高新综合保税区上半年智能终端制造进出口实现同比增幅 47%，占综合保税区

进出口总额的 38.5%，超过整体水平 21 个百分点。集成电路封装测试类企业受全球市场需求趋稳影响，进出口增幅有所收窄，但受到英特尔、先进功率等核心企业持续增长拉动，总体仍保持高速增长，进出口同比增长 198%，占综合保税区进出口总额的 58.9%。

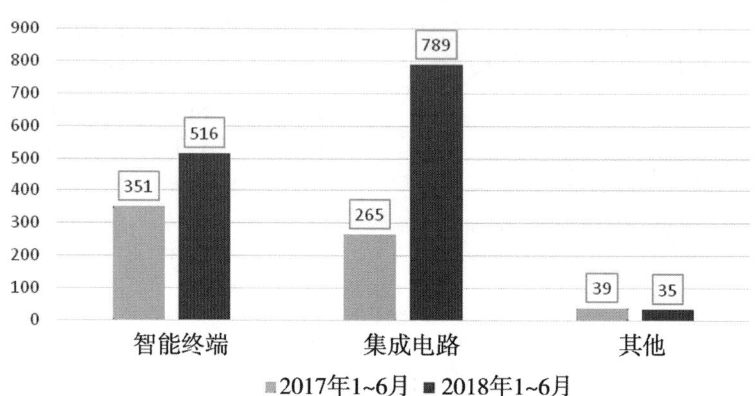

图 2　同期对比图（单位：亿元）

（三）产业升级新项目相继动工，推动进口规模保持增长

上半年，随着区内企业产业升级、增资扩建项目的动工建设，成都高新综合保税区进口规模保持增长。除英特尔“骏马”项目继续推进外，德州仪器和先进功率封装测试项目扩建，宇芯生产线改造，以及芯源系统（MPS）研发中心等项目启动建设，形成新设备、新产线进口新增量。其中，德州仪器进口增长 63%，芯源系统（MPS）进口增长 76%，先进功率进口增长 40%。同时，区内小型企业中，安科锐新项目研发调试、新设备进口形成增量，拉动其进口额同比增长 308%。

（四）其他类别企业发展不均衡，进出口状况不容乐观

上半年，区内电子元器件和航空精密加工制造等其他类别企业进出口规模呈现整体下滑态势。除健进制药进出口增幅超过整体水平、普惠艾特进出口增幅和整体水平基本持平以外，莫仕同比增幅仅为 4%，索尔思、高龙、铁姆肯等企业进出口同比均出现下滑。其中，索尔思受产品升级转型和下游客户受到制裁等不利因素影响，进出口下滑达 47%。

（五）物流企业发展回暖，进出口降幅逐月收窄

区内物流企业受生产型企业稳中有升整体发展状况影响，进出口呈现向好态势。上半年，区内物流企业进出口降幅从 1 月的 54%下降到 6 月末的 2%，呈现逐月收窄态势。业务规模较大的几家公司进出口均实现较大增幅，其中成都新昊运物流有限公司增长 520%，成都邦达吉通物流有限公司增长 48%，成都嘉里大通物流有限公司增长 47%。预计随着下半年生产型企业继续保持良好发展，物流企业进出口业务有望实现增长。

二、具体工作

（一）增强服务意识，转变工作作风

根据企业实际需求，推行“定制服务、定期沟通、全时通关、全程指导”的“两定两全”特色企业服务模式，把解决企业需求作为头等大事来抓，对于企业疑难均限时反

馈，并及时跟踪问效。大力开展“大学习、大讨论、大调研”活动，做到企业全覆盖，到企业走访调研，及时协调解决企业生产经营中的实际问题。1~6 月，解决企业疑难问题 55 次，受到企业好价。

（二）支持自贸试验区建设，推动监管制度创新改革

一是根据中国（四川）自贸试验区建设任务清单，及时梳理涉及综合保税区改革任务清单，与海关协商确定推进措施 21 条。

二是进一步推广应用国际贸易“单一窗口”建设，推进“通关一体化”实施，运用共享平台，深化协作共管，提高申报效率，降低加贸保税企业通关成本，促进贸易便利化。目前，进出口平均通关时间分别达到 0.48 小时和 1.78 小时，大大缩减企业通关时间。

三是扎实推进工单式核销、仓储货物分类监管等模式创新，为企业发展带来巨大帮助。

四是完成智慧综关一期智慧物流的建设。运用新一代信息技术对综合保税区海关信息系统进行改造，打造智慧政务、智慧综合管理和智慧物流，实现海关辅助管理系统及卡口功能升级、电子运抵自动触发及风险防控、一车多单业务流程优化，以及光学识别替代传统的 IC 卡刷卡监管模式，提高通关作业效率，降低物流管理成本。

（三）深化园区功能拓展，积极培育新增长点

一是利用综合保税区政策优势，协调综合保税区海关改进监管模式，优化货物进出区流程，开展“仓储货物按状态分类监管”。目前，完成分类监管仓库一期改造1 000平方米，分类监管仓库租赁面积已达 540 平方米。1~5 月，完成货物状态分类监管业务进出区总货重 143 吨，进出区总货值约 1.7 亿元。

二是积极推进监管部门在借鉴上海自贸试验区“全球维修产业监管制度”经验的基础上，对入境维修或再制造用途机电料件和企业的监管采用“能力评估+口岸查验+监督管理”的全流程模式，助力全球维修再制造行业的发展，支持区内企业在维修服务领域的扩面和增量，从而壮大服务贸易。

目前已有 3 家企业获批开展返厂维修业务，即鸿富锦精密电子（成都）有限公司、索尔思光电（成都）有限公司、安科锐加速器技术（成都）有限公司。其中，鸿富锦精密电子（成都）有限公司已将维修业务扩展至全球范围。1~6 月，iPad 进出口维修业务 73.6 万台，货值 1.38 亿美元。

成都高新综合保税区双流园区

成都高新综合保税区双流园区管委会

2018 年 1~6 月，成都高新综合保税区双流园区（以下简称双流综合保税区），实现进出口额 191.32 亿元，同比增长 29.6%；实现监管货值 295.1 亿元，监管货量 2.8 万吨；海关受理报关单 8.6 万票，实征税款 9.1 亿元。

一、电子信息产业稳定增长，助力园区进出口业务增长

2018 年上半年，园区笔电记本电脑代工

企业仁宝、纬创通过强化管理、吸引订单、扩大产能等措施，积极应对竞争日益激烈的国内外市场环境，实现持续稳定增长态势。1~6月，园区实现电脑产量665.5万台、产值199.3亿元，同比分别增长35.3%、42.9%。其中，仁宝实现电脑产量192.6万台、产值79.9亿元，纬创实现电脑产量472.9万台、产值119.5亿元。同时，5G芯片保税研发及制造项目已入场装修；集成电路制造项目正在积极推进项目建设前期准备工作，计划于三季度末启动建设。

二、保税维修项目投运，实现新的业务增长

四川国际航空发动机维修有限公司（以下简称四川国际）于2017年12月28日获商务部批复同意在双流综合保税区内开展境内外民用航空发动机保税维修业务；2018年1月15日，完成首台境外发动机测试性维修，同时第一台境内发动机入区测试性维修；3月22日新厂房正式投运。目前，四川国际航空发动机保税维修基地已实现常态化稳定运行态势，成为拉动园区经济发展的新增长点。1~6月，四川国际承接航空发动机维修业务70台，完成航空发动机交付66台，收取维修费用11亿元，实现进出口额5.5亿元。

四川国际利用综合保税区税收等政策优势，达到了有效降低维修成本，提高资金使用率，抢占市场份额，提升国际市场竞争力的目的。针对境外飞机发动机维修业务，节省往返香港的运输及报关成本支出每台约40万元，节约往返时间10~14天。同时，由于飞机发动机维修周期缩短，可进一步降低航空公司临时租用发动机运营所产生的成本支出每天约3 000美元。针对境内飞机发动机维修业务，通过选择性征税，可进一步降低飞机发动机维修成本。目前，四川国际借助其在综合保税区保税维修基地的载体优势和企业雄厚的技术力量，已成功获得CFMI新一代的LEAP发动机、空客320-max等新型飞机发动机维修业务，国际业务量已上升至40%。

三、跨境电子商务缺乏龙头带动，保税备货业务增长缓慢

作为成都跨境电子商务综合试验区的重要组成部分，双流综合保税区抢抓政策机遇，重点发展B2B2C跨境电子商务保税备货进出口业务，着力完善跨境电子商务生态体系，打造成都跨境电子商务示范区。但因缺乏龙头项目的带动引领作用，园区跨境电子商务产业并未得到应有的发展，目前仅有合众兴西部跨境电子商务物流分拨中心项目、众有东方O2O体验中心入区开展业务。1~6月，仅实现跨境电子商务业务4.79万票，出区进口零售商品总值878.73万元。

无锡高新区综合保税区

无锡高新区综合保税区管理局

2018年以来，无锡高新区综合保税区认真学习贯彻党的十九大精神，对标自贸试验区，紧抓当前有利发展机遇，全面开展一般纳税人资格、海关分类监管、国际国内保税维修检测业务等改革试点工作，力争成为助推国际产业转移、创新口岸监管改革、促进外贸转型升级的主阵地和对外开放新高地，确保综合保税区经济建设稳步提升和可持续健康发展。

一、经济运行大幅提升，全面实现“双过半”

上半年，完成规模以上工业产值（扣除希捷国际）239.2亿元，同比增长20%。完成进出口总额110.8亿美元，同比增长36.3%，再创历史新高，占无锡市份额（包括江阴宜兴）为24.5%，比2017年同期提高了5个百分点。其中，完成出口额66.4亿美元，同比增长39%；进口额44.4亿美元，同比增长32.4%。完成固定资产投资64.5亿元，同比增长8.5%。完成财政总收入9.3亿元，同比增长26.6%，其中一般预算收入4.1亿元，同比增长28%。完成保税物流进出库金额130.5亿美元，同比增长41.2%，辐射区外作用日益增强。

上半年，无锡高新区综合保税区在江苏省海关特殊监管区域进出口总值中排名第三，单位面积进出口值排名第一。在全市前6强进出口企业中，综合保税区企业占据5席。区内重点企业富昌中外运、SK海力士、海太半导体均实现40%以上增长。

二、招商引资多措并举，“双轮驱动”再强化

上半年，综合保税区以“求质效、招好商”为工作目标，创新招商思路，在推动存量企业增资扩产的同时，推动综合保税区“产业链”招商，双轮驱动，新增项目后劲充足，实现9个重点项目集中开、竣工并签约。该期间由分管领导带队，多次“走出去”“请进来”，积极对接开拓重点项目，分别赴新加坡、我国香港等地开展招商活动，密集拜访重点企业及项目高层领导，启动了新增投资的村田二工厂项目和法液空三期项目；引进了唯科半导体创新服务中心；累积了应用材料售后服务中心、铂恩施特中国区制造基地、半导体服务中心及美国航空零部件等一批高质量潜力项目。

三、项目建设全力保障，速度质量双保证

上半年，重点项目按时按序高质量完成。SK海力士二工厂厂房主体顺利封顶，机电安装完成20%；菲尼萨三期开始机电装修；新聚思厂房进入验收阶段，7月投入试生产，年内实现量产；威峰科技完成前期筹备工作，6月正式动工建设；唯科半导体服务中心项目落户综合保税区，6月底启动厂房改造装修，9月底设备安装，10月份正式投产。

四、改革创新扎实推进，试点先行有突破

一是增值税一般纳税人资格试点成功启动。2018年1月5日，无锡高新区综合保税区成功获批海关特殊监管区企业增值税一般纳税人资格试点。在海关、财政、税务等部门的大力支持下，综合保税区管理局紧锣密鼓地推进一般纳税人资格试点工作：一方面扩大政策宣传覆盖面，另一方面为意向企业提供专题方案和专项服务，扎实推进一般纳税人创新改革试点。佳利达电子科技首张增值税一般纳税人发票于4月9日成功开出，捷普电子、液化空气等多家企业正式确认开展“一般纳税人资格”试点。一般纳税人资格试点的实施推进将有力地带动企业积极拓展国际国内两个市场，助力综合保税区转型升级，真正实现政企双赢。

二是非保税货物分类监管顺利试点。在口岸联检部门的共同努力下，进一步完善信

息化系统及监管方案。上半年，综合保税区内有3家制造业企业和2家物流企业先行开展非报关货物进出区改革试点。1~5月，非保税货物分类监管进出库货值6.4亿元，业务量在江苏省内海关特殊监管区域遥遥领先。保税货物和非保税货物的“同仓共管”试点，让企业真正打通了内外贸易业务壁垒，充分发挥“境内关外”和对接国际国内两个市场政策优势，为未来打造现代物流工业品零部件分拨中心奠定了基础。

三是全球维修检测业务试点对上争取。深入研究先进特殊监管区域全球维修检测创新监管方法：一方面联合无锡海关、市商务局等相关部门共同走访需求企业，了解实际情况，赴先进区域学习，力争复制创新制度；另一方面，在分管领导的带领下，多次赴海关总署、商务部、南京海关、省商务厅、无锡海关、市商务局上报综合保税区全球维修业务实际需求，全力对上争取希望成为试点企业，帮助区内企业开展售后维修业务，争取更多超亿元订单。

五、口岸改革纵深推进，通关效率再提升

以国家机构改革为契机，加快推进关检融合，高新区口岸改革向纵深推进。一是全面启动金关二期工程试点工作。通过前期协调对接，于2018年4月底，率先完成南京关区内首票金关二期海关特殊监管区域系统下进出卡口货物扫描“二维码”自动验放，并核发首本保税仓库专用账册。二是有序推进全国区域通关一体化改革。真正做到了“多关如一关”，现场接单比重下降1/3，扩面工作正在逐步推开；全面推进税收征管制度改革，“自报自缴”报关单月均1万票，列南京关区前列。三是实行“一次申报、分步处置”制度。将办完通关手续后才放行货物的做法，改变为“对货物进行安全准入甄别后即放行，其他有关手续在货物放行以后完成”，压缩通关时间，进一步提高通关效率。

六、园区管理提升服务，促进园区新发展

综合保税区加大园区管理力度，提升企业服务水平，打造更好的营商环境，促进园区经济建设“新发展”。一是加强园区管理，优化园区环境。提出三期卡口建设和交通设施改造方案，加大园区环境秩序管理考核力度。二是加快设施维护，提升园区承载力。分解落实2018年园区基础设施维修任务，推进道路养护修缮工作，有序开展交通设施改造、三期开闭所招标施工、绿化整体养护工作。三是服务园区企业，保障生产要素。深入了解企业增资扩产项目需求，对新建、续建、扩建项目，协调相关部门，确保水、电、气等生产要素到位。四是强化安全生产管理。多次组织召开安全生产工作会议，部署推进“职业病防治”“双重预防机制”等安全生产整治专项活动，推进安全生产月活动及“双控”机制建设，推进危化品及有限空间专项整治，做好安全生产大检查、互检互查工作。

太仓港综合保税区

太仓港综合保税区管委会

2018年上半年，太仓港综合保税区重点发展保税加工、保税物流和保税服务业务，以建设国际物流、贸易服务、研发制造、功能创新四个中心为抓手，不断强化招商举措，优化通关环境。

一、积极招商揽货，保税业务大幅增长

综合保税区以服务优质客户为己任，重点跟踪服务好邦达新太阳能电池组件、永昌优衣库等新引进的优质项目，使其业务量实现大幅增长。2018年上半年，完成业务票数45 777票，海关监管货值8.5亿美元，进出口业务总额为3.4亿美元。同时，千方百计做好招商引税工作。上半年，共拜访和接待广州、深圳及上海、苏州、昆山、无锡等周边地区企业98余次；唯品会、日本高端女装品牌恩瓦德、美国运动潮牌X-LARGE、日本高端童装MIKIHOUSE等相继入区开展业务；引进各类商贸物流企业26家。

二、做大物贸总量，全力推进载体建设

（一）跨境平台验收投运

综合保税区跨境电子商务平台2017年年底建成；2018年1月18日完成首批28单网购保税进口货物出区；2月完成第二批118单货物出区测试，实现了系统自动推单模式；3月完成48小时1 500单货物出区的压力测试；4月20日通过南京海关组织的现场验收；5月单月单量突破1万单。今年1~6月，跨境电子商务货物入区85批次、货值2 654万元，出区包裹约3.7万单、货值887万元，共有30家企业入驻太境通平台。

（二）综合保税区二期建设有序推进

2017年底综合保税区启动江海联运国际物流园的建设，首期建设4幢5万平方米仓库（厂房）和3万平方米堆场。

（三）直销中心城区开出体验店

直销中心2018年上半年新引进瑞士维氏等供应商3家，新增商品近200种。在稳定现有供应商服务的同时，积极拓展销售渠道。4月18日，太仓市邮政电子商务营运中心与太仓港进口商品展示交易中心联合在市区开设的“邮乐购”——太仓港进口商品展示交易中心城区体验店顺利开业，将意大利手工皮包、进口日化、母婴、食品等优选商品带到了太仓市区。

三、拓展新型业态，提升产业质量

（一）第一个海外仓落户综合保税区

4月3日，日本三大服装品牌恩瓦德公司的第一个日本海外仓在综合保税区开业。该公司首次将日本的总仓功能前置，从采购、物流、结算等环节全面进行了整合优化，充分利用综合保税区出口退税政策和成本优势，运用射频技术管理在库商品，实现了库内商品和门店商品同步管理，并能直接为日本各门店配货送货。该业务的开展为区内企业提升管理质量树立了新的标杆。

（二）保税加工实现零的突破

5月，综合保税区内企业恒隆保税物流使用保税加工账册将韩国进口印花的全棉机织平布，在区内加工成布艺品并包装出口至

美国。这是综合保税区第一家区内企业使用加工账册进行保税加工贸易，实现了综合保税区保税加工业务零的突破，也为二期仓库的使用提供了新的借鉴。

四、对接自贸试验区，创新监管模式

综合保税区积极对接上海自贸试验区，主动承接溢出效应，在 2017 年已复制推广无纸化通关、货物状态分类监管等 16 项便利化措施的基础上，在关检融合的过渡阶段，根据有关文件精神，在太仓海关和原太仓检验检疫的全力支持下，将海关与原检验检疫对网购保税进口跨境电子商务的监管流程进行了梳理，实现了海关和原检验检疫统一使用海关系统进行出区申报和联合查验。通过整合关检出区的业务流程，避免二次申报，极大加快了电子商务货物的出区速度，这项改革创新也成为全省通关改革的标志之一。

郴州综合保税区

郴州综合保税区管理局

郴州综合保税区于 2018 年 1 月 12 日获得海关总署的验收批复。半年来，园区克服困难多、任务重、难度大、人员少、业务生等困难，全力推进正式封关、招商引资、企业服务等工作，取得了一定的成绩。

一、夯实基础，综合保障实现新突破

一是完成了郴州综合保税区关区名称和统计代码的变更，顺利推进了园区企业金关二期系统的切换工作。二是进一步对接商务厅对湖南全省海关特殊监管区域的统一管理和具体指导，按照建设省级外贸综合服务平台的要求，推动操作流程标准化和程序化，开发全省保税综合服务平台的项目建设。

二、精准招商，签约企业数量有突破

2018 年 1～6 月，实现外贸进出口总额 42 017.97 万美元，较 2017 年同期增长了 8.07%。上半年始终把招商引资工作作为重中之重，全力以赴引进盈鸿宝小家电组装、联石液晶显示模组一体化、三分地稀散金属等 6 个项目。发扬钉钉子精神积极对接在洽谈项目 17 个，其中意向签约项目 11 个。

三、做大规模，重点产业实现新突破

一是推动电子信息产业扩能升级。全力跟踪推进台达电子二期风扇项目的产业转移，将东莞、吴江的部分产能逐步转移至郴州综合保税区生产，努力实现郴州台达电子数据倍增。二是推动物流仓储业启动运作。紧密跟踪正威集团在郴州综合保税区内建设“进口精矿分拨中心”项目，发掘郴州优势，推动进口精矿采购及分拨业务的开展。

四、全力推进一般纳税人试点工作

2018 年 1 月 12 日，国家税务总局、财政部、海关总署共同制定出台《关于开展赋予海关特殊监管区域企业增值税一般纳税人资格试点的公告》，决定自 2018 年 1 月 12 日起赋予郴州综合保税区等 17 个综合保税

区企业增值税一般纳税人资格试点。

（一）做实政策宣传

一是郴州综合保税区联合财政、税务、海关、口岸等部门召开区内企业一般纳税人资格试点政策宣传座谈会，从财务、关务等操作性层面对企业进行宣传，让企业充分了解该政策的优势。二是编印了《一般纳税人资格试点政策指引》，详细解读试点政策、办税实务，指导企业测算，帮助企业掌握政策要领，让企业懂政策、会申报、能操作。三是组织海关、税务等部门对区内重点企业台达电子、祥云公司上门进行具体业务指导。

（二）搞好学习借鉴

为积极落实试点政策，郴州综合保税区向首批试点的苏州、昆山综合保税区学习该政策的试行成功经验，切实用好用足该政策，促进企业发展国内国外两个市场。

昆山综合保税区

昆山综合保税区管理局

2018 年上半年，昆山综合保税区按照年初既定的工作目标和任务，继续以增值税一般纳税人资格试点为契机，进一步强化招商引资，加快功能性设施建设，打造企业服务新亮点，全区在产业转型升级、经济稳步增长、安全生产环境优化等方面取得良好成效。

一、总体经济运行良好

2018 年 1~6 月，综合保税区工业产值为1 228.0 亿元，同比下降 5.1%。进出口总额为 220.3 亿美元，同比增加 7.7%。其中，出口为 151.5 亿美元，同比增加 3.4%；进口为 68.8 亿美元，同比增加 18.5%。

二、增值税一般纳税人试点工作有序推进

截至 2018 年 6 月底，昆山综合保税区内已有 16 家企业提交试点申请并获准备案，其中 13 家已开展实质性试点，另有 3 家企业申请系统办理中。根据海关统计，2018 年 1~6月非保税货物入区金额为 30.60 亿元，非保税货物出区金额为 31.05 亿元；保税货物进口额 6.72 亿美元，保税货物出口额 11.04 亿美元；国税增值税发票开票金额为 16.28 亿元，税额为 2.68 亿元。

三、积极搭建政企互动平台

诚信、高效服务稳步开展，及时、高效地协调和处理企业在营运过程中出现的各类问题。及时掌握外部因素变化对企业经营发展造成的影响，协助企业制定合理的应对计划。

四、强化招商载体项目建设

围绕产业发展目标，深入推进龙头企业增资技术改造。持续跟踪世硕三期、纬新三期的增资扩产项目，掌握产业建设进度情况。

五、深化完善区域管理

继续强化区域安全、交通、环境等综合

治理工作，强化设施建设，增创发展新优势。一是完成8号卡口升级改造，并正式启用为行政车辆卡口；二是针对4号卡口外宿舍区生活污水直排问题，积极配合开发区治水办做好相关协调工作；三是积极与综合保税区投资公司、昆山海关确认监控设施升级改造方案，并督促投资公司尽快实施。

红河综合保税区

红河综合保税区管理委员会

2018年上半年，红河综合保税区在各级相关部门的支持配合下，超前谋划、认真研究、主动服务，积极开展各项工作。

一、主要指标完成情况

2018年上半年，红河综合保税区共计完成外贸进出口总值9.2亿美元，其中加工贸易进出口总值9.12亿美元，一般贸易进出口总值0.08亿美元；完成工业总产值53.96亿元；省外到位资金12.01亿元。

二、自贸试验区经验复制推广情况

红河综合保税区高度重视上海自贸试验区创新制度复制推广工作，根据云南省商务厅的相关要求，提出了“先易后难、分步推进、务求实效”的复制推广思路，积极配合海关推动创新制度在红河综合保税区的复制推广工作。

（一）主要工作举措

1. 加强组织推动。红河综合保税区管理委员会联合河口海关、原红河出入境检验检疫局成立工作领导小组，负责创新制度在红河综合保税区复制推广的整体推动工作。在调研和综合评估的基础上，根据保税区客观条件的成熟情况和企业的需求，制定了推广上海自贸实验区可复制改革试点经验实施方案，明确了近、中、远3个阶段的推进计划。

2. 深入学习研究。对创新制度在红河综合保税区复制推广进行讨论，听取海关、原检验检疫和企业的意见。同时，积极组织红河综合保税区管理委员会有关人员认真学习研究商务部、海关总署等最新文件精神，确保按时间、按计划完成各项复制工作。

3. 做好宣传培训。一是组织红河综合保税区管理委员会的分管领导和业务骨干对创新制度进行了学习讨论；二是组织相关部门对创新制度进行宣讲，并现场听取意见建议；三是对红河综合保税区管理委员会相关业务人员进行宣讲培训，确保业务政策宣传在管委会内部不留盲区。

4. 积极联系配合。上海自贸试验区创新制度中涉及其他部门事权的，红河综合保税管理委员会强化服务企业意识，主动作为，同相关部门积极联系协调，确保有需求的企业在申请资质环节畅通无阻。

5. 推动信息化改造。自贸试验区创新制度需要依托专业的信息化系统平台正常运转，在调研论证的基础上，红河综合保税区管理委员会提出了信息化改造方案并逐步实施。

（二）复制推广情况

目前，红河综合保税区已复制推广的9

项制度为“先进区后报关”“批次进出、集中申报”“智能化卡口验放”“统一备案清单”“无纸化通关”“委内加工监管”“保税展示交易”“保税维修”“货物状态分类监管”。

威海综合保税区

威海综合保税区管理委员会

2018年上半年，威海综合保税区积极融入“全域城市化，市域一体化”“产业强市、工业带动、突破发展服务业”“城市国际化”三大战略，坚持一手抓建设、一手谋发展，全力以赴抓封关验收准备工作，于6月底顺利通过青岛海关牵头组织的封关预验收。园区经济发展保持平稳良好态势，上半年全区完成工业总产值13.6亿元，实现外贸进出口32.9亿元，税收收入2 188万元。

一、高起点规划、高质量建设，汇聚众力打造一流园区

一是顺利完成封关预验收。将封关验收工作作为首要任务，集中力量推进落实，对照海关设施建设标准查漏补缺、细化落实，于6月“四至”调整获国务院批复，6月29日顺利通过封关预验收。

二是规划设计工作快速推进。按照“区镇一体、综合规划、一次到位、分期建设”的原则，高标准选择设计单位，高标准完成规划工作。

三是进一步明晰产业定位。调整优化园区产业规划，丰富完善功能定位，实施园区发展“4321”战略，即积极培育“国际贸易、现代物流、跨境电商、保税服务”四大业态，加快发展“医疗器械、电子信息、新材料”三大产业，全力搭建“外贸综合服务、金融服务”2个平台，集中打造服务全市、辐射胶东、面向全国的国际商品集散交易中心。

四是做好具体项目实施。组织开展了总建筑面积20万平方米的标准厂房、公共保税仓库的规划论证工作，编制总建筑面积5万平方米的人才公寓、蓝领公寓建设和进口商品展示中心等配套服务设施设计方案，完成区内“三纵三横”主干路网的硬化、绿化、亮化，进一步提升园区承载能力和服务功能。

二、高效能管理、高水平运营，创新园区开发一流机制

一是推动投融资模式创新。建立投资主体多元化、融资渠道多样化、投资管理市场化的开发运营机制，推动以政府和社会资本合作（PPP）模式进行综合保税区基础设施和公共服务建设。

二是推动政策和业务模式创新。先后与相关部门就复制推广创新政策、跨境电子商务、强化口岸互联、服务贸易产业园、协助招商引资等事项进行了座谈交流。就开展一般纳税人资格试点、企业退税等问题赴海关、国税等部门进行了沟通，切实解决企业遇到的实际问题。联合海关驻区办开展“集中汇总纳税”“批次进出，集中申报”政策

测试，并根据测试结果进一步优化通关流程和信息化效能。

三是推动园区运营模式创新。与中外运建立了合作关系，共同运营场站，开展物流运输、报关报检业务，为中小企业提供专业服务；与相关企业对接，建立健全园区市场化运营机制，合作搭建供应链金融平台、“一带一路”离岸集采平台、人力资源服务平台等，为入驻企业提供除生产和市场以外的各类配套服务，帮助解决人力资源管理、生活服务等问题，塑造“人无我有、人有我优”的竞争优势。

四是推动用人分配制度创新。按照市委、市政府的决策部署，扎实推动综保区干部人事改革，按照“档案管理、全员聘用、绩效考核、按岗定薪”的原则，推行职员制和岗位绩效工资制，打造精简高效的干事创业队伍。目前人力资源方案已完成框架构建，正在进行方案完善和全员培训工作，争取打造干部能进能出、人员能上能下、待遇能高能低、竞争择优的用人机制。

三、高标准组织、高层次对接，营造产业发展一流环境

一是开展专业招商活动。结合各地综合保税区优惠政策出台了威海综合保税区产业扶持办法，先后赴北京、上海开展对接招商活动。上半年，综合保税区南区新引进了小米科技产品进出口、龙港汇供应链等 15 个项目。加紧研究制定北区打造两大基地产业政策和跨境电子商务等细分产业扶持政策，深入走访了北区世一电子、仁昌电子等企业，促进企业扩大投资规模，吸引周边配套企业到综合保税区投资设厂，现已引进威海柱炫电子有限公司项目、山东恒阳光能科技有限公司项目落户。

二是大力发展外贸新业态。紧抓中韩自贸区地方经济合作示范区带来的良好机遇，以商贸物流产业作为重要突破口，集中力量培育跨境电子商务等外贸新业态，创新开展与韩国仁川等地物流业的对接与合作，推动综合保税区建成中韩双向商品集散地和中韩跨境贸易、电子商务示范区，打造区域性商贸物流中心。上半年，对接了韵达国际，推动国际快递分拨中心项目进程；对接了韩国最大的快件公司易佳恩得公司，争取其将中国北方中心搬迁至园区。

三是打造优质营商环境。做好审批权限的承接和使用，已取得区级项目审批权限，并已接入市政务服务外网，对权限范围内的项目通过管委会即可审批。探索实行“一站式”服务和代办服务，在新兴大厦 B 楼建立了综合保税区政务服务大厅，设立了综合受理和代办服务窗口，以提供优质服务为导向，梳理了市场登记的基本流程。全力做好在营企业服务，日月光半导体（威海）公司高新技术企业申报认定工作已通过市级科技部门审核。

郑州新郑综合保税区

郑州航空港实验区（综合保税区）口岸局

2018 年上半年，郑州航空港经济综合实验区（郑州新郑综合保税区）在口岸查验单

位的共同努力下，按照实验区“一持续、两提升、一转变”的工作思路，紧盯“国际、魅力、机遇、幸福”4个航空港建设目标，加快推进口岸经济健康快速发展，争做“空中丝绸之路”先锋队和排头兵。2018年上半年，园区经济运行情况良好，继续引领中原崛起。

一、创新发展，助力“空中丝绸之路”建设

园区是河南对外开放的前沿阵地，也位列“三区一群”战略首位，承担河南省开放发展责任。在综合保税区发展面积受限，临空经济地区间竞争日益激烈的形势下，综合保税区建立富士康沟通服务领导小组，优化对接机制，稳定企业运行，同时依托综合保税区大力发展飞机租赁、跨境电子商务、保税展示交易等多元化业务，全力保障功能性口岸申建和运营，助力河南打造“空中丝绸之路”。

（一）综合保税区经济指标平稳

据海关统计，2018年上半年，郑州新郑综合保税区累计完成进出口总额1 157.7亿元，同比下降5.3%，占全省进出口总额的54.4%。其中，出口732.1亿元，同比下降1.1%；进口425.6亿元，同比下降11.8%。海关累计征税71.2亿元，同比下降15.8%；累计监管货运量3.4万吨，同比增长7.7%，监管货值211.8亿美元，同比增长1.1%；报关单量为14.8万票，同比增长20%。

（二）跨境业务增长迅猛

一是跨境电子商务业务量不断增加。据河南电子口岸公司统计，2018年上半年，综合保税区跨境电子商务累计完成进出口689.97万单，同比增长82.15%，货值8.43亿元，同比增长350.52%；海关征税8 147.75万元。二是知名跨境电子商务企业逐步集聚。成功引进菜鸟网络入驻园区，并将园区定位为全国三大主仓之一；确定京东保税仓库作为全国热销品仓；协助苏宁易购、云集微店、大商天狗等区内重点电子商务企业持续发力，跨境进口单量屡破新高。6月18日更是创造日出单量14.8万单的历史最高纪录。三是推动跨境仓库规范化管理。多次对综合保税区仓库管理办法进行论证研究、修改完善，助推园区跨境产业规模化发展和仓储资源合理利用。

（三）口岸功能日趋完备

园区依托机场一类口岸建成了进口肉类、澳大利亚活牛、水果、食用水生动物、冰鲜水产品和国际邮件经转口岸等功能性口岸，正在申建河南省口岸食品药品医疗器械检验检测中心，率先建成了我国内陆地区数量最多、种类最全、效率最高的“1+7”口岸体系。

据海关（原检验检疫）统计，2018年上半年，河南进口肉类指定口岸（郑州查验场）累计完成总报检量为2.1万吨，同比增长40.0%；总货值达6 392.12万美元，同比增长110.3%。进境水果指定口岸累计进口水果共9批次12.8吨，货值5.9万美元，同比分别下降71%、93.6%、96.5%，主要品种为芒果、榴莲、鲜樱桃，分别来自泰国、澳大利亚。进境食用水生动物指定口岸累计进口食用水生动物共53批次854吨，货值209.4万美元，同比分别下降17.2%、38.5%、74.8%，主要品种为活鳝鱼、黑蟹、鳌龙虾，分别来自孟加拉国、加拿大。进境冰鲜水产品指定口岸累计进口冰鲜水产品共123批次454.1吨，货值489.3万美元，同比分别增长95.2%、55.2%、74%，主要品种为大西洋鲑鱼（三文鱼），来自挪威、智利、法罗群岛。国际邮件经转口岸累计通过航空口岸进出境国际邮件达到2 942.5万件，同比增长128.6%，其中进境邮件91.9万件，出境邮件2 850.6万件，货重0.8万吨，

同比分别增长21.6%、135.2%、38.1%，继北京、上海、广州之后，全国第四大国际邮件转运中心地位进一步巩固。

（四）综合保税区建设稳步推进

一是综合保税区（三期）项目建设加速推进。2018年上半年，综合保税区共有9个在建项目，包括中国智能骨干网二期、唯品会跨境电子商务中心、苏宁跨境电子商务运营中心、南洋优鲜境外生鲜冷链加工、港新冷链仓储物流、恒丰电子产业园（北区）仓库、华懿工业园标准化厂房扩建、郑州领业电子材料生产建设及南洋一港项目。

二是全力保障飞机租赁业务。积极研究融资租赁政策，配合海关制订了飞机保税租赁业务监管方案，为飞机保税租赁业务发展全力提供保障。2018年6月12日，由中原资产管理有限公司旗下中原航空融资租赁股份有限公司出资购买，从美国西雅图起飞的全新波音737-800型飞机抵达郑州新郑国际机场，并完成了保税入关手续，实现了河南省2018年第一单飞机租赁业务。在完成相关手续后，飞机将直接飞赴石家庄正定国际机场投入运营。此次波音737-800型飞机的顺利交付，是继2017年12月河南首单飞机租赁业务落地后，由中原航空融资租赁股份有限公司引进的第二架经营性租赁飞机，实现了该省租赁公司与波音公司首次国内经营性租赁业务的合作。

三是积极谋划进口葡萄酒内陆港建设。依托综合保税区功能优势，积极谋划中西部进口葡萄酒内陆港建设。在综合保税区保税物流中心规划约1万平方米的保税仓库建设具有300万瓶葡萄酒储存能力的保税仓，增强综合保税区的综合服务功能，推进园区贸易多元化发展。

二、谋定后动，重点难点工作稳步推进

（一）积极筹建综合保税区扩区事宜

为破解郑州新郑综合保税区空间发展瓶颈，更好地服务于实验区和郑州跨境电子商务综合试验区建设，园区管委会积极推进综合保税区扩区申建工作。

一是按照积极对接国土、规划部门紧盯相关规划的调整批复工作，完成土地利用总体规划的调整批复，城市总体规划调整仍在跟踪对接中。

二是提前谋划，会同发改和规划等相关部门，提前研究综合保税区扩区区域的产业发展规划。

三是积极与省口岸办、郑州海关讨论研究重新启动扩区程序的流程，做好重启前的准备工作。

（二）参与国际贸易“单一窗口”建设，积极推广应用

一是积极推动“单一窗口”标准版的推广应用。标准版推广应用成效显著。空运舱单申报、税费支付、加工贸易等新增功能部署上线。业务申报累计21.58万票，位居中部六省第一，报关报检覆盖率持续稳定在90%以上。2018年上半年，园区累计通过“单一窗口”申报149 470票，占全省申报量的73.6%。其中，郑州新郑综合保税区申报136 135报关单，郑州机场申报13 335票。

二是跟进“单一窗口”标准版建设。目前，河南“单一窗口”第一批5个标段（统一门户、统一身份认证、检验检疫统一版、检验检疫单一窗口数据交换平台、快件通关辅助系统）已顺利完成招标，进入实际开发阶段。为争取“单一窗口”新功能早日在园区实现应用，多次与省口岸办、电子口岸公司接洽沟通，提出现阶段“单一窗口”建设充分结合园区战略定位和业务需求的相关建议。

三是跨境通关支撑能力持续提升。完成海关（原检验检疫）跨境电商统一版系统上线部署，系统日承载能力由300万单提升至

500 万单。上半年累计进出口 776 万单，货值 9.95 亿元，同比分别增长 83.8%、209.7%。

（三）冷链物流园区建设稳步推进

为加快肉类口岸周边基础设施和配套服务设施建设，按照“边规划、边招商、边建设”的思路，加快推进冷链物流产业园区核心区的规划建设，进一步完善肉类口岸的查验、存储、物流功能，提升肉类口岸吸引力、辐射力，为大力发展口岸经济奠定基础。

长春兴隆综合保税区

长春兴隆综合保税区管委会

2018 年以来，长春兴隆综合保税区以争当高质量发展排头兵为目标，全面推进通道及平台建设，围绕口岸经济开展攻坚，项目建设抢前抓早，各项工作均取得新的进展。

一、2018 年上半年重点工作情况

（一）园区业务稳步推进，跨境电子商务业务取得新突破

2018 年上半年，综合保税区海关现场受理报关单证累计4 984票，同比增长 30%。园区进出口总业务额累计 5.17 亿美元，同比增长 28%。“长满欧”班列上半年累计承运货物2 976标箱，货值 1.65 亿欧元，在“一带一路”建设中发挥了重要作用；综合保税区跨境电子商务货运包机 1~6 月累计飞行 29 班（往返 58 架次），出口货物 476.5 万票，货值近1 069万美元；累计开展 7 批跨境电子商务直购进口业务，货值 28.6 万元。年初，推进完成了 1239 监管方式下东北地区首单跨境电子商务海运保税备货业务，是综合保税区自 2017 年 6 月开创东北地区跨境电子商务保税备货业务先河之后的又一突破，标志着吉林省跨境电子商务正式进入 2.0 时代。

（二）通道、口岸、平台建设有序进行

一是口岸建设工作积极推进。国家一类铁路口岸顺利获批延期一年，铁路口岸结合省市政策，推动“长满欧”班列稳定运行，6 月末德国海外仓正式启用；整车口岸即将获批，进境食用水生动物、药品口岸申报工作已经启动，积极开展肉类、冰鲜水产品口岸功能应用及业务开展的筹备工作。二是对外通道稳定运行。积极组织稳定货源及通道，向上级争取尽快落实下一步支持班列发展的政策，有针对性地对班列进行运营及效益测算，形成班列与产业融合发展的总体思路。同时，积极拓展货运包机通道，在原有对俄货运包机的基础上，2018 年 1 月份推动顺丰开通了长春—乌兰巴托跨境电子商务货运包机，共执飞 2 班，同时对德包机航线的谋划工作正式启动。三是功能性平台建设取得新的进展。积极争取海关、商务等部门支持，跨境电子商务综合试验区审批取得可喜进展，7 月 13 日国家宣布在全国范围内 22 个城市新设跨境电子商务综合试验区，长春市位列其中。四是卡车航班业务顺利开展，虚拟空港建设有序推进。2018 年以来，与

长春海关共同推动建设虚拟空港，将长春市卡车航班资源向综合保税区集聚，虚拟空港已经初具雏形。此外，还与北京国际技术合作中心合作，计划将北京天竺综合保税区保税仓、上海自贸试验区保税仓的成功经验，以及北京首都机场等大型空港的国际航线资源引入综合保税区。

（三）项目建设工作进展顺利，园区发展后劲显著增强

一是综合保税区招商引资项目成效显著。按照招大引强的工作思路，严格控制购地类项目产出强度，严格把握平台注册类项目质量，实现了项目建设的“开门红”，呈现出大项目多、购地类项目明显增多、效益高三个明显特点。中粮玉米产业园、居然之家、安能电商、万丰、铁开等优质项目已落户，项目的质量和成长性有了较大提高，资源集约利用水平得到了提升。二是加工贸易项目稳步推进，多个重点项目已落地或投产。

二、上半年创新及复制推广成果

一是积极落实吉林省加快创新发展意见，围绕内陆开放制高点建设开展深度研究。二是着力开展内陆自由贸易区研究，探索适应省情发展的模式。2018 年以来，综合保税区参照河南省、湖北省等自贸试验区下放权限的清单，并结合实际，按照企业管理、税证管理及人才保障 3 个类别提出申请给予综合保税区集中实施省级行政许可事项 16 项，下放或委托省级行政确认和其他职权 14 项，共计 30 项。三是为适应当前新形势下海关特殊监管区发展需要，2018 年以来推动加快形成综保区全面开放新格局，构建开放型新经济试验区。四是对标实施自贸新政，着力提升通关便利化。长春兴隆综保区借鉴了上海等自贸试验区先进经验，提炼出 24 项适合在园区复制推广的监管创新制度。上半年，重点推进 8 项制度在园区落地：一是“批次进出、集中申报”，二是“简化无纸化通关随附单证”，三是“简化统一进出境备案清单”，四是“集中汇总纳税”，五是“智能化卡口验放”，六“是仓储货物按状态分类监管”，七是“一次备案，多次使用”，八是“先出区，后报关”。通过实施多项新政，大幅提高了综合保税区通关便利化水平，提升了通关监管效能。

重庆两路寸滩保税港区

重庆两路寸滩保税港区管委会

2018 年上半年，重庆两路寸滩保税港区紧紧围绕“三大攻坚战”“八项行动计划”工作部署，重点依托“保税+”智能制造、服务贸易、现代物流、口岸开放、产城融合 5 个方面，充分发挥保税港区特殊功能政策优势，勇当带头开放、带动开放的排头兵。

一、主要经济指标完成情况

2018 年 1~6 月，保税港区实现规模以上工业产值 294.64 亿元，同比增长约 13%；实现进出口总额约 413.01 亿元；实现固定资产投资 34.47 亿元；新入驻企业 122 家，累计入驻企业1 981家。

二、重点工作推进情况

（一）加工贸易产业结构逐步优化

一是加工产品不断丰富。旭硕、纬创、仁宝、翊宝等智能终端企业加工产品品牌已拓展至宏碁、华硕、LG、苹果、卡特彼勒、索尼等，加工产品种类包括笔记本电脑、平板电脑、智能手机、智能穿戴等。2018 年 1~6 月，生产智能终端产品约1 045.25 万台（件），同比增长约 5.51%，其中平板电脑、智能手机、智能穿戴设备产量占比约为 35%。二是产业链拓展取得成效。HP 全球备件维修中心已正式运营；翊宝已于 2 月底正式取得入境维修等相关资质，具备手机、智能穿戴产品及平板电脑的入境维修、再制造能力。三是积极推进智能化改造。

（二）“保税+”服务贸易创新发展取得成效

一是“保税+展示交易”创新打造“一带一路”进口商品体验交易平台，引入意大利奇柯世界汇项目落地重庆保税商品展示交易中心，并于 6 月投入运营。二是“保税+跨境电商”发展势头强劲。1~6 月保税港区实现跨境电子商务交易额 13.12 亿元，同比增长约 97%。三是“保税+总部贸易”取得新进展。进一步加大招商引资力度，新引入世界 500 强托克集团在保税港区设立中国第二个区域总部。四是“保税+整车进口”已基本打通全产业链，2018 年 1~6 月实现整车进口 249 辆。

（三）现代物流枢纽中心初步形成

一是建成投入使用仓储面积已达 75 万平方米，上半年预计实现营业收入 50 亿元，带动周边商贸营业收入约 25 亿元。二是布局完成 2 平方公里空港国际商贸物流园，引进澳大利亚嘉民、美国安博、新加坡丰树、日本日梱，以及阿里巴巴菜鸟、顺丰、韵达等国际国内知名物流企业落户。三是成功引进唯品会重庆运营总部项目，该项目重点开展跨境电子商务、电子商务物流集散分拨等业务，为唯品会和第三方物流服务商及电子商务平台提供集仓储、分拨、配送为一体的现代化物流产业园区。

（四）口岸开放水平不断提升

一是保税港区先后获批设立进口肉类、进口水果、进口粮食、金伯利进程国际证书制度 4 个国家级指定口岸，同时还共享由机场集团负责运营的冰鲜水产品、食用水生动物、进口水果 3 个国家级口岸功能，已成为内陆地区拥有指定口岸功能最多的保税港区。1~6 月，水、空两港实现海关监管货值约 138 亿美元，占全市比重约为 44%，有效带动周边区域外向型经济发展。二是成功获批市级加工贸易示范产业园、市级战略性新兴服务业综合类服务聚集示范区。三是积极争取进口汽车整车保税仓储等自贸试验区试点功能政策。

（五）港区营商环境持续改善

一是深入践行“绿水青山就是金山银山”理念，坚持生态优先、绿色发展，按照精细化、智能化、人性化的要求，积极与周边区县协同合作，加强生态环境保护工作。二是积极探索智慧城市的发展新路径，强化城市配套服务功能，支持网内网外产业发展，实现“以城促产，以产兴城”。三是不断完善入区企业综合服务机制，搭建公开、透明、务实、快捷的信息交流反馈平台，探索“四中心一平台”的网格化服务模式，实施“三位一体”社会化管理，为入区企业员工提供政策咨询、维权诉求、心理干预等方面的服务。四是全力做好入区企业和入驻单位水、电、气、讯等生产要素保障，全面提升区域治安、交通、环境、食品安全等综合管理水平，打造宜居宜业、亲商稳商的发展环境。2018 年上半年未发生较大及以上生态环保和安全责任事故。

三、上半年创新试点成果

上半年，保税港区紧紧抓住中新（新加坡）战略性互联互通示范项目打造中新南向通道的战略机遇，将“保税+整车进口”产业与中新南向通道紧密结合，充分依托这条新的国际贸易物流通道，在整车进口海铁联运方面取得突破。保税港区整车进口企业通过海运穿越马六甲海峡至新加坡后到达广西钦州港，再经内陆铁路运输，抵达重庆。该海铁联运项目标志着继中欧班列（重庆）国际铁路联运大通道后，“海运+铁路”物流运输方式在重庆自贸试验区两江新区片区实现“零突破”。

苏州工业园区综合保税区

苏州园区高端制造与国际贸易区党工委

一、体制机制改革稳步推进

深入贯彻落实园区实施内部管理体制优化改革各项要求，在建立健全内部局办、配置工作人员的基础上，结合实际，积极创新内部运行机制；创新板块联系机制，推进片区有关工作顺畅衔接；强化重点工作组织领导，成立“党的建设、动迁回购、招商亲商、安全生产”4个工作领导小组和“金光科技产业园项目、对接上海自由贸易港政策功能研究”2个专项工作组，统筹部署和协调推动改革发展各项重点工作稳步展开。

二、产业转型优化取得突破

举行重点项目集中签约仪式，在高端制造、创新研发、国际贸易、生物医药及总部经济等核心领域新引进10个重大项目。推进金光地块“退二优二”，稳步推进金光科技产业园前期各项工作。启动企业服务网格化行动，组成5个片区服务组，对区内企业展开网格化、地毯式走访。全力助推企业降本增效，积极开展综合保税区企业增值税一般纳税人资格试点，深入推进贸易多元化试点与贸易功能区建设，提升跨境电子商务“单一窗口”平台功能与水平，“园区港”至宁波港河海联运航线实现首航。推进资源集约高效利用，全面开展工业企业资源集约利用综合评价。

三、区域综合管理全面强化

实施区域综合监管全覆盖工程，划分7个监管片区13个地理网格和1个事务网格，构建安监与环保网格化监管融合体系，推进安全环保与市场监管联动工作体系。完成综合保税区企改商项目、方正科技园等重点区域综合整治工作。建立健全动迁工作机制，出台动迁考核办法、实施办法等系统性制度规范。

青岛前湾保税港区

青岛前湾保税港区管委会

2018年上半年，青岛保税港区紧紧围绕山东新旧动能转换重大工程及省、市各项重大决策部署，按照“解放思想、深化改革、持续优化、高效开放、突破创新、狠抓落实”总体思路，以建设自由贸易港为目标，打造“一体两翼”发展新格局，加快区域转型升级和新旧动能转换，经济运行实现平稳健康发展。1~6月份，实现地区生产总值61.95亿元，同比增长4.1%；全部收入（包含海关关税及代征税）为24.42亿元，同比下降2.28%；一般公共预算收入6.7亿元，同比增长7.23%；规模以上工业总产值为46.94亿元，同比增长5.1%；外贸进出口总额为363.77亿元，同比下降19.9%；限额以上批发零售业销售额为419.68亿元，同比增长5.8%；实际利用外资6 880万美元，同比增长0.85%；港口货物吞吐量为7 576万吨，同比增长1.62%，集装箱吞吐量为692万标准箱，同比下降2.26%；固定资产投资4.53亿元，同比增长35.8%。

一、抓整合优化，转型升级取得新成效

重点推进了三期封关、政策区域置换和出口加工区转型升级等工程，为区域新旧动能转换和功能政策优化提供发展空间，成为全国特殊区域整合优化的范例，并为争取落地自由贸易港区政策打下了基础。

（一）保税港区三期封关正式批复

3月，保税港区三期通过青岛海关组织的预验收。5月30日，海关总署正式批复保税港区三期封关，标志着三期3.68平方公里围网内的基础和监管设施符合国家相关规定。7月3日，青岛前湾保税港区举行三期封关运营仪式，实现全域封关。

（二）特殊功能政策覆盖自动化码头

响应青岛港的保税政策诉求，主动对接海关总署等部委，将前湾港南港区5~8号全自动化码头泊位纳入保税港区，实现“港”“区”功能政策的最优结合。保税港区特殊功能政策覆盖至全自动化码头，青岛港也成为世界上科技水平最高、运作效率最快、功能政策最优的国际港口，对提升青岛对外竞争力具有重要意义。

（三）两个出口加工区实现平稳发展

青岛出口加工区全面启动园区新一轮控制性详规修编，强化综合保税区申报工作，继续优化转型为综合保税区工作方案，推进围网土地利用规划调整。进口俄罗斯食品等6个重点在谈项目达成初步意向，维尚国际物流等5个项目年内确保竣工投产。预计1~6月份完成税收9 800万元，一般公共财政收入4 700万元，区级财政收入2 300万元；实际利用外资1 451万美元，同比增长60%，实际利用内资2亿元；完成进出口额5亿美元，同比增长3%，青岛西海岸出口加工区共引进建元利通贸易等19个新项目，高端纸加工分拨等10余个重点项目正在洽谈推进中。1~6月，实现工业总产值4.16亿元，同比持平；全部收入（包含海关关税及代征税）为2.59亿元，同比增长36%；公共财政预算收入为1 405万元，同比下降20.87%；预计实现外贸进出口4.14亿美元，

同比下降 11%。

二、抓新旧动能转换，发展质效得到新改善

结合功能政策创新，坚持招大引强、“转”“育”结合，认真落实新旧动能转换重大工程责任清单，带动传统产业转型升级，实现产业“四化”，推动区域经济保持中高速增长。目前，共 26 个项目纳入园区重大项目库管理，9 个项目纳入市级新旧动能转换重大项目库，切实落实项目对于园区发展的支撑和引领作用。

（一）加快推进物流智慧化升级

整合青岛港现有公路散货运输平台、集装箱长途运输平台及集装箱集疏港智能运营平台等，建立无车承运人第四方物流平台。推动区内仓储物流企业与青岛道合供应链管理有限公司开展合作，进行智能化监管升级。

（二）稳妥推进交易市场规范发展

与上海期货交易所积极对接，拓展大宗商品保税期货交割业务，筹建北方期货保税交割中心。推进棉花、轮胎、乳胶 3 个国家级重点实验室改造升级，轮胎、乳胶检测实验室是该品类在检验检疫系统全国唯一的检测实验室，棉花检测实验室成为检验检疫系统全国最大的实验室，年检进口棉占全国的 60%以上，居全国首位。

（三）推进汽车整车进口口岸建设

1 月 30 日，园区正式获批汽车平行进口试点政策，启动企业申报、评审等试点落地工作。整合管委会、青岛港及社会资本三方资源，搭建汽车口岸公共物流服务平台项目。提前布局汽车口岸通关作业流程。上半年汽车整车进口2 848辆。

（四）推进新兴贸易业态集聚发展

充分发挥外贸综合服务业态的核心作用，推动广大中小外贸企业出口，提升产业整体竞争优势。积极申报进口贸易创新示范区，5 月份就申报工作向商务部进口司进行专题汇报。正式启动山东首票“1210”跨境电子商务业务，全面开通直购进口、保税备货进口、一般出口及特殊区域出口跨境电子商务零售通关全模式。完成跨境电子商务进出口 5.5 万单，货值1 533万元。成功引进网易考拉青岛仓正式运营备货进口业务，圣元乳业 193 吨婴幼儿配方奶粉通过跨境电子商务保税备货进口方式顺利入区。继续加大优质进口商及配套企业引进力度，新引进进口商品贸易商 6 家，累计注册进口快消品类贸易企业 410 余家，进口商品实现贸易额 4 亿美元。

三、抓经济合作，区域协调实现新变化

修订《青岛保税港区功能区管理办法》，进一步完善功能区新设、优化和退出机制。在对功能区进行调研评估的基础上，制订功能区改革优化方案，对各功能区统筹管理、优化发展等提出建议。先后建立 8 个功能区和 3 个经济合作区，完成总规划面积 50.49 平方公里，实际开发面积 5.37 平方公里。其中，诸城功能区保税物流中心完成贸易额约2 000万美元；济宁功能区与当地海关和政府建立保税物流中心申建会商机制。菏泽功能区理顺管理体制，新增注册资本过千万企业 2 家，累计入驻企业 16 家。探索功能政策扶贫的精准扶贫模式，加快推进甘肃陇南保税物流中心申报，带动陇南机场空港物流园区建设，加强两区企业间的交流合作。

四、抓招商引资，发展后劲有了新提升

紧抓招商引资和项目储备这一发展关键，以推进新旧动能转换重大工程为契机，积极开展“千企招商大走访”“营商环境大走访”。1~6 月份，共引进各类项目 571 个，同比持平。其中，新设立外资项目 37 个，

同比增长48%；外资投资总额为12.73亿美元，同比增长42.47%；合同利用外资9.09亿美元，同比增长77.82%。

（一）积极开展走访活动

充分发挥8110服务热线桥梁作用，累计办理热线电话100余件。组织逾400家金融、物流、外贸等企业参加外管政策推介会和银企对接会。组织481家外资企业参加2018年度外资企业联合年报，通过率100%。深入开展"千企大走访"活动，走访外资企业14家25次，其中世界500强企业6家，新增签约项目5家。走访内资企业32家53次，其中国内500强企业6家，民营100强企业1家，新增签约项目6个。实施"营商环境大走访"活动，完成全区475家外资企业全覆盖实地走访调研。

（二）产业招商取得实效

围绕全区产业布局和发展定位，高质量推进招商引资工作，打造优势产业集群。积极推进原油进口业务，已积聚东明石化、东营万达、兖矿贸易、齐鲁交通发展等多家拟开展原油进口业务的企业；与上海期货交易所进行多轮对接，期货保税交割中心项目进展顺利；以新加坡丰益国际有限公司为主投资的益海嘉里芝麻交易平台完成多个子项目注册；针对半导体产业联系走访了清华紫光、建广资产等多家企业，为下一步推进产业发展做好前期准备。

（三）对企服务呈现新局面

组织区内青岛桂格精工等6家企业申报青岛市新增规模以上企业奖励，组织松下电子等3家企业申报青岛市净增产值较大企业奖励，奖励上半年拨付到位；组织澳科仪器等相关企业参加市级企业技术中心评价，申请市级企业技术中心，申请2018年第一批高新技术企业，申请纳入重点企业信贷支持名单库，申报软件业务收入上规模奖励，申报"隐形冠军"等。

五、抓环境提升，发展保障不断夯实

完成环境综合整治提升工作，并建立日常环卫保洁、园林养护、市政设施运行管理等工作机制。启用政务服务和公共资源交易大厅，完善"一站式"政务服务体系，成为全市首家税务服务全域全量进驻大厅的区域。共办理咨询及受理业务4万余件，接待办事人员近4.5万余人次，日均接待办事人员700余人次。进一步完善现代企业制度，完成了2017年度国有企业负责人经营业绩考核工作。

泉州综合保税区

泉州综合保税区管委会

2018年以来，泉州综合保税区积极复制创新自贸试验区政策功能，在创新投资、职能转变、金融服务、监管模式等方面重点突破，着力打造开放型经济综合服务平台，积极培育经济新增长极，较好地完成了上半年各项既定工作目标任务，在创新推广自贸试验区政策上取得明显成效。

一、抓经济壮产业，经济保持稳步增长

上半年，泉州综合保税区积极克服各种

不利因素，千方百计破解难题，全力以赴攻坚克难，经济社会发展协调并进。截至 6 月份，全区规模以上产值为 35.24 亿元，同比下降 1.03%；全社会固定资产投资10 724万元，同比增长 27.91%。限额以上批发零售额为22 767万元，同比下降 28.34%；1～6 月份进出口总额为 10.85 亿美元，同比增长 69%。自营出口额227 097万元，同比增长 52.09%。

区内航空维修产业发展势头良好，已连续多年实现快速增长。创新“交换件”与“周转件”模式，大大拓展了企业在国内航空领域的市场，提升了企业的综合能效，上半年给企业带来货值约1 000万美元、租金及维修约 16 万美元的收入；区内进口葡萄酒已占泉州口岸进口葡萄酒总量的 80%以上，成为泉州市最大的进口葡萄酒集散地。

二、抓转型促升级，创新推广自贸试验区政策

升级为综合保税区后，主动加强与福建自贸试验区在战略规划、政策措施、管理理念上的对接，吸纳自贸试验区的示范效应和溢出效应，率先积极复制推广相关政策。先后已有“先进区、后报关” “分送集报”“保税展示交易”“委内加工”“一次备案、多次使用”等 25 项自贸试验区海关创新制度及关检“监管互认”“互联网+保税展销”模式等 17 项福建自贸试验区改革创新成果在泉州综合保税区推广实施。这些政策功能持续放大，已连续 3 年每年为企业减轻 1 亿元以上应税流动资金负担和关税成本，进一步盘活区内企业产能。

三、抓招商促引资，发展活力不断增强

综合保税区以项目为导向创新招商选资工作。通过精心印制招商手册、制作招商宣传片、开通园区微信公众服务平台、依托政府集中招商活动、巧借主流媒体平台，创新招商宣传手段，加大宣传力度，积极抓住一切机会“走出去、请进来”，主动组织、积极参加各类招商推介活动。上半年组织人员前往珠三角、长三角、台湾等地区开展招商，引进一批项目，涉及保税加工、商贸物流、酒类食品、节能环保、新型材料等行业，为园区发展注入强劲动力。

宁波保税区

宁波保税区管委会

2018 年以来，宁波保税区以深化改革开放为统领，大力推进产业智能化、平台国际化、产城融合化、治理现代化，着力打造“实力保税区、活力保税区、魅力保税区”，服务浙江“两个高水平”建设和宁波“名城名都”建设。

一、上半年发展情况

2018 年以来，面对错综复杂的发展形势，保税区按照年初确定的目标任务和“六争攻坚、三年攀高”行动要求，认真做好稳增长、调结构、谋改革、促转型等各项工作，全区经济保持“稳中有进、进中向好”

发展态势。

（一）重点经济指标实现平稳较快增长

上半年，全区生产总值增长10.7%；财政总收入实现33.5亿元，同比增长4.8%，一般公共预算收入为16.4亿元，同比增长6.6%。外贸进出口预计实现430亿元，同比增长22.6%。其中，出口140亿元，增长11.2%，进口290亿元，增长29.1%。外贸增长主要得益于一般贸易和保税贸易大幅增长，上半年一般贸易、保税贸易预计分别增长30%、35%。工业总产值实现155亿元，同比增长3.4%，其中规模以上工业增加值实现24.7亿元，同比增长12.8%；工业经济利润显著回升，同比增长96.6%。

（二）重点工作任务加快推进

1. 加速推进平台项目。按照“项目争速、产业争先、科技争投”行动要求，扎实推进重点在建在谈平台项目实现新突破。上半年在建项目7个，实现固定资产投资5.8亿元，同比增长5%。其中，易海电商已经启动建设，涌优产业园竣工，网易宁波仓储中心、庆达西扩建等项目加速推进；海天金属、阿里巴巴宁波数字贸易港（eWTP项目）、阴极铜交易平台、荣安生物增资扩产、中集物流装备制造二期等重点项目积极跟进。

2. 大力培育新经济新业态。聚焦大数据、金融科技、区块链、人工智能、云制造等新经济新业态，加快培育新经济平台。其中，百度云智宁波大数据产业基地累计引进大数据企业48家；金融科技（区块链）产业园通过出台产业政策及成功举办2018金融科技（区块链）峰会，逐步扩大影响力，目前已入驻搜狐、网易、腾讯金融科技相关项目27个，主要从事金融科技、区块链研发服务；跨境电子商务继续保持良好发展势头，试点以来累计实现跨境进口销售额171.5亿元，其中2018年上半年跨境进口销售额41亿元，同比增长80%。

3. 持续扩大对外开放。5月，保税区获评为全省十佳开放平台。2018年以来重点围绕宁波“一带一路”综合试验区建设，深化推进建设进口中心、中东欧贸易物流园基地、中国—中东欧国家贸易便利化检验检疫试验区等一批功能平台；与中远海运集团合作推出了“一带一路”智慧航线，为广大企业与“一带一路”沿线国家开展贸易、投资提供智慧物流、航运、交易等“一站式”服务；全区对外经贸合作交流和贸易便利化水平持续提升，1~6月与“一带一路”沿线国家进出口额为160亿元，同比增长约35%，在“一带一路”建设中的“桥头堡”“窗口”作用更加显现。稳步开展宁波出口加工区一般纳税人资格业务试点，加大与海关、国税等部门协调，对区内相关企业进行调研和培训，组织2家企业开展试点。

4. 不断优化营商环境。持续深入推进“最多跑一次”改革，目前已经完成省级指导目录内的群众和企业到保税区办事事项实现“最多跑一次”100%全覆盖，商事登记“一窗受理”、外贸企业“证照联办”、人社办理区窗口“无差别全科受理”等改革试点都形成亮点，取得了较好成效。大力推进污染防治攻坚战，“污水零直排区”建设、环保督政问企、围挡整治等专项行动取得阶段性成果。此外，上半年按照党和国家机构改革决策部署，党工委、管委会全力支持关检推进融合改革，国地税推进税收征管体制改革，实现了平稳推进。

5. 加速推进航天智慧科技城建设。加快推进象保合作区建设，重点基建项目包括生产力中心、高速连接线工程、再生水厂项目等逐步显现整体形象，上半年累计完成固定资产投资3亿元。积极推进航天云制造示范基地建设，重点推进航天云网、航天深圳工研院两个项目，其中深圳工研院项目已完成注册。加快推进招商引资，一批在谈重点项目包括商用火箭发射基地项目、北大科技园宁波分园、天擎航天等项目取得积极进展，上半年新引进各类企业 230 家，完成财政总收入 2 亿元。

二、跨境电子商务试点情况

宁波市 2012 年 8 月获批成为全国首批跨境贸易电子商务服务试点城市，2015 年 11 月 23 日通过海关总署、国家发展改革委联合验收，2016 年 1 月 6 日获批成为第二批国家跨境电子商务综合试验区。宁波保税区 2013 年 11 月 27 日启动跨境进口业务实单运作，是宁波跨境电商综试区的先行区、示范区、核心区，2016 年年底被国家质检总局批准筹建全国首个“跨境电子商务产业知名品牌创建示范区”。截至 2018 年 6 月，累计获批试点跨境电子商务企业 550 多家。跨境进口业务自 2013 年 11 月 27 日试点以来累计销售额超过 160 亿元，全市占比为 75%，其中 2018 年 1~6 月销售额为 41.2 亿元，占全市比重为 61%。跨境出口业务自 2015 年 9 月 1 日运作以来，累计实现销售额超过 30 亿美元，其中 2018 年 1~6 月年销售额为 8.37 亿美元，占全市比重为 15.3%。

试点以来，宁波保税区坚持“政府引导、市场主导”，全力“打造一大基地、搭建两个平台、推进三项创新”，为跨境电子商务产业发展积极提供“宁波保税区经验”。

（一）打造一大基地，即打造跨境电商集群基地

按照“功能集中、服务集成、企业集群”的发展思路，大力集聚一批国内外知名跨境电商企业和物流服务商。全球龙头电子商务平台亚马逊、美国第二大零售商好市多，以及阿里巴巴天猫国际、京东全球购等将保税区作为重要跨境基地；引进了网易考拉、小红书、蜜芽等一批国内龙头电商，培育了宁兴优贝、正正电商等宁波本土知名电商，其中正正电商于 2017 年成功挂牌新三板。保税区内建有 35 万平方米的跨境仓，集聚了菜鸟网络、嘉里大通、百世汇通、顺丰速运、海航云商等一批国内外知名物流企业，网易、易商等企业自建的 30 多万平方米跨境仓也将陆续投入使用。

（二）搭建两个平台，即搭建线上、线下两个营运平台

线下是将宁波保税区进口商品市场与跨境电子商务发展进行有机结合，依托宁波进口商品市场体系，汇聚全球全品类优质进口消费品，并在全国 30 多个城市布点进口商品直销中心，同步布局跨境专区和跨境 O2O 体验中心。

线上重点依托宁波“跨境购”平台和阿里巴巴 1688 全球货源平台宁波站，为保税区跨境电商 B2C 和 B2B 业务发展提供运营平台支撑。其中，“跨境购”平台由宁波国际物流公司为主搭建，作为跨境电商企业与海关、国检等监管部门的数据对接平台，实现商品订单、支付单、运单“三单交换”，信息流、物流、资金流“三流合一”；阿里巴巴 1688 全球货源平台宁波站于 2016 年 4 月 8 日正式上线，截至目前入驻商家 510 余家，汇集全球近百个国家 4 万多种进口商品，2018 年以来实现销售额 3.2 亿元，获评阿里巴巴最佳进口子站。

（三）推进三项创新，重点推进跨境发展模式、监管举措、配套服务三大领域创新

一是创新发展模式。在全国率先开展“保税备货”模式，促进仓储、物流、金融协同发展；在全国首个建立“跨境购”平台模式，实现关、检、汇、税等监管信息与各类商务、物流信息的贯通；在全国首创跨境电商园区注册登记制、跨境商品备案制。

二是创新监管举措。关、检、税、汇等监管机构持续推进跨境贸易便利化创新，进

一步优化监管流程，实行全年365天无休审核，率先在跨境监管上实现关检一体化协同及监管全程电子化、信息化。其中，海关采用“嵌入式”现场监管的理念，以企业自身作业流程为主线，现场按照“最优化自动控制、网络化信息管理、封闭式集中监管、便捷式快速通关”的标准，通过采取“阶段式风险监管，全流程严密监控”的方式，积极打造以“智能化、信息化、自动化”为主体的跨境贸易电子商务监管模式，将海关监管与企业作业融为一体，既确保了监管工作的准确性、严密性，又兼顾了企业作业的便利性、时效性；检验检疫在全国首创推出“入区检疫、区内监管、出区核查、后续监督”检验检疫监管模式，建立“源头可追溯、过程可控制、流向可跟踪”的跨境电商风险监控机制，在全国率先实行跨境商品追溯管理，并联合中国检验认证集团海外公司将防伪溯源信息延伸到海外端，实现跨境商品“信息全掌握、源头可追溯”。

三是创新配套服务。加强跨境金融、人才支撑，与相关银行保险机构合作推出“助保贷”“跨境贷”等系列跨境融资产品，鼓励和支持跨境电商企业积极对接资本市场，引入战略投资机构；省市区三级合作共建跨境电子商务人才基地，面向海内外引进跨境电子商务高层次人才和高端创业创新团队，建设开放共享的跨境电子商务人才服务平台。

浙江杭州出口加工区

浙江杭州出口加工区综合管理局

2018年以来，浙江杭州出口加工区紧抓加工区升级综合保税区的契机，围绕开发区全面深化改革重点任务，紧抓机遇、真抓实干，努力全面建设“产业国际化、建设现代化、管理智慧化”的浙江一流复合型综合保税区。

一、园区经济平稳发展

2018年上半年，园区完成工业总产值46.5亿元，同比下降13.6%。实现进出口总值15亿美元，同比增长26.5%。其中，进口8.1亿美元，同比上升58.4%；出口6.9亿美元，同比下降5.3%。跨境进口累计验放包裹2 671.86万单，交易金额为51.15亿元，同比上升80.4%。

上半年完成技术改造立项3 000万元。其中，矢崎配件开拓新能源高端汽车充电部品，积极争取一般纳税人政策功能，进一步加大国内市场竞争优势；松下住宅继续增加面向国内市场的洗碗机组件；东芝家电投入自动化设备，预计新增年产300万台冰箱散热风扇产品。

二、综合保税区建设有序推进

2018年2月，出口加工区升级为综合保税区获国务院正式批文同意。园区坚持创新发展理念，围绕智慧监管、高效通关、有效监管的目标，按照“边规划、边建设”的原则，全面启动杭州综合保税区建设工作。

（一）完成综合保税区五大功能区布局

规划

围绕建设“产业国际化、建设现代化、管理智慧化”的浙江一流复合型综合保税区的总目标，组织相关部门赴深圳、郑州、无锡等地学习考察。同时，根据市场化建设、运营的要求，在新建物流作业区重新规划监管仓库区、查验等候区、机检查验区、监管服务区、检疫处理区五大主要功能区，推进建设和运营方案的编制。

（二）启动综合保税区产业规划编制

按照“利用综保区的政策资源，做好产业规划”的要求，启动综合保税区产业规划编制工作。

（三）完成金关二期智能卡口改造

根据海关总署要求，6 月底前完成对加工区现有非智能卡口进行金关二期智能化的改造工作，实现 7×24 小时自助通关，简化企业通关手续，进一步提升进出区物流效率。

（四）推进进口肉类指定查验场建设

按照“开辟绿色通道、特事特办”的原则，协调相关部门完成模拟审查、桩基先行，杭州进口肉类指定查验场已于 3 月底开始进场施工。

三、功能叠加全面开展

（一）启动增值税一般纳税人政策申报工作

会同国税、海关组织区内企业开展增值税一般纳税人政策宣讲，针对有政策需求的企业开展调研、测算数据，形成申请报告，加快推进上报工作。

（二）启动“城市货站”政策研究

借鉴郑州叠加口岸功能的经验，研究与萧山国际机场联动叠加“城市货站”的可行性，延伸口岸功能。

四、跨境电子商务持续升级

（一）模式再创新，发展再添力

新引进 5 家跨境进口业务电子商务企业，其中 1 家台资平台企业、4 家第三方供应链服务企业，与园区其他电子商务企业实现资源互补、信息互助。加强与海关等部门研究保税区快速通关、出货的监管方案。支持天猫国际、网易考拉在新零售线下门店运行的基础上，朝线下即提目标发展。

（二）资源再优化，空间再拓展

整合园区仓储资源，组织天裕光能和盛康橡胶旧厂房消防改造，扩充仓库面积 2 万平方米。按照监管作业功能区的划分，结合查验 X 光机的配置和消防安全的需要，对园区中心监管仓功能布局进行调整。

（三）政策再宣传，影响再提升

下沙园区在制度、管理和服务方面的创新经验被于 2018 年 2 月在京召开的首届世界海关跨境电商大会重点提到并予以赞誉。年初跨境保税出口模式的正式启动被业内主流媒体相继报道，成为杭州综试区新的亮点。上半年共接待各类代表团百余批。

五、园区管理不断夯实

（一）进一步牢筑安全防线

以平安创建和标准化建设为抓手，积极组织开展临时仓消防整治、“出口加工区叉车专项整治”、“安全生产月”、“冬春季节消防安全”等专项活动，着力提高企业安全生产意识、落实消防安全责任。与 15 家生产单位、37 家仓储物流企业签订了 2018 年度“安全生产目标责任书”。

（二）进一步夯实基础管理

规范园区秩序，优化园区环境。按要求做好防汛防台和抗雪防冻工作，制订局防汛防台专项方案，确保灾害性气候下园区内生产生活正常有序。

（三）进一步规范秩序管理

一是落实“三个一批”环境综合整治后续工作，协调有关部门积极推进建筑物立项联审，松下、和达房产等单位已通过立项审核。二是完成菜鸟工地遗留渣土、河道淤泥清运出区。三是完成卡口智能门禁、车闸启动，运行秩序良好。

大连保税区

大连保税区管理委员会

2018 年上半年，大连保税区完成规模以上工业产值 100.5 亿元，同比增长 11.1%（含东风日产 216.48 亿元，同比增长 21.7%）；公共财政收入为 12.54 亿元，同比增长 9.6%；全口径税收为 28.54 亿，同比下降 0.6%；固定资产投资完成 13.95 亿，同比下降 41.3%；外商直接投资1 000万美元，实际到位内资（省外投资）17.07 亿元；自营出口额为 140 亿元。

一、扎实开展自贸试验区建设，肩负起改革试验责任

一是加快推进体制机制创新。陆续出台“助力自贸区 53 项具体举措”“申建自由港 43 项创新措施”“承接省级职权 17 条落实办法”，较好地完成了政策探索、体制创新、事权承接等自贸试验区建设任务。保税混矿、归类尊先、“三互”通关等 13 项举措入选大连市首批 20 项创新案例，其中保税混矿被评为商务部最佳实践案例，并被国务院列为全国复制推广经验。由保税区牵头实施的 4 条创新举措获评大连片区第二批创新经验。国地税完成机构合并，保税区税务局正式挂牌，实现了涉税信息一次采集、事项一厅通办。营商环境更加完善。二是加快先进经验复制推广。先后复制落地了自行运输、工单核销、保税交割、融资租赁等先进经验，并在东北地区率先推行了分类监管、告知承诺、联合审查、质量授信、以租代建、先租后让、带项目挂牌措施。三是推进行政审批服务改革。在自贸大厅“单一窗口”整合准入、监管事项 246 项，推行“无否决权”服务机制。通过微信核名、集中注册、简易注销、多证合一、一照一码等便利化措施，将审批时限整体压缩 60%。四是加大前瞻性政策研究力度。主动落实大连片区建设实施方案和 3 年滚动计划，联合大连理工、大连海事、大连交通等高校，围绕自由贸易港建设、对接“一带一路”、跨境电子商务产业发展开展课题研究。按照大连市“边申办边建设”原则，进一步研究自由贸易港有关政策。

二、推进特殊监管区优化升级，扩大政策功能优势

一是保税政策功能实现新突破。在跨境电子商务、平行进口、保税展示、先入后报、进口预检等保税功能方面不断创新突破。大连平行进口汽车重获落地保税资格。开展船用保税燃料油一船多供、先供后报等新业务，中石化成立区域性油料供应中心，整合我国北方 23 个沿海港口船供保税油业务，形成“北大连，南舟山”的发展布局，2018 年上半年供应保税油 22.6 万吨。二是特殊监管区运作水平不断提升。依托出口加工区改造和松下电池项目，积极申办综合保

税区。出口加工区“委内加工”试点获海关总署批准，产能潜力得到释放。时隔12年后将大窑湾一、二、三期码头重新贯通，港航物流组织效率得到极大优化。上半年，3个海关特殊监管区域共实现保税监管货值463.01亿元，同比下降7%；实际进出口287.94亿元，同比增长8.6%。三是码头功能得到更好发挥。汽车码头新开通广汽丰田商品车滚装航线，完成吞吐量35.84万辆，同比增长15.4%；大窑湾港集装箱吞吐量为476.61万标箱，同比增长0.6%；北良港粮食吞吐量为640万吨，同比增长14%；油品码头受原油转口贸易萎缩影响，吞吐量为2 200万吨，同比下降18.5%；矿石码头吞吐量为1 476万吨，同比增长28.9%，其中保税混矿550万吨，同比增长57.1%；LNG码头接卸共17船128万吨，同比增长73.1%。

三、加速临港产业聚集，增强发展内生动力

一是汽车工业向高端迈进。6月7日“大连造”英菲尼迪QX50正式下线。东风日产上半年累计生产整车10.23万台，产值约120亿元。二是先进制造业蓬勃发展。泉峰一期、捷成唯科等汽车零部件建成投产。康荣泰、圣丰包装全面开工。松下二期、环普二期、泉峰二期、瑞丰流体、博澳部件等项目加紧建设。全国首家国际先进装备博览中心开工建设，杏林学院、福瑞兹冷链即将开工。三是市场贸易更加活跃。大连中石油保税库获批国内原油期货指定交割库，6月19日完成全国首船交割。LNG实现多式联运，开创了新的绿色能源供给模式。新成立有色金属矿石分拨中心等6个贸易平台，吸引大批会员企业在园区开展金融结算。石油交易所线上交易业务发展良好。环渤海能源交易中心吸纳炼化、贸易企业近200家。上半年，保税区共完成进出口总额710亿元，同比增长10%。其中，进口573亿元，同比增长17%；出口138亿元，同比下降12%。四是物流业集群规模继续扩大。继2017年开行全国首条直达斯洛伐克的中欧班列后，2018年上半年又新开通至黑龙江穆棱内陆港中欧班列，有效缓解内陆地区内外贸物流瓶颈现状。上半年海铁联运41.2万标箱，同比增长1.5%；大连航空机队规模扩大至11架，航线增至32条。五是冷链规模持续增长。2018年4月成功签发国际中转冻品的原态证明。毅都二期、恒浦二期、翔祥二期竣工投产，首农供应链建设完工，大窑湾口岸冷储规模连续5年领跑全国。开通“大连—西雅图”冷藏快线，打通美国进口水果海运直航通道，运输时间缩短40%。上半年完成冷链货物吞吐量17.66万吨，实现货值4亿美元。六是跨境电子商务更加规范。坚持“一线管住、二线放开”，跨境电子商务保税区、出口加工区线下园区正式运作，保税港区线下园区加紧推进中。跨境电子商务保税备货模式监管流程进一步优化，推行4种通关模式可供企业自主选择。跨境商品展示交易中心运营良好，19家平台企业入驻，日、韩、德、意、澳等10个国家馆正在装修。

四、开展自贸主题招商，不断增强开放活力

一是争取大型国企总部经济体落地。保税区与中石化燃料油合资成立了北方能源公司，海上补给中心、油料分拨中心、检验检测中心投入运营，清洁能源中心和惠农服务中心加紧推进。二是积极推进招商活动签约项目。科达利精密结构件、环普产业园三期项目、万纬产业园项目、维龙电商产业园等一批重点项目签约。慧算账全国总部运营中心、金融服务中心、培训中心、云服务中心落户，为开展精准招商提供“互联网+、财

税云、大数据”服务支持。上半年共办理项目立项23项，涉及总投资60亿元。三是努力提升招商服务水平。进一步转变思路，借助大数据和外脑，帮助企业量身定制投资方案。多次召开外资企业和沪籍企业座谈会，虚心听取企业意见，现场答疑解惑，帮助东风日产、松下电池等项目妥善解决消防相关问题。建立项目代办秘书制度，提供专人帮办服务，不断践行“东北最优投资地”的目标。

贵安综合保税区

贵州贵安综合保税区管理委员会

一、2018年上半年工作完成情况

（一）全力抓好经济运行调度

2018年1~6月，贵安综合保税区完成工业总产值112.65亿元，固定资产投资17.33亿元，进出口总贸易额12.85亿美元（其中进口5.9亿美元，出口6.95亿美元），税收收入2.21亿元（其中国税9 999万元，地税7 389万元），招商引资到位资金23.91亿元，大数据服务业营业收入3.6亿元，招商引资新签约项目14个，签约金额322.62亿元。

（二）竭力推动重点项目建设

按照“续建抓进度、新建抓开工、建成抓投产、投产抓达产”的思路，统筹一切工作力量，抓好辖区内项目建设。腾讯贵安七星数据中心项目启动试运行，成功迎接数博会期间项目观摩；华为七星湖数据储存中心项目正在进行场平工程；苹果iCloud中国（贵安）数据中心5月25日举行奠基仪式。龙山工业园一期8栋厂房全部建成投入使用；云谷综合体项目A、B、C地块全部完成。园区大力支持晶泰科、华安信、乐道、展腾祥、凯瑞嘉等存量企业做大做强，积极推进企业的技术改造扩能。

（三）强力推进产业招商突破

园区在“芯、屏、器、核、云、贸”产业核心领域着力引进和培育技术含量高、成长性好、引领性强的强企名企，以大招商促大产业，大突破促大发展。截至2018年6月，园区累计引进产业项目95个，落地项目80个，签约总投资金额近1 000亿元，其中“芯”类产业2个，“屏”类产业4个，“器”类产业36个，“核”类产业16个，“服”类产业18个，其他类产业19个。2018年，园区共包装和谋划产业大招商项目40多个，主要领导及分管领导率小分队赴北京、深圳、韩国等地招商10多次，新签约项目12个，签约金额28.28亿元。积极推进启迪贵安数字小镇安软集团信息技术研发与服务项目、北京得意音通声纹识别项目、清华大学继续教育学院大数据人才培训项目、张钹院士大数据及人工智能研发应用项目、东软集团交通大数据平台项目等落地。

（四）合力抓好营商环境优化

牢固树立“营商环境就是生产力”的理念，从企业服务、安全生产、民工保障等方面，会同园区公司、驻区机构、各板块，努力营造良好营商环境。深入开展大调研活动，印发20余项工作制度，促进服务企业制度化、规范化；认真践行“让企业少跑腿”服务理念，设立企业服务窗口和4个园区服务处，公布服务流程和标准清单。上半年共办理公租房审批50家、厂房装修审批6家，开具场地证明353份，兑现企业优惠政策申请43笔，协助招聘职工400余人。

二、上半年有特色的创新试点和复制推广成果

高度重视全面深化改革工作，全面落实工作责任，细化措施，体现效果，定期听取全面深化改革工作专题汇报。2018年2月，贵安综合保税区（电子信息产业园）成功获国家工信部批准成为国家第八批国家新型工业化产业示范基地（特色类）。大力复制推广自贸试验区成功经验，2018年6月11日，贵州省国际贸易“单一窗口”海关特殊监管区域系统正式在贵安综合保税区上线运行；建成跨境电子商务公共服务平台，并根据驻区海关监管完善有关功能，认真做好服务贸易创新改革试点，注册服务外包（贸易）类企业4家，贵安服务贸易交易平台上线运行。

南通综合保税区

南通综合保税区管理局

2018年以来，南通综保区紧扣高质量发展目标，集聚重点项目、优化产业结构、完善功能配套、服务经济发展、推进改革创新，各项工作取得了新进展。

一、经济运行态势良好

2018年1~6月，综合保税区实现进出口货值24.76亿元，同比增长26.5%，进出口总值在全省19个海关特殊监管区域中排名第10位，比2017年同期前移1位；区内企业实现经营总收入51.75亿元，实现税款入库1.72亿元，实现关税及进口环节增值税1.38亿元。

二、招商选资初现成效

上半年，综合保税区新注册项目12个，注册资本为13.98亿元。阿里巴巴大数据综合服务平台、中远海运物流南通通海物流园、中农集团（控股）南通现代物流园、宝能智慧物流园4个重大项目签约落户，一批在手项目积极推进。

三、全面验收加快推进

一是确定全面封关验收方案。根据海关总署要求，对未验收区域进行全面封关验收，形成全面封关验收方案并报市政府通过。二是加快基础设施与监管设施建设。三是有力有序推进各项工作。

四、功能配套日臻完善

积极推进通海港区、商业配套建设，持续完善综合保税区功能配套。

五、改革创新务实推行

一是积极争取增值税一般纳税人资格，在2017年申请工作的基础上，对区内企业

需求进一步深入调研，推进申请工作。二是积极推进区港联动，一线进出口货物的“先进区、后报关”和“先出区、后报关”已经落地，实现了区域与口岸之间信息的互联互通，进一步提升了区内企业的进出口通关效率；对B区与通海港区之间简化手续，实现综合保税区与港口间“政策叠加、优势互补、资源整合、功能集成”的协同效应进行了深入研究。三是继续复制推广自贸试验区创新举措，已有10项海关监管创新制度和8项检验检疫创新举措落地，2018年1~6月仓储货物按状态分类监管实现非保税货物进出区3.27万吨，货值11.16亿元。

六、安全生产紧抓不懈

召开安全生产企业座谈会，组织开展安全生产大检查，常态化开展突击督查复查，宣传法律法规、安全知识；结合区内实际，建立园区安全生产“三清单”制度，实行销号管理；排查区内雨水排水设施，解决积水问题，确保汛期公共安全；持续推进企业风险辨识管控工作，区内规模以上生产加工、物流仓储企业已全部完成“一图、两单、三卡”制作。同时，组织开展“安全生产月”和安全生产宣传“三进”活动，实现安全意识和业务能力“双提升”。

七、企业服务主动深入

畅通问题建议反馈渠道，设置综合保税区服务热线电话，建立上门走访、联席会议、微信群反馈、电话咨询等多种沟通渠道，梳理问题，多方协调；针对企业在报关中遇到的普遍性问题，联合驻区海关组织开展关务培训及新政策宣讲会，确保金关二期顺利上线；联合驻区海关进一步简化非报关物资入区办理程序，对首次办理非报关货物进出业务、油气进出的单位及个人给予全程业务指导，降低企业成本，方便企业操作；主动联系即将投产的生产企业，就安全生产各项手续办理、报关注意事项等给予指导。

海关特殊监管区域增值税一般纳税人资格2018年试点工作情况交流

昆山综合保税区

昆山综合保税区管理局

增值税一般纳税人资格试点作为落实国家促进外贸回稳向好的一项重大改革政策，是新一轮特殊监管区域改革进程中具有里程碑意义的大事。随着该政策的逐步落实，昆山综合保税区试点“红利”不断释放。在打开内销渠道之后，区内企业在高效配置产能、优化产业结构、加快新旧动能转换等方面都有了新的突破，区域经济发展和转型升级取得积极成效。

一、试点工作基本情况

昆山综合保税区内已有16家企业提交试点申请并获准备案，其中13家企业已经开展实质性试点，另有3家企业申请系统办理中。根据海关统计，2018年1～6月，非保税货物入区金额30.60亿元，非保税货物出区金额31.05亿元；保税货物进口额6.72亿美元，保税货物出口额11.04亿美元；国税增值税发票开票金额16.28亿元，税额2.68亿元。

二、试点阶段性成果

2018年以来，昆山综合保税区大力调结构、抓创新、提质量、促发展，不断释放增值税一般纳税人资格试点成效。从试点情况看，主要成果体现在以下几个方面：

（一）存量得到激活

从内外销比率来看，区内企业内销占比不到1%，但是涉及内销业务的企业却有10多家，企业需求在试点后得到释放。一是促进外贸持续回稳向好。区内企业通过拓展经营业态、开辟内销市场、利用剩余产能承接国内企业委托加工等途径增加营业收入，从而有效解决内外资源市场分割、产能利用不足等问题，同时增强企业在国际市场的接单能力，增加进出口业绩。二是促进企业参与供给侧结构性改革，减少出口转内销环节，推动企业利用先进装备和开拓国际市场的经验，生产国内市场有需求且短缺的商品和服务，满足国内市场需求，为居民提供更多物美价廉质优的产品，为供给侧结构性改革加快实施助力。三是促进企业降本增效、提升竞争力。打通国内增值税“免抵退”链条，通过企业进项税抵扣，解决增值税营改增后区内企业税负不降反增问题，降低税负成本，减轻企业负担，提升竞争力。同时，随着内销渠道的打开，企业可更高效地配置产能，减少资源闲置，从而有效降低单位营运成本。

（二）增量潜力巨大

试点政策实施以来，极大地提振了企业投资信心。纬创、世硕等龙头企业纷纷表示将增资扩股。另外，戴尔电脑经过多次考察，已经在综合保税区内设立贸易公司，待税务方面的问题协调解决后便可加入试点，对委托区内仁宝等企业代工的产品由贸易公司进行直接销售，真正做到“自产自销”，其他品牌商也在考察洽谈中。

三、下一步工作重点

昆山综合保税区将围绕试点工作实际开展情况和企业具体诉求，对试点政策体系、运作模式、未来发展方向等进行再梳理、再研究。

（一）发挥政策优势，引导存量企业充分拓展业务

鼓励区内企业加快转型创新步伐，提升核心竞争力，抢占发展制高点。积极引导存量企业通过拓展经营业态、开辟内销市场、利用剩余产能承接国内业务，从而有效解决内外资源市场分割、产能利用不足等问题，同时增强企业在国际市场接单能力，增加进出口业绩。

（二）加大招商力度，促进增量企业落户

加快培育发展新产业、新业态、新模式，推动区域经济有力增长。通过拓展经营业态、开辟内销市场、激发创新内生动力等途径增加营业收入，增强企业竞争力，持续推动内外贸一体化发展，促进外贸回稳向好。

（三）健全部门沟通协调机制，有效解决企业诉求

按照“挖掘存量、拓展增量”的总体思路，在现有试点企业的基础上，建立政企联系挂钩机制，系统梳理企业需求。密切联系海关、税务、财政等职能部门，定期召开联席会议，不断优化试点方案和服务措施，妥善解决企业在试点中出现的具体问题，推动试点工作向纵深发展。

（四）开展精准高效服务，营造良好营商环境

深入走访区内企业，进一步了解不同属性企业的个性化需求，加大对企业的宣传引导力度，鼓励区内更多企业特别是大型品牌商参与试点，争取将试点范围扩展至商贸服务类企业。同时，积极引进其他国际知名品牌企业在昆山综合保税区成立贸易公司，不断拓展国内市场，提高内销份额。

河南郑州出口加工区

河南郑州出口加工区管委会

2016 年 10 月 14 日，国家税务总局、财政部、海关总署联合下发《关于开展赋予海关特殊监管区域企业增值税一般纳税人资格试点的公告》，河南郑州出口加工区成为 7 个试点区域之一。2016 年 11 月，园区已有 3 家企业申请为试点企业，并于 11 月 7 日开出首张增值税发票，目前试点企业业务推进顺利。

一、试点企业业务开展情况

河南郑州出口加工区申请为试点的 3 家企业，分别为河南省豫星华晶微钻有限公司、华晶精密制造股份有限公司、郑州润嘉食品有限公司。其中，润嘉食品为仓储物流

企业，主要经营食品、红酒的进口业务，暂未开展试点相应业务。豫星华晶微钻和华晶精密主要从事人造金刚石微粉和微米钻石线的生产销售，内销比例较大。两家企业自2016年11月开展业务以来，截至2018年7月底，非保税账册入区货值共计18 013万元，开出增值税专用发票共计2 896张，增值税应税销售额17 230万元，税额2 703万元。

二、试点成效

从两家试点企业反馈的情况来看，增值税一般纳税人资格试点业务的运行，切实为企业带来了税负减轻、内销便捷、经营成本降低等方面的好处，对企业统筹国际国内两个市场、推进多元化业务开展，带来了积极影响。

（一）有效减轻税负

试点企业向境内区外销售货物时可直接开具增值税发票，购买含有增值税的服务、办公用品、耗材等在国内销售环节可以和区外企业一样作为进项税抵扣，为企业节约了资金成本，促进区内外企业之间建立起增值税抵扣链条，有效降低税负。

（二）内销更加便捷

试点企业采购国内料件可以采用非保税账册管理，内销环节手续简化，有利于企业开拓国内市场，增加内销市场份额，在充分利用两个市场的同时，使企业资源配置能力提升，为盘活闲置产能找到了新出路。

（三）经营成本降低

企业内销可以直接为客户开出增值税发票，省去了在区外专设关联公司或由代理商办理进口报关并开出增值税发票的环节，降低了企业经营成本。同时，因为可以及时方便地给客户提供增值税发票，更有利于开发新客户，扩大市场销售份额。

（四）吸引更多企业入区

试点政策的实施，改变了原政策条件下企业不能有效兼顾国内市场的局面，企业可根据国际、国内市场形势变化调整经营模式，使区内政策优势增加。

三、下一步工作重点

一是加大政策宣传力度，引导个别外销疲软的企业积极开拓国内市场，使区内更多企业受益于试点政策。

二是借助河南自贸试验区的优势，举办区域政策推介会，加大试点政策宣传力度，吸引更多企业入驻。

三是密切关注试点企业业务开展情况，了解政策执行中的困难和问题，及时向相关单位反馈。

四是国务院已于2016年12月6日正式批复同意整合河南郑州出口加工区和河南保税物流中心（B型），设立郑州经开综合保税区。园区将积极协调税务部门，在新区域通过验收后，继续执行试点区域政策。

淮安综合保税区

淮安综合保税区管理办公室

近年来，淮安综合保税区坚持国际化、特色化、精细化、规范化发展导向，坚持机制创新，着力提升园区影响力、丰富产业业态、放大功能优势，着力加快推动综合保税区发展实现新突破。

一、试点工作开展情况

2018 年 1 月，经海关总署、财政部和国家税务总局批准，淮安综合保税区成为全国第二批获得企业增值税一般纳税人资格试点单位，准予开展一般纳税人资格试点。政策出台后，园区全力推进转化落实工作，切实转化为企业生产效益。4 月，淮安综合保税区企业增值税一般纳税人资格试点工作顺利完成并正式启动业务，试点企业宏恒胜电子科技（淮安）有限公司的第一批非保税货物在完成信息录入后顺利通过卡口进入淮安综合保税区，首张增值税发票亦同步开具。试点企业已与区外企业一致，享受同等税收待遇，各项经营指标运行正常，货物进出区流程顺畅，海关监管安全高效，企业充分享受政策调整带来的利惠，大幅降低税负成本，扩大盈利空间，增加经营效益。

内销货物开具增值税专用发票，从区外购进货物可索取增值税专用发票，作为抵扣凭证或出口退税凭证，享受生产与资金全链条的增值税“免、抵、扣”，淮安综合保税区受益于试点工作完成，彻底解决长久以来困扰发展的制度性障碍，加强了区内外经济联动、交流互动，促进要素资源高效配置、顺畅流动，获得了转型升级、竞争力提升、持续发展新动能。

二、试点工作总结与思考

淮安综合保税区在试点工作开展过程中既全力以赴推进申报工作，又科学合理部署落实工作；既借鉴先进经验为己所用，又因地制宜融入特色做法，确保了工作又好又快完成。

一是纵向规格高。由市政府牵头，将试点申报工作提升到市级层面，纳入淮安市台资示范区建设战略，作为全市推进台资示范区建设的重要举措，举全市合力统筹推进，取得了事半功倍的良好效果。

二是横向联动强。与海关、国税等业务职能部门建立常态化协调会晤机制，三方专业分工、各司其职、合作有力，确保工作实施符合法律规范不出偏差，精准施策少走弯路。其中，海关负责通关流程再造、货物分类监管等管控工作，国税负责引导企业做好税账切换、增值税申报等涉税工作，园区则全面服务企业，做好后勤保障，搭建沟通桥梁。

三是推进速度快。大力推进政策出台后实施转化工作，短短 3 个月全部完成，让企业尽快享受政策红利，在第二批成功获批试点的众多城市中率先开出第一张服务类增值税发票，货物类增值税发票也迅速开具。

四是切换成本低。充分利用现有设施构建满足试点企业货物进出区功能平台，几乎“零成本”完成新旧模式切换，节省了 300 多万元投资资金。

三、试点工作成效

一般纳税人试点工作突破了海关特殊监管区传统管理格局，以市场需求为导向，大胆稳妥地进行政策调整，释放了企业发展潜能，拓展了综合保税区发展空间，产生的经济社会效益十分明显。

一是助力淮安台资示范区建设，打造营商好环境。试点工作顺利完成为淮安全力推进台资示范区建设增添重要砝码，向外界展示了“服务台商”的精神理念，彰显无微不至、有求必解的亲商、安商、富商真诚情怀。同时，体现了淮安市加快承接台资转移、促进台资转型升级、引导台资产业集聚集群、深化两岸产业经济融合发展的工作成效，对坚定富士康加大投资决心、吸引更多台资企业落户有积极促进作用。

二是强化综合保税区政策功能，增添发展新动能。一般纳税人试点的实施打破了综合保税区传统的分割管理理念，突破了“政策围网”桎梏，在现有优势政策不变的基础上补齐短板，引入区外好的政策、好的制度，构建更加高效完善的企业服务体系。综合保税区 IT 产业基础进一步夯实，功能进一步强化，辐射影响力进一步扩大。

三是促进企业降低税负成本，带来经济大效益。一般纳税人主体资格的获得带来了实实在在的利惠，仅宏恒胜一家公司从业务启动至今综合税负已降低1 000万元左右。

为进一步发挥政策效益，扩大辐射范围，淮安综合保税区将联合淮安海关、淮安国税对政策实施效果进行全面评估，摸底掌握试点企业利用政策过程中存在的问题，制订优化完善方案予以解决，让政策更好地服务企业。积极引导富誉电子、宏盛点电子等其余区内企业加入试点，扩大政策受益面，让更多区内企业享受政策红利。

郴州综合保税区

郴州综合保税管委会

2018 年 1 月 12 日，国家税务总局、财政部、海关总署共同下发《关于开展赋予海关特殊监管区域企业增值税一般纳税人资格试点的公告》，决定自 2018 年 1 月 12 日起赋予郴州综合保税区等 17 个综合保税区内企业增值税一般纳税人资格试点。

一、试点工作推进情况

（一）做实政策宣传

一是联合财政、税务、海关、口岸等部门召开区内企业一般纳税人资格试点政策宣传座谈会，从财务、关务等操作性层面对企业进行宣传，让企业充分了解该政策的优势。二是编印了《一般纳税人资格试点政策指引》，详细解读试点政策、办税实务，指导企业测算，帮助企业掌握政策要领，让企业懂政策、会申报、能操作。三是组织海关、税务等部门对区内重点企业如台达电子、祥云公司上门进行具体业务指导。

（二）搞好学习借鉴

为积极落实试点政策，郴州综合保税区管理局带队财政、国税、海关等部门参加外出学习，向首批试点的苏州、昆山综合保税区学习该政策的试行成功经验，切实用好用足该政策，促进企业发展国内国外两个市场。

（三）加强组织领导

为加强各部门工作的衔接与沟通，建议由市政府牵头，召集财政、国税、海关等相关部门，成立工作领导小组，建立工作联席会议制度，层层压实责任，推动工作全面稳健开展。

（四）强化部门协作

加强与财政、国税、海关等部门合作，一起组织召开郴州综合保税区增值税一般纳税人资格试点企业座谈会，就试点工作进行交流；商讨企业申请试点业务多部门数据“互信共享”措施，协调各方尽全力推动政策落地。

二、下一步工作重点

一是进一步强化宣传引导。定期组织海关、税务等业务部门对企业进行政策解读、操作指导，扩大政策宣传，充分释放试点政策覆盖效应。

二是尽快完善设施配套。加快推进相关硬件设施和软件系统的完善工作。郴州综合保税区增值税一般纳税人业务模块已完成立项审批，软件开发也已完成，上线后可开展特殊监管区域企业增值税一般纳税人资格试点业务。